SPSS와 Amos를 활용한

기초통계

저자 소개

차성수
고려대학교 경영학 박사
現) 을지대학교 식품산업외식학과 학과장
現) 성남시 소비자정책 심의위원
現) 농협 하나로 유통 운영위원
現) 식품보건융합학회 편집위원장
前) 롯데월드타워 MD총괄 수석부장

SPSS와 Amos를 활용한 기초통계

초판 발행 2022년 9월 30일

지은이 차성수
펴낸이 류원식
펴낸곳 교문사

편집팀장 김경수 | **책임진행** 심승화 | **디자인** 신나리 | **본문편집** 홍익m&b

주소 10881, 경기도 파주시 문발로 116
대표전화 031-955-6111 | **팩스** 031-955-0955
홈페이지 www.gyomoon.com | **이메일** genie@gyomoon.com
등록번호 1968.10.28. 제406-2006-000035호

ISBN 978-89-363-2372-1(93310)
정가 28,000원

BASIC STATISTICS

SPSS와 Amos를 활용한

기초통계

차성수 지음

교문사

머리말

우리의 삶은 하루하루가 의사결정의 연속이다. 의사결정을 합리적으로 판단할 수 있게 도와주는 것이 확률과 통계다. 개인의 일상사나 국가의 정책방향 모두 확률과 통계에 의해 의사결정이 되어진다고 해도 과언이 아니다.

예전에 박사과정 학생 중 한 명의 말이 기억난다. 통계학을 학부, 석사에 이어서 세 번째 듣는데도 잘 이해가 되지 않는다는 것이다. 미국 어느 유명대학 화장실에 "내 인생에서 가장 지루한 시간은 통계학 시간이었다. 시간이 멈춘 듯한 상대성 이론을 몸소 체험하게 해준 놀라운 수업이었다"라는 낙서가 있다고 한다. 그 만큼 학생들에게 통계는 쉽지 않은 과목임에 틀림없다.

본 책은 기존 통계학 교재와는 다르다. 수학적 증명보다 직관적 설명과 쉬운 예시 그리고 적절한 유머를 사용하여 '통계학은 어렵고 지루하다'라는 편견을 지우기 위해 노력했다. 후반부에는 실제 자료의 분석을 위한 SPSS와 Amos의 사용법을 안내하였다. 최근에는 대학원생 뿐만 아니라 학부생들도 각종 학회에서 논문을 발표하고 있고, 학부생의 논문발표가 더 이상 특별한 일이 아니게 되었다. 대학원을 진학한다면 말할 나위도 없고, 학부에서 논문을 쓰거나 레포트 작성시에도 SPSS와 Amos 사용법을 익혀 두면 방대한 양의 데이터 분석에 도움이 될 것이다.

그런 의미에서 본 책은 초급 확률과 통계에서 SPSS와 Amos 고급 사용법까지 학생들에게 필요한 내용을 두루 담고 있다. 초급자가 보기에는 조금 어려울 수 있고, 고급자가 보기에는 쉬울 수 있는 난이도이다. 본 교재를 사용하여 확률과 통계에 대한 이해의 폭을 넓히고, 통계가 지루하고 어려운 과목이라는 편견에서 벗어나는 계기가 되길 바란다.

남한산성이 보이는 연구실에서

차 성 수

연습용 엑셀 파일과 SPSS 프로그램 파일은
교문사 홈페이지 자료실(http://gyomoon.com)에서
다운받을 수 있습니다.

차례

CHAPTER 3 자료의 수집과 표현

CHAPTER 4 확률의 이해

CHAPTER 5 확률분포

CHAPTER 6 추정

CHAPTER 7 가설검정

CHAPTER 8 통계 분석방법과 SPSS 프로그램

CHAPTER 9 t 검정

CHAPTER 10 분산분석

CHAPTER 11 상관분석

CHAPTER 12 회귀분석

CHAPTER 13 구조방정식 모델링

CHAPTER 1

확률과 통계이야기

1 도박과 확률

2 동전 던지기와 확률

3 주사위 던지기

4 순열과 조합

5 우리반 학생 생일이 같을 확률은?

6 이상형을 만날 확률

7 몬티홀 확률문제

헤어진 연인이 다시 만날 확률

Netflix
100 Humans
(How do you use toilet paper)

영화 21 몬티홀문제

로또 당첨 1등 확률

1. 도박과 확률

룰렛(roulette)은 검은색과 빨간색 바탕에 0에서 36까지의 숫자가 표시되어 있는 회전판에 구슬을 굴려 숫자를 맞히는 카지노의 대표적인 도박 기구이다. 회전판의 색깔은 녹색(0), 검은색(1부터 36까지의 홀수)과 빨간색(1부터 36까지는 짝수)으로 칠해져 있다.

룰렛

룰렛 게임에서 구슬이 검은색과 빨간색 칸에 들어갈 확률은 같다. 딜러가 회전판을 돌리는 것은 독립사건(independent event)이다. 그렇기 때문에 회전판을 몇 번째에 돌리느냐는 게임의 승리에서 의미가 없다. 이것은 마치 동전 던지기에서 앞면이나 뒷면이 나올 확률과 주사위를 던져서 특정 숫자를 맞추는 확률과 같이 던지는 횟수에 관계가 없다. 1913년 프랑스 남부 지중해 지역의 몬테 카를로(Monte Carlo) 카지노에서는 도박 역사에 남을 만한 신기한 일이 벌어졌다. 룰렛 게임에서 연속 15번이나 구슬이 검은색 칸에 들어간 것이다. 상황이 이렇게 되자 게임에 참여하고 있던 도박사들은 빨간색 숫자에 거액의 베팅을 하기 시작했다. 도박사들이 생각하기에 이제는 구슬이 빨간색 칸에 들어갈 거라고 믿었기 때문이다. 도박사들은 룰렛 게임에서 구슬이 검은색과 빨간색에 들어갈 확률이 같은데, 이미 검은색 숫자에 15번 연속으로 들어갔으니, 이제는 빨간색 숫자에 들어갈 것이라고 생각한 것이다.

하지만 룰렛을 몇 번 돌리느냐에 상관없이 구슬이 검은색과 빨간색 숫자에 떨어질 확률은 동일하다. 동전을 아무리 많이 던져도 앞면이 나올 확률은 1/2에서 바뀌지 않는 것과 같다. 몇 번을 던지든 관계없이 구슬이 회전판 검은색 숫자에 들어갈지 빨간색 숫자에 들어갈지는 동일한 확률이다. 그렇기 때문에 이번에는 빨간색 칸에 구슬이 들어갈 것이라고 생각하는 것은 잘못된 믿음일 뿐이다.

16번째 구슬 역시 검은색 숫자에 들어갔다. 그러자 17번째 게임에는 더 많은 금액이 빨간색 칸에 들어가는 쪽으로 베팅되었다. "이제는 정말 빨간색 칸에 들어갈 차례다!"라고 소리쳤지만, 결과는 다시 검은색이었다. 이런 식으로 25번째 게임까지 구슬은 계속해서 검은색 칸에만 들어갔다. 그렇게 검은색 칸으로 구슬이 계속해서 들어가는 동안 도박사들은 "이번에는 확실히 빨간색 칸에 들어갈 차례야!"라고 외치며, 베팅 금액을 올리고 게임에 참가했지만 결국 엄청난 손실만 키우게 되었다. 이후 이 사건은 **도박사의 오류**(gambler's fallacy) 또는 **몬테 카를로의 오류**(the Monte Carlo fallacy)로 불리게 되었다.

이런 도박사의 오류는 카지노뿐만 아니라 주식거래에서도 쉽게 볼 수 있다. '주식의 가격이 계속 떨어졌으니 이젠 오를 차례'라든지, 반대로 '주가가 계속 올라갔으니 이젠 내릴 차례'라 믿고 주식을 매수하거나 매도하는 사람들이 대다수다. 이는 1913년 몬테 카를로 카지노에서 도박사들이 경험했던 '구슬이 검은색 칸에 계속해서 들어갔으니 이제는 빨간색 칸에 들어갈 차례'라고 믿고 빨간색 숫자에 가진 돈을 베팅하는 것과 마찬가지이다. 주가를 변동시키는 위험은 고려하지 않고 단순하게 주가가 계속 올랐으니 혹은 내렸으니, 이제는 반대로 떨어질 차례나 올라갈 차례라고 믿는 것은 합리적이지 않다. 몬테 카를로에서 도박사들의 오류가 막대한 부를 잃게 하였듯이 주식거래에서도 이러한 판단은 투자 손실을 가져올 수 있으므로 주의해야 한다.

2. 동전 던지기와 확률

이탈리아 트레비 분수
(연 20억 원 동전 수입)

앞뒤가 나올 확률이 같은 동전이 있다고 하자. 이 경우 앞이 나올 확률은 1/2, 뒤가 나올 확률도 1/2이다. 동전 1개를 던져서 앞이 나오는지 뒤가 나오는지를 기록하는 실험을 1,000회 되풀이한다. 그 결과, 최초의 10회는 뒤·앞·뒤·뒤·뒤·앞·뒤·뒤·앞·뒤가 나와서, 앞의 비율은 3(=30%), 뒤의 비율은 7(=70%)이었다. 본래의 확률 1/2(=50%)에서 많이 벗어나 있다.

그러면 최초 100회의 결과는 어떨까? 앞이 45회(=45%), 뒤가 55회(=55%)로, 최초 10회의 경우보다 본래의 확률 1/2(=50%)에 가까워졌다. 그리고 전체 1,000회 중에서 아무 곳이나 10회 또는 100회를 잘라 확인해 보아도 같음을 알 수 있다. 이 결과는 무엇을 말하는 것일까? 동전을 무한히 던진다고 가정하면 결과는 어떨까? 결론은 앞뒤의 비율은 1/2(50%)이 된다. 이것은 되풀이하는 수가 많을수록 본래의 확률에 가까워진다는 것을 의미한다.

동전을 던지면 앞과 뒤의 결과가 있다. 이처럼 일어날 수 있는 각각의 결과를 **표본**(sample)이라고 하며, 그 전체의 집합을 **표본공간**(sample space)이라고 한다. 또 확률에서는 **사건**(event)이라는 용어를 사용한다. 사건이란 표본공간에서 일부(부분집합)를 골라내는 것을 말한다. 예컨대 주사위를 던지는 경우에는 '짝수 눈이 나오는 것', '1 또는 3의 눈이 나오는 것', '6 이외의 눈이 나오는 것' 등 여러 가지 사건을 생각할 수 있다.

어떤 사건 A가 일어날 확률을 $P(A)$라고 한다. 확률은 영어로 'probability'라고 하며, P는 그 머리글자이다. $P(A)$의 값은 0에서 1 사이가 된다. 그리고 사건 A가 일어날 확률 $P(A)$ = (사건 A의 표본의 개수)/(전체 사건의 표본의 개수)로 구할 수 있다.

3. 주사위 던지기

확률에 대한 연구는 도박에서부터 시작되었다. 17세기에 도박사들을 괴롭힌 것이 3개의 주사위 눈을 합하는 문제였다. 주사위 3개를 동시에 던지면 합계가 9가 되는 조합은 6가지이고, 10이 되는 조합도 6가지로 같다. 그러나 주사위를 던지면, 경험상 9보다 10이 나오는 경우가 많았다.

이 의문을 해결한 사람이 이탈리아의 과학자 갈릴레오 갈릴레이(1565~1642)였다. 갈릴레이는 3개의 주사위를 구별해야 한다는 점을 알아차렸다. 쉽게 설명하기 위해 먼저 2개의 주사위 합계가 2가 되는 경우와 3이 되는 경우를 생각해보자. 합계가 2가 되는 경우는 (1, 1)이고, 3이 되는 경우는 (1, 2)로 모두 1가지이다. 그러나 2개의 주사위를 A, B로 구별하면 2가 되는 경우는 'A가 1, B가 1'이라는 1가지밖에 없지만, 3이 되는 경우는 'A가 1, B가 2'인 것과 'A가 2, B가 1'인 것 2가지가 있다. 이것은 2개의 주사위로 합계가 2가 되는 경우는 1가지이므로 조합은 1가지이고, 주사위를 구별하는 경우인 순열도 1가지라는 의미이다. 그러나 2개의 주사위로 합계가 3이 되는 경우, 조합은 1가지이지만, 주사위를 구별하는 경우인 순열은 2가지이다.

주사위 3개를 구별하지 않으면 각각 눈의 합계가 9가 되는 조합은 6가지이고, 10이 되는 조합도 6가지이다. 그러나 17세기의 도박사들은 실제로 주사위를 던지면, 합계가 9가 나오는 경우보다 10이 나오는 경우가 많다는 사실을 경험적으로 알고 있었다.

주사위 3개 눈의 합이 9가 되는 조합=6가지

1	1	1	2	2	3
2	3	4	2	3	3
6	5	4	5	4	3

주사위 3개 눈의 합이 10이 되는 조합=6가지

1 3 6	1 4 5	2 2 6	2 3 5	2 4 4	3 3 4

도박사들이 경험적으로 알고 있는 사실을 순열과 조합이라는 개념으로 다음 절에서 자세히 알아보자.

4. 순열과 조합

이번에는 주사위 3개를 서로 구별해서 생각해보자. 합계가 9가 되는 (1, 2, 6)이라는 조합 중에는 (1, 2, 6) 이외에도 (1, 6, 2) (2, 1, 6) (2, 6, 1) (6, 1, 2) (6, 2, 1)이라는 경우가 있으므로 총 6가지이다. 한편 (3, 3, 3)이라는 조합은 1가지 경우 밖에 없다. 이처럼 주사위를 구별하면, 합이 9가 되는 경우는 25가지, 10이 되는 경우는 27가지가 된다. 10이 나오는 경우가 2번 더 많은 것이다.

이것은 '순열'과 '조합'의 차이이다. **순열**(permutation)이란 예컨대 1, 2, 6이라는 3개 숫자를 배열했을 때 그 순서까지도 생각하는 것이다. 한편 **조합**(combination)은 순서를 생각하지 않는 것이다. 확률에 대해 생각할 때는 상황에 따라 순열과 조합 어느 쪽을 적용해야 하는지 신중하게 구별해야 한다.

주사위 3개 눈의 합이 9가 되는 경우: 조합=6가지

1	2	6		1	3	5		1	4	4		2	2	5		2	3	4		3	3	3

주사위 3개 눈의 합이 9가 되는 경우: 순열=25가지

(각 주사위 순서를 구별하는 경우)

1 2 6	1 3 5	1 4 4	2 2 5	2 3 4	3 3 3
1 6 2	1 5 3	4 1 4	2 5 2	2 4 3	
2 1 6	3 1 5	4 4 1	5 2 2	3 2 4	
2 6 1	3 5 1			3 4 2	
6 1 2	5 1 3			4 2 3	
6 2 1	5 3 1			4 3 2	

주사위 3개 눈의 합이 10이 되는 경우: 조합=6가지

1 3 6	1 4 5	2 2 6	2 3 5	2 4 4	3 3 4

주사위 3개 눈의 합이 10이 되는 경우: 순열=27가지

(합이 9인 경우보다 2가지 더 많음)

1 3 6	1 4 5	2 2 6	2 3 5	2 4 4	3 3 4
1 6 3	1 5 4	2 6 2	2 5 3	4 2 4	3 4 3
3 1 6	4 1 5	6 2 2	3 2 5	4 4 2	4 3 3
3 6 1	4 5 1		3 5 2		
6 1 3	5 1 4		5 2 3		
6 3 1	5 4 1		5 3 2		

n개의 집단에서 r개를 꺼내어 차례로 나열했을 때 순열의 총수는 ${}_nP_r$로 나타낸다. 이것을 구하는 공식은 ${}_nP_r = n!/(n-r)!$이다. 여기서 !(팩토리얼)은 '계승'을 나타내는 기호이다. 계승은 '계단식으로 곱한다'는 뜻이다. 예컨대 $3!=3\times2\times1$, $4!=4\times3\times2\times1$이다.

이 공식을 사용하면 4명의 집단에서 3명을 골라내어 차례를 고려하는 경우의 순열

은 $_4P_3=(4\times3\times2)/(4-3)!=24$이므로 24가지이다.

또한 조합의 총수는 $_nC_r$로 나타내고, n Combination r로 읽는다. 이것을 구하는 공식은 $_nC_r={}_nP_r/r!$ 또는 $n!/[(n-r)!r!]$이다.

4명의 집단에서 차례를 고려하지 않고 3명을 고르는 조합은 $_4C_3={}_4P_{3/3!}=24/(3\times2\times1)=4$ 또는 $4!/[(4-3)!\times3!]=24/6$이므로 4가지가 된다.

5. 우리반 학생 생일이 같을 확률은?

우리 반에 나와 생일이 같은 사람이 있다면 우연이라고 놀라지 않을까? 확률로 계산해보자. 반에 30명의 학생이 있다고 하자. 구하고자 하는 것은 '30명 중에서 2명 이상이 같은 생일을 가질 확률'이다. 이 문제를 풀 때는 **여사건**(complementary event)을 이용하는 것이 좋다. 30명의 생일이 모두 서로 다를 확률을 구하고, 그것을 1(=100%)에서 빼는 방법이다.

30명의 생일이 모두 서로 다를 확률을 계산하면 약 30%이다. 30명 중에서 적어도 2명 이상이 어느 날짜에서 생일이 같을 확률은 약 70%가 된다. 따라서 아주 흔하게 일어나는 일이라고 할 수 있다. 어떻게 이런 계산이 나오게 되는지 살펴보자.

아래의 그래프는 학급의 학생 수(가로축)와 적어도 2명 이상이 어느 날짜에서 생일이 같을 확률(세로축)의 관계를 나타낸 것이다. 학급의 학생 수가 23명을 넘으면 확률은 50%를 넘고, 30명을 넘으면 약 70%, 50명을 넘으면 약 97%에 이른다.

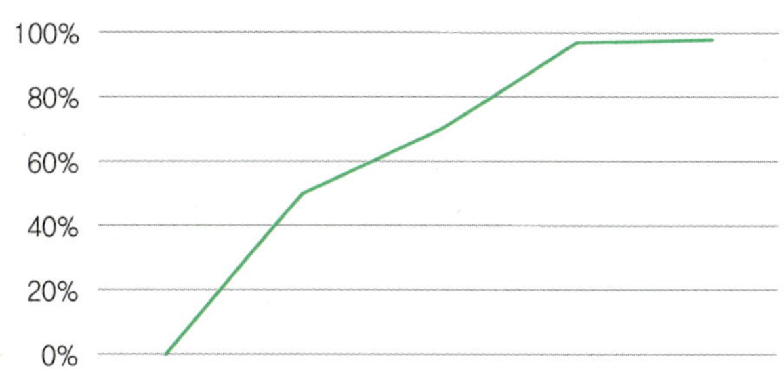

학생 2명 생일 일치 확률

- 30명의 생일의 모든 경우의 수:
  동급생 30명 전원의 생일이 365일 가운데 어느 날이므로 365^{30}가지
  (참고로 만약 3명 생일의 모든 경우의 수는 365×365×365)

- 30명의 생일이 모두 다른 경우의 수:
  첫째 사람의 생일은 언제라도 상관없으니까 365가지
  둘째 사람의 생일은 첫째 사람과 달라야 하므로 364가지
  셋째 사람의 생일은 첫째, 둘째 사람과 달라야 하므로 363가지
  ⋮
  30명째 사람의 생일은 앞의 29명과 달라야 하므로 336가지
  이것을 모두 곱하면 (365×364×363×⋯×336)=(2.17103E+76)가지

- 30명의 생일이 모두 다를 확률:
  30명의 생일이 모두 다른 경우의 수 / 30명의 생일의 모든 경우의 수
  $=(365\times364\times363\times\cdots\times336)\ /\ 365^{30}=$ 약 30%

	$=365^{30}$	7.39241E+76 ⋯①
1	365	365
2	364	132860
3	363	48228180
4	362	17458601160
5	361	6.30256E+12
6	360	2.26892E+15
7	359	8.14542E+17
8	358	2.91606E+20
9	357	1.04103E+23
10	356	3.70608E+25

11	355	1.31566E+28
12	354	4.65743E+30
13	353	1.64407E+33
14	352	5.78714E+35
15	351	2.03129E+38
16	350	7.1095E+40
17	349	2.48122E+43
18	348	8.63463E+45
19	347	2.99622E+48
20	346	1.03669E+51
21	345	3.57658E+53
22	344	1.23034E+56
23	343	4.22008E+58
24	342	1.44327E+61
25	341	4.92154E+63
26	340	1.67332E+66
27	339	5.67257E+68
28	338	1.91733E+71
29	337	6.4614E+73
30	336	2.17103E+76 …②
		0.293683757
		② / ①

- 30명 가운데 적어도 2명 이상이 어느 날짜에서 생일이 일치할 확률:
여사건의 개념에 의해, 확률 전체를 나타내는 1(=100%)에서 30명의 생일이 모두 서로 다를 확률을 빼면 구해진다. 따라서 답은 약 70%이므로 흔히 있을 수 있는 일이다.

6. 이상형을 만날 확률

지금 교제하고 있는 사람과 결혼을 해야 할지 말아야 할지 망설이는 사람 또는 그런 경험을 가진 사람들이 있을 것이다. 지금의 교제 상대보다 더 마음에 드는 사람이 나타날 수도 있고, 나타나지 않을 수도 있다. 이런 고민을 하는 사람에도 확률은 필요하다.

당신은 일생 동안 100명과 교제할 기회가 있다고 가정하자. 그런데 한 번 헤어진 사람과는 다시 만날 수 없다고 하자. 그리고 100명 가운데 가장 마음에 드는 상대를 *A*라고 하자. 단, *A*가 몇 번째에 나타날지는 알 수 없다. 만약 첫 번째 교제 상대와 결혼한 경우, 그 사람이 *A*일 확률은 1%로 매우 낮은 셈이다. 그렇다고 해도 100명째까지 기다려서 결혼했다고 해도 *A*와 결혼할 수 있을 확률은 마찬가지로 1%이다. 그러면 어떻게 해야 *A*와 결혼할 수 있을 가능성이 가장 높아질까?

확률론으로 계산하면, 이 경우 37명과 교제하다 헤어진 뒤, 그때까지 교제한 37명보다 더 마음에 드는 사람이 나타났을 때 결혼하는 것이 가장 좋은 전략이다. 이 전략에 따르면 *A*와 결혼할 수 있는 확률은 최대가 되며, 그 값은 약 37%이다. 왜 그런지 살펴보도록 하자.

단순하게 하기 위해 일생 동안의 교제 상대를 10명이라고 가정한다. 먼저 첫 번째 교제 상대와 결혼하고 그 사람이 *A*일 확률은 10%이다.

그 다음에 첫 번째 교제 상대와는 무조건 헤어지고, 2번째 이후의 교제 상대가 첫 번째보다 마음에 드는 사람이 나타난 시점에서 그 사람과 결혼하는 전략을 생각해보자. 그 경우 첫 번째가 *A*였다면 *A*와 결혼할 수 있는 확률은 0%가 된다.

첫 번째 교제 상대가 2번째로 좋은 *B*(확률 1/10)였다면, 그 이후 *B*보다 좋은 사람은 *A*밖에 없으므로 *A*가 몇 번째 사람으로 나와도 *A*와 결혼할 수 있다. 그 확률은 $\{(1/10)\times(1/1)\}=10\%$로 계산할 수 있다.

첫 번째 교제 상대가 3번째로 좋은 *C*(확률 1/10)였다면, 그 이후 *B*보다 *A*가 먼저 등장(확률 1/2)할 경우 *A*와 결혼할 수 있다. 그 확률은 $\{(1/10)\times(1/2)\}=5\%$이다.

첫 번째 교제 상대가 4번째로 좋은 *D*(확률 1/10)였다면, 그 이후에 *B*와 *C*보다 먼저 A가 등장할 경우 A와 결혼할 수 있다. 그 확률은 $\{(1/10) \times (1/3)\} = 3.3\%$이다.

이렇게 해서 '첫 번째 교제 상대와는 헤어지고, 두 번째 이후에 첫 번째보다 마음에 드는 사람이 나타난 시점에서 결혼하는 전략'으로 A와 결혼할 수 있는 확률을 모두 더하면 약 28%가 된다.

표 1.6-1 첫 번째 교제 상대와 헤어지고 두 번째 이후 선택 시 이상형(A)을 만날 확률

	NUMERATOR	DENOMINATOR	A%	NUMERATOR	DENOMINATOR	B%	A^*B%
1	1	10	0.10	1	0	0.00	**0.0%**
2	1	10	0.10	1	1	1.00	**10.0%**
3	1	10	0.10	1	2	0.50	**5.0%**
4	1	10	0.10	1	3	0.33	**3.3%**
5	1	10	0.10	1	4	0.25	**2.5%**
6	1	10	0.10	1	5	0.20	**2.0%**
7	1	10	0.10	1	6	0.17	**1.7%**
8	1	10	0.10	1	7	0.14	**1.4%**
9	1	10	0.10	1	8	0.13	**1.3%**
10	1	10	0.10	1	9	0.11	**1.1%**
							28.3%

이하 마찬가지의 계산을 하면 2명과 헤어진 뒤 결혼하는 전략으로 A와 결혼할 수 있는 확률은 약 37%, 3명과 헤어진 뒤라면 약 39.9%, 4명이라면 약 39.8%, 5명이라면 약 37%, 6명이라면 약 33%, …가 된다.

3~4명과 교제하고 나서 가장 마음에 드는 사람을 고르는 방법이, A와 결혼할 수 있는 확률이 가장 높음을 알 수 있다.

표 1.6-2 첫 번째 교제 상대와 헤어지고 두 번째 이후 선택 시 이상형(A)을 만날 확률의 계산식

1	2	3	4	5	6	7	8	9	10

첫 번째 교제 상대와 결혼하고 그 사람이 A일 확률은	1/10	10%

첫 번째 교제 상대와는 무조건 헤어지고, 두 번째 이후의 교제 상대가 첫 번째보다 마음에 드는 사람이 나타난 시점에서 그 사람과 결혼하는 전략		28%
첫 번째 교제 상대가 바로 'HE 또는 SHE'였다면, 망한 것이다.	0	0%
첫 번째 교제 상대가 2번째로 좋은 B(확률 1/10)였다면, 그 이후 B보다 좋은 사람은 A밖에 없다.	{(1/10)×(1/1)}	10%
첫 번째 교제 상대가 3번째로 좋은 C(확률 1/10)였다면, 그 이후 B보다 A가 먼저 등장(확률 1/2)	{(1/10)×(1/2)}	5%
첫 번째 교제 상대가 4번째로 좋은 D(확률 1/10)였다면, 그 이후 B와 C보다 먼저 A가 등장할 경우 A와 결혼할 수 있다.	{(1/10)×(1/3)}	3.3%
첫 번째 교제 상대가 5번째로 좋은 E(확률 1/10)였다면, 그 이후 B, C, D보다 먼저 A가 등장할 경우 A와 결혼할 수 있다.	{(1/10)×(1/4)}	2.5%
첫 번째 교제 상대가 6번째로 좋은 F(확률 1/10)였다면, 그 이후 B, C, D, E보다 먼저 A가 등장할 경우 A와 결혼할 수 있다.	{(1/10)×(1/5)}	2.0%
첫 번째 교제 상대가 7번째로 좋은 G(확률 1/10)였다면, 그 이후 B, C, D, E, F보다 먼저 A가 등장할 경우 A와 결혼할 수 있다.	{(1/10)×(1/6)}	1.7%
첫 번째 교제 상대가 8번째로 좋은 H(확률 1/10)였다면, 그 이후 B, C, D, E, F, G보다 먼저 A가 등장할 경우 A와 결혼할 수 있다.	{(1/10)×(1/7)}	1.4%
첫 번째 교제 상대가 9번째로 좋은 I(확률 1/10)였다면, 그 이후 B, C, D, E, F, G, H보다 먼저 A가 등장할 경우 A와 결혼할 수 있다.	{(1/10)×(1/8)}	1.3%
첫 번째 교제 상대가 10번째로 좋은 J(확률 1/10)였다면, 그 이후 B, C, D, E, F, G, H, I보다 먼저 A가 등장할 경우 A와 결혼할 수 있다.	{(1/10)×(1/9)}	1.1%

표 1.6-3 이별하는 연인 수와 이상형을 만날 확률

이별하는 연인 수	0	1	2	**3**	**4**	5	6	7	8	9
확률(%)	10	28.3	36.6	**39.9**	**39.8**	37.3	32.7	26.5	18.9	10

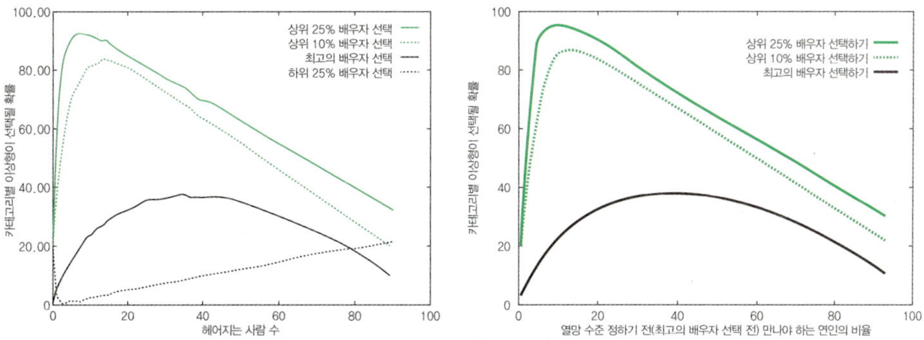

자료: Todd, P. M. (1997). Searching for the next best mate. In *Simulating social phenomena* (pp. 419-436). Springer, Berlin, Heidelberg.

"본인의 마음에 드는 상위 10%에 해당하는 사람과 결혼하기 위해서는 14%와 이별한 후에, 그 이전보다 더 좋은 사람이 나타나는 순간 선택한다면 그때의 성공 확률이 83%로 가장 높다."

표 1.6-3 이별하는 연인 수란 어떤 교제 상대라도 무조건 헤어진다는 전략을 몇 사람만큼 계속하는지를 의미한다. 그리고 확률은 상단의 사람 수와 헤어진 뒤 그때까지의 교제 상대보다 마음에 드는 교제 상대가 나타났을 때 결혼한 경우, 그 상대가 A(10명 가운데 가장 마음에 드는 이성)일 확률이다.

이것을 최적 정지 알고리즘으로 계산해보자. 최적 정지 알고리즘이란, 특정 수만큼 확인한 후에 확인한 내용을 기준으로 하여 그 기준을 넘는 대상이 나오면 선택하는 방법이다. 만날 수 있는 이성의 숫자가 충분하다고 가정하고, 전략 $S(k)$는 다음으로 정의한다. "k명까지 만나 보고 기준을 정한 후, $(k+1)$명째부터 기준 이상의 사람이 나오면 심각하게 사귄다." $P(k)$를 전략 $S(k)$의 성공 확률로 정의하면, $P(k)$는 얼마인지 알아보자.

$$P(k) = \sum_{i=1}^{n} (i\text{번째가 최적의 이성일 확률}) \times (\text{최적의 이성을 선택할 확률})$$

$$= \sum_{i=1}^{k} \frac{1}{n} \times 0 + \sum_{i=k+1}^{n} \frac{1}{n} \times (\text{최적의 후보보다 먼저 만나는 후보가 } k\text{명 내에 있을 확률})$$

$$= \sum_{i=k+1}^{n} \frac{1}{n} \times \frac{k}{i-1} = \frac{k}{n} \times \sum_{i=k+1}^{n} \frac{1}{i-1}$$

만날 수 있는 이성의 수가 충분히 많다고 가정했기 때문에 n이 무한히 커진다고 하면

$$P(k) = \lim_{n \to \infty} \frac{k}{n} \sum_{i=k+1}^{n} \frac{1}{i} = \lim_{n \to \infty} \frac{k}{n} \sum_{i=k+1}^{n} \frac{n}{i} \times \frac{1}{n} = \lim_{n \to \infty} \frac{k}{n} \int_{\frac{k+1}{n}}^{1} \frac{1}{t} dt$$

$$= \lim_{n \to \infty} \frac{k}{n} \times \left(\ln 1 - \ln \frac{k+1}{n} \right) = \lim_{n \to \infty} - \frac{k}{n} \ln \frac{k+1}{n}$$

이것이 최대가 되는 경우를 찾아야 하기 때문에 k도 n에 가깝게, 충분히 크다고 가정할 수 있다. 이때 $x = \frac{x}{n}$로 정의한다. 또한 $Q(x) = P(xn)$으로 정의한다.

$$Q(x) = P(xn) = \lim_{n \to \infty} - x \ln x = - x \ln x$$

미분을 활용하여 $Q(x)$가 최대가 되는 x를 구한다.

$$Q'(x) = - \ln x - 1 = 0 \ : \ x = \frac{1}{e}$$

이때 $P(k)$의 값은 $P(k) = Q(x) = - x \ln x \leq - \frac{1}{e} \ln \frac{1}{e} = \frac{1}{e} \approx 37\%$ (36.78%)가 된다. 최적의 해는 $\frac{n}{e}$에 가장 가까운 자연수만큼의 이성을 만난 후, 지금까지 만나 본 사람 중 가장 마음에 드는 사람이 나오면 최고 확률의 이상형으로 선택한다.

본 알고리즘은 성공 확률이 37%밖에 되지 않는다는 것이 가장 큰 단점이다.

그러면 표 1.6-2에서는 왜 성공 확률이 39.9%로 높았을까? 전체 모수에 따라서 달라지기 때문이다. 표 1.6-4는 전체 모수가 1000에 가까울수록 성공 확률 36.78%에 가까워지는 것을 보여준다.

표 1.6-4 **전체 만남에서 이별 비율에 따른 성공 확률**

전체 만남	이별 횟수	성공 확률	이별 횟수/전체 만남	이별 비율
10	3	39.87%	3/10	0.331
20	7	38.42%	7/20	0.357
30	11	37.86%	11/30	0.366
40	15	37.57%	15/40	0.375
50	18	37.43%	18/50	0.361
100	37	37.10%	37/100	0.373
1000	369	36.81%	369/1000	0.3691

* 3명과 헤어지고 이상형을 만날 성공 확률이 가장 높다.

7. 몬티홀 확률문제

영화 '21'에는 어느 대학교수가 학생들에게 질문을 던진다. 퀴즈쇼에 참가한 당신 앞에는 3개의 문이 있다. 하나의 문 뒤에는 스포츠카가 있고, 2개의 문 뒤에는 염소가 있다. 퀴즈쇼의 진행자는 어떤 문 뒤에 스포츠카가 있는지 이미 알고 있지만 당신은 알지 못한다. 이때 당신은 3개의 문 중에서 하나를 선택할 수 있다. 당신이 하나의 문을 선택하자, 퀴즈쇼 진행자는 남아 있는 2개의 문 중에서 하나를 열어 보이며 당신에게 묻는다. "여기는 스포츠카가 없군요. 혹시 지금 당신의 선택을 바꿀 수

몬티홀 문제

있는 기회가 주어진다면 바꾸시겠습니까?"라고 말이다. 이때 당신은 처음 선택한 문을 고수할 것인가, 아니면 선택을 바꿀 것인가? 어떤 선택이 당신이 스포츠카를 선택하는 데 더 높은 확률을 가져다줄 것인가?

영화에서 주인공은 1초도 생각하지 않고 문제에 대한 정답을 말한다. 그러나 이 문제는 사실 쉬운 문제는 절대 아니다. 이 문제가 그 유명한 몬티홀(미국의 TV 쇼 프로그램 'Let's make a deal'의 사회자) 문제이다. 몬티홀 딜레마는 원래 수학자 Stevin이 1975년 American Statistician에 '편집장에게 보내는 편지'에 투고하면서 유명해졌다.

몬티홀 문제가 유명해진 가장 큰 이유는 문제의 정답이 우리가 일반적으로 생각하고 느끼는 직관과 같지 않기 때문이다. 일반적으로 생각하기에는 사회자가 문을 열어 보여준 염소를 제외하고 나면 스포츠카 한 대와 또 다른 염소만 남게 된다. 그렇기 때문에 게임 참가자가 선택한 문 뒤에 스포츠카가 있을 확률과 염소가 있을 확률은 1/2로 50%의 동일한 확률로 보인다. 처음 선택한 문에 머물건, 선택을 바꾸건 확률이 바뀌지 않는다면 게임 참가자가 자신이 처음 선택한 문을 바꿔야 할 이유가 없다. 그러나 확률을 계산하면 게임 참가자가 최초 선택한 문 뒤에 스포츠카가 있을 확률은 1/3, 사회자가 문 하나를 열어준 후에 선택을 바꾸게 되면 확률은 2/3로 올라간다. 따라서 게임 참가자는 최초 선택을 바꾸는 것이 확률을 높일 수 있다.

사회자가 문 하나를 열어 보여주게 되면 우리가 모르는 문은 3개에서 2개가 된다. 그렇다면 이 시점에서 선택을 바꾸게 되면 확률이 1/2로 바뀌는 거라고 생각할 수도 있지만 잘못된 계산이다.

표 1.7-1은 사회자 몬티홀이 문을 열어준 다음에 게임 참가자가 최초 선택한 문에서 무조건 바꾸었을 때 확률을 보여준다.

$$\text{스포츠카를 얻지 못할 확률: } 3/9 = 1/3$$

표 1.7-1 수학자 Stevin의 풀이방법(선택한 문을 무조건 바꿀 때 확률)

스포츠카가 있는 문	참가자가 선택한 문	몬티홀이 열어준 문	참가자가 바꾼 문	결과
A	A	B 또는 C	C 또는 B	스포츠카를 얻지 못함
A	B	C	A	스포츠카를 얻음
A	C	B	A	스포츠카를 얻음
B	A	C	B	스포츠카를 얻음
B	B	A 또는 C	C 또는 A	스포츠카를 얻지 못함
B	C	A	B	스포츠카를 얻음
C	A	B	C	스포츠카를 얻음
C	B	A	C	스포츠카를 얻음
C	C	A 또는 B	B 또는 A	스포츠카를 얻지 못함

자료: Stevin이 제시한 몬티홀 딜레마의 풀이방법 [7, p. 266]에서 재인용됨.

다음은 직관적인 판단이다(X_1을 선택했을 때).

$$P(C_1|X_1)=\frac{1}{3}$$
$$P(C_2|X_1)=\frac{1}{3}$$
$$P(C_3|X_1)=\frac{1}{3}$$

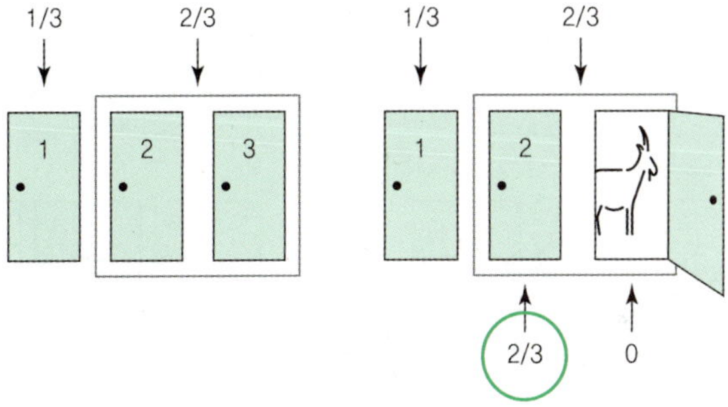

X_1	X_2	X_3	X_1 유지	바꿈
스포츠카	염소	염소	**스포츠카를 얻음**	염소를 얻음
염소	**스포츠카**	염소	염소를 얻음	**스포츠카를 얻음**
염소	염소	**스포츠카**	염소를 얻음	**스포츠카를 얻음**

다음은 확률적인 판단이다.

진행자가 염소를 보여준 이유는 다음 2가지이다.

ALT 1: 게임 참가자가 선택한 문 뒤에 스포츠카가 있었다.

참가자가 최초 선택했던 문(A)에 스포츠카가 있었다면 사회자는 문 B나 문 C, 어떤 문이든 보여줄 수 있다. 사회자는 이때 문 B, 문 C를 동일한 확률로 선택할 수 있다. 참가자가 선택한 문 A에 스포츠카가 있을 확률은 1/3, 그리고 사회자가 문 B나 문 C를 보여줄 확률 1/2이므로, $1/3 \times 1/2 = 1/6$이 된다.

ALT 2: 게임 참가자가 선택한 문 뒤에 염소가 있었다.

게임 참가자가 선택한 문 A에 염소가 있었다면 사회자는 염소가 있는 또 다른 문 B를 보여줄 수밖에 없다. 참가자가 선택한 문 A 뒤에 염소가 있을 확률은 1/3이다. 그러므로 참가자가 선택한 문 A에 염소가 있고(1/3), 사회자가 또 다른 염소를 보여줘야 하는 확률은 $1/3 \times 1/1 = 1/3$이다.

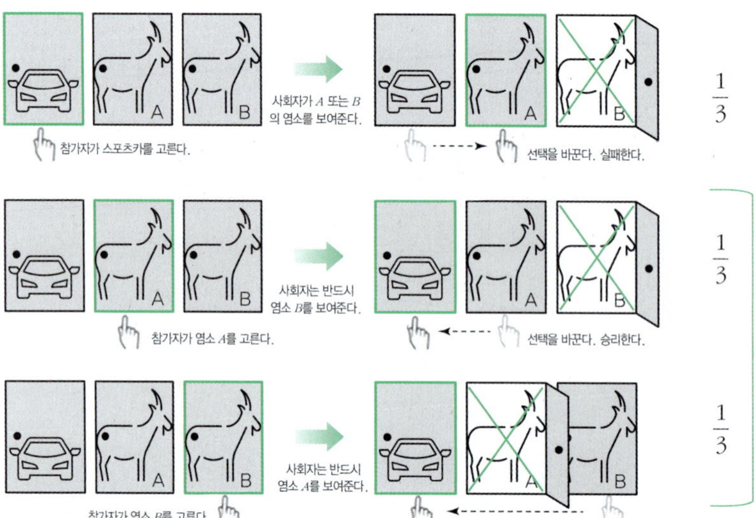

이제 ALT 1과 ALT 2를 더하면 $1/6 + 1/3 = 1/2$이다. 이것을 전체 확률 $P(B)$로 보고, 전체 확률에서 참가자가 선택한 문에 스포츠카가 있을 확률은 $P(A|B) = P(A \cap B)/P(B) = (1)/[(1)+(2)] = (1/6)/(1/2) = 1/3$이다.

만약, 게임 참가자가 선택한 문 B에 염소가 있을 확률은 $1-P(A|B)=1-(1/3)=2/3$이다. 그러므로 사회자가 문 A의 염소를 보여주면 참가자는 최초 선택했던 문에 염소가 있을 확률(2/3)이 스포츠카가 있을 확률(1/3)보다 높기 때문에 최초 선택을 바꾸는 것이 확률을 높이는 합리적인 선택이 된다.

CHAPTER 2

자료의 이해

1 통계와 자료

2 변수와 척도

3 기술통계과 추론통계

4 표와 그래프로 표현하기

5 범주형 자료의 요약

데이터 분석의 중요성
(머니볼)

빅데이터의 활용
(통계 데이터센터 활용)

위험에 처한 여성이 동행을 부탁한다면
들어줄 확률은?

1. 통계와 자료

통계라는 용어를 들으면 우리는 자료 분석을 떠올린다. 왜 자료를 분석해야 하는가? 느낌이나 감각적으로 알고 있는 정보들을 과학적인 방법으로 확인해보고 싶기 때문이다. 자료를 분석할 때 우리는 전체 자료(예를 들어, 우리나라 모든 대학생)를 분석하지 않는다. 아니 분석하지 못한다. 그 이유는 전체 자료를 취득하기 힘들거나 더 중요한 이유는 경제적인 타당성이 없기 때문이다. 따라서 자료의 일부분만을 조사해서 그것으로부터 전체의 특성을 추론하는 방법을 사용한다.

이때 통계학에서는 관심의 대상 전체를 **모집단**(population)이라 하고, 그중에서 조사된 일부분을 **표본**(sample)이라 정의한다. 여기서 모집단의 특성을 나타내는 기술적 척도를 **모수**(parameter)라고 하고, 표본을 나타내는 기술적 척도를 **통계량**(statistic)이라고 한다. 표본을 분석하여 모집단의 특성을 유추해내기 위해서는 **추론**(inference)의 과정이 필요하다.

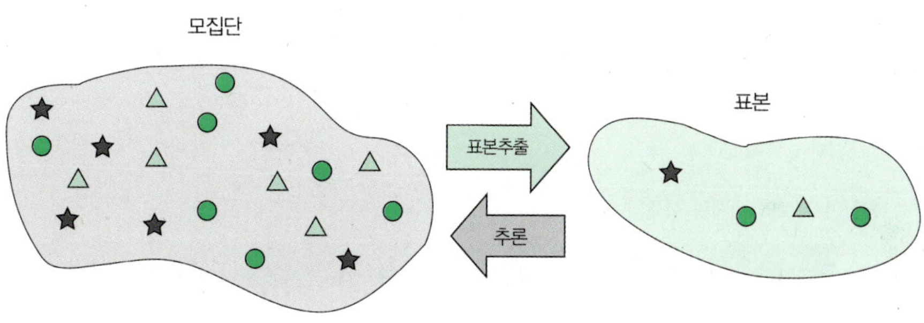

그림 2.1-1 **모집단과 표본**

모수: 모평균, 모분산, 모비율, 모상관계수 등

통계량: 표본평균, 표본분산, 표본비율, 표본상관계수 등

통계학은 표본이 되는 자료를 수집, 정리, 요약하여 해당자료의 모태가 되는 모집단을 추측하는 작업이기 때문에 자료의 취득이 중요하다. 자료의 취득에는 크게 실험과

관측의 두 종류가 있다. 자연과학분야에서는 주로 실험을 통해서 자료를 얻고, 사회과학분야에서는 실험이 불가능한 경우가 많기 때문에 관찰이나 설문하는 방법으로 자료를 취득한다.

관찰자료는 한 시점에서 여러 개체를 관찰하느냐, 아니면 한 개체를 여러 시점에서 관찰하느냐에 따라서 **횡단면 자료**(cross-sectional data)와 **시계열 자료**(time-series data)로 분류된다. 또한 횡단면과 시계열의 특성을 결합하여 여러 개체를 여러 시점에 걸쳐서 관측하면 정보의 양이 더욱 많아지는데, 이러한 자료를 종적자료(longitudinal data) 또는 패널자료(panel data)라고 부른다. 예를 들어 식품의 월별, 판매 채널별, 매출액 증가율 자료는 패널자료가 된다.

표 2.1-1 **횡단면 자료와 시계열 자료의 차이**

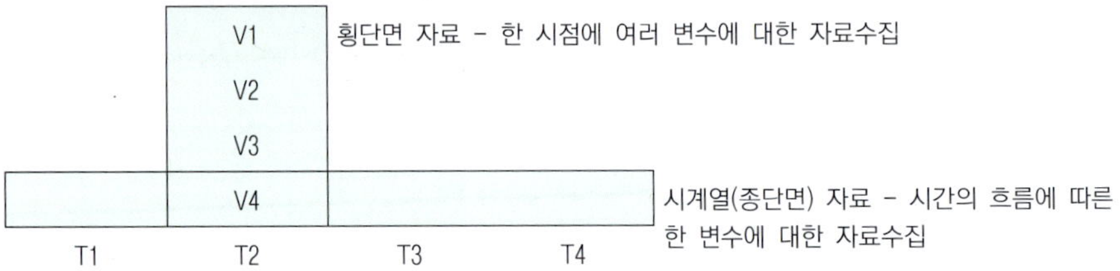

* V1, V2, V3, V4는 각각 다른 변수
* T1, T2, T3, T4는 각각 다른 시점

표 2.1-2 **횡단면 자료와 시계열 자료의 예시**

			아메리카노	카페모카	카페라떼
시계열 자료	**2014**	**스타벅스**	3600	4600	4600
	2014	이디야	2500	3000	3000
	2014	커피빈	3600	4500	4600
	2015	**스타벅스**	3800	4800	4800
	2015	이디야	2500	3000	3000
	2015	커피빈	3900	5000	5100
횡단면 자료	**2016**	**스타벅스**	4100	5100	5100
	2016	이디야	2800	3300	3300
	2016	커피빈	4500	5500	5600

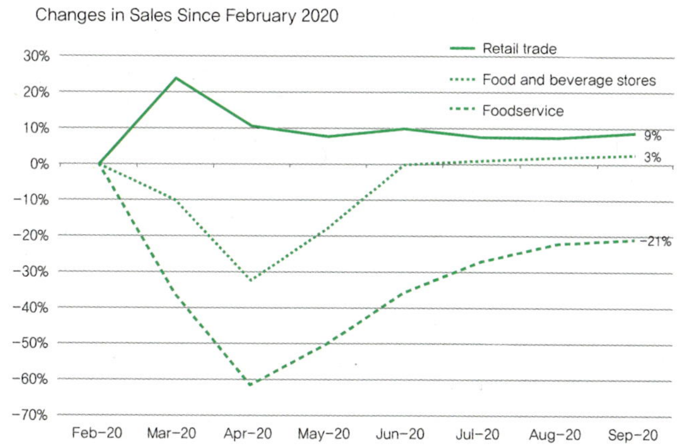

그림 2.1-2 케나다 레스토랑 산업 시기별 매출 변화
자료: Statistics Canada and Restaurants Canada

"어른들은 숫자를 좋아해요. 어른들에게 새로운 친구가 생겼다고 말해보세요. 그러면 어른들은 그 친구에 대해서 중요한 질문은 전혀 하지 않죠. 예를 들면, '친구의 목소리는 어때?', '그는 어떤 놀이를 좋아하니?', '그는 나비를 좋아하니?'와 같이 중요한 사실에 대해서는 전혀 묻지 않아요. 대신 '친구는 몇 살이니?', '형제는 몇 명이니?', '몸무게는 어느 정도야?', '친구 아버지의 수입은 얼마야?'와 같은 것만 묻죠. 어른들은 이런 숫자로 친구에 대해 중요한 사실을 알 수 있다고 생각하나 봐요."

– 생텍쥐페리(프랑스 소설가, 1900~1944) 《어린 왕자》 중에서 –

"당신은 몇 살입니까? 당신의 가족은 몇 명입니까? 거주하는 곳이 어디입니까? 당신은 직업이 있습니까? 가구소득은 얼마입니까?"

– 통계청 인구조사 문항 –

우리나라 통계청의 인구조사 문항에는 '당신은 몇 살입니까?', '당신의 가족은 몇 명입니까?', '당신 가구의 소득은 얼마입니까?', '당신은 기혼자입니까?', '당신은 직업이 있습니까?' 등의 질문이 들어 있다.

통계청의 인구조사는 나이, 가족의 수, 가구소득, 혼인상태, 취업상태 등을 묻고 있다. 응답자의 특성 가운데 나이, 가족의 수, 가구소득 등은 질문에 대한 대답이 숫자로 표현되므로, **양적인**(quantitative) 성격을 가지고 있다.

반면 혼인상태는 현재의 결혼상태에 따라 미혼, 기혼, 이혼, 별거, 사별 등으로 답해지고, 취업상태는 취업, 실업, 경제활동 불참 등으로 답해지므로 이러한 특성은 **질적인**(qualitative) 성격을 갖고 있다.

2. 변수와 척도

1) 변수

숫자로 표현할 수 있는 특성을 **확률변수**(random variable) 또는 단순히 **변수**(variable)라고 한다. 양적인 특성은 처음부터 숫자로 표현되므로 변수이다. 질적인 특성이라도 이를 숫자로 표현하면 변수가 된다.

위의 예에서 취업, 실업, 경제활동 불참 등으로 표현된 취업상태 특성은 그 자체로서는 변수가 아니다. 하지만 취업은 ①, 실업은 ②, 경제활동 불참은 ③으로 바꾸어 코딩(coding)하면 이는 이제 변수가 된다. 이처럼 숫자가 아닌 특성을 왜 굳이 숫자로 바꾸어 표현할까? 자료를 다루기가 편리하기 때문이다. 우선 자료를 빠르게 입력할 수 있고 입력된 자료를 계산하기도 쉽다.

변수는 한 걸음 더 나아가 **질적변수**(qualitative variable)와 **양적변수**(quantitative variable)로 나눌 수 있다.

질적변수는, 각각의 관측치를 구분 짓는 특징을 표시하기 위해 이름이나 표식을 사용하는 변수이다. 예를 들어, 2022년 인구조사에서는 응답자에게 성별을 표시하도록 하였다. 각각의 응답자는 남성이나 여성을 선택하게 했다. 성별은 질적변수이다. 이외의 질적변수로는 인종, 직업, 국가, 브랜드, 선호하는 메뉴 등이 있다.

양적변수는, 의미 있는 숫자 값을 가지는 변수이다. 양적변수는 **불연속**(이산, discrete)과 **연속**(continuous)으로 나뉜다.

불연속(이산) 변수는 셀 수 있는 숫자 값을 가진다. 가구당 자녀 수나, 2020 도쿄올림픽 4강에 오른 여자 배구경기 점수를 생각하면 된다. 가구당 두 명의 아이나 배구경기 25점 득점은 관찰할 수 있지만, 가구당 1.3명의 아이나 24.7점 득점은 관찰할 수 없다. 이산변수 값이 꼭 전체 수일 필요는 없다. 목요일 남한산성입구 지하철역 개찰구를 통과하는 대학생의 숫자는 이산변수다. 이론적으로 개찰구를 통과하는 대학생의 수는 0, 1, 2, …, 100, …, 200, …의 값을 가진다. 1.3명의 대학생은 없다. 특정 레스토랑에 하루 동안 방문한 고객 수는 일정한 단위로 증가하는 값만을 가진다는 점에서 이산적인 변수다.

연속적인 변수의 예로는 나이와 가구소득이 있다. 가족 수와는 달리 나이와 가구소득이 취하는 값은 임의의 최소단위에 따라 그 배수로 증가하지 않는다. 예를 들어서, 나이는 시간에 따라 연속적으로 변한다는 점에서 연속적인 변수이다. 물론 대답하는 과정에서 나이가 이산적으로 기록되기도 한다. 나이를 말할 때 나이가 21.5살이라고 말하지 않고 만으로 21살이라고 말하기 때문이다. 연속변수는 특정 범위 안에 있는 셀 수 없는 값으로 특징된다. 몸무게, 키, 시간 그리고 수익률은 모두 연속변수의 예이다. 예를 들어 167cm와 181cm 사이에는 167.8cm, 167.9cm, 179.2cm 등 셀 수 없이 많은 숫자가 존재한다. 그러나 실제로는 연속변수도 이산변수 값으로 측정될 수 있다.

양적인 특성을 숫자로 표현하면 이는 그 특성에 따라 또는 그 기록되는 방식에 따라 연속적인 변수가 되기도 하고 이산적인 변수가 되기도 한다. 반면 질적인 특성은 숫자로 표현하면 반드시 이산적인 변수가 된다.

2) 척도

① 명목척도

명목척도(nominal scale)는 가장 간단한 형태의 측정 척도이다. 명목척도가 주어진다면, 데이터를 분류하거나 그룹화하는 것 이외에는 할 수 있는 것이 없다. 데이터의 값은 이름 혹은 표식만 다르다. 명목척도를 이해하기 위해서 사람들에게 결혼상태를 물어보는 설문지를 생각해보자. 설문지에 응답한 10명이 다음과 같은 응답을 하였다고 하자.

순서	1	2	3	4	5	6	7	8	9	10
결혼상태	독신	기혼	기혼	기혼	과부	독신	기혼	기혼	독신	이혼

다음과 같은 코드, 즉 독신=1, 기혼=2, 이혼=3, 과부=4를 이용하면, 이와 같은 응답을 다음과 같이 정리할 수 있다.

1 2 2 2 4 1 2 2 1 3

이와 같은 수치들의 평균은 2.0이다. 이것이 평균적인 사람이 기혼이라는 의미인가? 이제 4명을 추가적으로 인터뷰하였고 이 중에서 3명은 과부이고 1명은 이혼상태라고 하자. 데이터는 다음과 같이 정리된다.

1 2 2 2 4 1 2 2 1 3 4 4 4 3

이와 같은 14개 수치의 평균은 2.5이다. 이것이 평균적인 사람이 결혼하나 도중에 이혼한다는 것을 의미하는가? 이 예는 명목척도에 사용된 코드들에 대하여 이루어진 계산은 의미가 없다는 것을 보여준다. 우리가 명목척도에 대하여 할 수 있는 일은 각 발생횟수를 세거나 발생비율을 계산하는 것이다.

② 서열척도

명목척도와 비교하면, **서열척도**(ordinal scale)는 더 많은 정보를 포함한다. 서열척도를 사용하면 데이터를 여러 가지 특성에 따라 분류 그리고 서열화할 수 있다. 서열척도의 약점은 서열 사이의 차이를 이해할 수 없다는 것이다. 서열을 나타내는 데 숫자가 사용되었다고 해도, 임의로 부여된 숫자이기 때문에 의미가 없다. 서열척도는 명목척도와 비슷해 보이나 데이터 값의 순위가 의미를 가진다.

예를 들면, 대부분의 대학에서 재학생과 졸업생들에게 대학 만족도 평가를 한다. 이 경우의 변수들은 대학과 교직원들의 다양한 측면에 대한 등급들이다. 한 특정한 대학에서 변수들이 다음과 같다고 하자.

부실, 보통, 양호, 매우 양호, 우수

범주데이터와 서열데이터의 차이점은 서열데이터의 값들은 순위대로 정리된다는 것이다. 따라서 서열데이터의 값들에 코드를 부여할 때, 이 값들의 순위가 유지되어야 한다. 예를 들면, 학생들의 대학 만족도 평가를 다음과 같이 기록할 수 있다.

매우 그렇지 않다=1, 그렇지 않다=2,
보통이다=3, 그렇다=4, 매우 그렇다=5

순위코드를 선택할 때 부과되는 유일한 제약은 순위가 유지되어야 한다는 것이기 때문에 순위가 유지되는 다른 형태의 코드를 사용할 수 있다. 예를 들면, 다음과 같은 코드가 부여될 수도 있다.

아주 나쁨=6, 나쁨=18, 별로=23, 좋음=45, 매우 좋음=88

하지만 서열척도의 중요한 것은 수치들의 크기가 아니라 수치들의 순위이다. 다른 예를 살펴보자. 매출규모를 기준으로 아이스팩토리㈜에서 가장 판매비율이 높은 5개 아이스크림의 종류를 생각해보자.

판매순위: 1위 곰발바닥, 2위 롤리팝, 3위 뽀로로, 4위 자두, 5위 라바

이와 같은 정보에서 곰발바닥과 롤리팝의 매출 차이가 롤리팝과 뽀로로의 매출 차이와 같다고 결론을 내릴 수 없다. 왜냐하면 이 자료는 아이스크림 판매순위를 서수로 나타낸 정보만을 가지고 있지 판매매출 금액을 나타낸 정보를 가지고 있지 않기 때문이다. 즉, 1과 2의 차이는 2와 3의 차이와 같은 의미를 가지지 않는다.

③ 등간척도

등간척도(interval scale) 데이터로는 분류, 서열화를 할 수 있을 뿐 아니라, 척도 사이의 값의 차이도 유의미하게 이용할 수 있다. 더하기와 빼기 같은 산술연산도 의미 있게 행해질 수 있다. 날씨를 섭씨로 재는 것은 등간척도의 한 예이다. 섭씨 40도가 섭씨 30도보다 더울 뿐 아니라, 섭씨 40도와 섭씨 30도 사이의 차이 10과 섭씨 50도와 섭씨 40도 사이의 차이 10은 같다. 등간척도의 가장 큰 약점은 영점(값)이 임의로 정해진다는 것이다. 등간척도에서 0은 아무것도 측정되지 않는 점이 아니다. 섭씨 0도는 섭씨 10도보다 10도 추운 날씨를 의미하는 것 이외에 아무 뜻도 없다. 임의적으로 정해진 영점으로는 의미 있는 비율이 계산될 수 없다. 예를 들어, 섭씨 20도는 섭씨 10도보다 두 배 덥다고 이야기할 수 없기 때문에, 비율 20/10은 아무 의미가 없다.

④ 비율척도

데이터 중 가장 많은 정보를 담고 있는 것이 **비율척도**(ratio scale)이다. 비율데이터는 등간데이터의 모든 특징을 가지고 있으며 실제 영값(0값)을 가지기 때문에 비율을 해석할 수 있다. 경영분석에 사용되는 많은 데이터가 비율척도를 사용한다. 매출액, 이익, 그리고 재고율 같은 변수는 비율데이터이다. 의미 있는 0의 존재는 예를 들어 A회사의 이익이 회사의 두 배라고 말할 수 있게 해준다. 무게, 시간, 거리와 같은 변수도 0값이 유의미한 비율척도들이다. 명목척도와 달리, 등간척도와 비율척도 값에는 산술연산을 적용할 수 있다. 양적변수의 일반값과 변화를 측정할 때에 질적 자료인 명목척도에서는 계산할 수 없다.

3) 실험연구

COVID-19로 주가가 크게 상승한 기업 중에 넥플릭스가 있다. 넥플릭스 다큐 중에 “100인, 인간을 말하다”라는 프로그램이 있는데, 재미있고 흥미로운 실험연구들을 많이 접할 수 있다. 그중 ‘칭찬과 비판 중 무엇이 더 효과적일까’라는 것을 실험으로 증명한 에피소드가 있다.

넷플릭스 "100인, 인간을 말하다"
https://www.youtube.com/watch?v=NWv1VdDeoRY

실험의 과정은 다음과 같다. 먼저 실험에 참여한 참가자들에게 막대를 이용한 원반 돌리기를 시켜본다. 잘하는 집단과 그렇지 못한 집단으로 구분하여, 일정 기간 연습할 시간을 주고 무대에 서게 한다. 그리고 실험은 시작된다. 막대 원반 돌리기 전문가가 의자에 앉아 있다.

전문가는 테이블 위에 놓인 바구니에서 무작위로 공을 꺼낸다. 바구니 안에는 파란색과 빨간색이 동일한 비율로 섞여 있으며 50 대 50의 확률로 선택된다. 피실험자가 막대 원반 돌리기를 시작하기 전에 의자에 앉은 전문가는 공을 하나 꺼낸다.

파란색 공이 나오면 피실험자의 원반 돌리기 실력이 기존보다 향상되었건 아니건 '무조건 당근을 준다, 훌륭하다, 많이 향상되었다, 노력한 만큼 성과가 있다' 등의 칭찬을 한다.

반면 빨간색 공이 나오면 피실험자의 실력 향상과 관계없이 무조건 질책과 비난을 해야 한다. '노력을 안 해서 실력이 형편없다, 내가 발가락으로 돌려도 그것보다 낫겠다(실제로 방송에서 이렇게 멘트를 했다)' 등의 평가를 해야 하는 것이다. 여기서, 실력이 늘었다고 참가자 본인이 생각하는 경우에 칭찬을 듣거나 실력이 늘지 않았다고 참가자 본인이 스스로 판단하는 경우에 꾸중을 들었다면, 이 경우는 크게 의미가 없다. 이 집단이 **통제집단**이 된다.

반면, 피나는 연습을 통해서 실력 향상을 이루었다고 스스로 생각하는 참가자에게 연습 부족의 신랄한 질책을 하거나 연습을 열심히 하긴 했지만 실력은 늘지 않아도 당근을 준 경우가 **실험집단**이 된다.

결과는 어땠을까? 첫 번째 돌리기에서 우수한 실력을 보여줬으나 핀잔이나 질책을 들은 참가자의 두 번째 돌리기는 첫 번째보다 훨씬 더 못한 수준으로 떨어졌다.

그 반면에 열심히 노력했지만 개인의 신체적 한계나 순발력 때문에 그다지 훌륭한 돌리기를 보여주지 못하였지만 칭찬과 찬사를 받은 참가자의 두 번째 돌리기는 드라마틱한 상승을 보여주었다. 정말로 칭찬은 고래도 춤추게 하는가 보다.

이 실험에서 어떻게 피실험자들을 실험(처리)집단과 통제집단에 공정하게 배정하는가? 바구니 안에서 무작위로 꺼내서 배정하였다. 확률 메커니즘을 이용하면 된다. 예컨대 바구니에서 두 가지 색의 동일 비율의 공을 꺼내듯이, 동전을 던지게 하여, 앞면이 나오면 실험집단에 배정하고 뒷면이 나오면 통제집단에 배정해도 된다. 개별 피실험자는 50 대 50의 확률로 실험집단 또는 통제집단에 배정된다. 이처럼 객관적인 확률에 따라 피실험자들을 실험집단과 통제집단에 배정할 때, 우리는 실험이 무작위로 통제되었다고 한다. 무작위 통제를 통해 두 집단은 엇비슷하게 구성된다.

또 다른 예로써 의약학 분야에서 신약을 개발하면 일반적으로 그 효능을 알아보기 위해 '가짜약', 즉 플라시보를 써서 그것이 정말로 효과가 있는지를 대조해본다. 이때 플라시보를 쓰는 집단이 바로 통제집단, 실제 신약을 쓰는 집단이 바로 실험집단이 된다. 이때 두 집단 사이에 병세가 차이가 없다면 신약은 약으로서의 효능을 인정받지 못하지만, 플라시보 집단에 비해 실험집단에서 상당한 차도가 보이게 된다면 이 신약은 비로소 약으로서 인정받고 대량생산에 돌입한다.

3. 기술통계와 추론통계

통계학은 **기술통계**(descriptive statistics)와 **추론통계**(inferential statistics) 두 가지로 나누어진다.

기술통계는 자료의 중요한 면들을 요약하는 것이다. 이는 자료를 수집하고, 정리하고, 표나 그래프로 보여주는 것을 뜻한다. 또한 자료를 요약하기 위해 자료의 평균적

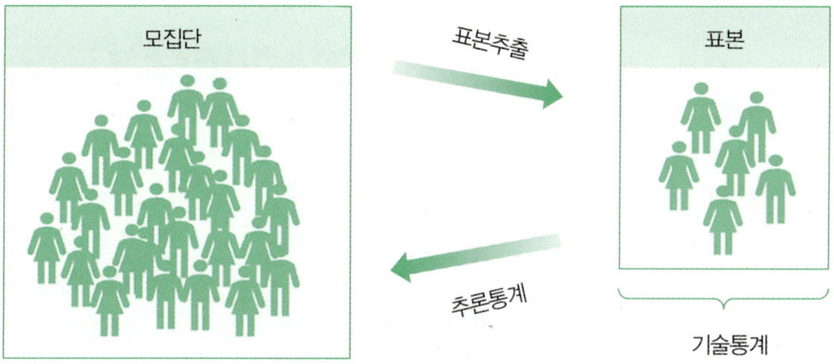

그림 2.3-1 기술통계와 추론통계

인 값(평균)이나 중심에서 떨어져 있는 정도(분산, 표준편차) 등을 숫자로 계산해 나타내기도 한다. 오늘날 기술통계에서 쓰이는 기법들은 일상적으로 사회에서 수집되고 발표되는 가장 흔히 볼 수 있는 통계이다. 출산율, 대통령 후보자들의 지지율, 주가지수, 그리고 부동산 가격 상승률 등이 기술통계이다.

추론통계는 모집단이라 불리는 큰 자료에 대한 결론을 그보다 작은 표본자료에 기반해 도출하는 것을 의미한다. 모집단은 지정된 집단의 모든 개체를 의미하며, 표본은 특정 모집단의 일부분을 의미한다. 대개의 경우, 모집단의 여러 가지 특징에 대한 추론을 위해서는 표본자료에 의존할 수밖에 없는데, 모수에 관한 추론을 하기 위해 통계량이 사용된다. 표본자료에 기초하여 모집단에 관한 추정, 예측, 의사결정을 위한 결론을 얻을 수 있는 것이다.

4. 표와 그래프로 표현하기

자료는 **정량적(양적) 자료**(quantitative data)와 **범주형(질적) 자료**(categorical data)로 구분할 수 있다. 정량적 자료는 항목의 유형을 구분하기 위해 라벨이나 이름을 사용한다. 정량적 자료는 수와 양이 얼마나 되는지 나타내는 수적인 값이다.

일반적으로 범주형 자료와 정량적 자료는 요약하여 표와 그래프로 나타낼 수 있으며, 보고서나 논문에서는 직관적이고 이해하기 쉽도록 자료를 표와 그래프로 제시한

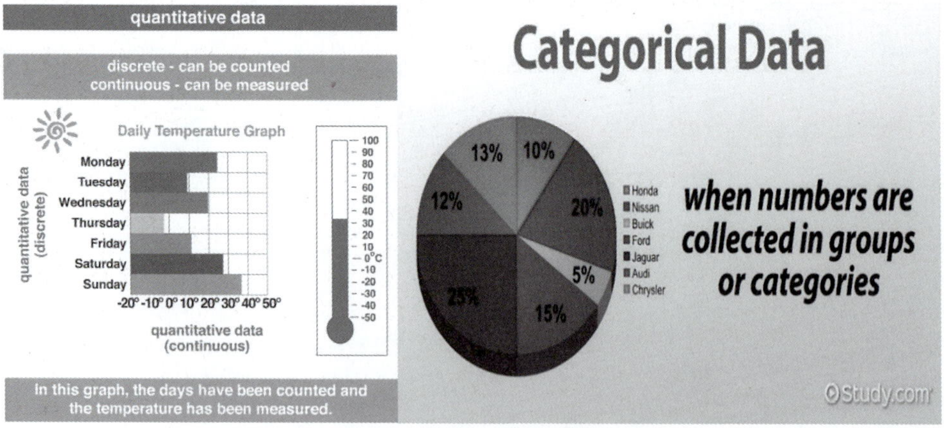

그림 2.4-1 양적 자료와 질적(카테고리) 자료

다. 표나 그래프 요약 자료는 기업의 보고서, 신문기사, 논문 등에서 찾아볼 수 있다.

거의 대부분의 사람들은 이런 유형의 자료를 쉽게 볼 수 있다. 따라서 어떻게 준비하고 해석해야 하는지 이해하는 것은 중요한 사안이다. 먼저 단일 변수에 초점을 맞추어 자료를 요약하기 위한 표와 그래프 기법을 살펴본다. 최근의 통계 소프트웨어 패키지는 자료 요약과 그래프 자료 준비를 위한 광범위한 기능을 제공한다.

5. 범주형 자료의 요약

1) 도수분포

표와 그래프 기법이 **도수분포**(Frequency Distribution)와 같은 범주형 자료의 요약에 어떻게 이용될 수 있을지 알아보자. 도수분포는 겹치지 않게 계급을 여럿으로 나누어 각 계급별 요소들의 빈도를 표로 요약해서 보여주는 것을 말한다.

다음의 예시를 통해 범주형 자료를 위한 도수분포의 작성과 해석을 설명한다. 아이스팩토리㈜에는 초코렛, 자두, 딸기, 곰발바닥, 롤리팝 등 5가지 유명한 아이스크림이 있다. 아이스팩토리에서 판매된 아이스크림 표본이 50개 있다고 가정해보자. 이런 자료를 위한 도수분포를 만들기 위해서는 각 아이스크림의 판매 횟수를 세어야 한다.

예를 들어 롤리팝은 19개, 곰발바닥은 8개, 딸기는 5개, 자두는 13개, 초코렛은 5개가 판매되었다고 하자. 도수분포는 판매된 50개의 아이스크림이 어떻게 분포되었는지에 대한 요약 정보를 제공한다. 요약 정보는 원본 자료보다 더 많은 통찰력을 제공한다.

도수분포를 보면 롤리팝이 1위, 자두가 2위, 곰발바닥 3위, 딸기와 초코렛이 공동 4위임을 쉽게 알 수 있다. 도수분포는 5가지 최대 판매 아이스크림의 인기에 관한 정보를 요약해준다.

2) 상대도수분포와 백분율도수분포

도수분포는 겹치지 않게 나눈 계급별 항목의 빈도를 보여준다. 하지만 우리는 종종 각 계급별 항목의 비율 또는 백분율에 관심을 갖는다. 계급의 상대도수는 계급에 속한 항목의 비율과 같다. n개의 관찰값을 갖는 자료 집합에 대한 각 계급의 상대도수를 구하는 공식은 다음과 같다.

$$\text{계급의 상대도수} = \text{해당 계급의 빈도} / n\text{개의 관찰값 전체}$$

계급의 백분율도수는 상대도수에 100을 곱하면 된다. **상대도수분포**(relative frequency distribution)는 각 계급에 대한 상대도수를 보여주는 자료의 요약표이다. **백분율도수분포**(percent frequency distribution)는 각 계급에 대한 자료의 백분율도수를 요약한다. 표 2.5-1은 아이스크림 자료에 대한 상대도수분포와 백분율도수분포를 보여준다. 표 2.5-1을 보면, 롤리팝의 상대도수가 19/50=0.38, 곰발바닥의 상대도수가 8/50=0.16 등임을 알 수 있다. 백분율도수분포로부터 38%가 롤리팝을 구입하였고 16%가 곰발바닥을 구입하였다는 것 등을 알 수 있다. 또한 38%+26%+16%=80%가 상위 3개 아이스크림을 구입한 것을 알 수 있다.

아이스크림 구입 사례에서 보듯이 일반적으로 도수분포에서 계급의 수는 자료에서 찾을 수 있는 분류 유형의 수와 같다. 자료는 총 5개의 아이스크림을 포함하고 있으며, 도수분포의 계급을 나눌 때 각각 하나씩 정의하였다. 자료가 모든 아이스크림 종류를

표 2.5-1 아이스크림 구매에 대한 상대도수분포와 백분율도수분포

아이스크림	상대도수	백분율도수
롤리팝	0.38	38
자두	0.26	26
곰발바닥	0.16	16
딸기	0.10	10
초코렛	0.10	10
Total	1.00	100

포함하고 있다면 소량 구입한 것까지 상당히 많은 유형을 필요로 할 것이다. 대다수의 통계학자들은 빈도수가 낮은 계급들을 묶어서 '기타'라고 부르는 계급의 통합을 추천한다. 계급의 도수가 5% 이하일 경우 종종 이런 방식으로 처리한다. 어떠한 도수분포라도 도수의 총합은 항상 관찰값의 숫자와 일치해야 한다. 어떤 상대도수분포라도 상대도수의 총합은 항상 100이 되어야 하며, 백분율도수분포의 백분율의 총합은 100과 같다.

3) 막대그래프와 파이차트

막대그래프(bar chart) 또는 막대차트는 범주형 자료의 도수분포, 상대도수분포, 백분율도수분포 등을 요약해서 설명하기 위한 그래프 도구이다. 그래프의 한 축(일반적으로 가로축)에 계급의 이름을 표기한다. 도수분포, 상대도수분포, 백분율도수분포의 크기(scale)는 그래프의 다른 한 축(일반적으로 세로축)에 쓴다. 그리고 각 계급 이름 위에 일정 너비의 막대를 그리고 계급의 도수분포, 상대도수, 백분율도수에 도달할 때까지 막대의 길이를 늘려준다. 각 계급이 분리되어 있다는 것을 강조하기 위해서 범주형 자료를 위한 막대는 반드시 분리되어 있어야 한다.

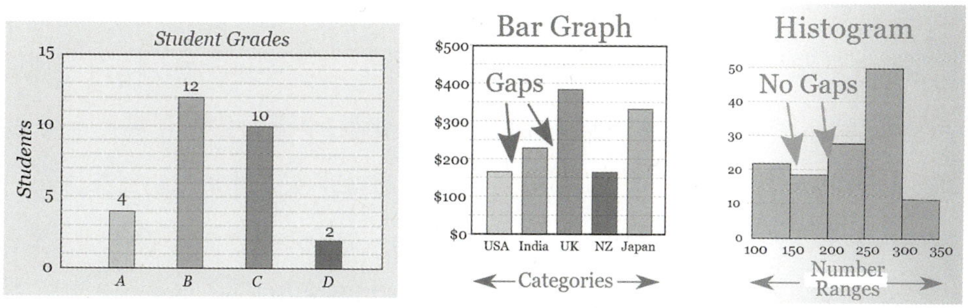

그림 2.5-2 **막대그래프 예**

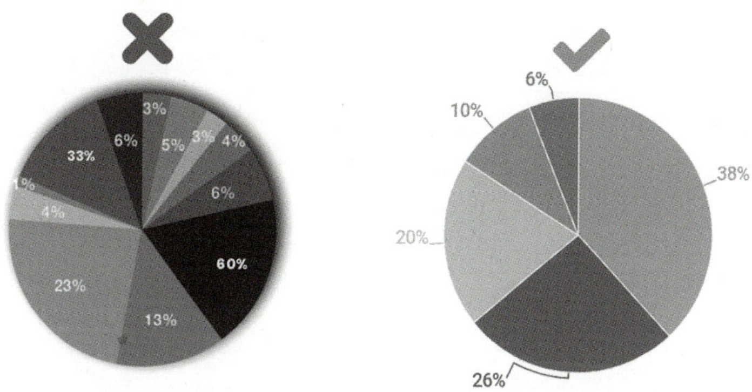

그림 2.5-3 **파이차트 예**

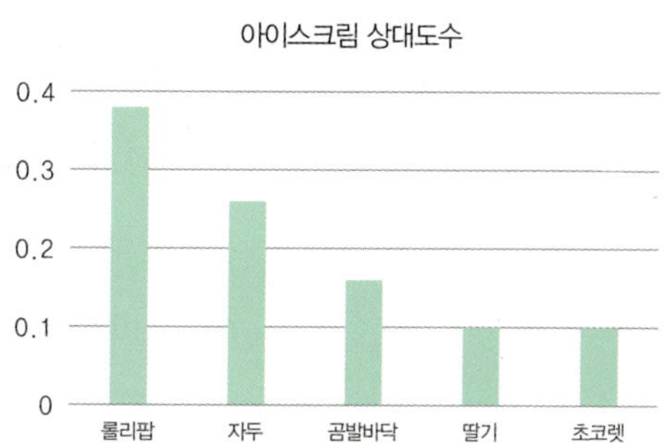

그림 2.5-4 **범주형 자료의 막대그래프 예**

그림 2.5-4는 아이스크림 구매에 대한 도수분포의 막대그래프를 보여준다. 그래픽 자료가 어떻게 롤리팝, 자두, 곰발바닥 등이 가장 선호되는 브랜드임을 보여주는지 주목해야 한다. **파이차트**(pie chart)는 범주형 자료의 도수분포, 상대도수분포, 백분율도

수분포 등을 요약해서 설명하기 위한 또 다른 그래프 도구이다. 파이차트를 작성하기 위해서, 먼저 자료의 모든 것을 대표하는 원을 그린다. 그리고 원을 각 계급의 상대도수와 대응하는 면적 또는 부분으로 나누기 위해서 상대도수를 사용한다. 예를 들어 롤리팝의 상대도수가 0.38일 때, 원은 360도이므로 롤리팝 면적의 각도는 0.38(360) = 136.8도가 된다. 곰발바닥 면적의 각도는 0.16(360) = 57.6도이다. 이와 같은 방법으로 다른 계급들을 계산하면, 그림 2.5-5의 파이차트가 만들어진다. 각 면적의 수치는 도수, 상대도수, 백분율도수가 될 수 있다.

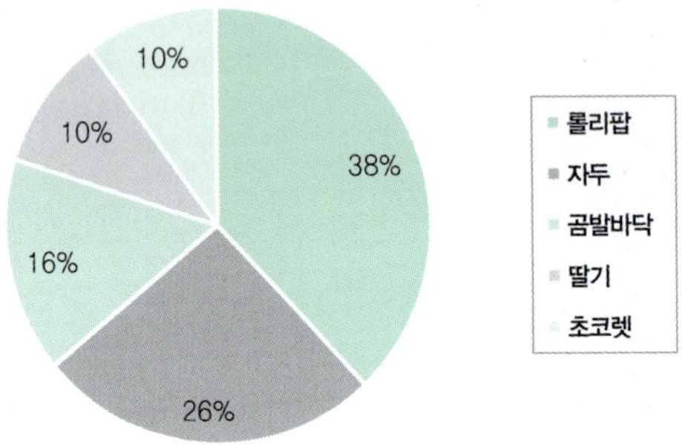

그림 2.5-5 아이스크림 구매 상대도수 파이차트

4) 선도표

그림 2.5-6에서 보는 것처럼 **선도표**(line chart)는 시계열을 표시하거나, 트렌드를 나타내기 위해 사용된다. 선도표는 여러 변수를 하나의 그림에 나타낼 수 있다. 2개의 변수를 그리는 경우 오른축과 왼축의 척도를 달리하여 각 변수에 배분할 수 있다. 엑셀로 그린 그림 2.5-6의 두 척도선도표를 통해 크기가 다른 또는 단위가 다른 변수들을 비교할 수 있다. 그러나 이런 그림은 두 변수가 비슷한 크기를 가진 것으로 착각하게 만들 위험도 있다는 것에 주의해야 한다.

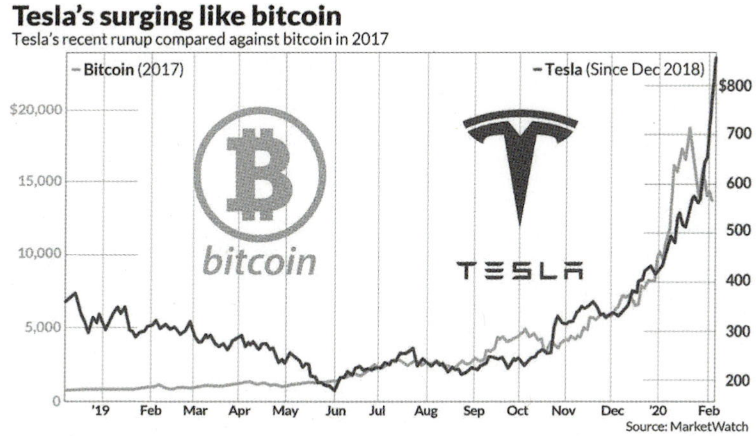

그림 2.5-6 선도표 주가 그래프 예

CHAPTER 3

자료의 수집과 표현

1 자료의 수집

2 자료의 표현

3 분산 및 표준편차

4 경험법칙

5 자료의 표준화 방법 Z 점수

조폭으로부터 위험에 처한 여성이 도움을 청한다면 도와줄 확률은?

Google Trend – Big Data Analysis

평균의 함정

인공지능 학습법

1. 자료의 수집

자료와 관련된 질문들을 생각해보자. 자료는 어디서 구해지는가? 자료는 어떻게 수집되는가? 자료가 정확하다는 것을 어떻게 확신하는가? 자료는 신뢰할 수 있는가? 자료는 모집단을 대표하는가?

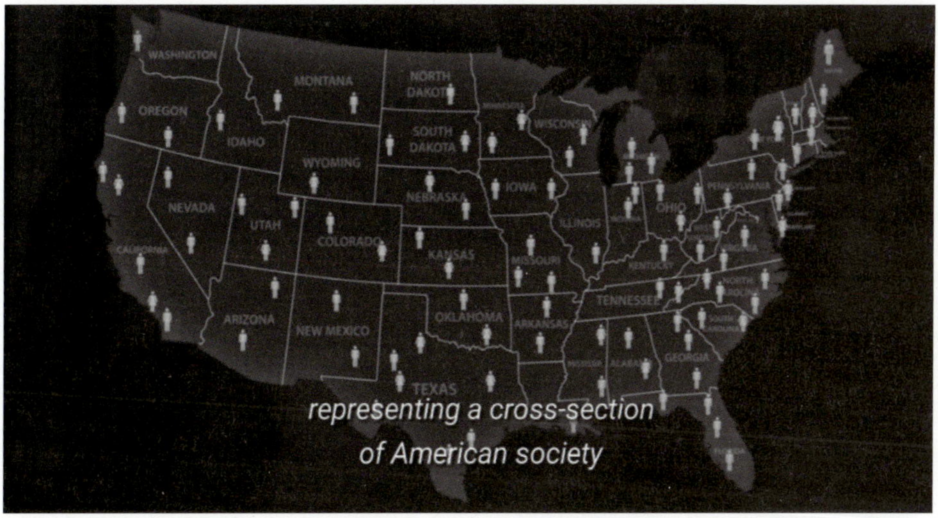

그림 3.1-1 **인구 데이터 추출**

자료: 100 humans by Netflix

1) 표본추출의 방법들

통계분석을 위한 자료를 수집하거나 확보하기 위해 사용되는 많은 방법들이 존재하는데, 가장 널리 사용되는 3가지 방법은 다음과 같다.

첫째, 직접 관측하는 방법이다. 예를 들어 비대면 온라인 수업을 받는 대학생들 중에서 얼마나 많은 학생들이 복습하는지를 알고 싶다면, 수업시간에 일일이 학생들에게 지난 시간 학습내용을 물어보아야 한다.

둘째, 실험 방법이다. 예를 들어 코로나를 예방하는 식품을 만들기 위해서는 새로운 식품원료의 연구개발이 필요하다. 코로나를 예방할 수 있는 성분과 면역을 증진할 수 있는 식품을 개발하기 위해서는 수차례 실험을 통해서 개발하는 방법이 필수적이다.

셋째, 설문지(서베이) 방법이다. 설문지법은 사람들로부터 정보를 수집하는 방법인데, 예를 들어 갤럽여론조사, 대통령 지지도 전화 여론조사, 마케팅 서베이 등이 있다. 여기서 응답률(response rate)은 하나의 중요한 서베이 모수인데, 낮은 응답률은 통계 분석의 결과를 무효화하게 만들 수도 있다. 서베이는 다양한 방법으로 수행될 수 있는데, 대면 인터뷰, 전화 인터뷰, 질문지 서베이 등이 있다.

설문지 설계(questionnaire design)에는 다음과 같은 원칙이 있다.

1. 질문이 명확해야 한다.
2. 이중 질문을 피해야 한다.
3. 응답자의 능력을 고려해야 한다.
4. 부정적인 문항은 피해야 한다.
5. 질문은 짧을수록 좋고, 서술은 간결해야 한다.
6. 유도하는 질문의 사용을 피한다.
7. 소수의 사람들을 대상으로 질문지를 사전에 테스트한다.
8. 질문지를 준비할 때 수집된 데이터를 분석하고자 하는 방법을 생각한다.

다음은 설문 문항의 배열 요령이다.

1. 오리엔테이션 설명을 가장 먼저 배열한다. 설문의 의도와 내용이 무엇인지를 대략적으로 전달하고 응답자 관심을 모으는 데 초점을 둔 질문이다.
2. 가장 흥미 있는 문항을 앞부분에 배열한다. 처음부터 지루함을 느끼거나 어렵다고 느끼면 응답을 거부할 가능성이 높기 때문이다.
3. 어렵고 지루한 질문이 있다면, 설문의 가운데 부분에 배열한다. 이미 어느 정도 응답을 한 상태이므로 조금 지루하더라도 계속 응답을 할 가능성이 높기 때문이다.
4. 질문 내용이 심각하거나 민감한 내용은 마지막 부분에 배열한다. 심각한 내용은 다음 문항들에 대해 영향을 강하게 미칠 가능성이 크므로 되도록 마지막 부분에 배치함으로써 그 영향을 방지하는 것이 좋다.
5. 인구통계학적 배경질문이나 경제상태에 관한 질문은 마지막에 배열한다. 개인적

인 문제를 먼저 물으면 응답에 대한 불안감을 주고, 자존심을 상하게 할 우려가 있다.

6. 질문 내용의 범위가 넓은 질문에서 범위가 좁은 질문 순으로 배열한다. 사고의 논리적인 연결이 가능하여 응답을 쉽게 해주기 때문이다.
7. 다음 문항에 미칠 영향을 고려하여 배열 순서를 결정한다.
8. 마지막으로 감사의 인사를 잊지 않는다.

서베이를 위한 질문지 설계에 이어서 다음으로는 표본이 모집단으로부터 어떻게 추출되는지 알아보도록 하자.

2) 표본추출

모집단보다 표본을 검토하는 가장 중요한 동기는 **비용**이다. 통계적 추론은 모집단의 크기와 비교하여 매우 적은 표본에 기초한 모집단 모수에 관한 결론을 도출할 수 있게 해준다. 예를 들면, 국내 L 호텔 체인의 경영진은 예상고객들이 타 호텔 대비 L 호텔을 선호하는 비율을 알기 원한다.

이때 전체 예상고객의 모집단 비율을 구하는 일은 실제로 가능하지도 않을 뿐만 아니라 엄청난 비용이 든다. 이때 표본으로 추출된 고객들이 L 호텔을 선호하는지 관찰하여 필요한 정보에 대한 근사치를 제공한다. 표본으로 선정된 예비고객들 중에서 특정한 호텔을 선호하는 비율이 계산될 수 있다. 이와 같은 표본비율은 모든 호텔 중에서 특정한 호텔을 선호하는 고객들의 비율(모비율)에 대한 **추정치**(estimate)로 사용된다.

표본추출에 관한 다른 하나의 예는 품질관리분야에서 구할 수 있다. 생산과정이 적정하게 작동하고 있는지 확인하기 위해, 생산관리담당자는 생산되는 제품 중에서 발생되는 불량률을 알아야 할 필요가 있다. 만일 품질관리요원이 생산된 제품이 불량품인지 결정하기 위해 생산된 제품을 손상시켜야 한다면, 표본추출을 하는 방법 이외에 다른 방법이 없다. 생산된 제품의 모집단을 완전히 검사하기 위해서는 생산된 제품 모두를 손상시켜야 한다.

HMR 구매자의 표본비율 또는 RMR 불량제품의 표본비율은 아마도 추정하기 원하는 모비율과 정확하게 같지 않을 것이다. 그럼에도 불구하고 **목표 모집단**(target population: 추론하기를 원하는 모집단)과 **표본추출 모집단**(sampled population: 표본이 추출된 모집단)이 동일하다면 표본 통계량은 추정하고자 하는 모수와 매우 가까울 수 있다. 실제로 목표 모집단과 표본추출 모집단은 동일하지 않을 수 있다.

3) 표본추출방법

모집단을 추론하기 위한 표본추출방법에는 세 가지 방법이 있는데, 단순임의표본추출법(simple random sampling), 층화임의표본추출법(stratified random sampling), 군집표본추출법(cluster sampling)이다.

① 단순임의표본추출법

단순임의표본(simple random sample)은 같은 관측치 수를 가진 모든 가능한 표본이 선택될 가능성이 동일하게 되는 방식으로 선정된 표본이다. 단순임의표본을 추출하는 한 가지 방법은 모집단의 각 요소에 숫자 하나씩을 부여한 다음 종이에 숫자를 쓰고, 상자 안에 이 숫자들을 넣은 다음 상자로부터 필요한 종이의 수를 뽑는 것이다. 이것은 번호에 적힌 공을 회전 드럼 속에 집어넣고 추첨하는 로또 판매에서 이루어지는 방식과 동일하다. 모집단의 각 원소에 하나의 숫자를 부여한 후, 표본에 포함되는 숫자가 임의로 선택될 수 있다. 난수표(table of random numbers, 乱数表)가 이와 같은 표본에 포함되는 숫자를 선택하기 위해 사용될 수 있다. 다른 방법으로는 이와 같은 기능을 수행하기 위해 MS office 프로그램의 엑셀이 사용될 수 있다.

② 층화임의표본추출법

모집단에 관한 추론을 하는 데 있어서 표본으로부터 가능한 한 많은 정보를 추출하는 시도가 이루어진다. 가장 기본적인 표본추출방법인 단순임의표본추출법은 종종 적은 비용으로 이와 같은 목적을 달성한다. 그러나 다른 표본추출방법들은 모집단에 관한 정보의 양을 증가시키기 위해 사용될 수 있다. 이와 같은 표본추출방법 중 하나가 **층화임의표본추출법**(stratified random sampling)이다. 층화임의표본은 모집단을 상호배타적인 집합(층)들로 분리하고 각 집합(층)으로부터 단순임의표본을 추출함으로써 구해진다. 모집단을 상호배타적인 집합(층)으로 분리하는 기준을 보여주는 예들은 다음과 같다.

Group 1: Gender	Group 2: Age	Group 3: Occupation
Male	< 20	Professional
Female	20~30	Housewife
	31~40	Office worker
	41~50	Soldier
	51~60	Other
	> 60	

③ 군집표본추출법

군집표본은 그룹들 또는 군집들의 단순임의표본이다. **군집표본추출법**(cluster sampling)은 모집단의 원소들을 완벽하게 정리하는 것이 곤란하거나 비용이 많이 드는 경우(이에 따라 단순임의표본을 도출하는 것이 어렵거나 비용이 많이 드는 경우)에 특히 유용하다.

또한 군집표본추출법은 모집단 원소들이 광범위하게 지리적으로 퍼져 있는 경우에 유용하다. 예를 들면, 서울의 연간 평균 가구소득을 추정하기 원한다고 하자. 단순임의표본추출법을 사용하기 위해서는 표본이 추출되는 서울에 있는 모든 가구들을 정리할 필요가 있다. 층화임의표본추출법을 사용하기 위해서도 서울에 있는 모든 가구들을 정리하여야 하고 층을 분리하기 위해 가구주의 연령과 같은 어떤 변수에 의해 각 가구를 그룹으로 분리해야 한다. 비용이 더 적게 드는 표본추출방법은 서울의 각 구별로 군집을 정하는 것이다.

이어서 군집들로 구성된 표본이 임의로 추출되고 이와 같은 군집들에 속한 가구의 소득이 어느 정도인지 질문한다. 군집표본추출법은 조사자가 데이터 수집을 위한 노력을 감소시킴으로써 표본추출에 필요한 비용을 감소시킨다. 그러나 군집표본추출법은 표본추출오차를 증가시킨다. 왜냐하면 동일한 군집에 속하는 가구들은 가구소득을 포함하여 많은 측면에서 유사할 가능성이 있기 때문이다. 이와 같은 표본추출오차는 절약된 비용의 일부를 투자하여 더 큰 표본을 추출하기 위해 사용함으로써 부분적으로 상쇄될 수 있다.

2. 자료의 표현

자료를 표현할 때 가장 일반적인 방법은 자료를 대표할 수 있는 중심값을 보여주는 것이다. **중심위치**(central location)는 양적 자료가 중간값 혹은 중심값을 기준으로 모여 있는 경향을 말한다. 중심위치 척도는 자료를 설명하는 일반값 혹은 중심값을 찾으려는 시도를 하는데, 졸업생의 연봉, 스포츠센터 회원의 수, 레스토랑의 수익률 등을 설명하는 일반값을 찾으려고 하는 것이 그 예이다.

1) 평균

가장 일반적으로 사용되는 유용한 중심위치의 척도는 **평균**(mean)이다. 보통 산술평균을 평균이라고 간단히 부른다. 자료의 평균을 계산하기 위해, 모든 자료 값을 모두 더한 후 자료의 개수로 나눈다. 모집단으로부터 계산된 평균값을 그리스 문자 μ('뮤'라고 발음한다)로 표시하고, 표본으로부터 계산된 평균값을 $\bar{X}$('X-bar'라고 발음한다)로 나타낸다.

모평균(population mean): $\mu = \dfrac{\sum_{i=1}^{N} x_i}{N}$

표본평균(sample mean): $\bar{X} = \dfrac{\sum_{i=1}^{n} x_i}{n}$

평균에는 3가지 종류가 있다. 예를 들어 식품산업외식학과 학생들의 평균 수면시간, 비건 식품시장의 연평균 성장률, 을지대학교 성남캠퍼스에서 대전캠퍼스까지 왕복 평균 속도가 있다고 하자.

식품산업외식학과 학생들의 평균 수면시간은 산술평균으로 구할 수 있고, 비건 식품시장의 연평균 성장률은 기하평균(또는 지오평균), 그리고 을지대학교 성남캠퍼스에서 대전캠퍼스까지 왕복 평균 속도를 구하는 방법은 조화평균을 사용한다.

식품산업외식학과 학생들의 평균 수면시간: 산술평균

비건 식품시장의 연평균 성장률: 기하평균(또는 지오평균)

을지대학교 성남캠퍼스에서 대전캠퍼스까지 왕복 평균 속도: 조화평균

2) 산술평균

산술평균(Arithmetic Mean, AM)은 더하기 평균이라고 생각해보자. 예를 들어 2cm 막대기와 8cm 막대기가 있다. 이 둘의 합은 10cm이고 평균은 10cm를 2로 나눈 5가 평균이다.

$$(2 + 8) / 2 = 5$$

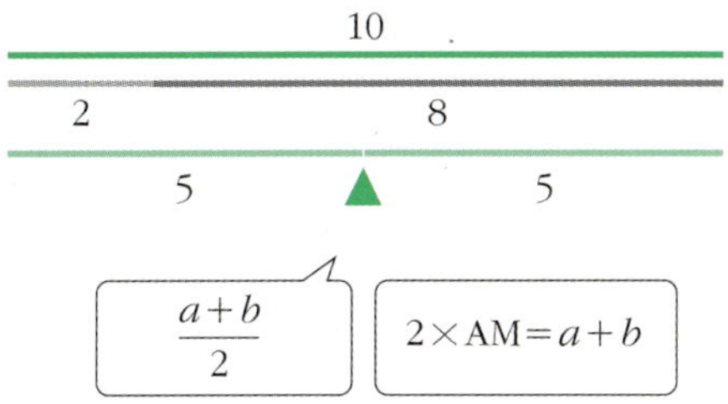

그림 3.2-1 산술평균 $(a+b)/2$의 직관적 이해

산술평균은 측정하는 자료(예를 들어 수강생 수, 학점 등)의 중심위치를 나타내는 데 적정한 척도이다. 산술평균은 '이상치(outliers)'라고 부르는 극단값들에 의해 크게 영향을 받는데, 예를 들어 우리동네 평균소득을 측정할 때 재벌총수가 이웃으로 이사오면 평균가계소득이 크게 증가하여 왜곡된 평균이 나올 수 있다.

산술평균은 가장 널리 사용되는 유용한 중심위치의 척도이다. 그러나 산술평균이나 중앙값이 최선의 중심척도가 아닌 상황이 존재한다. 변수가 성장률 또는 변화율일 때,

기하평균이 유용한 중심위치 척도가 될 수 있다.

3) 기하평균(지오 평균)

산술평균이 더하기 평균이라면 **기하평균**(geometric mean, GM)은 곱하기 평균이라고 생각해보자. 예를 들어 2cm 막대기와 8cm 막대기가 있다. 이 두 막대기를 가로세로로 하는 직사각형의 면적은 16cm^{2}이다. 이 직사각형의 면적을 동일하게 유지한 채로 두 막대기의 길이를 조정해서 정사각형을 만들어보자. 이제 한 변의 길이가 4cm인 정사각형이 만들어졌다. $\sqrt{16}=4$이다. '기하'는 지오메트릭의 지오를 한자어 발음으로 지흐어(幾何)로 읽고 이것이 우리나라에서 기하평균으로 읽히게 되었다.

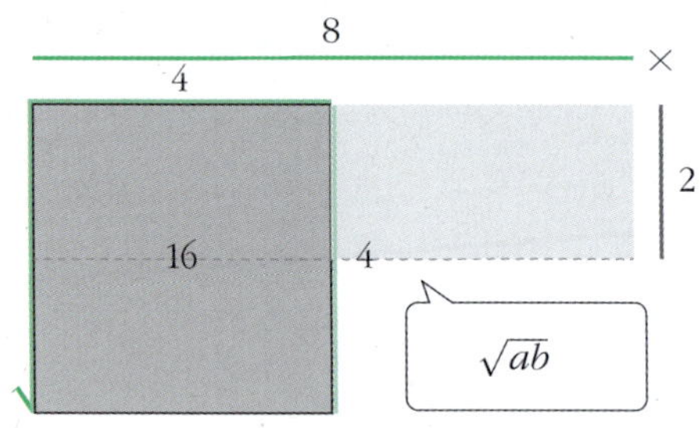

그림 3.2-2 기하평균 $\sqrt{ab}$의 직관적 이해

다른 예를 들어, 주어진 자료가 10, 20이라고 하면 정사각형을 만드는 가로, 세로 길이라고 할 수 있다. 만약 10, 20, 30이라고 하면 정육면체를 만드는 부피의 가로, 세로, 높이라고 할 수 있다.

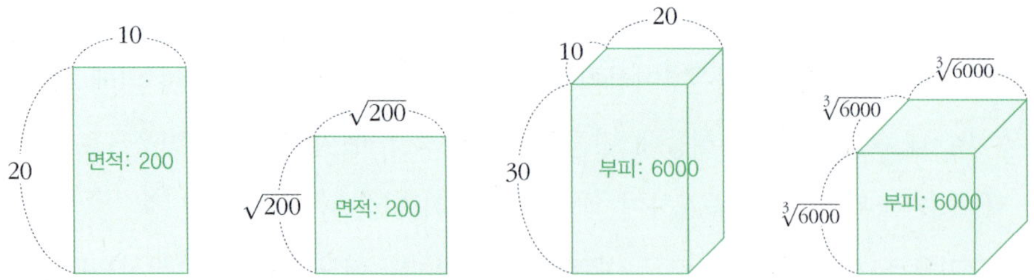

그림 3.2-3 기하평균의 예

기하평균은 곱셈으로 계산하는 값에서의 평균을 계산하고자 할 때 산술평균이 아닌 기하평균을 사용한다. 곱의 평균으로써 자료 값들을 전부 곱하여 그것에 대해 제곱근을 취한 것이다.

$$\text{기하평균:}\quad G=\sqrt[n]{x_1x_2\cdots x_n}$$

예를 들어 $X=2,\ 3,\ 7,\ 9,\ 10,\ 12$의 기하평균은

$$G=\sqrt[6]{(2)(3)(7)(9)(10)(12)}=\sqrt[6]{45,360}=5.972$$

숫자들의 곱이 상당히 큰 값이 될 수도 있다. 33개의 큰 수의 자료를 예를 들어 보자.

$$G=\sqrt[33]{(83)(86)(87)\cdots(135)(146)(170)}=\sqrt[33]{6.25105\times10^{67}}=113.35$$

계산은 엑셀 함수 '=GEOMEAN(Data)'를 이용하면 간단히 할 수 있다. 계산기로도 기능을 이용하여 제곱근 계산을 할 수 있다. 하지만 자료 값이 매우 큰 경우(또는 표본이 매우 큰 경우) 곱셈 계산이 계산기의 용량을 초과할 수도 있다. 기하평균은 값이 매우 큰 특이(outlier)의 존재를 완화시켜주는 경향이 있다.

기하평균을 약간 변형시켜 어떤 시계열 자료(예: 회사 매출)의 **평균성장률**(average growth rate)을 계산할 수 있다(연평균성장률, CAGR: compound annual growth rate).

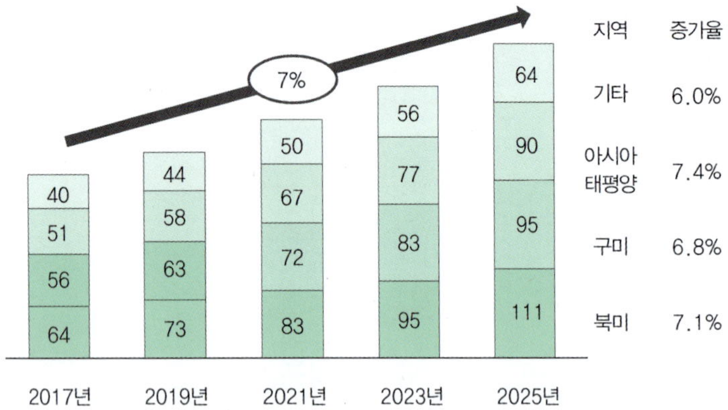

그림 3.2-1 **세계 푸드테크 시장규모 전망(단위: 10억 달러)**

자료: 일경BP충연(2018: 19), 푸드테크의 미래 2019~2015 /
한국농촌경제연구원, 식품산업의 푸드테크 적용 실태와 과제 재인용

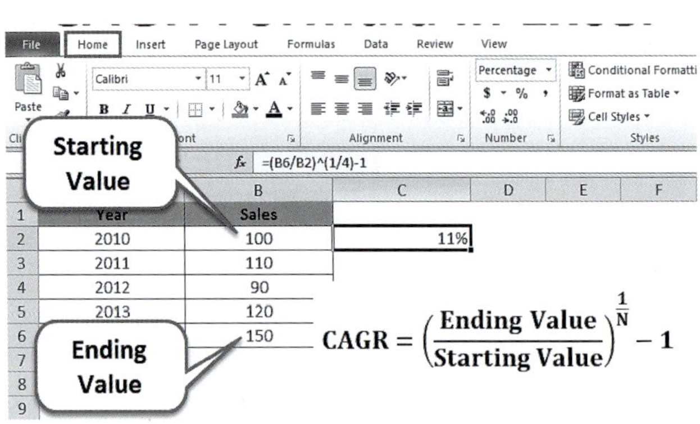

그림 3.2-2 **엑셀 CAGR 공식**

예를 들어, EU 베이커리의 2020~2024년 매출은 표 3.2-1과 같다.

표 3.2-1 **EU 베이커리의 2020~2024년 매출**

연도	2020	2021	2022	2023	2024	CAGR
판매	4,504	4,982	5,441	5,817	6,416	9.2%

CAGR = (6,416/4,504)^(1/(n−1))−1

평균성장률은 각 연도의 수입을 직전 연도의 수입으로 나눈 것을 기하평균한 것이다. 그러나 분자 분모들이 서로 상쇄되어 처음과 마지막 숫자만 남게 된다.

$$\text{CAGR} = \sqrt[4]{\left(\frac{4982}{4504}\right)\left(\frac{5441}{4982}\right)\left(\frac{5817}{5441}\right)\left(\frac{6416}{5817}\right)} - 1 = \sqrt[4]{\frac{6416}{4504}} - 1 = 1.09248 - 1 = 0.092$$

엑셀에서는 '=(6416/4504)^(1/4)−1' 공식을 이용하여 계산할 수 있다.

4) 조화평균

조화평균(harmonic mean: HM)은 속도(거리/시간) 등과 같이 여러 단위들이 결합되었을 때 구하는 평균이다. 조화평균(調和平均)은 주어진 수들의 역수의 산술평균의 역수를 말한다. 평균적인 변화율을 구할 때에 주로 사용된다.

실수 a_1, …, a_n이 주어졌을 때,

$$H = \frac{n}{\frac{1}{x_1} + \frac{1}{x_2} + \cdots + \frac{1}{x_n}}$$

집에서 롯데월드까지 갈 때는 $a$km/h로 가고, 올 때는 $b$km/h로 왔다. 롯데월드까지의 거리는 $d$km이다. 갈 때 시간(t_1)은 거리/속도이므로 $t_1 = d/a$, 올때 시간(t_2)은 d/b이다.

그러면 왕복 평균속도는 총 거리/총 시간= $(d+d)/(t_1+t_2) = (d+d)/[(d/a)+(d/b)] = 2d/(bd/ab+ad/ab) = (2d/1)/[d(a+b)/ab] = 2d(ab)/d(a+b) = 2ab/(a+b)$이다.

예를 들어 "을지대학교 성남캠퍼스에서 대전캠퍼스까지 약 130km(정확히는 126km)를 왕복하는데, 내려갈때는 시속 130km/h로 가고, 올라올 때는 65km/h로 왔다면 왕복하는데 걸린 평균속도는 얼마인가?"라는 문제를 풀기 위해서는 조화평균을 사용해야 한다.

'왕복 평균속도=총 거리/총 시간'인데, 분모는 '시간=거리/속도'이므로 (130/130)+(130/65)=1+2=3, 분자는 거리 130+130=260이다. 따라서 왕복 평균속도는 2×130/((130/130)+(130/65))=260/((130/130)+(130/65))=260/(1+2)=86.7km/h이다.

$$산술평균= \frac{a+b}{2}$$

$$기하평균= \sqrt{ab}$$

$$조화평균= \frac{1}{\frac{\frac{1}{a}+\frac{1}{b}}{2}} = \frac{2ab}{a+b}$$

산술평균, 기하평균, 조화평균을 구하는 함수식은 엑셀에서 다음과 같이 구할 수 있다.

> 산술평균: AVERAGE ( )
> 기하평균: GEOMEAN ( )
> 조화평균: HARMEAN ( )

5) 중앙값

중앙값(median)은 모든 관측값을 순서대로 정렬할 때 중심에 있는 관측값을 의미한다. 자료의 개수가 다음과 같이 홀수로 제시되어 있다고 가정하자.

> 자료: (0, 7, 12, 5, 14, 8, 0, 9, 22) N=9 (홀수)

이때 중앙값을 구하기 위해서는 자료를 작은 값으로부터 큰 값으로 정렬하고(0, 0, 5, 7, **8**, 9, 12, 14, 22) 중심에 있는 값을 선택하면 된다.

> 중앙값=8

다음은 자료의 개수가 다음과 같이 짝수로 제시되어 있다고 가정해보면,

> 자료: (0, 7, 12, 5, 14, 8, 0, 9, 22, 33) N=10 (짝수)

이번에는 중앙값을 구하기 위해서는 자료를 작은 값으로부터 큰 값으로 정렬하고(0, 0, 5, 7, **8**, **9**, 12, 14, 22, 33) 중심에 있는 8과 9의 산술평균값을 구하면 된다.

중앙값 = (8 + 9) ÷ 2 = 8.5

6) 최빈값

관측치들의 **최빈값**(mode)은 발생되는 도수가 가장 많은 관측값이다. 한 세트의 자료에는 최빈값이 하나 또는 둘 이상이 존재할 수 있다. 최빈값은 주로 범주형 자료의 경우에 사용되지만 모든 자료 유형에 대하여 유용한 중심위치의 척도이다. 대규모 자료의 경우 **최빈 계급구간**(modal class 또는 mode class)이 단일값을 가지는 최빈값보다 더 유용하다. 예를 들어, 자료가 다음과 같이 제시되었을 때, 어느 관측값이 가장 많이 나타나는가? 이 자료의 최빈값은 0이다. 이와 같은 최빈값은 어떻게 중심위치의 척도가 되는가?

자료: (**0**, 7, 12, 5, 14, 8, **0**, 9, 22, 33) N = 10

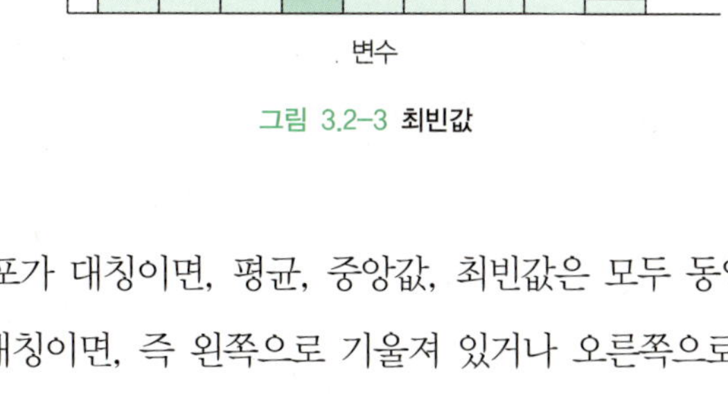

그림 3.2-3 최빈값

만일 변수의 분포가 대칭이면, 평균, 중앙값, 최빈값은 모두 동일할 수 있다. 만일 변수의 분포가 비대칭이면, 즉 왼쪽으로 기울져 있거나 오른쪽으로 기울어져 있으면, 평균, 중앙값, 최빈값은 서로 다를 수 있다. 그림 3.2-4로 그 차이를 살펴보자.

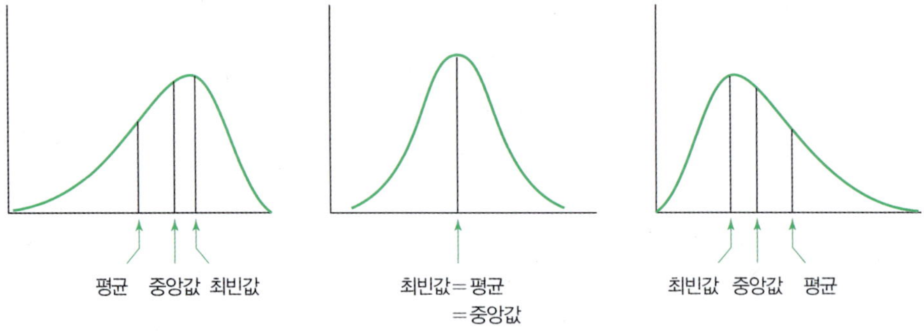

그림 3.2-4 **평균, 중앙값, 최빈값 비교**

7) 평균, 중앙값, 최빈값 중에서 어느 것이 가장 좋은 중심위치의 척도인가?

그렇다면 평균, 중앙값, 최빈값 중에서 어느 것이 가장 좋은 중심위치의 척도인가? 평균은 일반적으로 가장 널리 사용되는 유용한 중심위치의 척도이다. 그러나 중앙값이 더 좋은 중심위치의 척도인 상황들이 존재한다. 중앙값이 가지고 있는 장점은 평균과는 달리 극단값들에 대하여 민감하지 않다는 점이다. 최빈값은 결코 가장 좋은 중심위치의 척도는 아니다.

예시. 10개 레스토랑의 월간 매출이 다음과 같다고 가정할 때 중심위치 값을 알아보자.

0, 7, 12, 5, 133, 14, 8, 0, 9, 22

제시된 데이터의 평균은 21.0이고 중앙값은 8.5이다.

$$\bar{x} = \frac{\sum_{i=1}^{n} x_i}{n} = \frac{0+7+12+5+133+14+8+0+9+22}{10} = \frac{210}{10} = 21.0$$

표본에는 평균(21)보다 큰 관측값들은 2개 존재한다(22, 133). 이와 같이 극단값의 존재는 평균이 중심위치의 척도가 되지 못하게 만든다. 그러나 중앙값은 극단값에 관계없이 동일하다. 상대적으로 적은 수의 극단값들이 존재할 때 중앙값은 일반적으로 데이터의 중심을 나타내는 더 양호한 척도가 될 수 있다.

8) 서열형 자료와 범주형 자료의 평균, 중앙값, 최빈값

서열형 자료와 범주형 자료의 경우 평균의 계산은 의미가 없다. 서열형 자료의 경우 중앙값은 중심위치의 척도가 된다. 범주형 자료의 경우 최빈값은 유용한 빈도 척도이나 중심위치의 척도는 의미가 없다.

9) 변동성의 척도

관측값들이 평균 주위에서 얼마나 흩어져 있는가를 측정하는 척도가 변동성의 척도이다. 예를 들면, 두 과목의 점수들이 주어져 있다고 하자. 평균은 두 과목 모두 50으로 같다. 그러나 실선으로 나타낸 과목의 점수가 점선으로 나타낸 과목의 점수보다 변동성이 더 크다(평균 주위에서 더 많이 흩어져 있다).

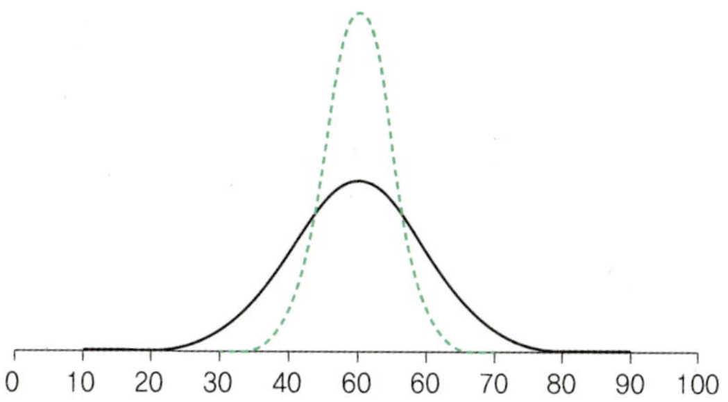

그림 3.2-5 **변동성의 차이 비교**

① 범위

범위(range)는 가장 간단한 변동성의 척도로서 다음과 같이 계산된다.

범위 = 최대 관측값 − 최소 관측값

범위가 가지는 주요 장점은 쉽게 계산될 수 있다는 점이다. 범위가 가지는 주요 단점은 양쪽 끝에 있는 관측값 사이에 존재하는 관측값들이 흩어져 있는 정도에 관한 정보를 제공하지 못한다는 점이다. 따라서 모든 관측값들을 포함하는 변동성의 척도가 필요하다. 예를 들어, 자료 (4, 4, 4, 4, 50)의 경우는 범위가 46이고, 자료 (4, 8, 15,

24, 39, 50)의 경우에도 범위가 46이다. 이 경우 범위는 같으나 두 자료는 서로 다른 분포를 가진다.

② 편차

다음과 같이 A, B 두 집단의 키 자료가 있다. A, B 두 집단의 평균은 모두 170cm이다. 하지만 A, B 집단의 키의 분포는 서로 다르다. 어느 집단이 평균에 더 근접한 사람이 많을까?

집단	1	2	3	4	5	평균
A	168	169	170	171	172	170
B	130	150	170	190	210	170

편차는 특정 자료와 평균과의 차이다. 예를 들어 키 170cm가 평균인 집단에 키가 168cm인 사람이 있다면 그 사람의 키 편차는 $168-170=-2$이다. 이런 방식으로 두 집단의 편차를 모두 구하면 아래와 같다.

A집단의 편차: -2, -1, 0, 1, 2

B집단의 편차: -40, -20, 0, 20, 40

집단의 편차를 한눈에 알아보기 위한 방법은 모두 더해보는 것이다. 그런데 모든 편차를 모두 더하면 0이 나온다. 만약 0이 나오지 않는다면 평균값을 잘못 구한 것이다. 어떤 집단이라도 편차의 합은 0이 나오므로 두 집단의 차이를 나타내는 지표로는 사용할 수 없다. 그렇기 때문에 합이 0이 안 되게 하려면 편차를 제곱해주면 된다. 편차의 제곱을 해주면 다음과 같다.

A집단의 편차 제곱: 4, 1, 0, 1, 4

A집단 편차 제곱의 평균: 2

B집단의 편차 제곱: 1600, 400, 0, 400, 1600

B집단 편차 제곱의 평균: 800

제곱한 편차들을 모두 더해서 평균을 내면 A집단은 $10 \div 5 = 2$이고, B집단은 $4000 \div 5 = 800$이다. 그러므로 2와 800이라는 차이를 쉽게 인지할 수 있다. 여기서 숫자가 큰 800이 평균값에서 멀리 떨어진 값이라고 볼 수 있다. 이렇게 계산해서 나온 값 2와 800을 **분산**(variance)이라 하고, 루트값을 씌운 $\sqrt{2}$, $\sqrt{800}$을 **표준편차**(σ: 시그마)라고 한다.

수년 전에 제조 공정에서는 이런 표준편차를 이용해 6시그마라는 품질관리 경영기법을 사용하였는데, 6 표준편차에 해당하는 값인 "제품 100만 개당 3~4개의 불량률"을 목표로 한다는 사실상 불량 제로를 지향하는 품질관리 경업기법이었다.

3. 분산 및 표준편차

분산(variance)과 **표준편차**(standard deviation)는 가장 중요한 변동성의 척도이며 거의 모든 통계적 추론에서 중요한 역할을 수행한다. 각 자료 값과 평균과의 차이, 즉 **편차**(deviation)를 계산하면 플러스 값도 있고 마이너스 값도 있다. 평균은 분포의 균형점이기 때문에 편차들을 모두 합하여 평균을 취하면 항상 0이 되며, 따라서 변동성의 유용한 측도가 되지 못한다. 이를 해결하는 한 가지 방법은 평균을 계산하기 전에 편차들에 제곱을 하는 것이다. 이런 논리에 따라 모집단 분산, 즉 **모분산**(population variance: σ^2로 표기하며 σ는 그리스 문자 '시그마')은 평균(m)과의 편차의 제곱합을 모집단의 크기로 나눈 것이다.

$$\sigma^2 = \frac{\sum_{i=1}^{n}(X_i - m)^2}{n} = \frac{(X_1 - m)^2 + (X_2 - m)^2 + (X_3 - m)^2 + \cdots + (X_n - m)^2}{n}$$

만약 모집단 대신 표본이 주어졌다면(대부분의 경우에 해당함) 모분산 공식에서 m을 $\overline{X}$로 대체하여 **표본분산**(sample variance; S^2로 표기)을 계산한다.

$$S^2 = \frac{\sum_{i=1}^{n}(X_i - \hat{X})^2}{n-1} = \frac{(X_1 - \overline{X}) + (X_2 - \overline{X})^2 + (X_3 - \overline{X})^2 + \cdots + (X_n - \overline{X})^2}{n-1}$$

표본분산 역시 기본적으로 편차 제곱을 평균한 것이다. 그런데 평균을 구함에 있어서 편차 제곱의 합을 n이 아니라 $n-1$로 나누는데, 그 이유는 n으로 나누면 미지의 모분산을 과소평가(underestimate)하는 경향이 있기 때문이다(모집단에 최대한 가까워지게 하기 위해서 $n-1$로 나눈다). 변동성을 기술함에 있어서 표준편차, 즉 분산의 양의 제곱근을 이용하는 경우가 많다. 표준편차는 자료 값들이 평균에서 얼마나 떨어져 있는지를 하나의 숫자로 나타낸 것이다. 특히 (제곱을 취함에 따라 '측정 단위'가 의미를 잃어버리는 분산과 달리) 분산에 다시 제곱근을 취함으로써 측정 단위(예: 달러, 킬로그램, 마일)가 변수 X와 동일하게 된다. 모집단의 표준편차는 다음과 같다.

$$\sigma = \sqrt{\frac{\sum(x_i - \mu)^2}{N}}$$

또한 **표본의 표준편차**는 다음과 같다.

$$s_x = \sqrt{\frac{\sum(x_i - \overline{x})^2}{n-1}}$$

표준편차는 변동성을 측정하는 수단으로써 통계학에서 여러 가지 중요한 역할을 한다. 주요 용도 중 하나는 자료 배열에서 항목들의 위치를 측정하는 것이다.

예시. 다음 A, B 집단의 평균, 분산, 표준편차를 구하시오.

	1	2	3	4	5	평균	분산	표준편차
A	168	169	170	171	172	**170**	**2**	**1.41**
B	130	150	170	190	210	**170**	**800**	**28.28**

참고로 엑셀함수식은 다음과 같다.

평균: =average( )

분산: =var.p( )

표준편차: =stdev.p( )

4. 경험법칙

자료가 **정규분포**(normal distribution) 또는 이 분포를 발견한 칼 프리드리히 가우스(1777~1855)의 이름을 딴 가우시안(Gaussian) 분포로 나왔을 경우 체비셰프(Pafnuty Chebyshev) 정리에 비해 더 정확한 예측이 가능하다. 가우시안 분포는 잘 알려져 있는 종모양(bell-shaped)의 곡선이다. 일반적으로 **경험법칙**(empirical rule)이라 불리는데 자료가 정규분포에서 나온 경우에는 대체적으로 구간 $\mu+k\sigma$ 안에 어떤 정해진 비율의 자료가 있다는 것이다. 참고로 μ는 평균(m)이다.

$k=1$ 관측값 중 약 68.26%가 $\mu+1\sigma$ 안에 있음

$k=2$ 관측값 중 약 95.44%가 $\mu+2\sigma$ 안에 있음

$k=3$ 관측값 중 약 99.73%가 $\mu+3\sigma$ 안에 있음

경험법칙이 그림 3.4-1에 나와 있다. 표본이 정규분포에서 나왔다면 데이터의 68%가 평균으로부터 1 표준편차 이내에, 95%가 2 표준편차 이내에, 그리고 거의 모든 자료가 3 표준편차 이내에 있을 것으로 예상된다는 것이다. 0.27%의 관측값은 3 표준편차 너머에 있을 것으로 예상되지만, 중요한 것은 정규분포의 경우 $\mu+3\sigma$ 너머에는 자료가 거의 없다는 점이다. 이를 넘어선 관측값을 특이값(outlier)으로 간주할 수 있다.

예를 들어, 학생 80명이 시험을 치렀다고 하자. 어느 정도의 학생이 평균으로부터

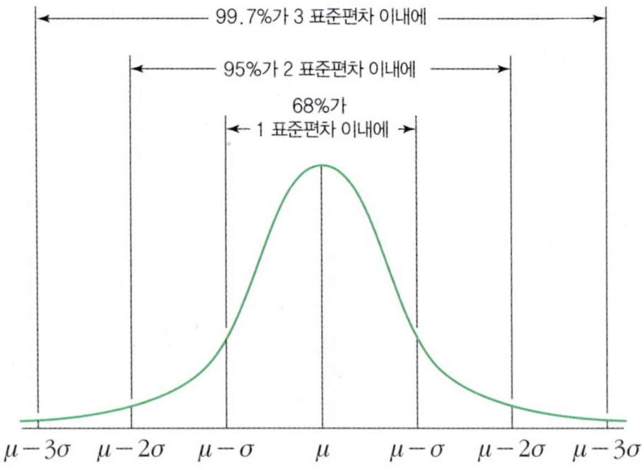

그림 3.4-1 **정규분포의 68, 95, 99 규칙**

2 표준편차 이내에 들어 있을까? 시험성적이 정규분포 또는 종모양의 분포를 따른다고 하면 경험법칙에 의거하여 예상이 가능하다. 즉 대략 76명(95.44%×80)의 학생이 평균에서 2 표준편차 이내에 들어 있을 것이다. 정규분포는 평균을 중심으로 대칭적이기 때문에 약 2명의 학생은 평균보다 2 표준편차 이상의 점수를, 또 다른 2명은 평균보다 2 표준편차 이하의 점수를 받은 것으로 예상된다(2 표준편차 이상 또는 이하는 4명). 또한 평균에서 3 표준편차 이상 떨어진 학생은 거의 없을 것이라는 것도 예상할 수 있다(99.73%×80=79.78≈80).

5. 자료의 표준화 방법 Z 점수

표준화(standardization)란 평균으로 구한 분포의 표준편차를 1로 맞추기 위해 자료를 0을 중심으로 양쪽으로 자료를 배치시키는 방법이다. 표준화를 하게 되면 각 자료들은 평균을 기준으로 얼마나 떨어져 있는지를 나타내는 값으로 변환된다.

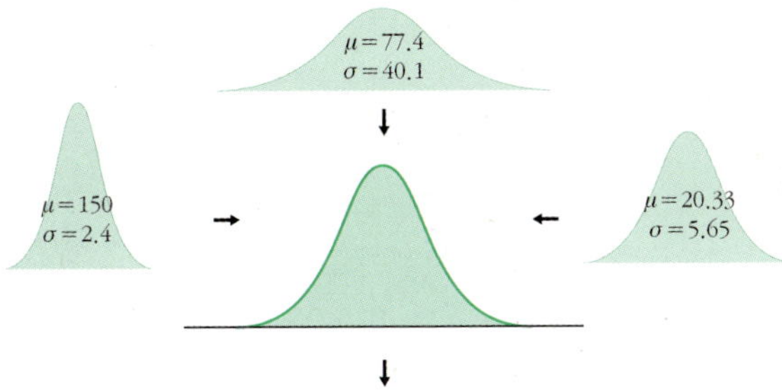

z	0.00	0.01	0.02	0.03	0.04	0.05	0.06	0.07	0.08	0.09
0.0	0.5000	0.5040	0.5080	0.5120	0.5160	0.5199	0.5239	0.5279	0.5319	0.5359
0.1	0.5398	0.5438	0.5478	0.5517	0.5557	0.5596	0.5636	0.5675	0.5714	0.5753
0.2	0.5793	0.5832	0.5871	0.5910	0.5948	0.5987	0.6026	0.6064	0.6103	0.6141
0.3	0.6179	0.6217	0.6255	0.6293	0.6331	0.6368	0.6406	0.6443	0.6480	0.6517
0.4	0.6554	0.6591	0.6628	0.6664	0.6700	0.6736	0.6772	0.6808	0.6844	0.6879
0.5	0.6915	0.6950	0.6985	0.7019	0.7054	0.7088	0.7123	0.7157	0.7190	0.7224
0.6	0.7257	0.7291	0.7324	0.7357	0.7389	0.7422	0.7454	0.7486	0.7517	0.7549
0.7	0.7580	0.7611	0.7642	0.7673	0.7704	0.7734	0.7764	0.7794	0.7823	0.7852
0.8	0.7881	0.7910	0.7939	0.7967	0.7995	0.8023	0.8051	0.8078	0.8106	0.8133
0.9	0.8159	0.8186	0.8212	0.8238	0.8264	0.8289	0.8315	0.8340	0.8365	0.8389
1.0	0.8413	0.8438	0.8461	0.8485	0.8508	0.8531	0.8554	0.8577	0.8599	0.8621
1.1	0.8643	0.8665	0.8686	0.8708	0.8729	0.8749	0.8770	0.8790	0.8810	0.8830
1.2	0.8849	0.8869	0.8888	0.8907	0.8925	0.8944	0.8962	0.8980	0.8997	0.9015
1.3	0.9032	0.9049	0.9066	0.9082	0.9099	0.9115	0.9131	0.9147	0.9162	0.9177
1.4	0.9192	0.9207	0.9222	0.9236	0.9251	0.9265	0.9279	0.9292	0.9306	0.9319

그림 3.5-1 **정규분포 데이터의 표준화**

측정값　평균

Z 점수 표준화 공식　$$Z=\frac{x-\mu}{\sigma}$$

표준편차(SD)

지난해 통계학 수업을 수강한 학생들의 점수 평균이 60점이었고 표준편차가 10이었다고 가정해보자. 어떻게 표준정규분포로 바꿀 수 있을까?

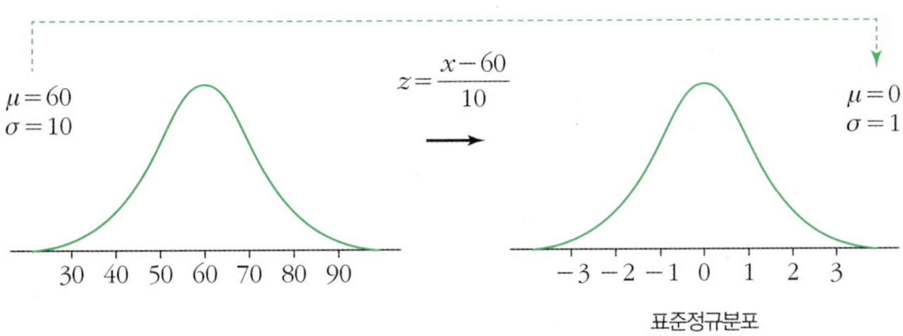

그림 3.5-2 **데이터의 표준화**

앞의 예에서 어떤 학생의 통계학 점수가 49점이었다. 이 학생은 본인보다 통계학 시험점수가 높은 학생이 몇 명인지 궁금하다.

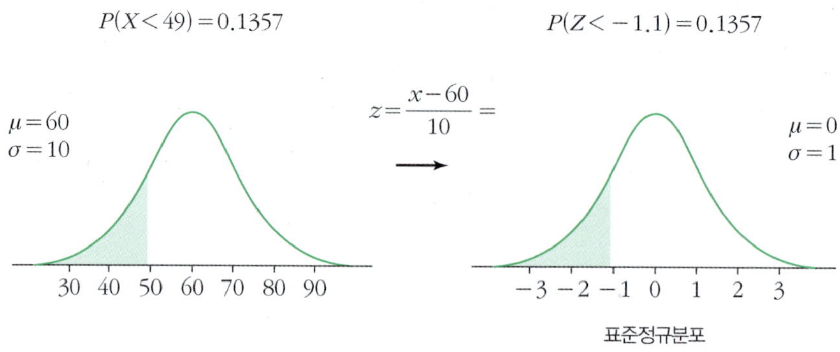

그림 3.5-3 데이터의 표준화($x<49$)

Z 점수 공식에 따라 계산하면 -1.1이 나오는데, -1.1을 표준정규분포표에서 찾으면 면적을 구할 수 있다. 해당 면적은 확률이므로 전체 학생에서 해당하는 확률을 계산하면 된다.

z	0.00	0.01	0.02	0.03	0.04	0.05	0.06	0.07	0.08	0.09
−1.4	0.0808	0.0793	0.0778	0.0764	0.0749	0.0735	0.0721	0.0708	0.0694	0.0681
−1.3	0.0968	0.0951	0.0934	0.0918	0.0901	0.0885	0.0869	0.0853	0.0838	0.0823
−1.2	0.1151	0.1131	0.1112	0.1093	0.1075	0.1056	0.1038	0.1020	0.1003	0.0985
−1.1	0.1357	0.1335	0.1314	0.1292	0.1271	0.1251	0.1230	0.1210	0.1190	0.1170
−1.0	0.1587	0.1562	0.1539	0.1515	0.1492	0.1469	0.1446	0.1423	0.1401	0.1379

그림 3.5-4 Z 점수 분포표

자료 내에서 관측값의 상대적 위치를 찾기 위해 평균과 표준편차를 사용하는 것은 매우 유용한 방법이다. 한 학생이 통계학 시험과 마케팅 시험에서 모두 90점을 맞았다고 하자. 이 학생의 점수는 두 과목 다 같으나, 각 과목 점수의 상대적 위치는 다를 수 있다. 각 과목의 평균이 다를 수도 있고, 평균이 같아도 표준편차가 다를 수도 있다. 각 과목에서 학생의 상대적인 위치를 알기 위해서 각 과목의 평균과 표준편차가 모두 필요한 것이다.

표본값과 평균의 차이를 표준편차로 나눈 값인 Z 점수를 사용해 자료 안에서 표본값의 상대적인 위치를 찾을 수 있다. Z 점수는 분자와 분모가 같은 단위를 가져 상쇄되므로, 단위가 없는 측정값이며, 주어진 표본값의 평균과의 거리를 표준편차로 측정한다.

예시. 통계학 시험의 평균은 60점이고 표준편차는 10점이다. 마케팅 시험의 평균은 80점이고, 표준편차는 5점이다. 각 과목에서 90점을 맞은 학생의 Z 점수를 구하시오.

풀이. 통계학 시험의 Z 점수는 $(90-60)/10=3$이고, 마케팅 시험의 Z 점수는 $(90-80)/5=2$이다. 그러므로 같은 점수를 맞았어도 평균에서 3 표준편차 위의 점수를 얻은 통계학 시험을, 평균에서 2 표준편차 위의 점수를 얻은 마케팅 시험보다 더 잘 본 것이다.

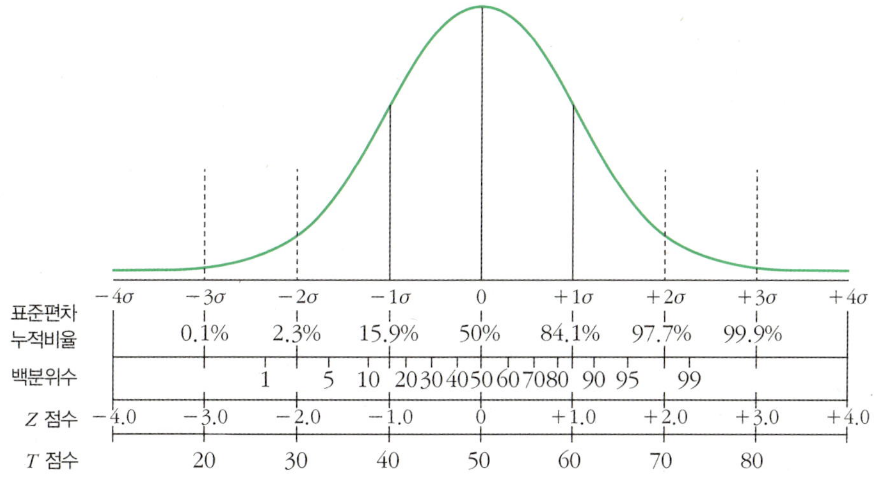

그림 3.5-5 **표준정규분포**

CHAPTER 4

확률의 이해

발렌타인 데이에 초콜릿을 받았다면 나를 몇 % 좋아하는 걸까?

만약 누군가를 좋아한다면 초콜릿을 준다는 확률 $P(\ \ |\ \ )$을 알 때, 누군가 초콜릿을 준다면 초콜릿을 받은 사람을 좋아할 확률 $P(\ \ |\ \ )$을 추론할 수 있다. 이것은 조건부 확률을 이용하여 사전확률로 사후확률을 만들어낼 수 있다는 뜻이다.

예를 들어 '좋아해서 초콜릿을 준다'=20%, '좋아하는데 초콜릿을 안 준다'=30%, '안 좋아하는데도 초콜릿을 준다'=15%, '안 좋아해서 초콜릿을 안 준다'=35%라고 하자. 초콜릿을 받은 경우 중에서 좋아하는 확률은 얼마일까?

	50%	50%	
	좋아하고 초콜릿 줌(상남자) (0.5 사전×0.4 조건 = 20%)	안 좋아하는데 초콜릿 줌(나쁜남자) (0.5×0.3 = 15%)	35
	좋아하는데 초콜릿 못 줌(보통남) (0.5×0.6 = 30%)	안 좋아해서 초콜릿 안 줌(남자) (0.5×0.7 = 35%)	65

* 영화를 보면 상남자들은 최후까지 살아남지 못할 확률이 매우 높다(예: 조스, 버티컬리미트 외 다수의 영화).

(조건부 확률×사전확률) / 초콜릿 받은 사건 전체

$$P(\ \ |\ \ ) = [P(\ \ |\ \ ) \times P(\ \ )] / P(\ \ )$$

초콜릿 받았을 때 좋아할 확률=(40%×50%) / 35%=57%

이것은 다음과도 같다.

$$P(\ \ |\ \ ) = [P(\ \ |\ \ ) \times P(\ \ )] / [P(\ \ |\ \ ) \times P(\ \ )] + [(P(\ \ |\ \ ) \times P(\ \ )]$$

초코릿 받았을 때 좋아할 확률=(40%×50%) / [(40%×50%)+(30%×50%)]=20% / (20%+15%)=57%

답은 **57%** (0.2/0.35)

1 **확률의 개념**

2 **확률사건**

3 **결합확률과 한계확률**

4 **조건부 확률**

5 **베이즈의 법칙**

확률의 의미
(EBS 클립뱅크)

내가 '우연하게' 이 세상에 존재하게 된 확률
(지식탐구소)

조건부 확률
(OJ Simpson)

1. 확률의 개념

오늘 수업이 지난주보다 일찍 끝날 확률은?

내일 비가 올 가능성은?

다음 주 내가 보유한 주식 가격이 오를 확률은?

이번 주 로또를 구입했을 때 1등에 당첨될 확률은?

여기서 가능성 또는 확률은 무엇을 뜻하는가? 깊이 있는 의미에서 확률을 정의하기에는 매우 복잡한 설명이 필요하다. 여기에서는 단순 명료한 정의로 대신하자.

확률을 보는 관점은 넓게 **도수 이론**(frequency theory)과 **주관적 견해**(subjective view)로 양분된다.

도수 이론은 하나의 시행을 같은 조건에서 독립적으로 무한히 반복할 수 있을 때 적용된다. 우리가 흔히 알고 있는 도박에서의 이길 확률이 이것이다. 동전 던지기를 예로 들면, 동전 던지기는 동일한 조건하에서 독립적으로 무한히 반복하여 시행이 가능하다. 동전의 앞면과 뒷면이 나올 가능성은 각각 50%이다. 이 뜻은 동전 던지기를 무한히 반복하였을 때 앞면이 나오는 횟수가 절반 가까이 된다는 것이다.

주관적 견해라는 것은 동전 던지기와 같이 반복적인 시행이 불가능한 경우이다. 다시 말해서 상대도수를 구하는 것이 불가능하다. 예를 들어, 올해 발렌타인 데이에 남자친구에게 초콜릿을 받았다면 그가 나를 진심으로 사랑하고 있을 확률은 얼마나 되는가? 올해 말 코스피 지수가 3000을 돌파할 확률은? 내일 비가 그쳐서 세차를 할 수 있을 확률은? 이런 질문에 우리는 반복 시행을 통해서 확률을 찾아내기는 거의 불가능하기 때문에 도수 이론을 사용할 수가 없다.

이때 우리는 반복적인 시행이 불가능한 상황에서 확신의 정도를 주관적으로 표현할 수밖에 없는 것이다. 주관적인 판단이기 때문에 오히려 수많은 경제적 거래가 이루어지고 있는 주식시장을 예로 들 수 있다. 롯데쇼핑㈜ 주식을 매수하려는 측은 주식 가격이 오를 것이라는 확률이 50% 이상인 것이고, 매도하려는 측은 반대로 주식 가격이 내릴 것이라는 확률이 50% 이상인 것이다. 그러므로 주관적 견해라고 해서 비과학적인 것만은 아니다.

확률실험(random experiment)은 실험을 할 때 가능한 모든 경우를 나열해보면 된다. 모두 나열하는 것이 불가능하면 몇 가지 전형적인 경우만 나열해도 좋다. 예를 들어 동전을 던져서 앞면이 나올 확률, 주사위 던져서 나오는 수, 카드를 뽑았을 때 하트 퀸이 나올 확률, 빵을 굽는 시간 등을 확률실험이라고 한다.

표본공간(sample space)은 확률실험으로부터 관측할 수 있는 모든 가능한 사건들을 나타낸 것이다. 예를 들어, 하나의 주사위를 던질 때 관측 가능한 표본공간은 $S=\{1, 2, 3, 4, 5, 6\}$이다.

사건(event)은 표본공간의 부분집합으로 어떤 조건을 만족하는 특정한 표본들의 집합을 말한다. 예를 들어 주사위 2개를 동시에 던졌을 때, 두 주사위 점의 합으로 관측할 수 있는 모든 가능한 사건의 수는 36가지이다. 그중에서 합이 2가 나오는 사건은 (1, 1) 한 가지 사건밖에 없다. 이 사건은 전체 표본공간 36가지(6×6)의 경우에서 한 가지이므로 확률은 1/36이 된다.

확률법칙(law of probability)에서 만약 어떤 사건이 절대로 일어날 수 없으면, 그 사건이 일어날 확률은 0%이다. 이와 반대로 어떤 사건이 반드시 일어날 사건이라면 그 때의 확률은 100%이다. 그러므로 확률은 0%부터 100% 사이가 되는데, 표본공간 내에서 일어날 수 있는 모든 확률을 더하면 100%가 된다.

$$0 \leq P(O_i) \leq 1, \quad i = 1, 2, 3, \cdots, k$$

$$\sum_{i=1}^{n} P(O_i) = 1$$

예시. 주사위 2개를 동시에 던질 때 나타나는 점들의 합을 관측하는 확률실험을 예로 들어보자.

이때 표본공간 $S=\{2, 3, \cdots, 12\}$이고, $P(2)=1/36$, $P(6)=5/36$, $P(10)=3/36$이 된다. 이것을 표로 정리해 보면 표 4.1-1과 같다.

표 4.1-1 주사위 2개 던지기의 합

	1	**2**	**3**	**4**	**5**	**6**
1	**2**	3	4	5	**6**	7
2	3	4	5	**6**	7	8
3	4	5	**6**	7	8	9
4	5	**6**	7	8	9	**10**
5	**6**	7	8	9	**10**	11
6	7	8	9	**10**	11	12

예시. 표 4.1-2는 EU 베이커리에서 30일 동안 케이크를 판매한 개수를 기록한 표이다. EU 베이커리가 임의로 하루에 3개의 케이크를 판매할 확률은 얼마인가?

표 4.1-2 30일 동안 케이크 판매 개수

케이크 판매 개수	일수
0	1
1	2
2	10
3	12
4	5

표 4.1-3 케이크 판매 개수의 상대도수

케이크 판매 개수	일수	상대도수
0	1	1/30 = 0.03
1	2	2/30 = 0.07
2	10	10/30 = 0.33
3	**12**	**12/30 = 0.40**
4	5	5/30 = 0.17
	30	Σ = 1.00

2. 확률사건

사건들 간의 관계를 파악하고 확률을 계산할 때 **벤 다이어그램**(venn diagram)을 이용하면 편리하다. 벤 다이어그램은 하나의 직사각형과 그 안에 든 원을 이용하여 1개 또는 그 이상의 사건을 나타내는 그림이다. 원으로 그려진 사건이 2개 또는 그 이상인 경우 벤 다이어그램을 이용하면 사건 간의 관계를 파악하기에 용이하다.

그림 4.2-1은 2개의 사건 A와 B를 표시한 벤 다이어그램의 예이다. 왼쪽 벤 다이어그램을 보면 두 사건 A와 B를 나타낸 원들이 겹치지 않는다. 이때 두 사건은 상호배타적(mutually exclusive) 관계에 있다고 한다. 두 사건이 배타적 관계에 있으면 두 사건은 동시에 발생할 수 없다. 하나의 사건이 일어나면 다른 사건은 일어나지 않는다. 반면에 아래 벤 다이어그램을 보면 두 원이 겹치는 부분이 있다. 두 사건이 배타적 관계에 있지 않으면 그림에서처럼 가운데 부분이 존재한다. 이 경우 두 사건은 함께 일어날 수 있다. 한 사건이 발생할 때 다른 사건이 함께 일어날 수 없는 경우 두 사건은 상호배타적 또는 단순히 배타적 관계(배반관계)에 있다고 말한다.

예를 들어보자. 동전을 한 번 던지는 시행에서 앞면이 나오는 사건과 뒷면이 나오는 사건은 배타적이다. 이제 주사위를 한 번 던지는 시행을 생각해보자. 홀수가 나오는 사건과 6의 눈이 나오는 사건은 배타적이다. 하지만 홀수가 나오는 사건과 3 이하의 숫자가 나오는 사건은 배타적 사건이 아니다. 왜냐하면 1 또는 3의 눈이 나오는 경우 두 사건이 모두 일어나는 셈이기 때문이다.

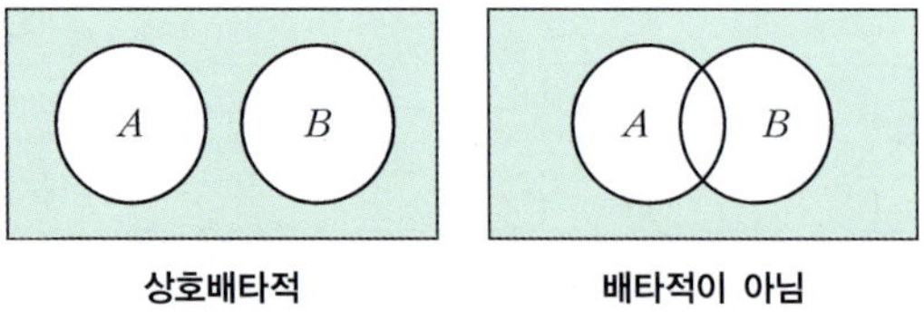

그림 4.2-1 벤 다이어그램

1) 덧셈법칙

이번에는 두 사건 중 적어도 어느 하나의 사건이 일어날 확률에 대해 알아보자. 여기서 적어도 하나의 사건이 일어난다는 것은 첫 번째 사건이 일어나거나 두 번째 사건이 일어나거나, 아니면 두 사건 모두 일어나는 경우를 포함한다. 두 사건이 상호배타적이면 두 사건이 모두 일어나는 경우는 고려하지 않아도 된다. 그런 일이 없기 때문이다. 두 사건이 배타적인 경우, 적어도 어느 하나의 사건이 일어날 확률은 각각의 사건이 일어날 확률을 더하면 된다.

두 사건 중 적어도 하나의 사건이 일어날 확률을 계산하려면 먼저 두 사건이 상호배타적인가를 살펴본다. 만약 상호배타적이면 각 사건이 일어날 확률을 더한다. 이를 좁은 의미의 덧셈법칙이라 한다. 두 사건 A와 B가 상호배타적이면 $P(A$ 또는 $B) = P(A) + P(B)$가 성립한다. 여기서 $P(A$ 또는 $B)$는 두 사건 중 적어도 하나의 사건이 일어날 확률을 의미하는데 $P(A \cup B)$로 표기하고 'A union B의 확률'이라고 읽기도 한다.

플레잉 카드에는 스페이드(♠ Spade), 하트(♥ Heart), 다이아몬드(■ Diamond), 클럽(♣ Club)의 4가지 모양의 카드가 있다. 숫자, 글자의 종류는 A(에이스: Ace)와 2~10, 그리고 J(잭, 신하: Jack), Q(퀸=Queen), K(킹=King)으로 총 13종이다. 그래서 기본 카드는 52장으로 구성된다. 여기다가 조커(Joker) 2장을 더해서 총 54장의 카드가 한 벌을 이루며, 이 카드들을 이용해서 다양한 카드 게임을 할 수 있다.

한 벌의 카드를 잘 섞어서 맨 위에 있는 카드를 뽑을 때 하트가 나올 확률은 1/4이다. 스페이드가 나올 확률도 1/4이다. 그렇다면 하트나 스페이드가 나올 확률은 얼마인가? 두 사건은 상호배타적이다. 그러므로 각 사건의 확률을 더하면 된다. 1/4+1/4=1/2이 된다.

다음은 2개의 주사위를 동시에 던진다. 이때 적어도 하나의 주사위에 1이 나올 확률은 1/6+1/6=1/3인가? 하나의 주사위는 파란색이고 다른 하나는 빨간색이라고 해보자. 파란색 주사위에서 1이 나오는 사건은 빨간색 주사위에서 1이 나오는 사건을 배제하지 못한다. 또한 빨간색 주사위에서 1이 나오는 사건도 파란색 주사위에서 1이 나오는 사건을 배제하지 못한다. 따라서 두 사건은 상호배타적 사건이 아니다. 이렇게 배타적 사건이 아닐 때는 각각의 확률을 단순히 모두 더해서는 안 된다. 흰색 주사위에서 1이 나오는 경우는 6가지이고 검은색 주사위에서 1이 나오는 경우도 역시 6가지이다. 그러나 적어도 하나의 주사위에서 1이 나오는 경우의 수는 6+6=12가지가 아니다. 단순합은 (1, 1)의 경우를 중복 계산하게 만든다. 적어도 하나의 주사위에서 1이 나올 확률은 (6+6−1)/36=11/36이지 (6+6)/36=12/36=1/3이 아니다. 무조건 두 확률을 더하면 두 사건이 함께 일어날 확률을 중복 계산하는 실수를 범하게 된다. 배반사건인 경우에는 두 사건이 함께 일어날 확률이 0이므로 중복 계산의 문제가 발생하지 않는다. 만약 두 사건이 상호배반이 아니면 그중 적어도 하나의 사건이 일어날 확률을 구할 때 각각의 확률을 그냥 더해서는 안 된다. 그러면 중복 계산되는 부분 때문에 그 합이 너무 커진다. 제대로 구하려면 각각의 확률을 더한 뒤 중복 계산되는 부분을 빼주어야 한다. 이를 일반화된 **덧셈법칙**(general addition nule)이라고 한다. 임의의 두 사건 A와 B에 대하여 $P(A$ 또는 $B) = P(A) + P(B) - P(A$ and $B)$가 성립한다. 여기서 $P(A$ and $B)$는 두 사건이 함께 일어날 확률로 두 사건 A와 B의 **결합확률**(point probability)이라고도 부른다. 이 결합확률은 종종 $P(A \cap B)$로 표기하고 'A intersection B의 확률'이라고 읽는다.

2) 곱셈법칙

상자 안에 빨간색 R, 파란색 B, 그리고 흰색 W 카드가 각각 한 장씩 들어 있다. 2장의 카드를 임의로 추출할 때, 첫 번째에 빨간색 카드가 나오고 그 다음에 흰색 카드가 나올 확률은 얼마인가?

수많은 사람들이 빨간색 R, 파란색 B, 그리고 흰색 W 카드가 들어 있는 상자에서 무작위 비복원추출로 2장의 카드를 뽑을 경우, 1/3 정도가 처음에 R을 뽑게 되고, 상자에는 B와 W가 남는다.

두 번째 카드를 뽑으면 첫 번째에 R을 뽑은 사람들 중 절반에 해당하는 사람이 W를 뽑을 것으로 기대된다. 따라서 R, W의 순서로 카드를 뽑는 사람의 비율은 1/3의 $1/2 = 1/2 \times 1/3 = 1/6$이 된다. 즉, R, W의 순서로 카드를 뽑을 확률은 1/6(16.7%)이 된다.

600명의 사람이 이 실험에 참가했다고 하자. 약 200명이 처음에 빨간색 카드를 뽑을 것이고, 이 200명 가운데 질반인 100명 정도가 두 번째에 흰색 카드를 뽑을 것이다. 결국 600명 가운데 100명인 $100/600=1/6$ 정도가 처음에 R을 뽑고 두 번째에 W를 뽑을 것이다.

위에서 1/3은 처음 사건의 확률이고, 1/2은 두 번째 사건의 확률이다. 여기서 첫 번째 확률 1/3은 비조건부 확률인 반면, 두 번째 확률 1/2은 첫 번째 사건이 주어진 상태에서 두 번째 사건의 조건부 확률이다. 두 사건 A와 B가 모두 일어날 확률을 계산할 때, $P(A)P(B|A)$를 써도 되고 $P(B)P(A|B)$를 써도 된다. 어느 사건이 먼저 일어나느냐에 따라 원하는 공식을 쓰면 된다.

두 사건이 모두 일어날 확률은 하나의 사건이 일어날 확률과 하나의 사건이 일어났다는 조건하에서 다른 하나의 사건이 일어날 조건부 확률을 곱하여 구한다. 즉 임의의 두 사건 A와 B에 대하여 $P(A \text{ and } B)=P(A)P(B|A)=P(B)P(A|B)$이다. 이것을 일반화된 **곱셈법칙**이라고 한다.

3. 결합확률과 한계확률

일부 대학 졸업생들이 다른 대학 졸업생들보다 더 취업이 잘 되는 이유는 무엇인가? 한 가지 가능한 요인은 대학생들이 어디서 학위를 받았느냐 하는 것이다. 표 4.3-1은 대학 졸업생들의 취업률과 관련된 결합확률을 정리한 것이다.

표 4.3-1 **특정 대학 졸업생과 취업률**

	높은 취업률	낮은 취업률
E 대학 졸업생	0.11	0.29
기타 대학 졸업생	0.06	0.54

주어진 결합확률표를 간략한 기호를 사용하면서 다음과 같이 나타낼 수 있다.

A_1 = 취업 학생이 E 대학을 졸업하였다.

A_2 = 취업 학생이 E 대학이 아닌 기타 대학을 졸업하였다.

B_1 = 취업률이 전체 대학보다 높다.

B_2 = 취업률이 전체 대학보다 낮다.

표 4.3-2 **특정 대학 졸업생과 취업률의 기호화**

	B_1	B_2
A_1	0.11	0.29
A_2	0.06	0.54

$P(A_2 \text{ and } B_1) = 0.06$

한계확률(marginal probability)은 결합확률표에서 각 행과 각 열의 확률들을 합하여 계산된다.

대학 졸업생이 E 대학 이외의 대학을 졸업하였을 확률

$$P(A_2) = 0.06 + 0.54 = 0.60$$

취업률이 전체 대학보다 높을 확률

$$P(B_1) = 0.11 + 0.06 = 0.17$$

표 4.3-3 **한계확률**

	B_1 (취업 상)	B_2 (취업 하)	$P(A_i)$
A_1 (E 대학)	0.11	0.29	0.40
A_2 (기타 대학)	0.06	0.54	0.60
$P(B_j)$	0.17	0.83	**1.00**

한계확률의 합은 1이다.

4. 조건부 확률

조건부 확률(conditional probability)은 다른 사건이 발생하였다는 조건하에서 한 사건이 발생할 확률로 정의된다(원인 → 결과). 사건 B가 발생하였다는 조건하에서 사건 A가 발생할 확률은 $P(A|B)$로 나타내며 다음과 같이 계산된다. 참고로 'P A given B' 또는 'A bar B'라고 읽는다.

$$P(A \mid B) = \frac{P(A \text{ and } B)}{P(B)}$$

$P(A|B)$와 $P(B|A)$의 관계: $P(B \mid A) = \dfrac{P(A \text{ and } B)}{P(A)}$, $P(A \mid B) = \dfrac{P(A \text{ and } B)}{P(B)}$

예시. 대학 졸업생이 E 대학을 졸업하였다는 조건하에서 졸업생의 취업률이 전체 대학 취업률보다 높을 확률은 얼마인가? "$P(B_1|A_1)$"

	B_1 (취업률 높음)	B_2 (취업률 낮음)	$P(A_i)$
A_1 (E 대학졸업)	0.11	0.29	0.40
A_2 (기타 대학 졸업)	0.06	0.54	0.60
$P(B_j)$	0.17	0.83	**1.00**

$$P(B_1 \mid A_1) = \frac{P(A_1 \text{ and } B_1)}{P(A_1)} = \frac{0.11}{0.40} = 0.275$$

따라서 대학 졸업생이 E 대학을 졸업하였다는 조건하에서 취업률이 전체 대학 취업률보다 높을 확률은 27.5%이다.

예시. 을지대학교 식품산업외식학과 2학년 학생 43명 중 여학생 수는 29명이고 이 중 통계학에 관심이 있는 여학생 수가 20명이라고 하자. 이때 여학생을 선택하는 사건을 A라고 하고, 여학생 중에서 통계학에 관심이 있는 학생을 선택하는 사건을 B라고 했을 때, 여학생을 선택할 확률은 $P(A)=29/43$이고, 여학생 중 통계학에 관심이 있는 학생을 선택할 확률 $P(B|A)=P(A\cap B)/P(A)=20/29$이다. 그리고 전체 중에서 통계학을 좋아하는 여학생을 선택할 확률 $P(A\cap B)$은 확률의 곱셈법칙을 적용하면 다음 표와 같다.

	통계학 '좋아' $P(B)$	통계학 '별로'	계
여학생 $P(A)$	**20**	9	29
남학생	10	4	14
계	30	13	**43**

$P(A \cap B) = P(A) \cdot P(B|A) = P(A) \times (P(A \cap B)/P(A))$ = 29/43×20/29 = 20/43 = 46.5%이다.

5. 베이즈의 법칙

COVID-19 바이러스의 감염 확률이 0.1%라고 가정하자. 어떤 제약회사가 COVID-19 바이러스 보균자를 식별할 수 있는 검사 키트를 개발하였고, 이 검사에서 양성이 나오면 감염자로, 음성이 나오면 비감염자로 진단한다. 감염자일 경우에는 검사에서 양성으로 나올 확률이 95%가 된다. 하지만 이 검사는 완벽하지 못해서 COVID-19 비감염자의 경우에도 5%는 양성으로 나온다. 만약 어떤 사람이 이 키트로 검사를 했는데 진단결과가 양성이라면, 이 사람이 COVID-19 바이러스 감염자일 확률은 얼마나 될까? 대부분의 사람들은 이 질문에 95%라고 답한다. 그러나 정답은 1.87%이다(0.00095/0.0509). 사전확률과 조건부 확률을 활용한 베이즈 법칙을 알고 있다면 이해할 수 있다.

표 4.5-1 **베이즈 법칙의 예**

	COVID-19 감염	COVID-19 비감염	합계
양성	0.001 × 0.95 = **0.00095**	0.999 × **0.05** = 0.04995	**0.0509**
음성	0.00005	0.94905	0.9491
합계	**0.001**	**0.999**	1

18세기 수학자인 Thomas Bayes가 발견하여 **베이즈 법칙**(Bayes' law)이라고 불린다. 이것은 사전확률 $P(A)$과 조건부 확률 $P(B|A)$을 안다면, 사후확률 $P(A|B)$을 알아낼 수 있다는 것인데 설명을 자세히 살펴보자.

1) 전확률

전체 확률의 법칙(law of total probability) 또는 전확률(total probability) 정리는 조건부 확률과 관계된 법칙이다. 참고로 베이즈 정리 공식의 분모에 전확률 정리 공식이 들어간다.

$$P(B) = P(B \cap A) = P(B \cap A_1) + P(B \cap A_2) = P(B|A_1)P(A_1) + P(B|A_2)P(A_2)$$

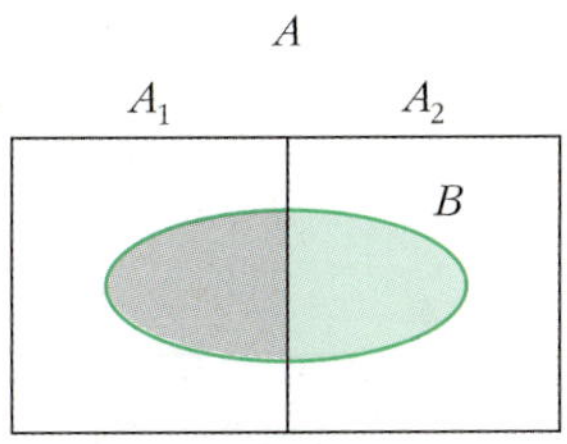

사전확률(prior probability)은 원인 A가 발생할 확률 $P(A)$과 같이, 결과가 나타나기 전에 결정되어 있는 확률이다. $P(A)$

조건부 확률은 원인 A가 발생하였다는 조건하에서 결과 B가 발생할 확률 $P(B|A)$을 나타낸다. $P(B|A)$: A(원인) → B(결과), $P(B|A) = P(A \cap B)/P(A)$

사후확률(posterior probability)은 결과 B가 발생하였다는 조건하에서 원인 A가 발생하였을 확률을 나타낸다. $P(A|B)$: B(결과) → A(원인)

사후확률: $P(A|B) = \boldsymbol{P(A \cap B)}/P(B)$, $P(B) > 0$

① $P(A \cap B) = \boldsymbol{P(A) \times P(B|A)}$　※ 사전확률(원인)×조건부 확률

② $P(B) = P(A)P(B|A) + P(A')P(B|A')$　※ 전확률

사후확률: $P(A|B) =$ ① $P(A \cap B)$ / ② $P(B)$

$$= P(A)P(B|A)/(P(A)P(B|A) + P(A')P(B|A'))$$

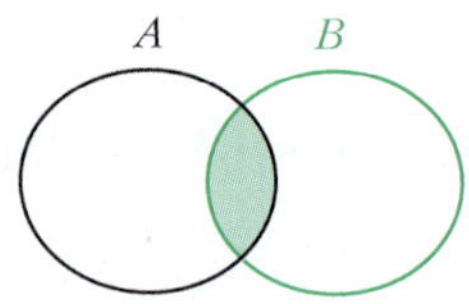

결과 B를 발생시키는 원인들이 A_1, A_2, ⋯, A_k라고 하자. 사전확률 $P(A_1)$, $P(A_2)$, ⋯, $P(A_k)$과 조건부 확률 $P(B|A_1)$, $P(B|A_2)$, ⋯, $P(B|A_k)$이 알려져 있다고 하자.

사후확률(즉 결과 B가 발생하였다는 조건하에서 원인 A_1가 발생하였을 확률)은 다음과 같다.

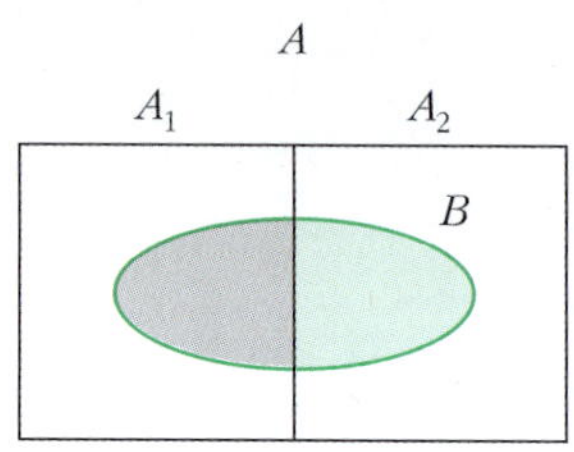

$$P(A_i \mid B) = \frac{P(A_i \text{ and } B)}{P(B)}$$

$$= \frac{P(B \mid A_i)P(A_i)}{P(B \mid A_1)P(A_1) + \cdots + P(B \mid A_k)P(A_k)}$$

$$P(A_i \text{ and } B) = P(B \mid A_i) \times P(A_i)$$

$$P(B) = P(A_i \text{ and } B) + \cdots + P(A_k \text{ and } B)$$

$$= P(B \mid A_i)P(A_i) + \cdots + P(B \mid A_k)P(A_k)$$

따라서 사후확률은 사전확률과 조건부 확률을 이용해서 나타낼 수 있다.

2) 베이즈 정리 실제 사례(The New York Times 2010. 4. 25)

https://opinionator.blogs.nytimes.com/2010/04/25/chances-are/

Y 부인은 암 검사를 받았는데, 검사 결과 양성이라고 나왔다. 암에 걸렸을 때(원인 A) 검사를 통해 양성(결과 B)으로 나올 확률은 90%이다[$P(B|A)$: 조건부 확률]. 암이 아니더라도 검사로 인해 양성일 확률은 7%이다. Y 부인 나이대의 여성이 암에 걸릴 확률은 0.8%다[$P(A)$: 사전확률]. Y 부인이 양성(B)일 때 암(A)일 확률은 얼마인지 알아보자[$P(A|B)$: 사후확률]. 참고로 '(사전확률×조건부 확률) / 양성 전체 확률'이다.

암에 걸릴 확률: $P(A)$, 양성일 확률: $P(B)$

암일 때 양성일 확률: $P(B|A) = P(A \cap B)/P(A) = 0.9$

암 아닌데 양성일 확률: $P(B|A') = P(A' \cap B)/P(A') = 0.07$

	암일 경우 $P(A)$	암이 아닐 경우 $P(A')$	계
양성 $P(B)$	$P(A \cap B) = \boldsymbol{P(A)P(B\|A)}$ **0.008×0.9 (사전×조건부)** = 0.0072	$P(A' \cap B) = P(A')P(B\|A')$ 0.992×0.07 = 0.06944	$P(B)$ = 0.0766 0.0072+0.0694
음성 $P(B')$	$P(A \cap B')$ = 0.008-0.0072 = 0.0008	$P(A' \cap B')$ = 0.992-0.0694 = 0.9226	$P(B')$ = 0.9234 0.0008 + 0.9226
계	$P(A)$ = **0.008 (사전)** 0.0072+0.0008	$P(A')$ = 0.992 0.06944+0.9226	1

$P(A|B) = P(A \cap B)/P(B)$이므로 우선 $P(A \cap B) = P(A)P(B|A)$이고,

$P(B) = P(A)P(B|A) + P(A')P(B|A')$

$P(A|B) = P(A \cap B)/P(B) = P(A)P(B|A)/(P(A)P(B|A) + P(A')P(B|A'))$

$= (\mathbf{0.008 \times 0.9})/(0.008 \times 0.9 + 0.992 \times 0.07)$

$$= 0.007/(0.0072 + 0.06944) = 0.007/0.0766 = 0.0939 \ (9.39\%)$$

예시. 3개의 생산라인을 갖고 있는 아이스크림 공장에서 A_1번 라인에서 전체 생산품의 30%, A_2번 라인에서 50%, A_3번 라인에서 20%가 만들어진다. 각 라인에서 나오는 불량품은 2%, 6%, 1%라고 한다. 이 회사제품 중 임의로 하나를 추출한 제품이 불량일 때, 이 제품이 A_2번 라인에서 생산되었을 확률은? (사후확률 문제)

	생산 비율(A)	라인 불량률(B)	전체 불량률
A_1	30%	2%	**0.3×0.2**
A_2	50%	**6%**	**0.5×0.06**
A_3	20%	1%	**0.2×0.01**

임의로 제품 하나를 골랐는데, 그 제품이 A_2 라인의 불량품일 사건인 사후확률 $P(A_2|B)$은?

조건부 확률: $P(B|A_1)=0.02$, $\mathbf{P(B|A_2)=0.06}$, $P(B|A_3)=0.01$

사전확률: $P(A_1)=0.3$, $\mathbf{P(A_2)=0.5}$, $P(A_3)=0.2$를 알 수 있다.

사후확률=(사전확률×조건부 확률) / 불량 전체 확률

$$P(A_2 \mid B) = \frac{P(A_2)P(B \mid A_2)}{P(A_1)P(B \mid A_1) + P(A_2)P(B \mid A_2) + P(A_3)P(B \mid A_3)}$$

$$= \frac{0.5 \times 0.06}{0.3 \times 0.02 + 0.5 \times 0.06 + 0.2 \times 0.01} = 0.789$$

CHAPTER 5

확률분포

1 확률변수와 확률분포

2 정규분포

3 표준정규분포

4 표본분포

5 표본평균의 표본분포

6 중심극한정리

즐거운 수학 EBS MATH
통계로 세상을 치료하다

영화 뷰티풀 마인드 게임이론

1. 확률변수와 확률분포

확률분포는 확률변수와 그에 확률을 대응시킨 것을 말하는데 추론통계학의 기본이 된다. 임의 실험의 결과에 대해 수치를 부여하는 경우를 생각해보자. 동전을 두 번 던질 경우, 앞면이 나오는 경우의 수는 3가지가 있을 수 있다. 한 번도 안 나오는 경우, 한 번 나오는 경우, 두 번 나오는 경우이다. 이 각각에 0, 1, 2의 값을 부여할 때 0, 1, 2가 실험에서 나올 가능성은 확률에 의해 주어진다. 이처럼 임의 실험에서 일정한 확률을 가지고 발생하는 결과에 값을 부여한 변수를 **확률변수**(random variable)라고 한다.

일반적으로 확률변수는 실험의 결과가 양의 정수로 나타나는 경우에 많이 사용된다. 그러나 성별, 종교 등과 같이 그 자체로 임의 실험의 결과가 값으로 나타나지 않더라도 결과에 값을 부여하는 경우도 있다. 예를 들어, 여자는 1, 남자는 2의 값을 부여하는 경우이다. 확률변수는 이산확률변수와 연속확률변수로 나눌 수 있다.

이산확률변수(discrete random variable)는 확률변수가 취할 수 있는 값이 1, 2, 3과 같이 셀 수 있는 경우를 말하며, 연속확률변수는 말 그대로 확률변수가 취할 수 있는 값이 연속되어 셀 수 없는 경우를 말한다. 이산확률변수는 주사위 던지기에서 어떤 눈이 나오는 횟수, 한 시간에 스포츠센터에 들어오는 회원의 수, 하루 동안 레스토랑의 방문고객 수 등 일반적으로 우리가 양의 정수로 셀 수 있는 값으로 나타나는 것을 말한다.

연속확률변수(continuous random variable)는 결과값이 연속되어 일정 구간으로 확률을 측정하는 것을 말한다. 예를 들어, 몸무게나 키 같은 것은 정수로만 측정될 수 없다. 몸무게 72.5kg, 키 181.3cm와 같이 소수점까지 세밀하게 표시된다. 이럴 경우 확률은 어떤 한 점에서 측정되는 것이 아니라 일정 구간으로 측정한다. 몸무게의 경우 60kg인 학생의 비율이 얼마인가로 측정하는 것이 아니고 60kg에서 65kg 사이에 있는 학생의 비율이 얼마인가로 측정한다. 그래야 62.125kg인 학생도 확률계산에 포함될 수 있다.

이 확률변수와 그에 대응하는 확률을 표시한 것을 **확률분포**(probability distribution)

라고 한다. 이산확률변수에 확률을 대응시킨 것을 이산확률분포라 하고 연속확률변수에 확률을 대응시킨 것을 연속확률분포라고 한다.

1) 확률변수

확률변수는 하나의 실험에서 나타나는 결과를 값으로 나타내는 것이다. 실제 하나의 확률변수는 실험에서 일어날 수 있는 각각의 결과에 대해 하나의 값을 연관시키는 것이다. 확률변수의 특정 값은 실험결과에 의존하는데 확률변수가 가정하는 값에 따라 이산확률변수 또는 연속확률변수로 구분된다.

예를 들어, 2개의 동전을 던지는 확률실험을 한다고 생각하고 이러한 확률실험의 결과들을 관찰해보자. 확률실험의 사건들은 다음과 같이 나타낼 수 있다.

첫 번째 동전이 앞면이고 두 번째 동전도 앞면이다.
첫 번째 동전은 앞면이고 두 번째 동전은 뒷면이다.
첫 번째 동전은 뒷면이고 두 번째 동전은 앞면이다.
첫 번째 동전이 뒷면이고 두 번째 동전도 뒷면이다.

그러나 다른 방법으로 이와 같은 사건들을 나열할 수 있다. 사건들을 각 동전의 결과로 정의하는 대신 앞면의 수(또는 뒷면의 수)로 정의할 수 있다. 따라서 사건들은 다음과 같이 나타낼 수 있다.

2개의 앞면, 1개의 앞면, 1개의 앞면, 0개의 앞면

서로 다른 2개의 동전을 던지는 시행에서 앞면이 나온 수를 확률변수 X라 할 때, 이 확률변수에 대한 기댓값은 다음과 같이 표현할 수 있다.

표 5.1-1 **동전 던지기 앞면이 나온 수 확률변수의 기댓값**

X	0	1	2	합계
$P(X=x_i)=f(x_i)$	1/4	1/2	1/4	1

앞면의 수는 확률변수라고 부른다. 우리는 이와 같은 확률변수를 X로 표시하고 각 값이 발생하는 확률에 관심을 가진다. 따라서 이 예에서 X의 값은 0, 1, 2이다. 2개의 주사위를 동시에 던지는 게임을 가정해보자. 이와 같은 확률실험에서 나타나는 사건들을 나열하는 한 가지 방법은 첫 번째 주사위의 숫자와 두 번째 주사위의 숫자를 함께 나열하는 것이다. 그러나 거의 모든 게임에서 참가자는 일차적으로 첫 번째 주사위의 숫자와 두 번째 주사위의 숫자의 합에 관심을 가진다. 따라서 각 주사위의 숫자들 대신에 두 주사위의 숫자 합을 다음과 같이 나열할 수도 있다. 표 5.1-2는 서로 다른 주사위를 던졌을 때 두 눈의 합을 확률변수 X라고 할 때, 이 확률변수에 대한 기댓값을 설명한다.

표 5.1-2 2개의 주사위 던지기에서 두 눈의 합 확률변수 기댓값

X	2	3	4	5	6	7	8	9	10	11	12	합계
$P(X=x_i)$ $=f(x_i)$	1/36	2/36	3/36	4/36	5/36	6/36	5/36	4/36	3/36	2/36	1/36	1

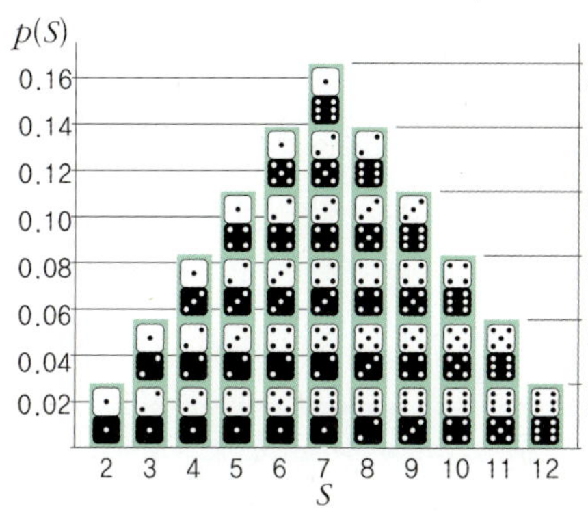

그림 5.1-1 2개의 주사위 던지기에서 두 눈의 합 확률변수 기댓값

2) 이산확률변수

유한한 개수의 값을 갖거나 0, 1, 2, …와 같이 무한수열의 값을 가지는 확률변수를 이산확률변수라 한다. 표 5.1-3은 몇 가지 이산확률변수의 예를 보여준다. 각 예에서

이산확률변수는 유한한 개수의 값이지만 0, 1, 2, …와 같은 무한수열의 값을 취한다는 점에 주목하여야 한다.

표 5.1-3 **이산확률변수의 예**

실험	확률변수(X)	확률변수가 취할 수 있는 값
5명의 배달주문 고객에 연락	통화한 고객의 수	0, 1, 2, 3, 4, 5
아이스크림 50개 생산	팔린 아이스크림 수	0, 1, 2, …, 49, 50
밀키트 품질검사	불량제품의 수	0, 1, 2, 3, …
레스토랑 운영	방문고객의 성별	남성이면 0, 여자이면 1

3) 연속확률변수

연속확률변수는 일정한 구간 내의 값들을 가지는 확률변수이다. 길이나 시간 등과 같이 연속적으로 측정될 수 있는 변수를 연속변수라고 하는데, 이러한 연속변수의 특성을 지닌 확률변수를 연속확률변수라고 한다.

연속확률변수의 확률분포는 이산확률변수의 확률분포와는 다르게 나타내야 한다. 연속확률변수의 경우 확률은 실수 구간만 정의될 수 있다. 예를 들어, 하나의 주사위를 던지는 이산확률변수(X)의 경우에 $P(X=5)$는 가능하다. 그러나 연속확률변수($X=$ 치킨 한 마리 튀기는 시간)의 경우에는 X가 정확히 10분이 될 확률은 무한히 작기 때문에 의미가 없고 $P(5<X<15)$와 같이 X가 실수일 때만 확률이 의미를 가진다.

표 5.1-4 **연속확률변수의 예**

실험	확률변수(X)	확률변수가 취할 수 있는 값
레스토랑 영업	방문고객들 간의 시간 간격(분)	$X \geq 0$
아이스크림 담기(최대 960g)	몇 g인지	$0 \leq X \leq 960$
새로운 스포츠센터 건립	6개월 후의 건설공사의 완성도(%)	$0 \leq X \leq 100$
새로운 치킨 튀기는 시험	맛있는 맛이 발생하는 기름의 온도 범위	$170 \leq X \leq 180$

한 확률변수가 이산적인지 연속적인지를 결정하는 방식 중 하나는 확률변수의 값을

일직선상의 점들로 생각하는 것이다. 확률변수의 값을 나타내는 두 점을 고른다. 만약 이 두 점 사이에 일직선의 모든 구간이 확률변수의 다른 값들을 나타낸다면 이 확률변수는 연속적이다.

4) 연속확률변수의 확률밀도함수

함수 $f(x)$가 다음의 조건을 만족시키면 $f(x)$를 $a \le x \le b$ 범위의 **확률밀도함수**(probability density function)라고 한다. 그림 5.1-2에서 a, b 사이의 모든 자료 x에 대하여 $f(x) \ge 0$이고, a, b 사이의 $f(x)$ 구간의 면적은 1이다.

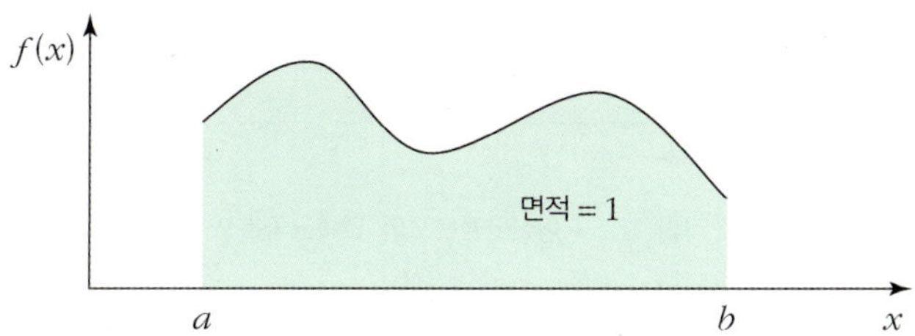

그림 5.1-2 **연속확률변수의 확률밀도함수**

균등분포는 연속확률분포의 한 형태로 주어진 구간 내의 모든 점에 대해 확률을 가지는 분포를 의미한다. 수집된 자료는 보통 다음 사건을 예측하는 데 활용된다. 하지만 동전 던지기를 해서 앞면이 나올지 뒷면이 나올지를 예측해야 하는 상황이라면 아무리 많이 던져보았더라도 다음 사건의 결과를 예측할 수 없다. 주사위를 던지는 경우나 로또 번호를 맞히는 경우도 마찬가지다. 주사위 던지기를 아무리 많이 했어도 다음에 나올 숫자를 예측할 수 없으며, 로또를 아무리 많이 사봤어도 당첨 번호를 예측할 수 없다. 이처럼 **균등분포**(uniform distribution)는 과거의 경험이 미래를 예측하는 데 어떤 영향도 미치지 않으며, 나타날 가능성이 모두 동일한 분포를 말한다.

균등분포는 일정 구간 내의 값들이 나타날 가능성이 동일한 분포를 말하며, 균등분포는 변수의 특성에 따라 이산균등분포와 연속균등분포로 구분한다.

이산균등분포(discrete uniform distribution)란 통계학에서 다루는 이산확률분포 중 확률분포함수가 정의된 모든 곳에서 그 값이 일정한 분포를 뜻한다. 이산균등분포의 예로는 모든 면의 나올 확률이 동등한 주사위의 경우이다. **연속균등분포**(continuous uniform distribution)란 연속확률분포로서, 분포가 특정 구간 내에서 균등하게 나타나는 경우를 뜻한다.

그림 5.1-3은 이산균등분포와 연속균등분포의 예이다.

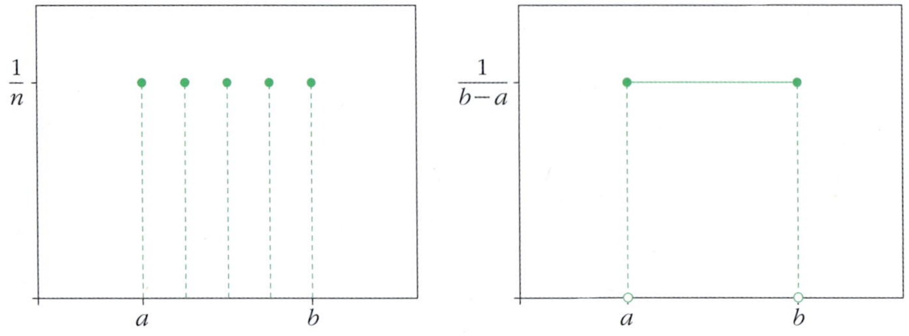

그림 5.1-3 **이산균등분포와 연속균등분포**

이제 균등분포 또는 일양분포의 확률밀도함수를 살펴보자.

$$f(x) = \frac{1}{b-a}, \qquad (a \le x \le b)$$

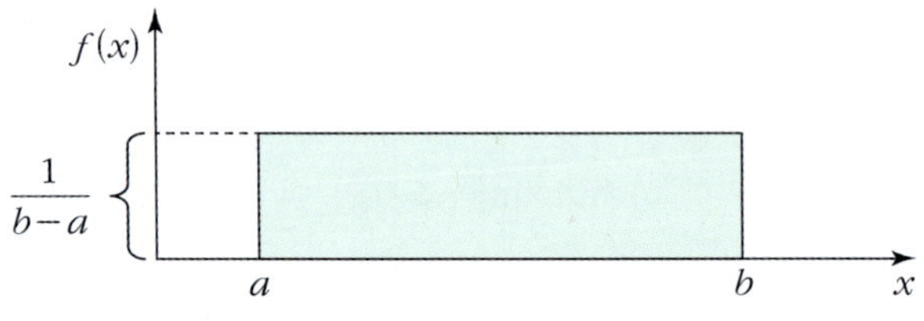

$$\text{면적} = \text{밑변} \times \text{높이} = (b-a) \times \frac{1}{(b-a)} = 1$$

그림 5.1-4 **균등분포(일양분포)의 확률밀도함수**

예시. 한 아이스크림 브랜드에서 하루에 판매되는 아이스크림은 최솟값이 2,000kg이고 최댓값이 5,000kg인 일양분포라고 가정하자. 하루에 판매되는 아이스크림이 2,500kg과 3,000kg 사이에 있을 확률을 구하시오.

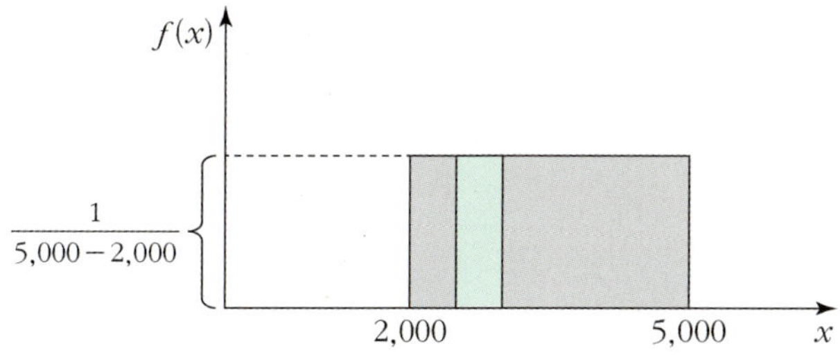

풀이. $P(2{,}500 \le X \le 3{,}000) = (3{,}000 - 2{,}500) \times \frac{1}{3000} = 0.1667$

이 아이스크림 브랜드에서 임의의 하루에 2,500kg과 3,000kg 사이에 있을 확률은 16.67%이다.

예시. 어떤 날 하루 아이스크림의 판매량이 2,500kg과 3,000kg 사이에 있을 확률은 16.67%이다. 이 아이스크림 브랜드에서 적어도 하루에 4,000kg을 판매할 확률을 구하시오.

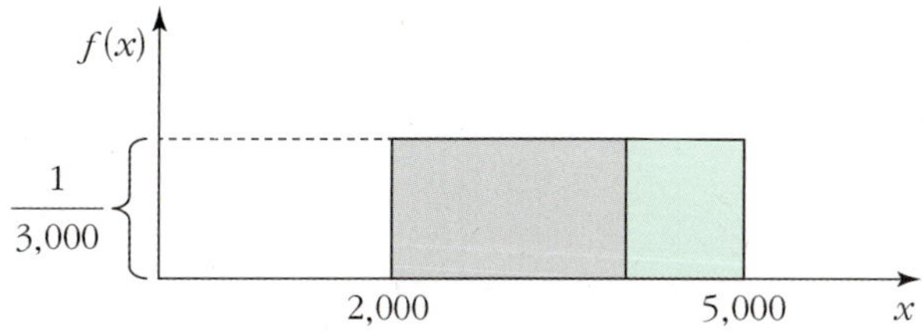

풀이. $P(X \ge 4{,}000) = (5{,}000 - 4{,}000) \times \frac{1}{3{,}000} = 0.3333$

이 아이스크림 브랜드에서 임의의 하루에 적어도 아이스크림 4,000kg을 판매할 확률은 33.33%이다.

2. 정규분포

정규분포(normal distribution)는 여러 가지 확률분포 중에서 균등분포와 달리 축적된 자료를 기준으로 미래를 예측할 수 있는 분포다. 정규분포는 통계학에서 가장 많이 사용하는 분포로, 평균과 분산만으로 그 특성을 모두 설명할 수 있어 편리하다.

정규분포는 그림 5.2-1과 같이 평균을 중심으로 좌우대칭인 종(鍾)의 모양을 하고

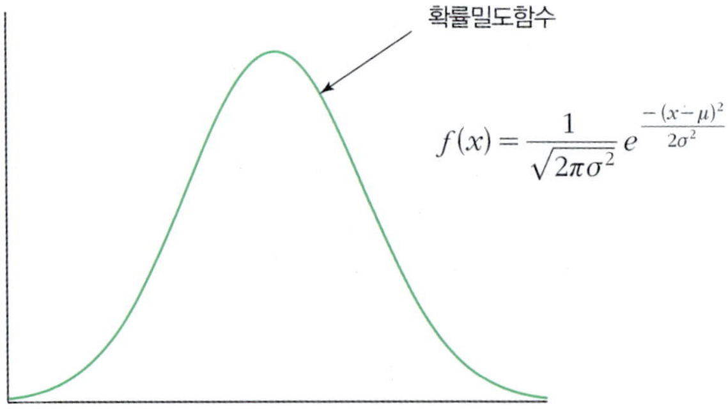

그림 5.2-1 **정규분포의 확률밀도함수**

있다. 분포가 모여 있으면 분산이 작고, 넓게 퍼져 있으면 분산이 크다. 평균 μ, 분산 σ^2, 표준편차 σ인 정규분포의 확률함수는 $e=2.71828\cdots$인 무리수를 사용하여 아래와 같이 정규분포의 확률밀도함수가 된다. 이때 확률변수 X가 정규분포를 따르고, 평균은 μ, 분산은 σ^2이라 하고 기호로는 $X\sim N(\mu,\ \sigma^2)$으로 나타낸다. 균등분포의 범위 $(a\le x\le b)$와 다르게 정규분포의 범위는 음의 무한대부터 양의 무한대까지 실수 구간 전체이다.

$$f(x)=\frac{1}{\sigma\sqrt{2\pi}}e^{-\frac{1}{2}\left(\frac{x-\mu}{\sigma}\right)^2},\quad -\infty<x<\infty$$

정규분포는 평균(μ)과 표준편차(σ)에 의해서 완벽히 정의될 수 있는데, 평균이 증가하면 정규분포곡선을 우측으로 이동시키며, 표준편차의 증가는 정규분포곡선을 더 낮아지고 넓어지게 만든다.

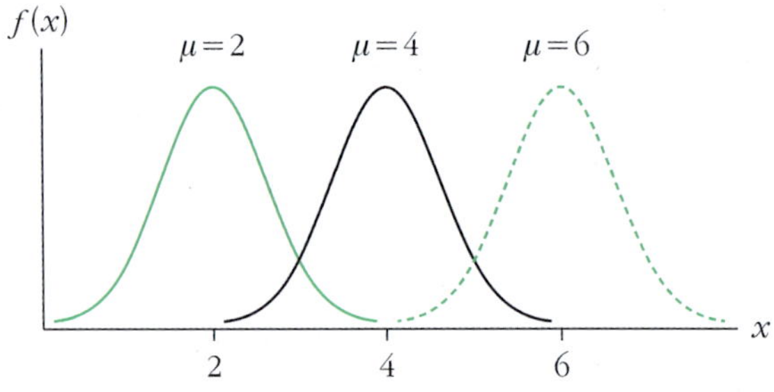

그림 5.2-2 **정규분포의 평균 변화**

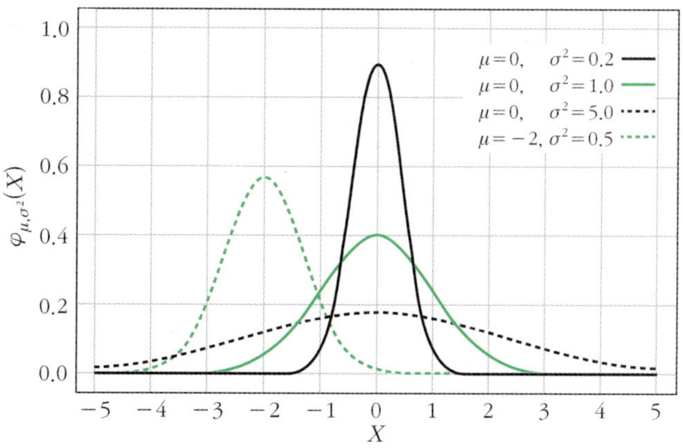

그림 5.2-3 **정규분포의 분산 변화**

이때 서로 다른 분포를 비교할 때 여러 개의 분포를 어떤 하나의 기준으로 재배치하여, 그 기준 아래에서 각 분포를 비교할 수 있다. 이때 표준화 과정을 거쳐 새로운 기준이 되는 '평균=0, 표준편차=1'에 따라 정규분포를 표준화한 것이 **표준정규분포**(standard normal distribution)이다.

$$f(x) = \frac{1}{\sqrt{2\pi}} e^{-\frac{1}{2}x^2}, \quad -\infty < x < \infty$$

세상의 많은 자료들이 정규분포를 이루고 있다. 그런데 각 집단의 평균과 표준편차가 다르기 때문에 자료들을 서로 비교하기 어렵다는 문제가 생긴다. 예를 들어, 통계학 시험의 경우 A반과 B반의 점수 결과가 정규분포를 이룬다고 가정해보자. 그런데 A반의 평균점수는 70점에 표준편차가 30점이고, B반의 점수는 평균 80점에 표준편차가 40점이라면, 두 반 중 어느 반이 통계학 점수가 더 높다고 할 수 있는가? 이렇게

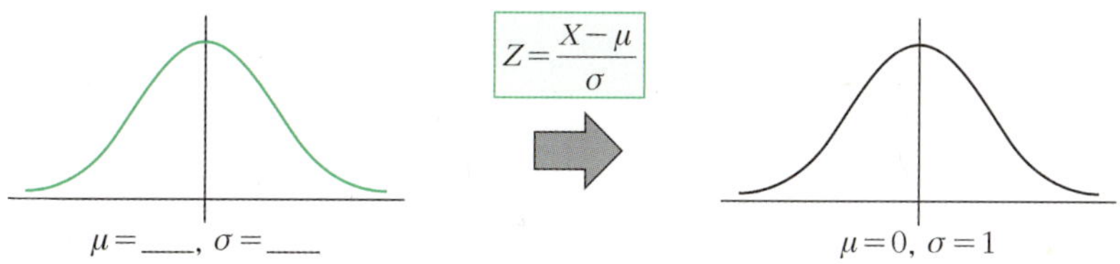

그림 5.2-4 **정규분포를 표준화한 표준정규분포**

서로 다른 모수값(평균, 표준편차)의 정규분포를 가진 집단들을 서로 비교하기 위해서 정규분포를 표준화하는 방법이 표준정규분포이다.

표준정규분포를 만드는 방법은 개별 자료에서 그 집단의 평균(μ)을 빼고, 표준편차로 나누어주면 된다. 개별 자료에서 평균을 빼주었기 때문에 개별 자료들의 평균은 0이 된다. 그리고 표준편차로 개별 자료를 나누었기 때문에 집단의 표준편차는 1이 된다.

어떤 X 확률변수가 정규분포 $N(\mu, \sigma^2)$을 따를 때, Z 확률변수$=(x-\mu)/\sigma$로 변환되면 Z 확률분포는 표준정규분포인 $Z \sim N(0, 1)$을 따른다. 정규분포의 확률함수에 $\mu=0$, $\sigma=1$을 대입하면 표준정규분포의 확률함수는 다음과 같이 바뀐다.

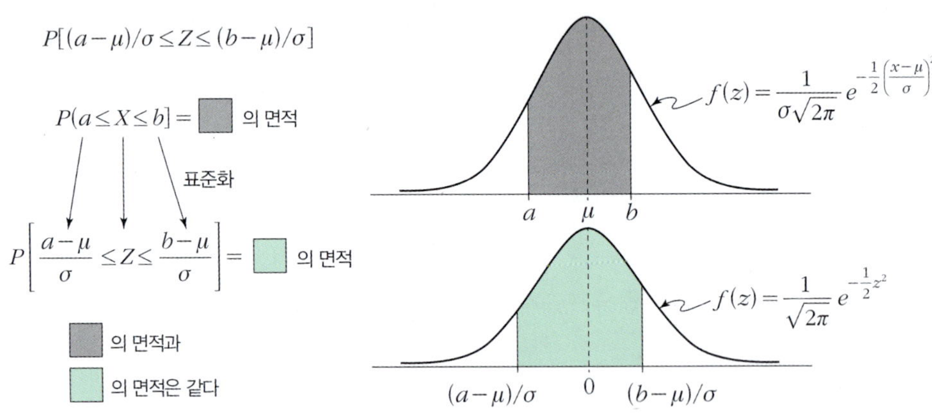

그림 5.2-5 **정규분포의 표준정규분포 변환**

이렇듯 정규분포 $N(\mu, \sigma^2)$인 확률변수 X를 표준정규분포인 $N(0, 1)$이 되는 $Z=(x-\mu)/\sigma$로 변환하여 표준화하면 서로 다른 대상을 쉽게 비교할 수 있다.

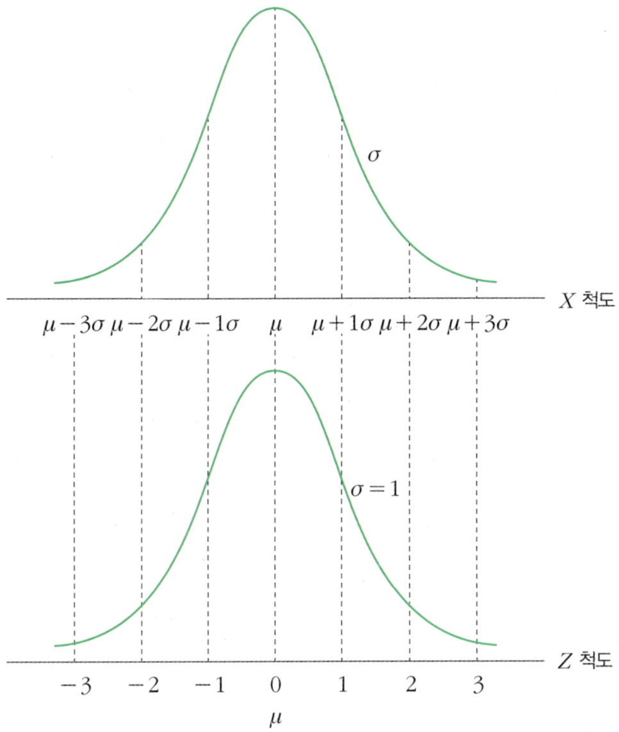

그림 5.2-6 X 척도에서 Z 척도로 변환

표준정규분포는 확률변수 X를 표준화한 확률변수 Z의 분포이다. 이와 같이 표준정규분포는 정규분포와 달리 평균과 분산에 대하여 독립적이다. 즉 표준정규분포는 평균과 분산에 따라 모양이 영향을 받지 않고 일정한 형태를 취한다. 정규분포를 표준정규분포로 표준화한다는 것은 정규분포의 평균과 표준편차의 실제값을 척도를 사용하여 표준값, 즉 상대값(relative value)으로 전환하는 것을 뜻한다. 이와 같이 정규확률변수가 특정 구간 사이의 값을 가질 확률은 정규확률변수 X의 값을 다음 공식을 이용하여 표준정규확률변수 Z의 값으로 전환시킨 후 Z값에 해당하는 확률을 표준정규분포표에서 읽으면 된다.

$Z=\dfrac{X-\mu}{\sigma}$ → "평균값에서 표준편차의 몇 배 정도 떨어져 있다"는 것을 평가하는 수치

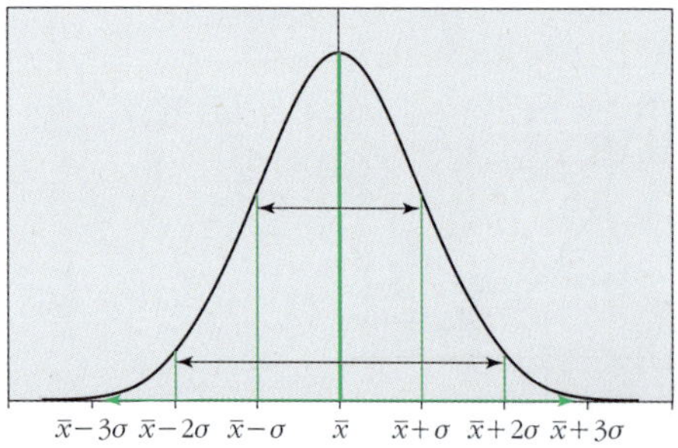

표준편차 ±1배의 범위 내에 약 68% 자료가 들어감.
표준편차 ±2배의 범위 내에 약 95% 자료가 들어감.
표준편차 ±3배의 범위 내에 약 99% 자료가 들어감.

그림 5.2-7 **표준정규분포의 표준편차 내 자료값**

정규분포를 표준정규분포로 전환하는 이유는 각 확률변수 간의 비교는 물론 정규분포에서 특정한 구간의 확률을 계산할 때 편리하기 때문이다. 예를 들어 a와 b 사이에 있을 정규확률변수 X의 확률을 구하기 위해서는 a는 $(a-\mu)/\sigma$로, b는 $(b-\mu)/\sigma$로 전환하여 이에 해당하는 Z값들을 우선 구해야 한다.

서로 다른 정규분포를 표준정규분포로 전환하게 되면 동일한 Z값에 해당하는 면적은 모든 정규분포에서 같다는 사실이 중요하다. 정규분포의 평균 100으로부터 1 표준편차 10만큼 떨어진 구간의 면적, 즉 100~110 사이의 면적은 다른 정규분포에서 평균 50, 표준편차 5 사이의 면적 50~55와 같고 표준정규분포에서 Z값이 0과 1 사이일 때의 면적과 같게 된다. 이는 그림 5.2-8에서 보여주고 있다. 따라서 평균과 표준편차가 다른 어떠한 정규분포이건 확률을 계산하기 위해서는 표준정규분포로 전환하여 Z값에 해당하는 면적(확률)을 **표준정규분포표**(Z table)에서 구하면 된다.

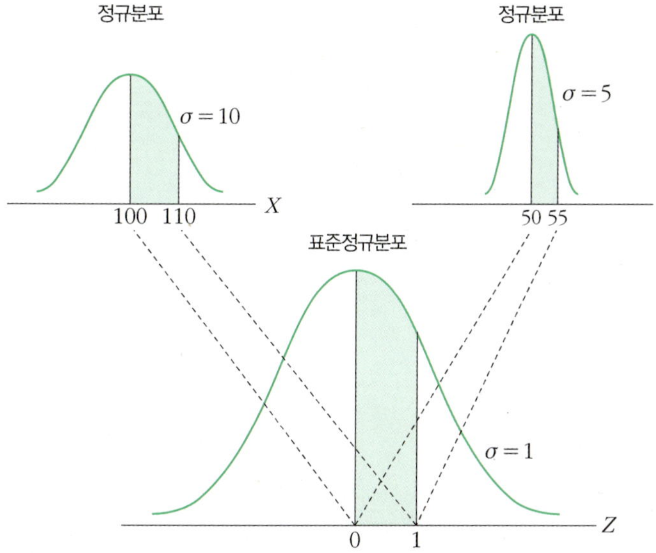

그림 5.2-8 **표준정규분포의 표준화**

E 대학 학생들의 공부시간이 주당 평균 50시간, 표준편차 15시간의 정규분포를 따른다고 가정하자. 시간을 나타내는 확률변수 X가 20, 75일 때 이들을 Z값으로 전환시키는 연습을 해보자.

$$X = 20 \text{일 때 } Z = (X - \mu)/\sigma = (20 - 50)/15 = -2$$

$$X = 75 \text{일 때 } Z = (X - \mu)/\sigma = (75 - 50)/15 = 1.67$$

위 예에서 확률변수 X가 20일 때 표준확률변수 Z는 -2이다. 이를 그림으로 나타내면 그림 5.2-9와 같다. 표준화 공식을 이용하면 특정 표준확률변수 Z값이 주어졌을 때 이에 해당하는 정규확률변수 X값을 역으로 구할 수 있다.

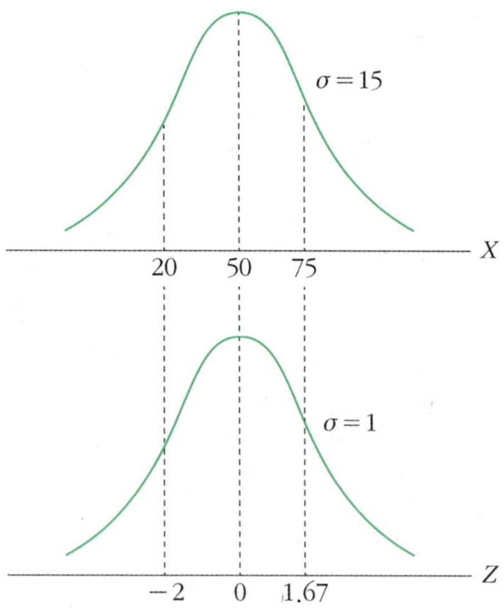

그림 5.2-9 표준정규분포의 표준화 연습
(X=20과 Z=−2의 표시)

3. 표준정규분포

어느 레스토랑에서 RMR 상품에 대한 한달 판매량은 평균이 1,000개이고 표준편차가 100개인 정규분포를 따른다고 가정해보자. 이 레스토랑을 운영하는 경영자는 월초에 RMR 상품이 1,100개 있다는 것을 확인했다. 이번 달 영업종료 후에야 새로운 RMR 상품이 입고될 예정이다. 이 경영자는 이번 달 판매를 위해서 충분한 RMR 상품이 창고에 있는지의 확률을 알고 싶어 한다.

RMR 상품에 대한 판매량 X는 $\mu = 1{,}000$와 $\sigma = 100$이고, 정규분포를 따른다. 레스토랑 경영자는 $P(X < 1{,}100)$의 확률을 알고자 하고 이것은 그림 5.3-1의 그래프와 같이 나타낼 수 있다.

첫 번째는 X를 표준화해야 하며, 이것은 X를 Z로 전환하는 것으로 시작한다.

$$P(X < 1{,}100) = P\left(\frac{X-\mu}{\sigma} < \frac{1{,}100-1{,}000}{100}\right) = P(Z < 1)$$

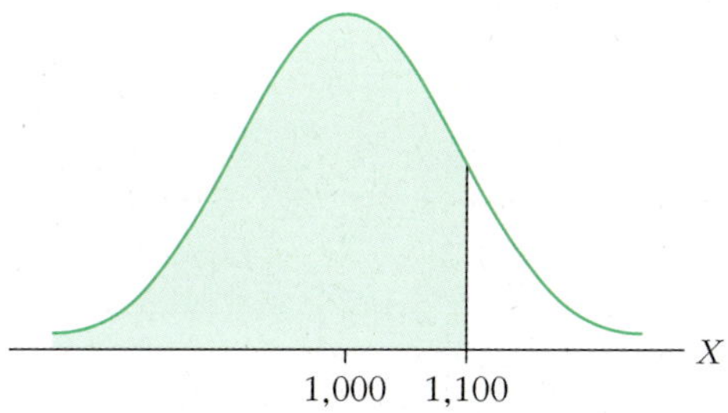

그림 5.3-1 RMR 수요의 정규분포

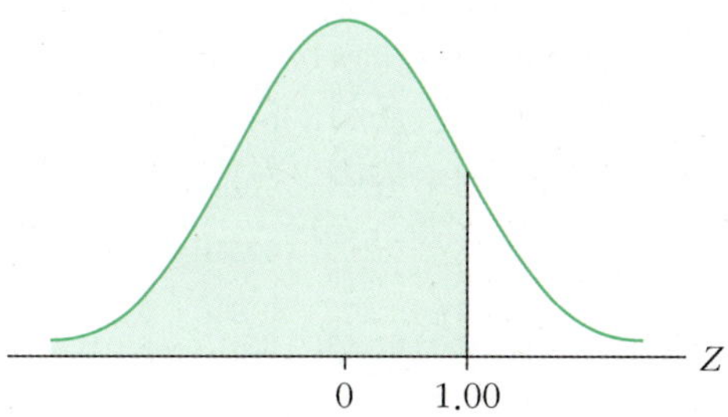

그림 5.3-2 RMR 수요 정규분포의 표준화

Z값은 표준화하기 전 값인 X의 위치와 같다. 다시 말해서, $Z=1$은 평균보다 1 표준편차 위에 있는 X의 값이다. 동일한 논리로 Z의 평균 0은 X의 평균 1,000을 대신하고, 정규분포의 평균과 표준편차를 알고 있으면 X확률은 Z확률로 전환시킬 수 있다. 정규분포에 관한 확률을 계산하기 위해서 표준정규분포표를 활용한다.

그러면 표준정규분포표를 이용하여 $P(Z<1.00)$의 확률을 구하는 법을 알아보자. 우선 표의 가장 왼쪽 열에서 1.0을 찾고, 가장 위쪽 행에서 0.00을 찾아서 열 1.0과 행 0.00이 교차하는 위치를 확인한다. 확인한 결과 $P(Z<1.00)=0.8413$이다. 1,100개의 RMR이 이번 달 영업을 위해 충분할 확률은 84%인 것이다.

표 5.3-1 표준정규분포표

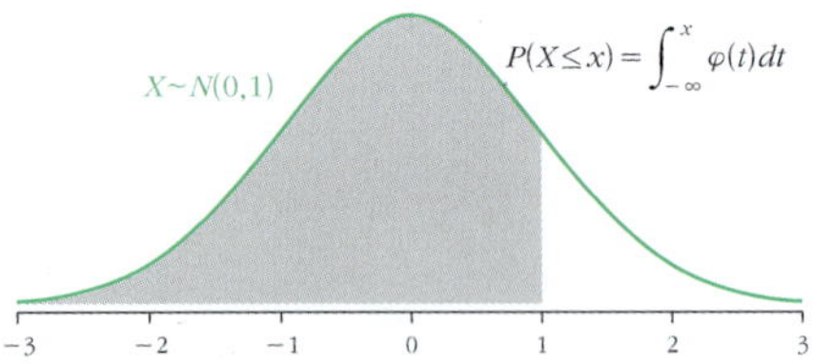

z	0.00	0.01	0.02	0.03	0.04	0.05	0.06	0.07	0.08	0.09
0.0	0.5000	0.5040	0.5080	0.5120	0.5160	0.5199	0.5239	0.5279	0.5319	0.5359
0.1	0.5398	0.5438	0.5478	0.5517	0.5557	0.5596	0.5636	0.5675	0.5714	0.5753
0.2	0.5793	0.5832	0.5871	0.5910	0.5948	0.5987	0.6026	0.6064	0.6103	0.6141
0.3	0.6179	0.6217	0.6255	0.6293	0.6331	0.6368	0.6406	0.6443	0.6480	0.6517
0.4	0.6554	0.6591	0.6628	0.6664	0.6700	0.6736	0.6772	0.6808	0.6844	0.6879
0.5	0.6915	0.6950	0.6985	0.7019	0.7054	0.7088	0.7123	0.7157	0.7190	0.7224
0.6	0.7257	0.7291	0.7324	0.7357	0.7389	0.7422	0.7454	0.7486	0.7517	0.7549
0.7	0.7580	0.7611	0.7642	0.7673	0.7704	0.7734	0.7764	0.7794	0.7823	0.7852
0.8	0.7881	0.7910	0.7939	0.7967	0.7995	0.8023	0.8051	0.8078	0.8106	0.8133
0.9	0.8159	0.8186	0.8212	0.8238	0.8264	0.8289	0.8315	0.8340	0.8365	0.8389
1.0	0.8413	0.8438	0.8461	0.8485	0.8508	0.8531	0.8554	0.8577	0.8599	0.8621
1.1	0.8643	0.8665	0.8686	0.8708	0.8729	0.8749	0.8770	0.8790	0.8810	0.8830
1.2	0.8849	0.8869	0.8888	0.8907	0.8925	0.8944	0.8962	0.8980	0.8997	0.9015
1.3	0.9032	0.9049	0.9066	0.9082	0.9099	0.9115	0.9131	0.9147	0.9162	0.9177
1.4	0.9192	0.9207	0.9222	0.9236	0.9251	0.9265	0.9279	0.9292	0.9306	0.9319
1.5	0.9332	0.9345	0.9357	0.9370	0.9382	0.9394	0.9406	0.9418	0.9429	0.9441
1.6	0.9452	0.9463	0.9474	0.9484	0.9495	0.9505	0.9515	0.9525	0.9535	0.9545
1.7	0.9554	0.9564	0.9573	0.9582	0.9591	0.9599	0.9608	0.9616	0.9625	0.9633
1.8	0.9641	0.9649	0.9656	0.9664	0.9671	0.9678	0.9686	0.9693	0.9699	0.9706
1.9	0.9713	0.9719	0.9726	0.9732	0.9738	0.9744	0.9750	0.9756	0.9761	0.9767
2.0	0.9772	0.9778	0.9783	0.9788	0.9793	0.9798	0.9803	0.9808	0.9812	0.9817
2.1	0.9821	0.9826	0.9830	0.9834	0.9838	0.9842	0.9846	0.9850	0.9854	0.9857
2.2	0.9861	0.9864	0.9868	0.9871	0.9875	0.9878	0.9881	0.9884	0.9887	0.9890
2.3	0.9893	0.9896	0.9898	0.9901	0.9904	0.9906	0.9909	0.9911	0.9913	0.9916
2.4	0.9918	0.9920	0.9922	0.9925	0.9927	0.9929	0.9931	0.9932	0.9934	0.9936
2.5	0.9938	0.9940	0.9941	0.9943	0.9945	0.9946	0.9948	0.9949	0.9951	0.9952
2.6	0.9953	0.9955	0.9956	0.9957	0.9959	0.9960	0.9961	0.9962	0.9963	0.9964
2.7	0.9965	0.9966	0.9967	0.9968	0.9969	0.9970	0.9971	0.9972	0.9973	0.9974
2.8	0.9974	0.9975	0.9976	0.9977	0.9977	0.9978	0.9979	0.9979	0.9980	0.9981
2.9	0.9981	0.9982	0.9982	0.9983	0.9984	0.9984	0.9985	0.9985	0.9986	0.9986
3.0	0.9987	0.9987	0.9987	0.9988	0.9988	0.9989	0.9989	0.9989	0.9990	0.9990
3.1	0.9990	0.9991	0.9991	0.9991	0.9992	0.9992	0.9992	0.9992	0.9993	0.9993
3.2	0.9993	0.9993	0.9994	0.9994	0.9994	0.9994	0.9994	0.9995	0.9995	0.9995
3.3	0.9995	0.9995	0.9995	0.9996	0.9996	0.9996	0.9996	0.9996	0.9996	0.9997
3.4	0.9997	0.9997	0.9997	0.9997	0.9997	0.9997	0.9997	0.9997	0.9997	0.9998

z	.00	.01	.02
0.8	.7881	.7910	.7939
0.9	.8159	.8186	.8212
1.0	.8413	.8438	.8461
1.1	.8643	.8665	.8686
1.2	.8649	.8869	.8388

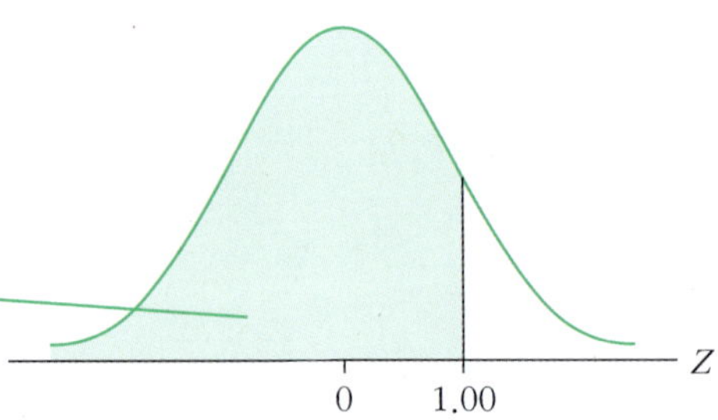

그림 5.3-3 표준정규분포표 Z 확률값 계산($p(z < 1.00)$)

다음 $P(Z>1.80)=1-P(Z<1.80)=1-0.9641=0.0359$의 경우도 연습해보자.

z	.00	.01	.02
1.6	.9452	.9463	.9474
1.7	.9554	.9664	.9573
1.8	.9641	.9649	.9656
1.9	.9713	.9719	.9726
2.0	.9772	.9778	.9783

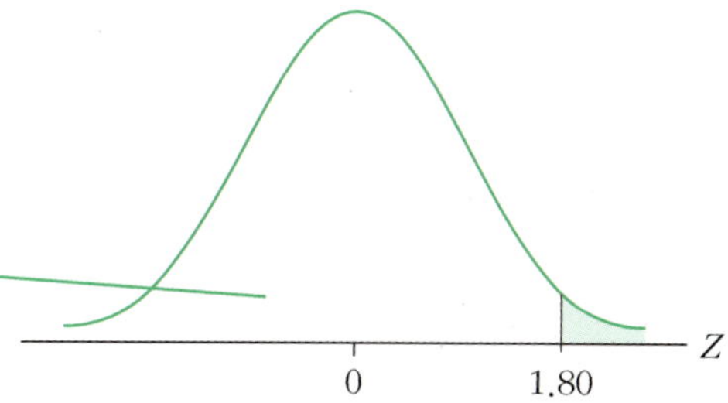

그림 5.3-4 **표준정규분포표 Z 확률값 계산($p(z>1.80)$)**

다음 $P(-0.71<Z<0.92)=0.8212-0.2389=0.5823$의 경우도 연습해보자.

z	.00	.01	.02
−0.8	.2119	.2090	.2061
−0.7	.2420	.2389	.2358
−0.6	.2743	.2709	.2676
−0.5	.3085	.3050	.3015
−0.4	.3446	.3409	.3372
−0.3	.3821	.3783	.3745
−0.2	.4207	.4168	.4129
−0.1	.4602	.4562	.4522
−0.0	.5000	.4960	.4920
0.0	.5000	.5040	.5080
0.1	.5398	.5438	.5478
0.2	.5793	.5832	.5871
0.3	.6179	.6217	.6255
0.4	.6654	.6591	.6628
0.5	.6915	.6950	.6985
0.6	.7257	.7291	.7324
0.7	.7580	.7611	.7642
0.8	.7881	.7910	.7939
0.9	.8159	.8186	.8212
1.0	.8413	.8438	.8461

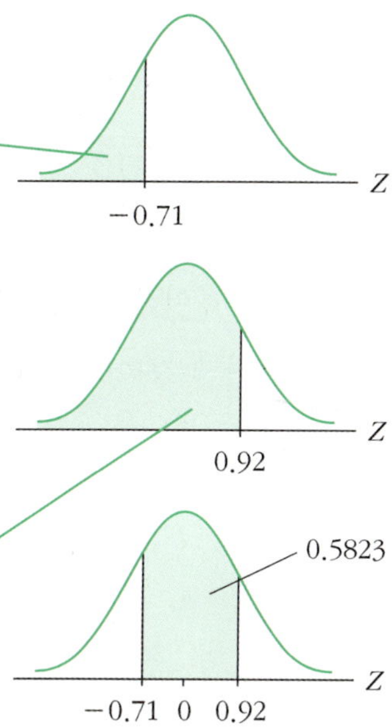

그림 5.3-5 **표준정규분포표 Z 확률값 계산($p(-0.71<z<0.92)$)**

표준정규분포표에서 z의 최댓값은 3.09이고 $P(Z<3.09)=0.9990$이다. 이것은 $P(Z>3.09)=1-0.9990=0.0010$을 의미한다. 그러나 표준정규분포표에서 3.09보다 큰 z의 값이 없고 $P(Z>3.09)=1-0.9990=0.0010$(매우 작은 값)이기 때문에 z의 값이 3.10보다 큰 면적을 0으로 근사시킬 수 있다.

$$P(Z > 3.10) = P(Z < -3.10) \approx 0$$

연속확률변수가 특정한 실수값일 확률은 0이기 때문에 연속확률변수의 확률을 계산할 때 구간 설정 시 등호를 포함시키는 것과 부등호만으로 표시하는 것에는 크게 차이가 없다.

예시. 어떤 외식 기업의 주식투자 수익률이 평균이 10%이고 표준편차가 5%인 정규분포를 따른다고 가정하자. 손실이 발생될 확률 $P(X<0)$을 구하시오.

$$P(X<0) = P\left(\frac{X-\mu}{\sigma} < \frac{0-10}{5}\right) = P(Z < -2.00) = 0.0228$$

예시의 내용에서 표준편차가 10%일 때 손실이 발생할 확률을 구해보자.

$$P(X < 0) = P\left(\frac{X-\mu}{\sigma} < \frac{0-10}{10}\right) = P(Z < -1.00) = 0.1587$$

이번에는 반대로 주어진 확률을 나타내는 Z값을 찾아야 할 경우가 있다. $P(Z > Z_A) = A$에서 A가 주어진 경우 Z_A를 어떻게 찾을 수 있는지 살펴보자.

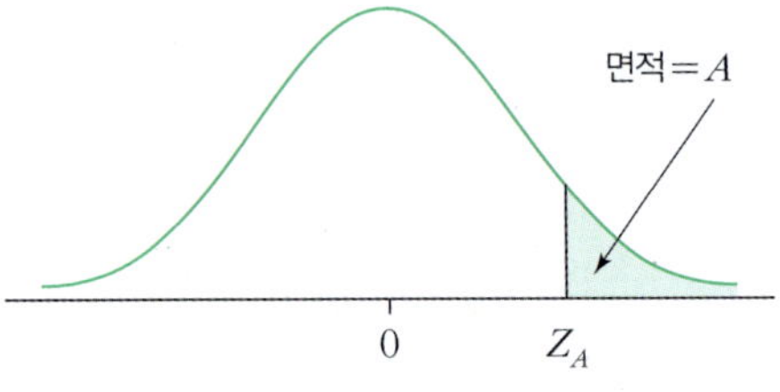

그림 5.3-6 **표준정규분포 면적 A와 Z_A**

면적 A가 2.5%인 경우에 해당하는 Z의 값($Z_{0.025}$)는 얼마인가?

$$(1 - A) = (1 - 0.025) = 0.9750$$

표준정규분포표에서 누적 확률값이 0.9750인 Z의 값을 찾는다.

$$Z_A = 1.96$$

$P(Z > 1.96) = 1 - P(Z < 1.96) = 0.025$이므로

$$Z_{0.025} = 1.96$$

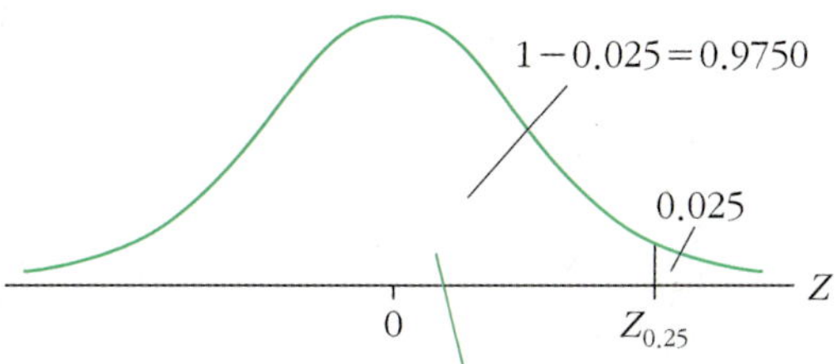

z	.00	.01	.02	.03	.04	.05	.06	.07	.08	.09
1.0	.8413	.8438	.8461	.8485	.8508	.8531	.8554	.8577	.8599	.8621
1.1	.8643	.8665	.8686	.8708	.8729	.8749	.8770	.8790	.8810	.8830
1.2	.8849	.8869	.8888	.8907	.8925	.8944	.8962	.8980	.8997	.9015
1.3	.9032	.9049	.9066	.9082	.9099	.9115	.9131	.9147	.9162	.9177
1.4	.9192	.9207	.9222	.9236	.9251	.9265	.9279	.9292	.9306	.9319
1.5	.9332	.9345	.9357	.9370	.9382	.9394	.9406	.9418	.9429	.9441
1.6	.9452	.9463	.9474	.9484	.9495	.9505	.9515	.9525	.9535	.9545
1.7	.9554	.9564	.9573	.9582	.9591	.9599	.9608	.9616	.9625	.9633
1.8	.9641	.9649	.9656	.9664	.9671	.9678	.9686	.9693	.9699	.9706
1.9	.9713	.9719	.9726	.9732	.9738	.9744	.9750	.9756	.9761	.9767
2.0	.9772	.9778	.9783	.9788	.9793	.9798	.9803	.9808	.9812	.9817
2.1	.9821	.9826	.9830	.9834	.9838	.9842	.9846	.9850	.9854	.9857
2.2	.9861	.9864	.9868	.9871	.9875	.9878	.9881	.9884	.9887	.9890
2.3	.9893	.9896	.9898	.9901	.9904	.9906	.9909	.9911	.9913	.9916
2.4	.9918	.9920	.9922	.9925	.9927	.9929	.9931	.9932	.9934	.9936
2.5	.9938	.9940	.9941	.9943	.9945	.9946	.9948	.9949	.9951	.9952
2.6	.9953	.9955	.9956	.9957	.9959	.9960	.9961	.9962	.9963	.9964
2.7	.9965	.9966	.9967	.9968	.9969	.9970	.9971	.9972	.9973	.9974
2.8	.9974	.9975	.9976	.9977	.9977	.9978	.9979	.9979	.9980	.9981
2.9	.9981	.9982	.9982	.9983	.9984	.9984	.9985	.9985	.9986	.9986
3.0	.9987	.9987	.9987	.9988	.9988	.9989	.9989	.9989	.9990	.9990

그림 5.3-7 **표준정규분포표에서 $Z_{0.025}$ 값 찾기**

$Z_{0.05}$와 $-Z_{0.05}$의 값 찾기도 확인해보자.

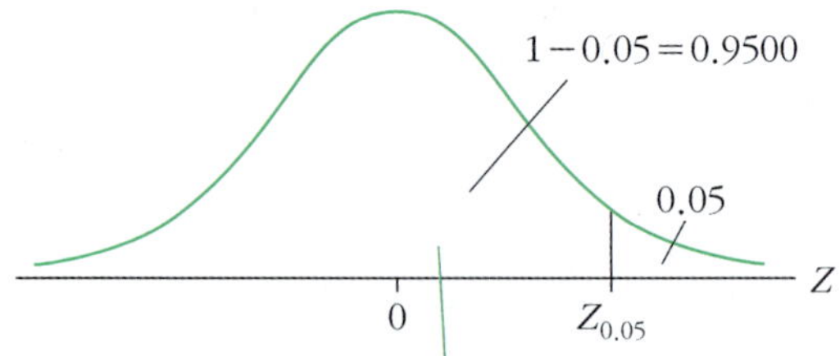

z	.00	.01	.02	.03	.04	.05	.06	.07	.08	.09
1.0	.8413	.8438	.8461	.8485	.8508	.8531	.8554	.8577	.8599	.8621
1.1	.8643	.8665	.8686	.8708	.8729	.8749	.8770	.8790	.8810	.8830
1.2	.8849	.8869	.8888	.8907	.8925	.8944	.8962	.8980	.8997	.9015
1.3	.9032	.9049	.9066	.9082	.9099	.9115	.9131	.9147	.9162	.9177
1.4	.9192	.9207	.9222	.9236	.9251	.9265	.9279	.9292	.9306	.9319
1.5	.9332	.9345	.9357	.9370	.9382	.9394	.9406	.9418	.9429	.9441
1.6	.9452	.9463	.9474	.9484	.9495	.9505	.9515	.9525	.9535	.9545
1.7	.9554	.9564	.9573	.9582	.9591	.9599	.9608	.9616	.9625	.9633
1.8	.9641	.9649	.9656	.9664	.9671	.9678	.9686	.9693	.9699	.9706
1.9	.9713	.9719	.9726	.9732	.9738	.9744	.9750	.9756	.9761	.9767
2.0	.9772	.9778	.9783	.9788	.9793	.9798	.9803	.9808	.9812	.9817
2.1	.9821	.9826	.9830	.9834	.9838	.9842	.9846	.9850	.9854	.9857
2.2	.9861	.9864	.9868	.9871	.9875	.9878	.9881	.9884	.9887	.9890
2.3	.9893	.9896	.9898	.9901	.9904	.9906	.9909	.9911	.9913	.9916
2.4	.9918	.9920	.9922	.9925	.9927	.9929	.9931	.9932	.9934	.9936
2.5	.9938	.9940	.9941	.9943	.9945	.9946	.9948	.9949	.9951	.9952
2.6	.9953	.9955	.9956	.9957	.9959	.9960	.9961	.9962	.9963	.9964
2.7	.9965	.9966	.9967	.9968	.9969	.9970	.9971	.9972	.9973	.9974
2.8	.9974	.9975	.9976	.9977	.9977	.9978	.9979	.9979	.9980	.9981
2.9	.9981	.9982	.9982	.9983	.9984	.9984	.9985	.9985	.9986	.9986
3.0	.9987	.9987	.9987	.9988	.9988	.9989	.9989	.9989	.9990	.9990

그림 5.3-8 **표준정규분포표에서 $Z_{0.05}$ 값 찾기**

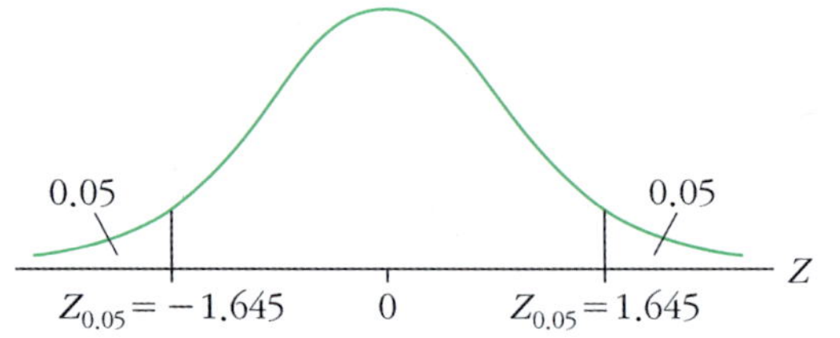

그림 5.3-9 **표준정규분포에서 $-Z_{0.05}$ 값 찾기**

4. 표본분포

지금까지는 확률변수의 확률분포를 알고 있다고 가정하고 모집단의 평균과 분산을 계산하고 확률변수가 어떤 값을 취할 확률을 구하였다. 그러나 실제로는 모집단의 평균과 표준편차의 값은 알 수 없기 때문에 표본 정보에 입각하여 추정해야 한다.

표본조사의 목적은 표본을 추출하여 얻는 표본통계량에 입각하여 알지 못하는 모집단의 모수(parameter)를 추정하려는 것이다. 이와 같이 표본평균값은 모평균 μ를, 표본표준편차 s는 모표준편차 σ를, 표본비율 $\hat{p}$는 모비율 p를 추정하는 데 이용된다.

동일한 모집단으로부터 같은 크기 n의 표본을 수없이 반복하여 추출할 때 각 표본에 포함되는 구성요소가 달라지기 때문에 표본통계량은 표본마다 다르고 모수의 참값과도 차이가 있게 된다. 이때 모평균과 이를 추정하기 위하여 사용되는 표본평균의 차이 $(X-1)$를 표본오차(sampling error)라고 한다. 그런데 모평균은 모르기 때문에 표본오차의 크기를 계산하기는 실제로 불가능하다.

한편 하나의 표본평균으로 모평균을 추정하는 데는 위험이 따르게 된다. 따라서 여기에 표본분포의 이론이 필요하게 된다. 표본평균은 단순랜덤 추출방법에 의한 실험결과의 값이므로 확률변수이다. 표본평균의 값은 그 확률표본 속에 포함되어 있는 요소들의 값들에 의존하기 때문에 표본추출 때마다 달라지는 확률변수이다. 표본크기 n의 표본을 수없이 반복 추출하여 얻은 표본평균값들은 평균(기대값), 분산, 확률분포 등을 가질 수 있다. 표본평균값들의 확률분포를 평균의 **표본분포**(sampling distribution)라고 한다. 표본분포를 정의하면 다음과 같다.

표본분포란 특정한 모집단에서 추출한 같은 크기 n의 가능한 모든 표본들에서 얻은 표본통계량(평균, 분산, 비율)의 확률분포를 말한다. 표본분포에는 평균의 표본분포, 분산의 표본분포, 비율의 표본분포 등이 있다. 표본분포 이론을 이용하면 실제로 크기 n의 표본을 수없이 추출하지 않아도 가능한 모든 표본통계량들의 분포를 알 수 있다.

표본분포와 그의 특성을 알고 있으면 특정 표본의 통계량이 어떤 구간 내에 있을 확률을 구한다든지 또는 그의 모수에 어느 정도 근접되어 있는지에 대한 확률을 계산할 수 있다. 다시 말해서 표본평균 $\overline{X}$의 확률분포를 알고 있으면 우리가 추출한 표본평균 $\overline{X}$가 모수 μ로부터 어느 정도 떨어질 확률을 구할 수 있기 때문에 표본평균 $\overline{X}$를 모평균 μ의 추정치로 사용하는 데 따른 위험을 분석할 수 있는 것이다.

5. 표본평균의 표본분포

1개의 주사위를 무한히 던지면서 구해지는 확률변수 X(=주사위에 나타나는 점의 수)의 확률분포는 다음과 같다.

x	1	2	3	4	5	6
$P(x)$	1/6	1/6	1/6	1/6	1/6	1/6

이때 확률변수 X의 모평균과 모분산은 다음과 같다.

$$\mu = \sum xP(x) = 1\left(\frac{1}{6}\right) + 2\left(\frac{1}{6}\right) + \cdots + 6\left(\frac{1}{6}\right) = 3.5$$

$$\sigma^2 = \sum(x - \mu^2)P(x)$$

$$= (1-3.5)^2\left(\frac{1}{6}\right) + \cdots + (6-3.5)^2\left(\frac{1}{6}\right) = 2.92$$

$$\sigma = \sqrt{\sigma^2} = \sqrt{2.92} = 1.71$$

이번에는 주사위 2개를 던졌을 때를 확인해보자. 표본크기 $n = 2$인 가능한 모든 표본들과 각 표본의 표본평균을 정리하면 표 5.5-1과 같다(표본평균: $\overline{X}$).

표 5.5-1 표본크기 2인 모든 표본과 표본평균

표본	$\bar{X}$	표본	$\bar{X}$	표본	$\bar{X}$
1.1	1.0	3.1	2.0	5.1	3.0
1.2	1.5	3.2	2.5	5.2	3.5
1.3	2.0	3.3	3.0	5.3	4.0
1.4	2.5	3.4	3.5	5.4	4.5
1.5	3.0	3.5	4.0	5.5	5.0
1.6	3.5	3.6	4.5	5.6	5.5
2.1	1.5	4.1	2.5	6.1	3.5
2.2	2.0	4.2	3.0	6.2	4.0
2.3	2.5	4.3	3.5	6.3	4.5
2.4	3.0	4.4	4.0	6.4	5.0
2.5	3.5	4.5	4.5	6.5	5.5
2.6	4.0	4.6	5.0	6.6	6.0

$\bar{X}$(표본평균)	1.0	1.5	2.0	2.5	3.0	3.5	4.0	4.5	5.0	5.5	6.0
$P(\bar{X})$	1/36	2/36	3/36	4/36	5/36	6/36	5/36	4/36	3/36	2/36	1/36

$$\mu_{\bar{x}} = \sum \bar{x}P(\bar{x}) = 1.0\left(\frac{1}{36}\right) + 1.5\left(\frac{2}{36}\right) + \cdots + 6.0\left(\frac{1}{36}\right) = 3.5$$

$$\sigma_{\bar{x}}^2 = \sum(\bar{x} - \mu_{\bar{x}})^2 P(\bar{x}) = (1.0 - 3.5)^2\left(\frac{1}{36}\right) + \cdots + (6.0 - 3.5)^2\left(\frac{1}{36}\right) = 1.46$$

$$\sigma_{\bar{x}} = \sqrt{\sigma_{\bar{x}}^2} = \sqrt{1.46} = 1.21$$

X의 분포와 $\bar{X}$(표본평균)의 표본분포는 히스토그램으로 표현할 수 있다.

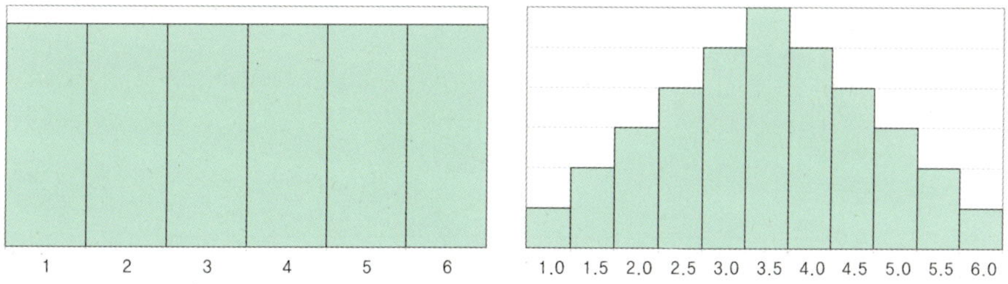

그림 5.5-1 히스토그램의 예

앞의 계산에서 알 수 있듯이 표본평균의 평균은 모평균과 같고, 표본평균의 분산은 모분산을 2(주사위 2개)로 나눈 값과 같다. 2개 주사위로부터 만들어지는 표본평균의 모평균과 모분산은 $\mu_{\bar{x}} = \mu$, $\sigma_{\bar{x}}^2 = \sigma^2/2$이 되며, n개 주사위로부터 만들어지는 표본평균의 모평균과 모분산은 표본평균의 분산은 모분산을 n으로 나눈 값과 같다. 이것을 일반화하여 공식화하면, $\mu_{\bar{x}} = \mu$, $\sigma_{\bar{x}}^2 = \dfrac{\sigma^2}{n}$이 된다. 여기에서 '표본평균의 표준편차'는 **표준오차**(standard error)라 부르고 다음과 같이 표시한다.

$$\sigma_{\bar{x}} = \frac{\sigma}{\sqrt{n}}$$

여기서 알 수 있는 것은 n이 증가할 때 표본평균의 평균은 모평균과 같으나, 표본평균의 표본분포 분산은 모분산에 비해 점점 작아지는 것이다.

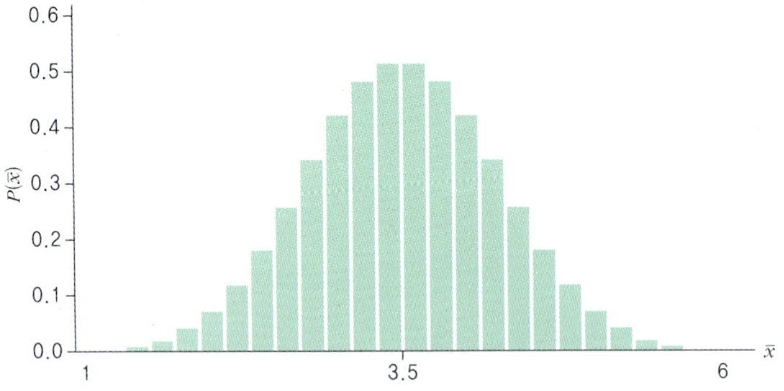

그림 5.5-2 $n = 5$일 때 $\overline{X}$의 표본분포

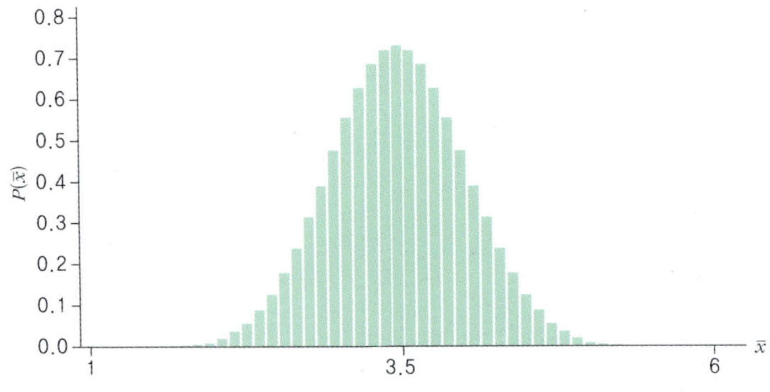

그림 5.5-3 $n = 10$일 때 $\overline{X}$의 표본분포

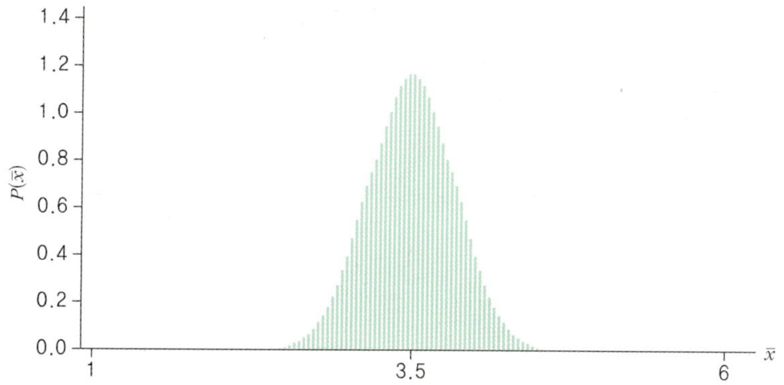

그림 5.5-4 $n = 25$일 때 $\bar{X}$의 표본분포

6. 중심극한정리

확률론과 통계학에서, **중심극한정리**(central limit theorem, CLT)는 동일한 확률분포를 가진 독립확률변수 n개의 평균의 분포는 n이 충분히 크다면 정규분포에 가까워진다는 정리이다.

임의의 확률분포를 가지는 모집단으로부터 추출된 임의표본의 표본평균의 표본분포는 표본크기가 충분히 크면(a sufficiently large sample size) 정규분포에 가까워진다(approximately normal)고 할 수 있다.

표본이 클수록 표본분포에서 가능한 표본평균들이 모평균 주위에 집중하게 되는 것인데, 왜냐하면 표본크기 n이 증가할수록 평균의 표준오차가 감소하기 때문이다. 이는 표본크기를 증가시킬수록 표본분포의 분산이 감소하는 사실을 보여준다. 만일 표본크기 n이 모집단 크기 N과 같은 전수조사의 경우에는 평균의 표준오차는 0이 되고 표본평균들과 모평균은 일치하게 된다. 이와 같이 표본크기 n이 증가할수록 표본평균들과 모평균 사이의 오차가 감소하여 표본분포에서 표본평균이 모평균을 추정하는 정확성은 높아지게 된다.

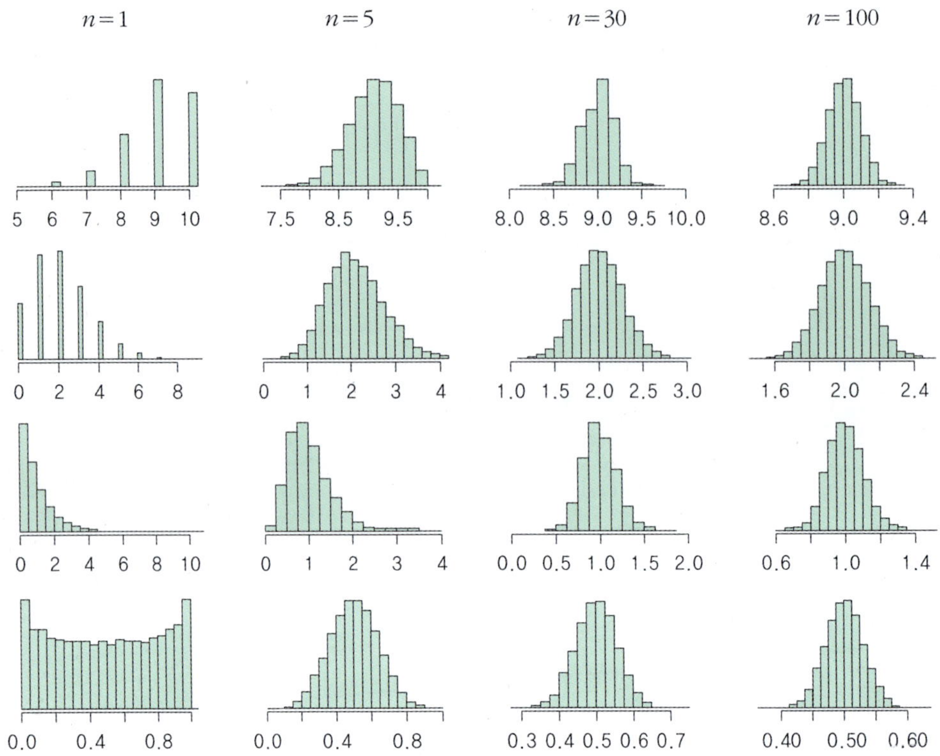

그림 5.6-1 **중심극한정리**

이처럼 중심극한정리에 의하면 표본크기가 충분히 크면, 표본평균은 평균이 μ이고 표준편차가 $\sigma/\sqrt{n}$인 정규분포를 따른다. 만약에 모집단이 정규분포를 따르면, 표본크기에 관계없이 표본평균은 정규분포를 따른다. 반면, 모집단이 정규분포를 따르지 않더라도(임의의 분포를 따르면), 표본크기가 충분히 크면 표본평균은 근사적으로 정규분포를 따른다. 대부분의 실제상황에서 표본크기가 30이면 충분히 크며 표본평균의 표본분포에 대한 근사로서 정규분포를 사용할 수 있다.

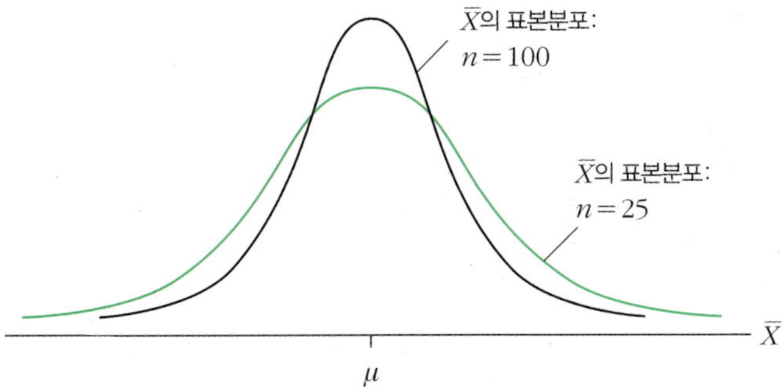

그림 5.6-2 **n의 변화와 표본평균($\bar{X}$)의 표본분포**

그러므로 표본평균의 표본분포 평균과 분산은 다음과 같이 나타낼 수 있는 것이다.

$$\mu_{\bar{x}} = \mu$$

$$\sigma^2_{\bar{x}} = \sigma^2/n \quad \text{그리고} \quad \sigma_{\bar{x}} = \sigma/\sqrt{n}$$

이때 표본평균의 표본분포는 다음과 같은 식으로 나타낼 수 있다.

$$Z = \frac{\bar{X} - \mu}{\sigma/\sqrt{n}} = (\approx)\ N(0, 1)$$

예시. 음료수 한 병에 들어 있는 탄산음료의 양을 확률변수 X라고 하자. X는 $\mu=32.2$와 $\sigma=0.3$을 가진 정규분포를 따른다. 어느 고객이 음료수 한 병을 사는 경우 이 음료가 32mL를 초과하는 탄산음료의 양을 가지고 있을 확률은 얼마인가?

풀이. $P(X>32)$를 구한다.

$$P(X>32) = P\left(\frac{X-\mu}{\sigma} > \frac{32-32.2}{0.3}\right) = P(Z> -0.67) = 1-0.2514 = 0.7486 \quad (74.86\%)$$

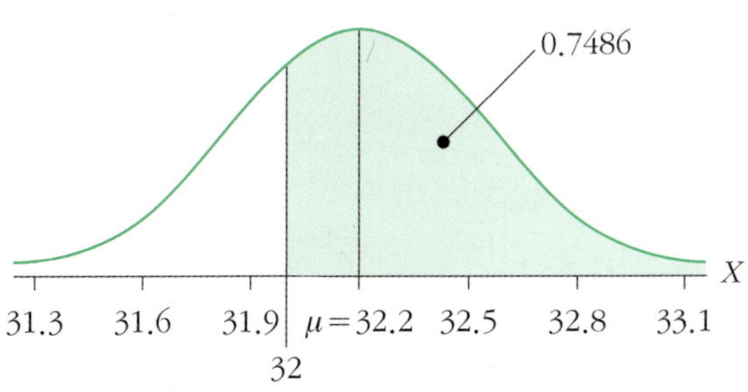

예시. 이번에는 고객이 **4개의 병**이 들어 있는 묶음 1개를 사는 경우 4개 병의 평균 탄산음료의 양이 32온스를 초과할 확률은 얼마인가?

풀이. X는 $\mu=32.2$와 $\sigma=0.3$을 가진 정규분포를 따른다. 그러므로 X는 $\mu_{\bar{x}}=\mu=32.2$와 $\sigma_{\bar{x}}=\dfrac{\sigma}{\sqrt{n}}=0.3/\sqrt{4}=0.15$를 가진 정규분포를 따른다.

$$P(\bar{X}>32)=P\left(\frac{\bar{X}-\mu_{\bar{x}}}{\sigma_{\bar{x}}}>\frac{32-32.2}{0.15}\right)=P(Z>-1.33)=0.9082$$

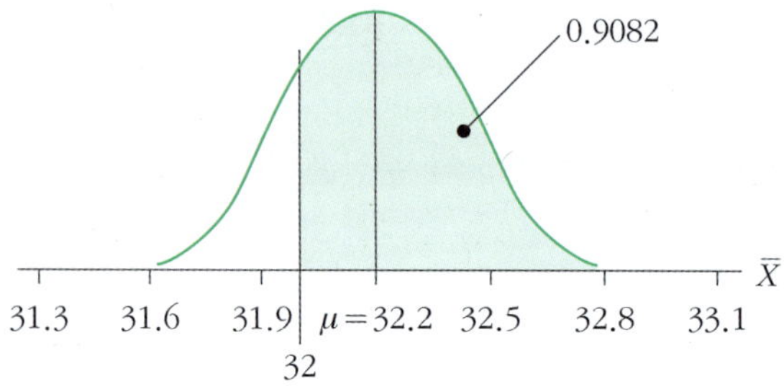

CHAPTER 6

추정

설문조사 결과 신뢰수준과 표본오차란?

H 조사기관에 따르면 전국 성인남녀 1000명을 대상으로 진행한 설문조사 결과 A후보자에 대한 지지율은 42%, B후보자에 대한 지지율은 37%로 나타났다. 이번 조사는 신뢰수준 95%, 표본오차는 ±3%이다. 이 조사는 20대 대통령선거(2022.3.9) 직전에 실시된 여론조사 결과이다. 이 조사 결과는 정확히 무슨 뜻일까?

이 조사는 전국 성인남녀 1000명이 전국 성인(모집단)을 대표한다는 가설을 전제로 통계를 진행한 것이다. 그러나 표본은 모집단을 완벽하게 대표할 수 없기 때문에 오차가 발생할 수밖에 없고, 결과를 얼마나 신뢰할 수 있는가 나타내는 것이 신뢰수준과 표본오차다.

여기서 중요한 것은 신뢰수준 95%의 의미다. 이것은 해당 조사를 95% 믿을 수 있다는 뜻이 아니다. 같은 표본으로 동일한 조사를 100번 했을 때 동일한 결과가 나올 횟수가 95번이라는 뜻이다. 즉 5% 확률로 다른 결과가 나올 수 있다는 것이다.

100명의 표본을 추출하여 모수를 추정하고, 다시 새로운 100명을 추출해서 모수를 추정하면 최초 모수를 추정했을 때의 결과와 두 번째 추정 때의 결과가 다르게 나오는데, 이렇게 모집단의 모수와 표본의 추정 결과인 통계량의 차이가 표본오차이다. 표본오차가 작을수록 당연히 더 정확한 예측이 가능한 것인데 그렇게 하기 위해서는 표본의 수를 늘리면 오차는 작아진다.

결론적으로 위의 예를 간단히 설명하면, 전국 성인남녀 전체 중에서 1000명을 표본으로 추출하여 통계를 100번 진행했을 때 A후보자의 지지율은 39~45%, B후보자의 지지율은 34~40%가 나올 확률이 95번이라는 것이다.

1 **추정**

2 **모평균의 구간추정**

위험에 처한 여성이 동행을 부탁한다면 들어줄 확률은?

조폭으로부터 위험에 처한 여성이 도움을 청한다면 도와줄 확률은?

1. 추정

추정은 정확하지는 않지만 이 정도면 될 것이라는 정도를 가늠하는 것이다. 그 정도를 가늠하는 방법은 정확하게 어떠한 수치로 나타낼 수도 있고, 연속자료의 경우에는 시작점과 종료점으로 표현할 수도 있다.

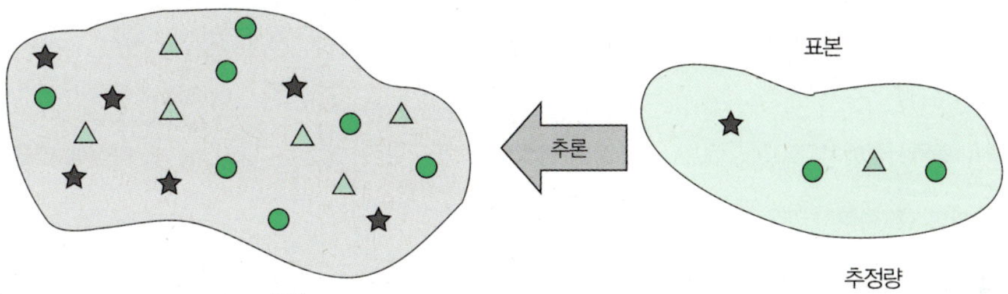

그림 6.1-1

1) 통계적 추론

통계적 추론(statistical inference)은 표본자료에 기초하여 모집단에 관한 추정, 예측, 의사결정을 하는 과정이다. 모집단은 거의 항상 매우 크기 때문에 모집단의 구성원 각각을 조사하는 것은 실제로 가능하지도 않고 가능하더라도 비용이 매우 많이 드는 일일 수 있다. 관심대상이 되는 모집단으로부터 표본을 추출하고 표본이 제공하는 정보에 기초하여 모집단에 관한 결론을 얻거나 추정을 하는 것이 훨씬 더 쉽고 비용이 적게 드는 일이다.

그러나 이와 같은 방식으로 얻는 결론과 추정치가 항상 정확한 것은 아니다. 이와 같은 이유 때문에 통계적 추론에 신뢰의 척도가 도입된다. 두 가지 신뢰의 척도, 즉 **신뢰수준**(confidence level)과 **유의수준**(significance level)이 존재한다. 신뢰수준은 표본추출이 매우 많은 수로 반복되는 경우 추정과정이 정확한 결과를 제공하는 표본의 비율이다. 예를 들면, 50,000명의 학생이 소비하는 평균 음료수 수에 대하여 95%의 신뢰수준을 가지는 추정값이 얻어진다. 이것은 반복하여 추출된 매우 많은 표본의 95%

가 정확한 추정값을 제공한다는 뜻이다. 통계적 추론의 목적은 모집단에 관한 결론을 얻는 것이다. 유의수준은 이와 같은 통계적 추론으로부터 얻어지는 결론이 장기적으로 어느 정도의 빈도로 잘못된 것인지 측정한다. 5%의 유의수준은 반복적으로 추출된 표본들 중 5%의 경우에 잘못된 결론이 얻어질 수 있다는 것을 의미한다.

2) 점추정

점추정(point estimation)은 모수를 특정한 값으로 표현하는 것이다. 예를 들어, 통학시간에 대해 점추정은 30분, 40분과 같이 특정한 값으로 표현할 수 있다.

예시. 토익시험에서 750점, 850점, 800점을 받았다. 모든 조건이 동일하다고 했을 때 다음에 받을 성적을 추정하면 몇 점이 될까?

풀이. 모든 조건이 동일하다고 했으니 3번의 시험 성적 평균인 800점으로 추정하는 것이 일반적이지만, 800점은 맞다고 할 수도 없고, 틀렸다고 할 수도 없다. 실제로 800점을 얻는다면 정확한 추정이며, 그 외의 점수를 받는다면 틀린 추정이 된다. 점추정은 오차를 필연적으로 동반한다는 약점이 있기 때문에 점추정의 오차를 최소로 만들어야 바람직한 추정이라 할 수 있다.

- **바람직한 점추정량 조건**

① 일치성(consistency): 표본이 모집단의 규모에 근접할수록 오차가 작아진다는 의미이다. 표본의 개수가 $n \to \infty$로 되어 모집단과 일치하면 오차는 0이 되므로, 표본이 커질수록 위험이 감소한다.

참고 일치성의 확인

$\lim_{n\to\infty}[E(\hat{\theta}_n - \theta)^2] = \lim_{n\to\infty} MSE(\hat{\theta}_n) = 0$이므로 추정량과 모수의 차이가 0이 되어 신뢰성이 커진다.

② 불편성(unbiasedness): 추정량이 모수와 같아야 한다. 추정량 $\hat{\theta}$로 모수 θ를 추정하여 $E(\hat{\theta}) = \theta$가 되면 가장 바람직한 추정이다. 이때의 추정량을 불편추정량

(unbiased estimator)이라 한다. $E(\hat{\theta}) \neq \theta$가 되면 추정량과 모수에 차이가 있다는 의미이며, 이를 편의(biased)가 있다고 한다. 추정량에 대한 기대값이 모수와 동일하게 나타나면, 이는 표본추출이 오류가 나타날 만한 영향이 없다는 불편성을 만족한다는 의미이다.

③ 유효성(efficiency): 추정량의 분산이 최솟값이어야 한다. 유효성은 모수에 대한 추정량의 분산(분포)이 작을수록 추정량이 바람직하다는 의미이다. 이러한 조건은 추정량이 여러 개일 경우, 이들을 서로 비교하여 가장 유효한 추정량을 확인할 때 필요하다. 만약 모수 θ에 대한 불편추정량이 $\hat{\theta}_1$과 $\hat{\theta}_2$로 2개가 있다고 할 때, $Var(\hat{\theta}_1) > Var(\hat{\theta}_2)$라면 $\hat{\theta}_1$보다 $\hat{\theta}_2$가 더 바람직한 추정량이라고 볼 수 있다.

④ 평균 오차제곱(mean squared error, MSE): 평균 오차제곱이 최솟값이어야 한다. 평균에서 측정값을 뺀 나머지를 오차라고 하는데, 이 차이가 최소여야 한다. 편차의 합은 0이 되므로 오차는 편차에 제곱을 한 평균 오차제곱 $E[(\hat{\theta}-\theta)^2]$을 통해 살펴보며, 이 값이 최소가 되는 추정량이어야 한다. 즉 추정량과 모수의 차이가 최소가 되어야 한다.

⑤ 충분성(sufficiency): 표본이 모집단의 대표성을 가져야 한다. 표본 $x_1, x_2, x_3, \cdots, x_n$으로부터 추정량 $\hat{\theta}$를 추정할 때, 확률함수를 $T(x_1, x_2, x_3, \cdots, x_n) = x_1$이라 하면 $\hat{\theta} = x_1$이 된다. 즉 확률함수에 어떤 값을 대입해도 x_1만 도출되기 때문에 추정량 $\hat{\theta}$가 표본 $x_1, x_2, x_3, \cdots, x_n$의 정보를 모두 포함한다고 보기 어렵다. 표본은 모집단에 대해 대표성을 가져야 통계적인 의미가 있으므로, $\hat{\theta} = T(x_1, x_2, x_3, \cdots, x_n)$의 정보가 모수 θ에 대한 모든 정보를 포함할 때, 추정량 $\hat{\theta}$를 모수 θ에 대한 충분한 추정이라 하고, 이를 충분성이 확보되었다고 한다.

평균 오차제곱, 불편성, 일치성, 유효성은 바람직한 추정량에 한정되는 조건이지만, 충분성은 통계학 전체에 적용될 수 있는 일반적인 통계량에 관한 조건이다.

3) 구간추정

구간추정(interval estimation)은 모수를 최솟값과 최댓값의 범위로 추정하는 것이다. 예를 들어, 통학 시간에 대해 구간추정은 30분~40분과 같이 범위로 표현할 수 있다. 구간추정을 사용하는 이유는 조사자의 입장에서 명확한 수치를 제시하는 점추정 대신 신뢰도를 제시하면서 상한값과 하한값으로 모수를 추정하기 위해서다.

신뢰구간은 상한값과 하한값의 구간으로 표시되며, 신뢰수준을 기준으로 추정된 점으로부터 음(−)의 방향과 양(+)의 방향으로 하한과 상한을 표시한다.

모평균(μ)를 추정할 때 표본평균을 $\bar{x}$, 표준오차를 SE(standard error)로 표시하므로, 모집단 평균에 대한 신뢰구간은 $\bar{x}-z\cdot SE \le \mu \le \bar{x}+z\cdot SE$이다.

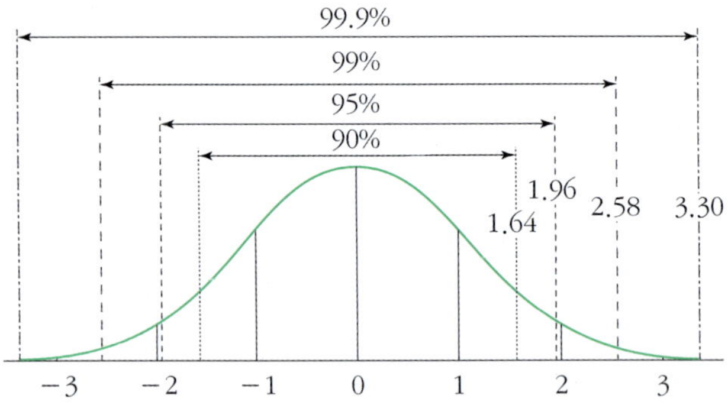

그림 6.1-2 신뢰구간

예시. 토익점수의 평균과 표준오차가 각각 평균은 500점, 표준오차는 100일 때, 신뢰도 90%, 95%, 99%에서 구간추정으로 평균에 대한 모수를 추정하시오.

풀이. 신뢰도 90%에서 구간추정: $\bar{x}=500$, $SE=100$, $z=1.64$이므로 다음과 같이 구할 수 있다.

$$500-1.64\cdot 100 \le \mu \le 500+1.64\cdot 100$$

$$336 \le \mu \le 664$$

신뢰도 95%에서 구간추정: $\bar{x}=500$, $SE=100$, $z=1.96$이므로 다음과 같이 구할 수 있다.

$$500-1.96\cdot 100 \le \mu \le 500+1.96\cdot 100$$

$$304 \le \mu \le 696$$

신뢰도 99%에서 구간추정: $\bar{x}=500$, $SE=100$, $z=2.58$이므로 다음과 같이 구할 수 있다.

$$500-2.58\cdot100\le\mu\le500+2.58\cdot100$$

$$242\le\mu\le758$$

추정값(estimate)이란 모수를 추정하기 위해 선택된 표본을 대상으로 구체적으로 도출된 통계량이며, **추정량**(estimator)은 표본에서 관찰된 값으로 추정값을 계산하기 위해 도출된 함수를 뜻한다.

2. 모평균의 구간추정

1) 모집단의 분산을 아는 경우 모평균의 신뢰구간

모집단의 정보를 아는 경우는 거의 없는데, 분산을 알고 있다고 가정하는 이유는 분산을 모르는 경우를 학습할 때 도움이 되기 때문이다. 통계학에서는 90%, 95%, 99%, 99.9%에 해당하는 신뢰구간을 많이 이용하는데, 신뢰구간에 속하지 않는 10%, 5%, 1%, 0.1%를 α라 했을 때, 신뢰구간은 $1-\alpha$로 표현한다.

$$100(1-\alpha)\%=P(-z_{\alpha/2}\le Z\le z_{\alpha/2})$$

모집단의 표준편차를 알고 있기 때문에 평균이 μ, 표준오차가 $\frac{\sigma}{\sqrt{n}}$인 정규분포를 따른다고 가정하면, 신뢰구간은 다음과 같이 표시한다.

$$\bar{x}-z_{\alpha/2}\cdot\frac{\sigma}{\sqrt{n}}\le\mu\le\bar{x}+z_{\alpha/2}\cdot\frac{\sigma}{\sqrt{n}}$$

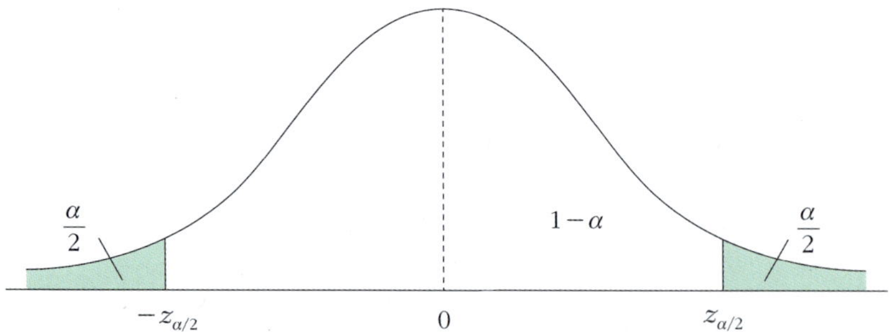

그림 6.2-1 **신뢰구간 $1-\alpha$**

신뢰구간 $1-\alpha$의 도출 과정

모집단에 대한 정보를 알고 있으며, 표본이 평균 μ, 표준오차가 $\frac{\sigma}{\sqrt{n}}$인 정규분포를 이룬다고 가정하면, 신뢰구간을 다음과 같이 구할 수 있다.

$$-z_{\alpha/2} \le Z \le z_{\alpha/2} \Rightarrow -z_{\alpha/2} \le \frac{\bar{x}-\mu}{\sigma/\sqrt{n}} \le z_{\alpha/2}$$

$$\Rightarrow -z_{\alpha/2}\cdot\frac{\sigma}{\sqrt{n}} \le \bar{x}-\mu \le z_{\alpha/2}\cdot\frac{\sigma}{\sqrt{n}}$$

$$\Rightarrow -\bar{x}-z_{\alpha/2}\cdot\frac{\sigma}{\sqrt{n}} \le -\mu \le -\bar{x}+z_{\alpha/2}\cdot\frac{\sigma}{\sqrt{n}}$$

$$\Rightarrow \bar{x}-z_{\alpha/2}\cdot\frac{\sigma}{\sqrt{n}} \le \mu \le \bar{x}+z_{\alpha/2}\cdot\frac{\sigma}{\sqrt{n}}$$

예시. EU 식품에서 생산하는 RMR 식품의 판매단가를 확인하고자 한다. 200개의 표본을 무작위로 추출하여 판매단가를 확인했더니 평균 단가 30,000원, 모분산은 250,000이었다. 95% 신뢰수준으로 모평균의 신뢰구간을 추정하시오.

풀이. $\bar{x}=30{,}000,\ z=1.96,\ \sigma^2=250{,}000,\ n=200$이므로 다음과 같이 구할 수 있다.

$$30{,}000-1.96\cdot\sqrt{\frac{250{,}000}{200}} \le \mu \le 30{,}000+1.96\cdot\sqrt{\frac{250{,}000}{200}}$$

$$29{,}931 \le \mu \le 30{,}069$$

예시. EU Bakery Company는 자기자신의 베이커리를 제조하고 인터넷을 통하여 주문하는 고객들에게 직접 상품을 배송한다. 배송을 효율적으로 하기 위해서 가장 인기 있는 종류의 베이커리를 만들고 전국에 있는 창고로 수송한다. 이와 같은 전략은 비용을 크게 증가시키는 높은 재고수준을 요구한다. 이와 같은 비용을 낮추기 위해 COO(생산운영책임자)는 재고모형을 사용하기 원한다. 그는 리드타임(lead time: 상품의 주문일시와 인도일시 사이에 경과되는 시간을 말함)에 수요가 정규분포를 따른다는 것을 알고 있는데, 최적재고수준을 계산하기 위해서는 최적 평균 수요를 알아야 한다. 생산운영책임자인 K는 25개의 리드타임을 관측하고 각 기간 동안 수요를 기록하였다. 그때의 표본평균은 370.16이었다. 그는 오랜 경험으로 표준편차가 75개라는 것을 알고 있다. K는 리드타임에 95% 신뢰구간에 대한 평균 수요 추정값을 알고 싶어 한다.

풀이.

표 6.2-1 **신뢰구간 내 평균 수요 추정**

$\bar{x}$	$z_{\frac{\alpha}{2}}$	σ	n
370.16	1.96	75	25

$$\bar{x} \pm z_{\alpha/2}\frac{\sigma}{\sqrt{n}}$$

$$1-\alpha=0.95, \quad \therefore \ \alpha/2=0.025$$

그래서 $z_{\alpha/2}=z_{0.025}=1.96$

$$\bar{x} \pm z_{\alpha/2}\frac{\sigma}{\sqrt{n}} = 370.16 \pm z_{0.025}\frac{75}{\sqrt{25}} = 370.16 \pm 1.96\frac{75}{\sqrt{25}} = 370.16 \pm 29.40$$

리드타임 동안 평균 수요는 340.76과 399.56 사이로 추정된다. 이와 같은 정보는 최적재고모형의 구축을 위한 투입요소로 사용된다. 95% 신뢰구간이란 같은 분석을 100번 하면 표준오차 범위 내 동일한 결과가 나올 횟수가 95번이라는 뜻이다. 각각 다른 표본들을 가지고 통계를 100번 진행했을 때 리드타임에 평균 수요가 340.76과 399.56 사이로 나올 확률이 95번이다.

신뢰구간 추정값의 길이는 신뢰수준, 모표준편차, 표본크기의 함수이다. 모표준편차 σ의 값이 커질수록(분자↑) 신뢰구간은 더 넓어지며, 표본크기가 많아질수록(분모↑) 신뢰구간은 더 좁아진다.

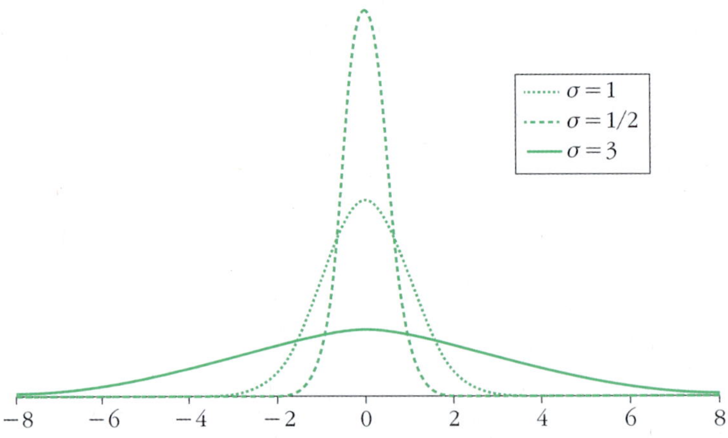

그림 6.2-2 같은 표본평균, 다른 표준편차

표준편차는 **편차**(변수값 − 평균값)의 제곱의 평균에 루트를 씌운 값이다. **오차**(추정값 − 참값)의 제곱의 평균에 루트를 씌운 것이 **표준오차**가 된다. **표준오차**는 '추정값인 표본평균들과 참값인 모평균과의 표준적인 차이 정도로 이해할 수 있다.

표준편차(standard deviation, *SD*)는 표본이 평균으로부터 얼마나 떨어져 있는지 나타내는 지표로 그림 6.2-3에서 σ에 해당한다.

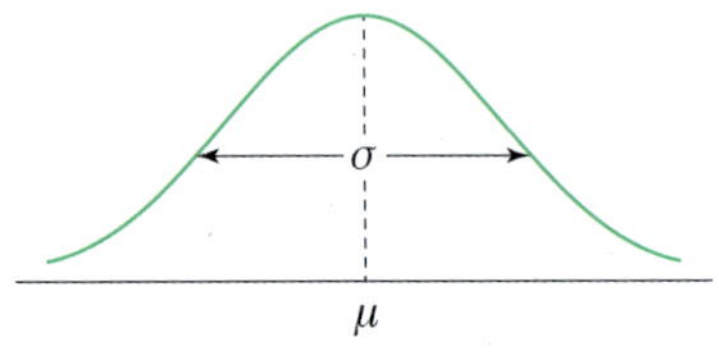

그림 6.2-3 표준편차

표준오차(standard error of the mean, *SEM*)는 표본의 평균이 얼마나 모평균에 가까운지 나타내는 지표이다.

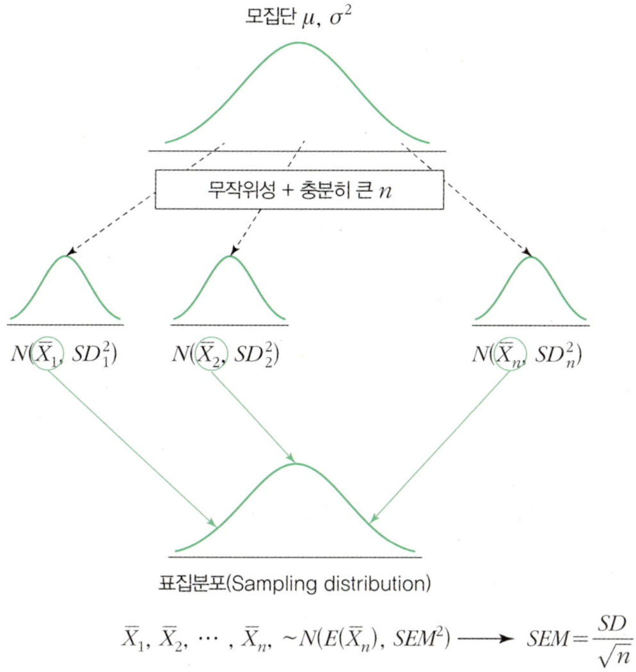

그림 6.2-4 **표준오차**

표준오차(SEM)는 모집단의 변동과 추출된 표본의 개수에 따라 좌우된다. 그러나 실제로는 하나의 표본만 추출하므로, 이 표본의 표준편차(SD)와 표본수를 이용하여 표준오차(SEM)를 추정할 수 있다.

2) 모집단의 분산을 모르는 경우 모평균의 신뢰구간

모집단의 정보를 아는 경우는 공식에 대입하여 신뢰구간을 추정할 수 있지만, 모집단의 분산을 모르는 경우는 표본의 분산과 표준편차를 이용해서 신뢰구간을 추정해야 한다. 표본의 분산 s^2와 표본의 표준편차 s는 다음과 같이 구한다.

$$s^2 = \frac{1}{n-1}\sum_{i=1}^{n}(x_i - \bar{x})^2$$

$$s = \sqrt{\frac{1}{n-1}\sum_{i=1}^{n}(x_i - \bar{x})^2}$$

표본의 표준편차를 이용한 신뢰구간은 모표준편차를 이용한 신뢰구간보다 틀릴 가능성이 더 크므로 신뢰구간의 범위가 더 커질 수밖에 없다. 따라서 t 분포를 이용해야 하는데, t 분포는 모수를 알지 못한 상황에서 정규분포를 이루는 모집단에서 추출한 표본의 크기가 작을 때의 추정과 검정에 사용하며, t 분포는 자유도에 따라 서로 다른 분포를 가진다.

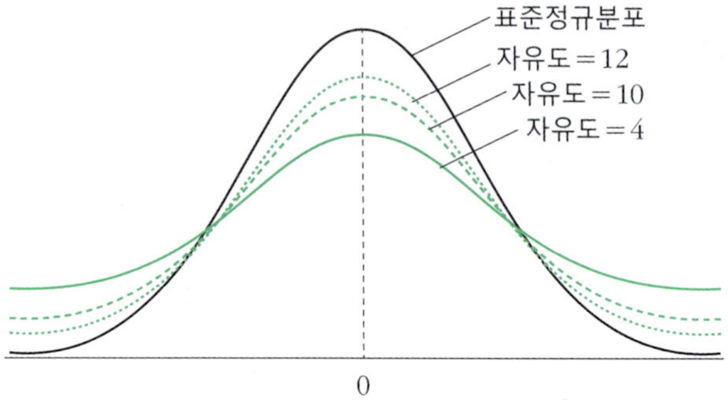

그림 6.2-5 **자유도에 따라 다른 t 분포와 표준정규분포 비교**

다음은 모집단 분산을 모르는 경우 모평균의 신뢰구간을 구하는 예를 살펴보자.

예시. 대학교 교내에 식재한 나무의 높이를 조사하였다. 여러 종류의 나무 중에서 12그루 나무의 높이에 대해서 95% 신뢰수준으로 모평균의 신뢰구간을 구하시오.

나무	1	2	3	4	5	6	7	8	9	10	11	12
높이	168	160	170	162	168	163	164	167	175	179	161	155

풀이. 우선, 평균과 표준편차를 구하면 다음과 같다.

$$\bar{x} = \frac{168+160+\cdots+161+155}{12} = 166$$

$$s = \sqrt{\frac{(168-166)^2+(160-166)^2+(170-166)^2+\cdots+(155-166)^2}{11}} = 6.6469$$

이때 표준오차는 $\frac{s}{\sqrt{n}} = \frac{6.6469}{\sqrt{12}} = 1.9188$이고, 자유도는 $12-1=11$이다.

양측검정을 해야 하므로 자유도가 11이면서 95%의 신뢰구간에 해당하는 t값을 $\alpha=0.025$에서 확인한다.

t 분포표에서 찾으면 95%의 $t_{\alpha/2}=2.201$임을 알 수 있다. 따라서 신뢰구간을 구하면 다음과 같다.

$$166-2.201\cdot\frac{6.6469}{\sqrt{12}}\le\mu\le166+2.201\cdot\frac{6.6469}{\sqrt{12}}$$

$$166-2.2021\cdot1.9188\le\mu\le166+2.2021\cdot1.9188$$

$$161.7767<\mu<170.2233$$

따라서 95% 신뢰구간은 최저 161.7767cm에서 최대 170.2233cm로 계산되었다(부록 t 분포표 참고).

3) 표본의 크기 결정

표본의 크기가 커진다는 것은 통계량에 대한 신뢰도가 높아지는 것이며, 표본의 크기가 작아진다는 것은 모집단을 대표할 만한 대표성과 신뢰도가 낮아진다는 것이다. 그렇다면 적절한 표본의 크기는 어떻게 구할 수 있을까?

$$\bar{x}\pm z_{\alpha/2}\cdot SE\ \Rightarrow\ \bar{x}\pm z_{\alpha/2}\cdot\frac{\sigma}{\sqrt{n}}\qquad n=\left(\frac{z_{\alpha/2}\cdot\sigma}{d}\right)^2\quad(d\text{: 허용오차})$$

참고 허용오차의 도출 과정

$z_{\alpha/2}\cdot\frac{\sigma}{\sqrt{n}}$가 유의수준 내에서 인정되는 신뢰구간을 형성하므로 이를 허용오차 d라 할 수 있다.
$\bar{x}$는 허용오차 $100(1-\alpha)\%$ 확률의 신뢰구간에 포함된다. 따라서 $P(|\bar{x}-\mu|\le d)=1-\alpha$ (d: 허용오차)로 표현할 수 있다. 여기서 n을 도출하면 다음과 같다.

$$d=z_{\alpha/2}\cdot\frac{\sigma}{\sqrt{n}}\ \Rightarrow\ d\cdot\sqrt{n}=z_{\alpha/2}\cdot\sigma\ \Rightarrow\ \sqrt{n}=\frac{z_{\alpha/2}\cdot\sigma}{d}\ \Rightarrow\ \therefore\ n=\left(\frac{z_{\alpha/2}\cdot\sigma}{d}\right)^2$$

예시. EU 베이커리의 케이크가 정확한 중량으로 만들어지는지 확인하기 위해서 무게를 재는 조사를 하려고 한다. 다음과 같이 신뢰수준, 허용오차, 표준편차가 주어졌을 때, 최소 몇 개의 표본을 검사해야 하는지 구하시오.

(1) 신뢰수준 99%, 허용오차 ±100g, 표준편차 150g일 때

(2) 신뢰수준 95%, 허용오차 ±100g, 표준편차 170g일 때

풀이.

(1) $1-\alpha=0.99$이므로 $z_{\alpha/2}=2.58$, $d=100$, $s=150$이다. 따라서 표본 개수를 구하면 다음과 같다.

$$n=\left(\frac{z_{\alpha/2}\cdot\sigma}{d}\right)^2=\left(\frac{2.58\cdot 150}{100}\right)^2=14.9769$$

그러므로 최소한 15개의 표본으로 용량을 확인해야 한다.

(2) $1-\alpha=0.95$이므로 $z_{\alpha/2}=1.96$, $d=100$, $s=170$이다. 따라서 표본 개수를 구하면 다음과 같다.

$$n=\left(\frac{z_{\alpha/2}\cdot\sigma}{d}\right)^2=\left(\frac{1.96\cdot 170}{100}\right)^2=11.1022$$

그러므로 최소한 12개의 표본으로 용량을 확인해야 한다.

예시. 앞의 EU 베이커리 예시에서 생산운영책임자 K는 데이터를 수집하기 전에 몇 개의 리드타임 수요를 수집해야 하는지 결정해야 한다. 생산운영책임자가 표준편차 $\alpha=75$, 신뢰수준 $1-\alpha=0.95$, 추정오차의 허용크기 $B(d)=16$로 설정한다면 표본크기를 몇 개로 하여야 하는가?

풀이. $n=\left(\frac{z_{\alpha/2}\sigma}{B}\right)^2=\left(\frac{(1.96)(75)}{16}\right)^2=84.41$

따라서 85개의 리드타임 구간이 표본으로 추출돼야 한다.

CHAPTER 7

가설검정

1 가설검정

2 검정의 p값

3 단측검정과 양측검정

4 t 분포와 z 분포

거짓말 탐지기와 제1종오류

페르마의 마지막 정리와
푸앵카레의 추측

글로벌 수학 최대 난제 리만 가설

1. 가설검정

가설(hypothesis)이란 조사하고자 하는 사실이 어떠하다는 주장이나, 모수를 추정할 때 모수가 어떠하다 혹은 어떠할 것이다는 조사자의 추측이다. 가설검정은 가설이 모수데이터에 의해서 지지되는 충분한 통계적 증거가 존재하는지를 판단하는 통계적 추론과정이다. 가설은 귀무가설과 대립가설(연구가설)로 설정된다.

귀무가설(null hypothesis)은 현재의 상황을 나타내는 가설로 영가설(null hypothesis)이라고도 하며, 영(零)이라는 의미로 H_0로 표기한다.

대립가설(alternative hypothesis)은 공공연하게 사실로 받아들여진 현상에 대립되는 가설이며, 연구목적이 된다. 대립가설을 조사하여 대립가설이 지지를 받으면 큰 의미가 있다. 대립가설은 연구를 통한 증명이 목적이며, 표본에 근거한 강력한 증거로 입증하고자 하는 가설이다. 연구를 진행하는 의미가 있으므로 **연구가설**(research hypothesis)이라고도 하며, 영(零, 0)에 반대가 된다는 의미로 대립가설은 H_1로 표기한다.

EU 베이커리 생산운영의 예시에서, 이번에는 리드타임에 평균 수요를 추정하기보다는 생산운영책임자는 리드타임에 평균 수요가 350개와 다른지 알기를 원한다고 하면, '평균 수요가 350이 맞다'가 귀무가설, '평균 수요가 350이 아니다'가 연구가설이 된다.

$$H_0: \mu = 350 \text{ 대 } H_1: \mu \neq 350$$

가설검정은 **귀무가설이 사실이다**(the null hypothesis is true)라는 전제하에서 진행된다. 따라서 귀무가설을 기각할 만한 충분한 증거가 제시되지 않는 한 귀무가설은 기각되지 않는다. 재판시스템에서는 '피고는 무죄다'라는 전제하에서 재판이 이루어지며, 무죄추정의 원칙에 따라 피고가 무죄가 아니라는 충분한 증거가 제시되지 않는 한 피고는 무죄이다.

가설검정의 목적은 대립가설이 옳다는 충분한 증거가 존재하는지 결정하는 것이다. 따라서 두 가지의 의사결정이 이루어질 수 있다. 첫째, 대립가설이 옳다고 추론할 수 있는 충분한 증거가 존재한다고 결론 내린다. 이 경우에는 귀무가설을 기각한다. 둘째,

대립가설이 옳다고 추론할 수 있는 충분한 증거가 존재하지 않는다고 결론 내린다. 이때는 귀무가설을 기각하지 않는다.

귀무가설과 대립가설(연구가설)이 정해지면, 다음 단계는 모집단으로부터 임의표본을 추출하고 검정통계량을 계산하는 것이다. 검정통계량은 가설검정의 대상이 되는 모수를 추론하기 위해 사용되는 통계량이며 일반적으로 통계적 추론을 위해 표본의 표본분포가 사용된다. 검정통계량은 귀무가설이 옳다는 전제하에서 모집단으로부터 추출된 임의표본의 정보를 이용해서 계산한다.

가설검정에는 두 가지 유형의 오류가 있다. 제1종 오류는 옳은 귀무가설을 기각할 때 발생되는 오류이다. 제2종 오류는 옳지 않은 귀무가설을 기각하지 않을 때 발생되는 오류이다.

제1종 오류(Type I error= α)는 귀무가설이 옳은데 귀무가설을 기각하는 오류이다.
제2종 오류(Type II error= β)는 귀무가설이 옳지 않은데 귀무가설을 기각하지 않는 오류이다.

표 7.1-1 제1종 오류와 제2종 오류

의사결정	H_0이 옳다(피고는 무죄이다)	H_0이 허위이다(피고는 유죄이다)
H_0을 기각한다 (피고에게 유죄를 판결한다)	제1종 오류 P(제1종 오류)= α	옳은 판단
H_0을 기각하지 않는다 (피고에게 무죄를 판결한다)	옳은 판단	제2종 오류 P(제2종 오류)= β

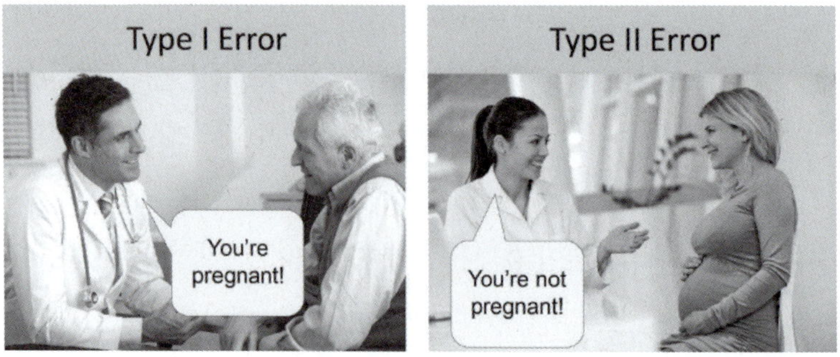

그림 7.1-1 제1종 오류와 제2종 오류의 예시(이미지 자료: unbiasedresearch.blogspot.com)

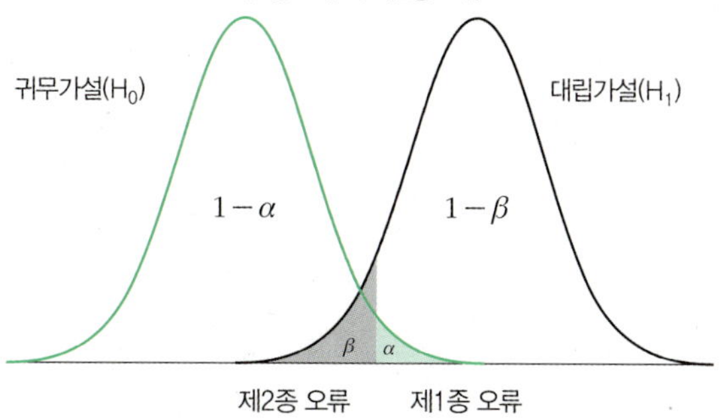

그림 7.1-2 **제1종 오류와 제2종 오류의 관계**

α는 **유의수준**(significance level)이라고 부르며 허용되는 제1종 오류의 크기이다. 반면 β는 제2종 오류가 발생할 확률이다. $(1-\beta)$는 허위인 H_0를 기각하는 확률로 **검정력**(power of a test)이라고 부른다. 가설검정에서는 귀무가설이 옳다는 전제하에서 검정통계량의 표본분포로부터 주어진 유의수준하에서 귀무가설을 기각하는 영역(기각역: region of rejection)이 설정된다.

제1종 오류를 피하려면 α값을 줄이면 되나, 이 경우에는 기각해야 할 귀무가설을 채택하는 제2종 오류 β를 피할 수 없다. 그러므로 연구자는 적절한 유의수준을 선택해야 하는데, 제1종 오류의 확률을 감소시키고자 하면 제2종 오류의 확률은 증가하기 때문이다.

이제 귀무가설과 대립가설(연구가설)을 설정하여 가설검정을 실시해보자.

예시. L 백화점의 경영자는 신용카드고객을 위한 새로운 청구시스템을 구축하는 것을 고려하고 있다. 그녀는 평균 월간 청구금액이 $170 이상이면 새로운 청구시스템은 비용효율적이라고 생각한다. 400개의 월간 청구금액으로 구성된 임의표본이 추출되었고 표본평균은 $178이었다. 이 경영자는 월간 청구금액은 표준편차가 $65인 정규분포를 따른다는 것을 알고 있다. 이 경영자는 새로운 청구시스템이 비용효율적이라고 결론 내릴 수 있는가?

모든 고객의 평균 월간 청구금액이 $170보다 크면 새로운 청구시스템은 비용효율적이다. 이것을 대립가설(H_1)로 설정한다. H_1: $\mu > 170$이다. 따라서 이에 대응하는 귀무가설(H_0)은 다음과 같이 설정된다.

$$H_0: \mu = 170$$

귀무가설($\mu = 170$)이 옳다는 전제하에서 가설검정이 수행된다. 표본으로부터 검정통계량(test statistic)을 계산하기 위한 필요한 정보를 정리한다.

$$n = 400, \ \bar{x} = 178, \ \sigma = 65$$

가설검정을 수행하기 위해서는 다음의 두 가지 접근방법이 존재한다.

- 기각역(rejection region) 방법: 통계량을 직접 계산할 때 사용된다.
- p값(p-value) 방법: 가설검정을 소프트웨어로 수행할 때 사용된다.

기각역 방법에는 두 가지가 있다.

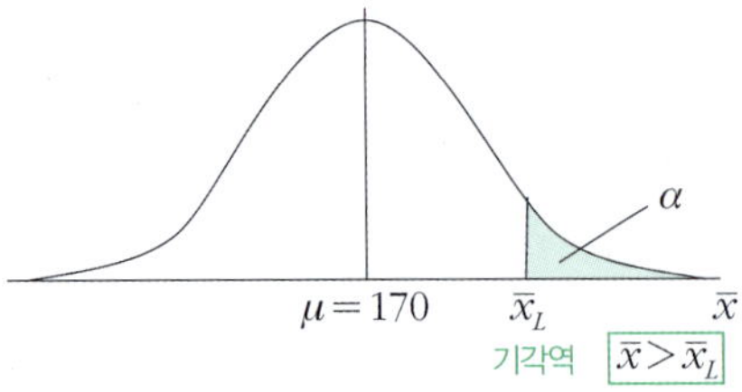

그림 7.1-3 **표본평균($\bar{x}$)의 임계값과 비교**

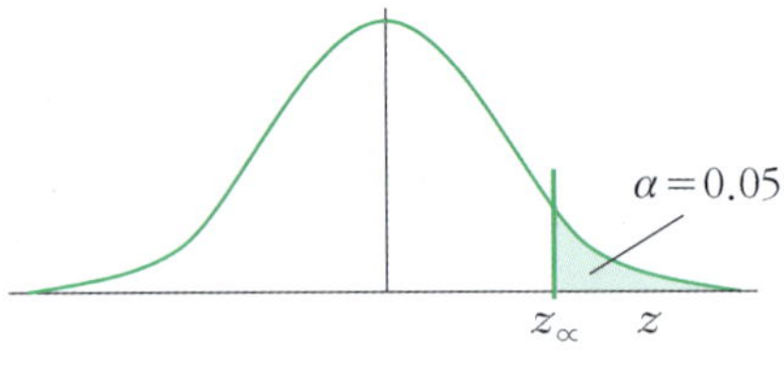

그림 7.1-4 **검정통계량 z의 값과 $z_\propto$을 비교**

첫째, 기각역 방법에서 표본평균($\bar{x}$)과 임계값을 비교하는 방법을 알아보자.

① **표본평균($\bar{x}$)의 임계값($\overline{x_L}$)과 비교:** 표본평균 $\bar{x}$($178)의 값이 $\overline{x_L}$보다 크면, 즉 $\overline{x_L} < \bar{x}$이면 대립가설을 채택하고 귀무가설을 기각한다.

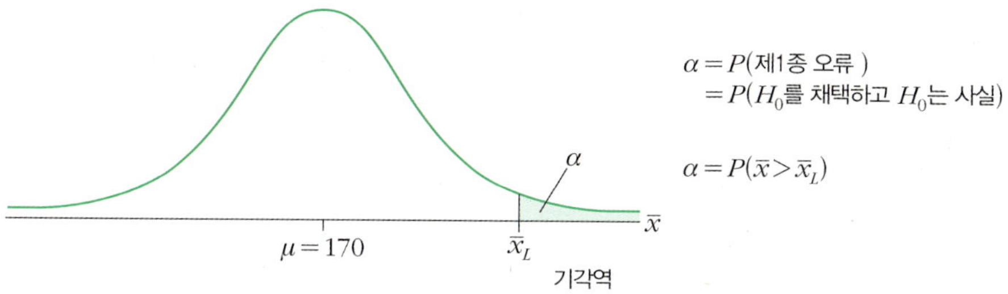

주어진 유의수준하에서 $\overline{x_L}$을 계산하고 $\bar{x}$와 $\overline{x_L}$을 비교한다. 5%의 유의수준(α $=0.05$)에서 다음과 같이 계산한다.

$$P\left(\frac{\bar{x}-\mu}{\sigma/\sqrt{n}} > \frac{\bar{x}_L-\mu}{\sigma/\sqrt{n}}\right) = P\left(Z > \frac{\bar{x}_L-\mu}{\sigma/\sqrt{n}}\right) = \alpha$$

$$P(Z > z_\alpha) = \alpha$$

$$\therefore \frac{\bar{x}_L-\mu}{\sigma/\sqrt{n}} = z_\alpha$$

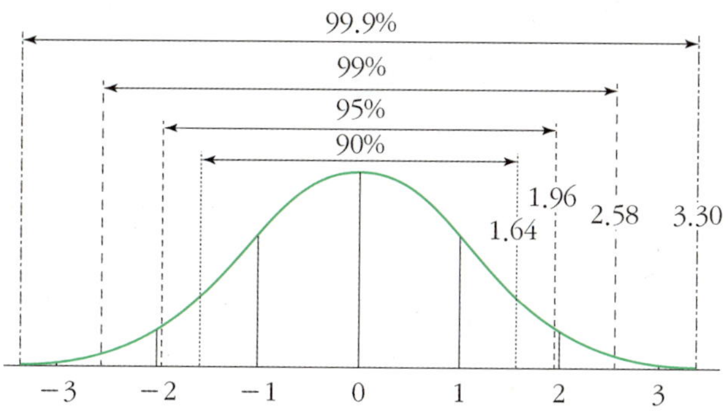

$$\frac{\bar{x}_L-\mu}{\sigma/\sqrt{n}} = z_\alpha \quad \text{그리고} \quad z_\alpha = z_{0.05} = 1.645$$

$$z_\alpha: \frac{\bar{x}_L - 170}{65/\sqrt{400}} = 1.645$$

그러므로 $\overline{x_L} = 175.35$이다.

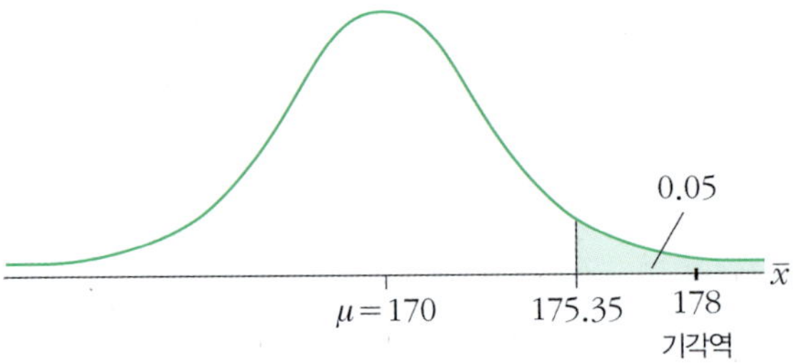

표본평균($\bar{x} = 178$)이 임계값(critical value; $\bar{x}_L = 175.35$)보다 크므로, 대립가설을 채택하고 귀무가설을 기각한다. 따라서 $\mu > 170$이다. 즉, 새로운 청구시스템은 비용효율적이라고 결론 내린다.

둘째 방법으로 표준화 검정통계량을 사용하여 가설을 검정하는 방법을 알아보자.

② **표준화 검정통계량을 사용하여 가설검정:** 귀무가설이 옳다는 전제하에서 계산되는 표준화 검정통계량 z의 값과 $z_\propto$을 비교한다. 기각역은 $z > z_\alpha$이다.

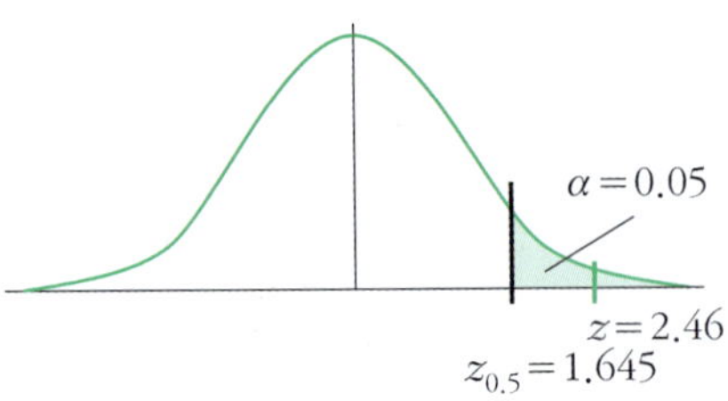

$$z = \frac{\bar{x} - \mu}{\sigma/\sqrt{n}} = \frac{178 - 170}{65/\sqrt{400}} = 2.46$$

$z = 2.46 > z_{0.05} = 1.645$이므로 귀무가설 H_0은 기각된다.

2. 검정의 p값

유의수준에 따라 채택/기각을 결정한 지금까지의 방법은 신뢰범위에 포함되는지 그렇지 않는지 만을 제시하므로 채택/기각에 대한 강도를 표현하기에는 충분하지 않다. 그렇기 때문에 이러한 단점을 보완하기 위해 채택/기각에 대한 기준을 확률 p로 나타내는 방법이 있다.

p값이 0.05보다 작으면 귀무가설을 기각하고, 대립가설(연구가설)을 채택한다.

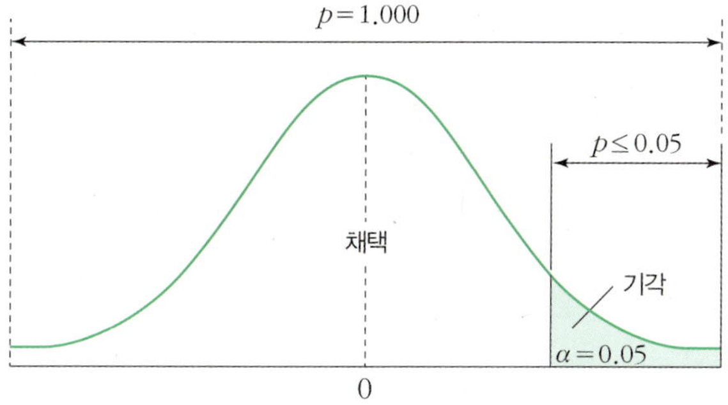

1) p값의 다른 표현들

p값을 표현하는 방법이 다양하므로, 그 방법들을 알고 있어야 어떤 조사 결과를 접하더라도 이해하기가 수월하다.

p값의 다른 표현: p값, significance level(또는 sig.), 유의수준

통계분석 방법에 따라 p값과 달리 표현되는 값들도 있는데, 실제로는 각각의 경우에 따라 p값과 1:1로 대응해서 나오는 수치들이다. 엑셀은 물론이고 통계 프로그램을 이용하여 도출된 결과를 바탕으로 수치들을 비교해보면, 분석 방법에 따라 다른 수치가 표현되지만 p값은 공통으로 표시된다. 그 이유는 p값이 확률이므로 0~1까지의 값을 가지게 되어 다른 수치들을 표준화한 효과가 나타나기 때문이다. 이러한 이유로 거의 모든 분석결과에서 p값을 사용한다. 표 7.2-1을 보면 통계분석 방법에 따라 유의

수준은 각각 1:1로 대응하게 되는데, 공통적으로 p값이 모두 포함되어 있음을 확인할 수 있다.

표 7.2-1 통계분석 방법별 유의수준의 종류

t 검정	분산분석	회귀분석	교차분석
t, p	F, p	F, t, p	χ^2, p

검정의 p값은 귀무가설이 옳다는 전제하에서 계산되는 검정통계량의 값보다 더 큰 검정통계량이 관측되는 확률이다. 앞의 백화점 예의 경우 검정의 p값은 귀무가설이 옳다는 가정하에서(H_0: $\mu = 170$) 표본평균이 178보다 클 확률이다.

2.4	0.9918	0.9920	0.9922	0.9925	0.9927	0.9929	0.9931

$$P(\bar{x} > 178) = P\left(\frac{\bar{x} - \mu}{\sigma/\sqrt{n}} > \frac{178 - 170}{65/\sqrt{400}}\right) = P(Z > 2.46) = 0.0069$$

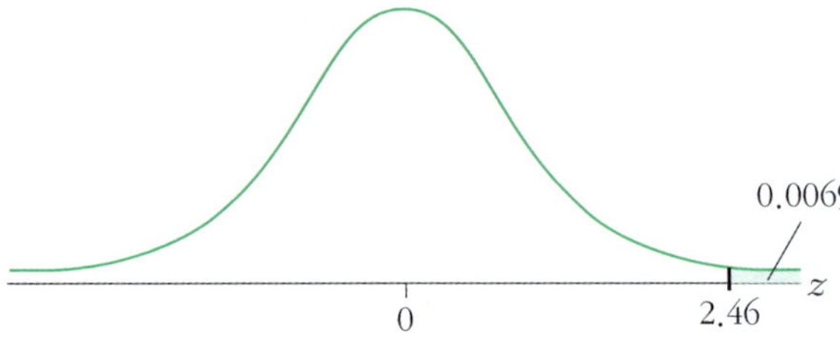

2) p값의 해석

p값이 작을수록 대립가설이 옳다고 추론할 수 있는 통계적 증거가 더 강하게 존재한다. 검정통계량을 해석하기 위해서 귀무가설이 발생할 가능성을 확률로 표시한 것이다. α는 유의수준으로 유의수준은 확률로 표시되므로 약자를 사용하여 p값으로 표시한다.

일반적으로 통계학에서는 95%, 99%, 99.9%를 기준으로 유의수준을 설정한다. 검정통계량을 계산한 값이 어느 영역에 포함되는지를 확인하여 가설의 채택/기각 여부를 판단한다. 일반적으로 연구자는 유의수준을 보면서 결과를 해석한다. p값을 기준으로 작은 값이 나오면 귀무가설을 기각하고 대립가설을 채택한다.

- p값이 0.1%보다 작으면, 대립가설이 옳다고 추론할 수 있는 **압도적인 증거**(overwhelming evidence)가 존재한다. 검정이 매우 강하게 유의하다.

$$^{***}p < 0.001$$

- p값이 0.1%와 1%의 사이이면, 대립가설이 옳다고 추론할 수 있는 **강한 증거**(strong evidence)가 존재한다. 검정이 강하게 유의하다.

$$^{**}p < 0.01$$

- p값이 1%와 5%의 사이이면, 대립가설이 옳다고 **추론할 수 있는 증거**(weak evidence)가 존재한다. 검정이 유의하다.

$$^{*}p < 0.05$$

- p값이 5%보다 크면, 대립가설이 옳다고 추론할 수 있는 증거가 존재하지 않는다. 검정이 유의하지 않다.

앞의 백화점 예에서 검정의 p값$=0.0069$이므로 대립가설(H_1: $\mu > 170$)이 옳다고 추론할 수 있는 강한 증거가 존재한다고 결론 내린다. p값$<\alpha$이면 귀무가설을 기각한다. p값$>\alpha$이면 귀무가설을 기각하지 않는다. 앞의 백화점 예는 p값$=0.0069<\alpha=0.05$였다. 따라서 5%의 유의수준에서 귀무가설을 기각한다. 만일 귀무가설이 기각되면, 대립가설이 옳다고 추론할 수 있는 충분한 통계적 증거가 존재한다고 결론 내리며, 귀무가설이 기각되지 않으면, 대립가설이 옳다고 추론할 수 있는 충분한 통계적 증거가 존재하지 않는다고 결론 내린다.

예시. 새롭게 출시한 HMR 상품의 중량을 조사하였다. 300개의 표본을 측정한 결과 평균이 244.65g이었다. 표준편차가 45일 때, 직접 가설을 수립하고 유의수준 0.05에서 귀무가설의 기각 여부를 판단하시오.

풀이. 귀무가설은 H_0: $\mu=250$, 대립가설은 H_1: $\mu<250$, $p=P(z<-2.059)$이다.

$$n=300,\ \bar{x}=244.65,\ s=45,\ \alpha=0.05$$

$$Z=\frac{\bar{x}-\mu}{s/\sqrt{n}}=\frac{244.65-250}{45/\sqrt{300}}=-2.059$$

Z 분포표에서 $-2.059=0.0197$이고, $p<0.05$를 만족한다.

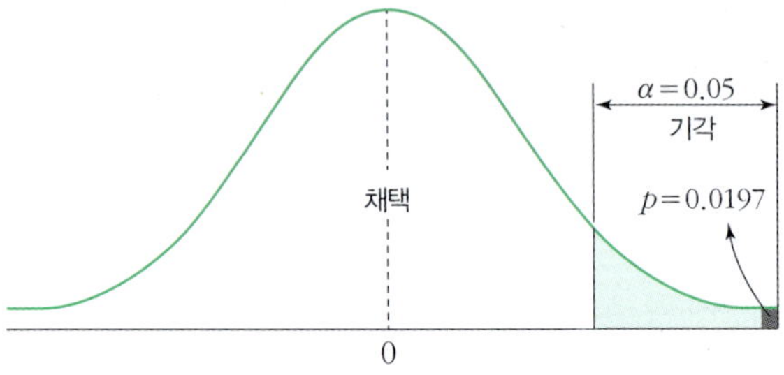

3. 단측검정과 양측검정

단측검정(one tail test)은 기각역이 표본분포의 한쪽 꼬리부분에 위치하는 검정이며, **양측검정**(two tail testing)은 가설검정을 위한 기각역이 표본분포의 양쪽 꼬리부분에 설정되는 검정이다.

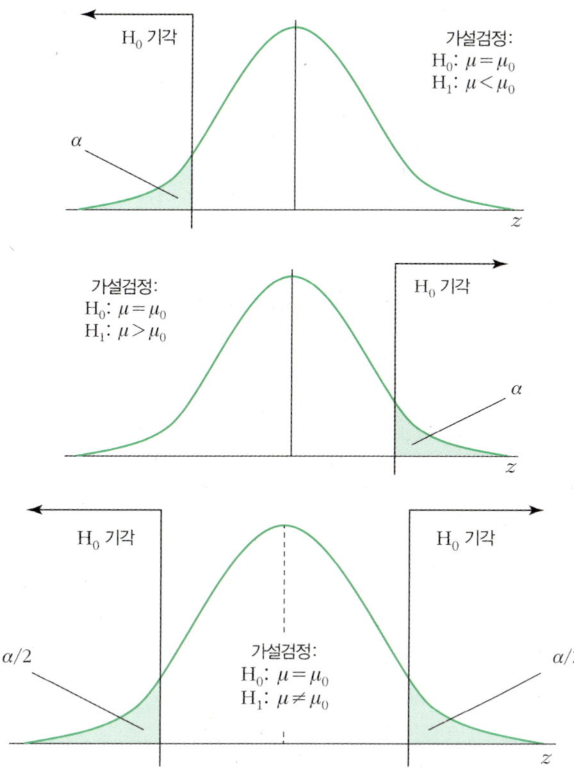

그림 7.3-1 **단측검정과 양측검정**

귀무가설과 대립가설에 대해 $\alpha = 0.05$에서 가설검정 시, 양측검정이면

$$\pm z_{\alpha/2} = z_{0.025} = \pm 1.96$$

검정통계량은 Z의 절대값이 1.96보다 크면 귀무가설 H_0를 기각한다. $z = \dfrac{\bar{x} - \mu}{\sigma/\sqrt{n}}$

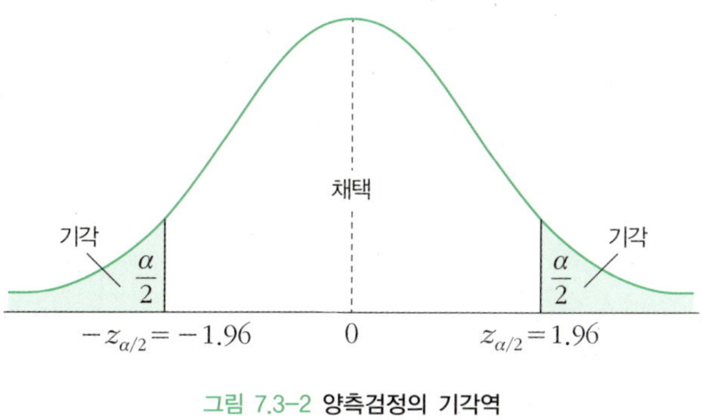

그림 7.3-2 **양측검정의 기각역**

귀무가설과 대립가설에 대해 $\alpha = 0.05$에서 가설검정 시, 좌측검정이면 검정통계량 z값이 -1.64보다 작으면($z < -1.64$) 귀무가설 H_0를 기각하고, $-z_\alpha = -z_{0.05} = -1.64$이다.

우측검정이면 검정통계량 z값이 1.64보다 크면($z > 1.64$) 귀무가설 H_0를 기각한다.

$$z_\alpha = z_{0.05} = 1.64$$

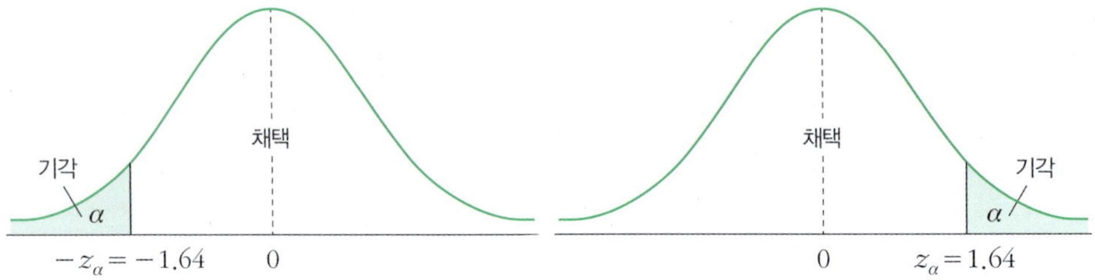

그림 7.3-3 좌측검정의 기각역

예시. **[모분산을 아는 경우 가설검정]** HMR의 중량이 제품에 표시된 250g에 못미치는 것 같아서 조사를 해보고자 한다. 표본 300개를 대싱으로 숭량을 측정한 결과, 평균 244.65, 표준편차가 20이었다. 가설을 수립하고 유의수준 0.05에서의 좌측검정을 실시하시오.

풀이. 귀무가설 $H_0 : \mu = 250$, 대립가설 $H_1 : \mu < 250$, 유의수준 0.05에서의 좌측검정

$$n = 300,\ \mu = 244.65,\ \sigma = 20,\ \alpha = 0.05$$

검정통계량을 구하면 $z = \dfrac{\bar{x} - \mu}{\sigma/\sqrt{n}} = \dfrac{244.65 - 250}{20/\sqrt{300}} = -4.633\cdots,\quad z < -1.64$이다.

따라서 스포츠 이온음료의 용량이 250mL라는 귀무가설 H_0를 기각하므로 대립가설 H_1을 채택한다.

4. t 분포와 z 분포

t 분포는 정규분포를 따르는 집단의 평균에 대한 가설검정 또는 정규분포를 따르는 두 집단의 평균 차이검정을 할 때 이용된다.

이때 만약 그 집단의 모분산인 σ^2값을 알고 있을 때 가설검정은 z 분포(표준정규분포)를 이용하고 모분산을 모를 때는 t 분포를 사용한다.

- **표본이 큰 경우의 가설검정(모분산이 주어진 것과 동일)**: 모수를 모르더라도 표본이 아주 큰 경우, 즉 $n \to \infty$이면 모집단의 정규성과 상관없이 중심극한정리에 의해 표본분산 s^2은 모분산 σ^2으로 수렴하므로 표본이 큰 경우의 검정통계량은 모분산이 주어진 것과 동일하게 $z = \dfrac{\bar{x} - \mu}{s/\sqrt{n}}$으로 계산한다.

- **표본이 작은 경우의 가설검정(모분산을 모를 때와 동일)**: 표본이 충분하지 못한 경우에는 표본통계량 $t_{n-1} = \dfrac{\bar{x} - \mu}{s/\sqrt{n}}$는 자유도 $(n-1)$에서 t 분포를 따르게 된다.

다음 문제는 모분산을 모르는 경우의 가설검정 예이다.

예시. HMR 상품의 중량에 대한 조사를 표본 15개를 대상으로 실시하였다. 아래 표를 참고하여 가설을 수립하고 유의수준 0.05에서 좌측검정을 실시하시오. 단, 모집단의 분포는 정규분포를 가정한다.

상품	1	2	3	4	5	6	7	8	9	10	11	12	13	14	15
중량(g)	257	253	241	242	277	240	270	235	265	235	245	238	260	275	250

풀이. $n=15$, $\alpha=0.05$일 때, 귀무가설 $\mathrm{H}_0 : \mu=250$, 대립가설 $\mathrm{H}_1 : \mu<250$이다.

모표준편차 σ가 알려져 있지 않을 때 모표준편차의 점추정량인 표본표준편차 s가 사용되므로 먼저 표본평균 $\bar{x}$와 표본표준편차 s를 구한다.

모표준편차 σ가 알려져 있지 않고 모집단이 정규분포를 따르면, 모평균 μ에 관한 가설을 검정하기 위한 검정통계량은 자유도가 $n-1$인 'Student's t 분포'를 따른다.

$$z = \frac{\bar{x} - \mu}{\sigma/\sqrt{n}} \Rightarrow t = \frac{\bar{x} - \mu}{s/\sqrt{n}}$$

$$\bar{x} = \frac{257+253+240+\cdots+250}{15} = 252.2$$

$$s^2 = \frac{1}{n-1}\sum_{i=1}^{n}(x_i - \bar{x})^2 = \frac{(257-252.2)^2+(253-252.2)^2+\cdots+(250-252.2)^2}{14}$$

$$= 209.2$$

$$s = \sqrt{209.2} = 14.46$$

검정통계량 t를 계산하기 위해 $\frac{\bar{x}-\mu}{s/\sqrt{n}}$에 대입하면 $t = \frac{252.2-250}{14.46/\sqrt{15}} = 0.589$이다.

자유도는 $n-1=14$, 좌측검정 $\alpha=0.05$인 t값은 −1.761이다.

좌측검정에 의해 t값의 검정통계량이 0.589이므로 귀무가설 H_0를 기각할 수 없다.

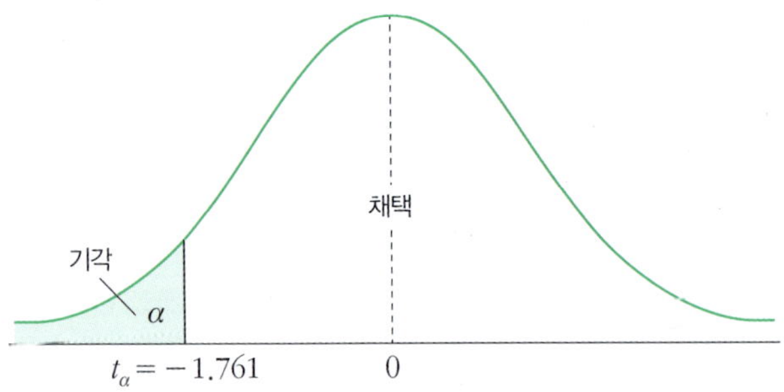

가설검정의 순서는 일반적으로 다음과 같다.

① 가설 수립

② 유의수준(α) 설정

③ 기각역 설정(양측검정, 단측검정)

④ 자료수집 및 검정통계량 계산

⑤ 가설의 채택/기각 결정

CHAPTER 8

통계 분석방법과 SPSS 프로그램

1 빈도분석

2 차이검정

3 관계검정

4 SPSS 프로그램 안내

1. 빈도분석

기술 통계(descriptive statistics)는 표본을 분석한 결과를 바탕으로 표본의 특성을 그대로 설명하는 것이다. 연구자가 분석에 필요한 자료를 수집할 때는 대개 전수조사가 불가능하기 때문에 표본을 추출하여 분석을 진행해야 한다. 이때 추출한 표본은 전체를 대표할 만한 특성을 가져야 한다.

연구자가 선택한 표본의 특성을 설명할 때 말로 풀어서 기술하기보다 표본을 간략하게 데이터화하여 제시한다. 예를 들어 표본의 연령이나 성별 혹은 표본이 선택한 데이터들의 최솟값과 최댓값, 중위수 및 선택된 답안의 비율 등으로 제시할 수 있다. 이처럼 표본을 설명해주는 통계분석 방법이 바로 기술통계이다.

기술통계에서 가장 많이 사용되는 분석 방법은 빈도분석으로, 이를 통해 변수가 가지는 전반적인 특성을 파악할 수 있다. 빈도분석은 우선적으로 응답자가 어떠한 응답을 했는지에 대한 값들을 표현하기 때문에 연구자가 보기 쉽게 분석 결과를 제시해준다. 추출된 표본이 과연 대표성을 갖는지를 판별하기 위해 기술통계가 필요한데, 이때 표본에 대한 일반적인 특성을 표현하는 분석 방법으로 빈도분석을 주로 사용한다. 빈도분석은 가장 기본적인 분석 방법이므로 반드시 숙지하고 있어야 한다.

기술통계 분석으로 데이터의 중심경향, 산포도, 분포를 분석할 수 있다.

- 중심경향: 평균, 중앙값, 최빈값, 합계
- 산포도: 최댓값, 최솟값, 범위, 분산, 표준편차
- 분포: 왜도, 첨도

2. 차이검정

차이검정이란 집단 간 평균의 차이를 검정하는 방법이다. 따라서 이 분석 방법을 이용하기 위해서는 집단을 구분할 수 있는 1개의 질적변수와 평균을 구할 수 있는 1개의 연속변수가 필요하다. 이 분석 방법에는 t 검정(t-test)과 분산분석(ANOVA)이 있다. 집단이 2개 이하로 구분될 때는 t 검정을 집단이 3개 이상으로 구분될 때는 분산분석을 사용한다.

1) t 검정

t 검정은 다시 일표본 t 검정(onesample t-test), 독립표본 t 검정(independent samples t-test), 대응표본 t 검정(paired samples t test)으로 나눌 수 있다.

예를 들면, 500g 표기 아이스크림의 중량이 500g인지 아닌지를 검증할 때는 일표본 t 검정을 이용하고, 하나의 집단이지만 이 집단을 처리 전과 처리 후, 2개로 나누어서 비교할 때는 대응표본 t 검정을 사용한다. 예를 들어, 3개월간 웨이트 트레이닝 후, 전과 후에 근육량의 변화가 있는지 비교할 수 있다. 외식 브랜드에 따라 매출에 차이가 있는지를 검증할 때는 독립표본 t 검정을 이용한다.

그림 8.2-1 t 검정

2) 분산분석

분산분석은 집단이 3개 이상일 때 사용한다. 집단이 3개일 때 분산분석을 이용하지 않고, t 검정을 이용할 수도 있다. 예를 들어 1, 2, 3이라는 집단이 있을 경우에 1과 2, 2와 3, 1과 3처럼 쌍을 지어 3번 평균 비교를 할 수 있다. 그러나 이처럼 여러 번 검정을 해주면 제1종 오류를 범할 확률이 증가한다. 따라서 집단이 여러 개일 경우에는 모든 집단의 평균이 같은지(1=2=3) 분산을 이용하여 분석하는 것이 필요하다. 그리고 분산분석을 실시한 후에 3개의 집단 간에 평균이 다르다고 밝혀지면, 그때 비로소 집단 간 3쌍의 평균을 비교해주면 된다. 이를 사후분석(post-hoc)이라고 한다. 그러나 이때도 Scheffe, Tukey, Duncan 등 제1종 오류를 보정해주는 방법을 이용해서 집단 간 평균을 분석한다.

분산분석은 다시 집단 구분 변수의 수에 따라 구분된다. 집단을 구분하는 변수가 1개가 사용되면 **일원 분산분석**(one way ANOVA)이 이용된다. 예를 들어 회사의 직책(점장, 매니저, 슈퍼바이저 등)에 따라 직무만족도에 차이가 있는지를 검증할 때 이용할 수 있다.

또한 대응표본 t 검정처럼 시점에 의해 측정 횟수가 3회 이상 반복 측정된 자료를 검증할 때는 **반복측정 분산분석**(repeated measures ANOVA, RM ANOVA)이 사용된다. 예를 들어, 운동 효과를 측정하기 위해서 남녀 3명씩 총 6명을 3회 운동 레벨을 측정한다. 운동 전, 1개월 후, 2개월 후 등 시점에 따라 차이가 있는지를 검증할 때 이용할 수 있다.

분석을 하다 보면 2개의 집단 구분 변수가 동시에 사용될 경우가 있다. 즉, 2개의 질적변수와 평균을 검증할 수 있는 1개의 양적변수가 사용될 수 있는데, 이때는 **이원 분산분석**(two way ANOVA)이 사용된다.

예를 들어, 카페 브랜드와 흡연실 유무에 따라 매출의 차이가 있는지를 검증하고자 할 때, 2개의 변수를 각각 검증할 수 있지만, 두 변수가 서로 상호작용이 있다면 결과는 전혀 다르게 나올 수 있다. 이때는 2개의 변수를 동시에 분석하는 방법이 필요하다.

이러한 방법의 연장으로 2개의 요인 중에서 1개의 요인이 시점일 경우에는 **이원 반복측정 분산분석**(two way repeated measures ANOVA, TWRMA)이 사용된다.

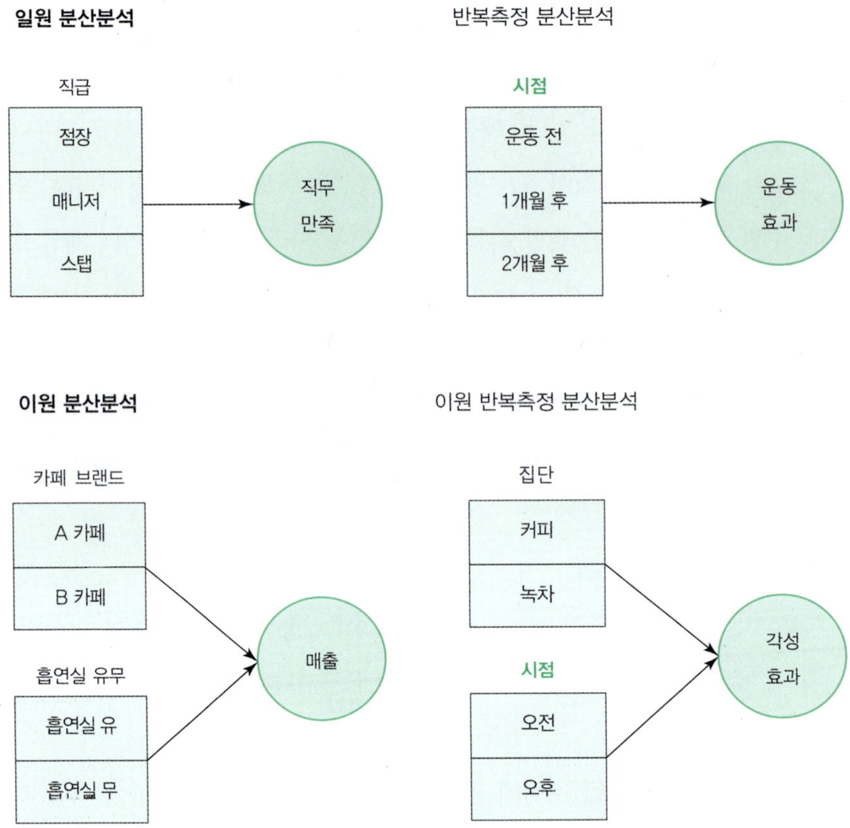

그림 8.2-2 분산분석

예를 들어 집단에 따른 시점 차이를 검증하고자 할 때 사용할 수 있다. 또한 실험군과 대조군으로 나누어 실험 전후의 차이를 검증할 때도 이용할 수 있다. 이때 독립변수는 명목변수, 종속변수는 연속변수이다.

3. 관계검정

관계검정이란 변수와 변수의 관계를 검정하는 방법으로 두 변수가 모두 연속변수일 때는 상관분석(correlation test)과 회귀분석(regression)으로, 두 변수가 모두 질적변수일 때는 교차분석(Chi-square test)을 이용한다. 또한 상관분석과 회귀분석의 차이는 변수와 변수의 관계에 있어서 인과관계가 있는지 없는지에 따라 구분된다. 인과관계란 하나의 변수가 원인이 되어 다른 변수(들)에 영향을 미치는 관계를 의미한다. 상관분석은 두 변수 사이에 인과관계가 없이 서로 동등한 입장에서 관계를 분석하는 방법이다. 이에 비해 회귀분석은 변수들 간에 인과관계가 있을 때 분석하는 방법이다.

1) 교차분석

교차분석은 2개의 질적변수로만 이루어진 변수들 간의 관계를 검정할 때 사용하는 분석 방법으로, 질적변수를 분석할 때 가장 많이 쓰이는 방법이다. 교차분석에는 동질성 검정과 독립성 검정이 있다.

동질성 검정은 분포의 **동질성**(homogeneity of proportions)을 검정하는 방법으로 집단 간에 분포가 동질한지 아니면 차이가 있는지를 검정한다. 이는 보통 실험을 하기 전에 실험군과 대조군이 연령, 학력, 결혼 유무 등 인구통계학적으로 서로 같은 분포로 이루어져 있는지를 검정할 때 이용한다.

독립성 검정은 변수들 간의 **독립성**(independence of variables)을 검정하는 방법으로 연구하고자 하는 변수들이 서로 독립적인지 아니면 서로 관련성(종속)이 있는지를 검정하는 방법이다. 예를 들어, 비타민의 효과를 검증하기 위하여 실험군과 대조군으로 나누어 실험군에는 비타민을, 대조군에는 가짜 약을 주고 겨울이 지난 후 어느 그룹에 감기에 걸린 사람이 더 많은지 검증하고자 할 때 이용할 수 있다.

2) 상관분석

상관분석은 다시 **상관분석**(correlation)과 **편상관분석**(partial correlation analysis)으로 나눌 수 있다. 상관분석은 조직몰입과 직무만족 간에 어떠한 관계가 있는지 보고자 할 때 이용할 수 있다. 즉, 하나의 변화가 다른 변수의 변화와 밀접한 관계(상관관계)가 있는지를 검증할 수 있다. 일반적인 상관관계는 2개의 변수 사이의 관계를 살펴보는 것이지만 중간에 다른 변수의 영향력이 있을 때 이를 통제하고 값을 구할 수도 있는데, 이때 쓰이는 분석 방법이 편상관분석이다.

예를 들어, 조직몰입이 강하면 직무만족도 크지만, 급여수준도 조직몰입과 직무만족의 관계에 영향을 미칠 수 있다. 그러므로 급여수준의 영향을 통제하고 조직몰입과 직무만족의 관계만을 분석할 때 이용하는 방법이 편상관분석이다.

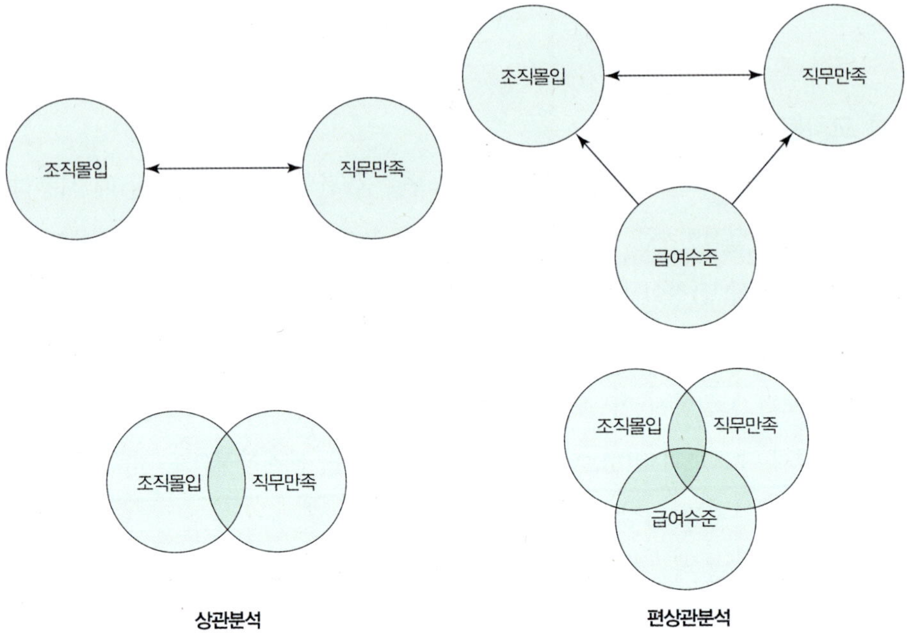

그림 8.3-1 상관분석

3) 회귀분석

회귀분석은 보통 2개 이상의 독립변수가 동시에 하나의 종속변수에 미치는 영향을 분석할 때 쓰인다. 회귀분석의 형태를 이용한 다양한 분석이 많지만 여기서는 다중회귀분석과 더미/통제 회귀분석, 위계적 회귀분석, 조절회귀분석, 로지스틱 회귀분석 및 구조방정식모형을 학습한다.

다중회귀분석(linear regression)의 예를 들면, 요리사의 이직 의도에 영향을 미치는 변수로 직무만족, 조직몰입, 소진, 스트레스가 있다. 또한 명목척도가 있는 경우는 더미변수로 전환하여 사용한다. 이때 각각의 변수가 요리사의 이직 의도에 얼마만큼의 영향력이 있는지를 분석하고자 할 때 이용된다. 단, 회귀분석은 종속변수가 1개이다.

만약 종속변수가 2개라면 회귀분석을 2번 독립적으로 해주어야 한다. 회귀분석은 독립변수(영향을 미치는 변수)와 종속변수(영향을 받는 변수)가 모두 연속변수이다.

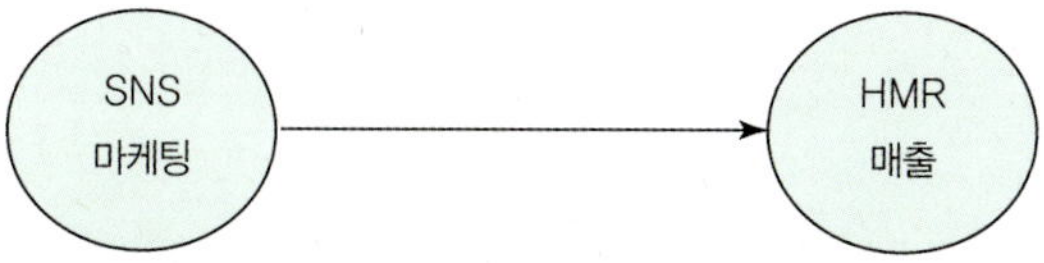

단순회귀분석

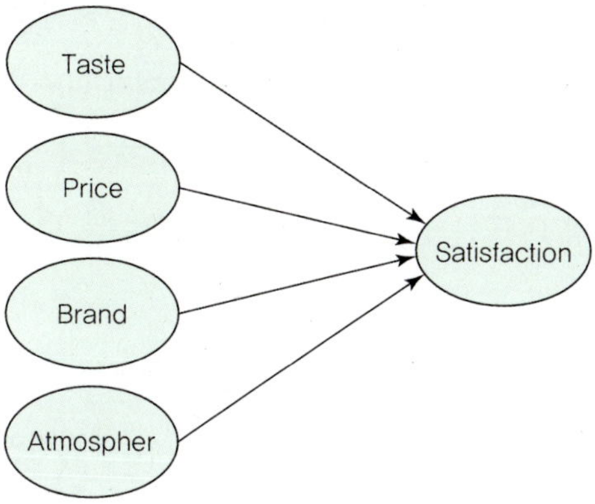

다중회귀분석

그림 8.3-2 **회귀분석**

조절회귀분석은 독립변수와 종속변수의 인과관계에서 조절변수가 미치는 영향을 보고자 할 때 이용할 수 있다. 예를 들어, 조직몰입은 이직 의도 감소에 영향을 주는 것으로 알려져 있는데, 직무만족이 2개 변수의 관계에 영향을 줄 수 있다. 이때 직무만족을 조절변수라고 하며, 조절변수의 효과를 검증하는 것이 조절회귀분석이다.

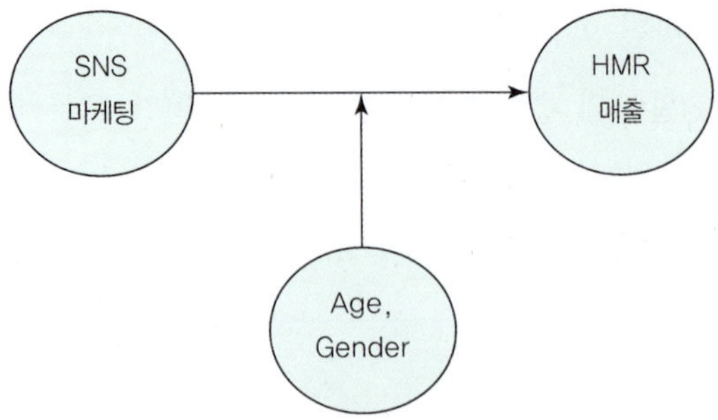

그림 8.3-3 조절회귀분석

로지스틱스 회귀분석(logistic regression)은 종속변수가 질적변수일 때 사용하는 분석 방법이다. 예를 들어, 요리사의 이직 의도 유무(이직 의도 있음 0, 이직 의도 없음 1), 제과점의 상품 판매 0 또는 폐기 1, 질병 예측 시에 코로나 양성 0 또는 음성 1, 금융권 고객의 신용이 우량 0 또는 불량 1 등에 영향을 주는 변수가 무엇인지 분석할 때 이용할 수 있다.

Cox(1970)가 처음 제시한 개념으로 2개의 값만을 가지는 종속변수와 독립변수 간의 인과관계를 로지스틱 함수를 이용하여 추정하는 통계기법이다. 로지스틱 회귀분석은 어떤 사건이 발생할지에 대한 직접 예측이 아니라 그 사건이 발생할 확률을 예측하는 것이다.

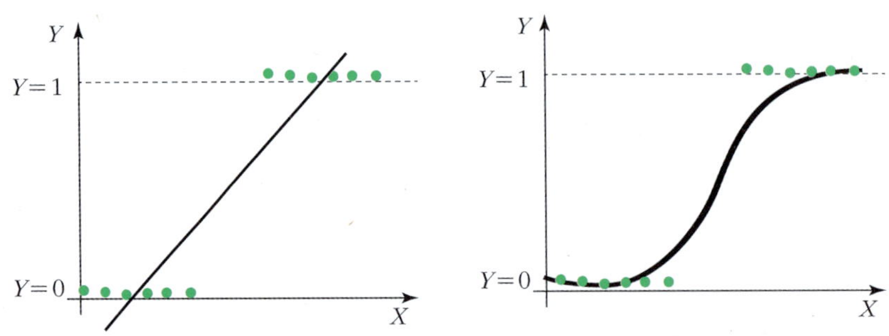

선형회귀분석 로지스틱 회귀분석

그림 8.3-4 선형회귀분석과 로지스틱 회귀분석의 비교

4) 구조방정식모형

구조방정식모형(structural equation modelling)은 요인분석과 회귀분석을 동시에 분석하는 연구방법론으로 독립변수와 종속변수 간에 매개변수가 있을 경우에도 사용할 수 있다. 예를 들어, 병원의 서비스 품질과 충성도에 관해 연구하고자 한다. 병원의 서비스 품질이 직접적으로 환자의 충성도에 영향을 미치는 것이 아니라, 서비스 품질은 서비스 가치에 영향을 주고, 서비스 가치는 고객만족에, 그리고 최종적으로 충성도에 영향을 준다. 이러한 요인들 간의 매개 효과 및 직간접 효과를 검증할 때도 사용할 수 있다.

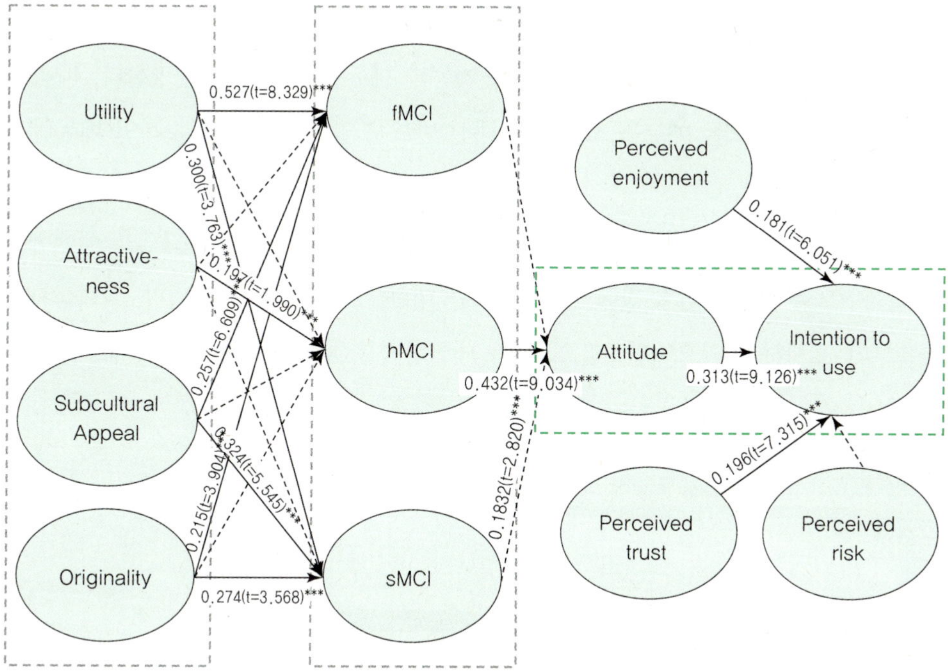

그림 8.3-5 **구조방정식모형**

자료: Cha, S. S. (2020). Customers' intention to use robot-serviced restaurants in Korea: relationship of coolness and MCI factors. *International Journal of Contemporary Hospitality Management.*

4. SPSS 프로그램 안내

지금부터는 통계분석 시에 사용하게 될 여러 가지 프로그램 중에서 비교적 쉽고 편리하게 사용하고 해석할 수 있는 SPSS Statistics의 기능을 살펴본다. SPSS는 Statistical Package for the Social Sciences의 약자로서 1969년 미국 시카고 대학에서 데이터 관리 및 통계분석을 목적으로 개발된 통계분석 소프트웨어이다. 이름에서 알 수 있듯이 사회과학에 초점을 맞추어 개발되었지만 현재는 의학, 실험, 품질관리 등 전 분야에서 사용되고 있다. SPSS의 가장 큰 특징은 사용하기 쉬운 GUI(Graphic User Interface)이다. 대부분의 기능이 마우스 클릭만으로 작동되기 때문에 다른 통계프로그램보다 더 많이 사용되고 있다.

본 책은 통계분석 시 필요한 프로그램 기능과 메뉴를 중심으로 설명한다. 따라서 SPSS Statistics의 모든 메뉴를 소개하는 대신 반드시 알아야 하는 필수적인 메뉴만을 정확하게 설명한다.

먼저 SPSS Statistics의 기본 창들을 살펴보자. SPSS Statistics 프로그램을 실행하면 최초 화면으로 데이터 편집 창이 열리고, 작은 대화상자가 그 위에 열린다. 대화상자를 다음부터 표시하지 않으려면 '앞으로 이 대화상자를 나타내지 않음'에 체크한다.

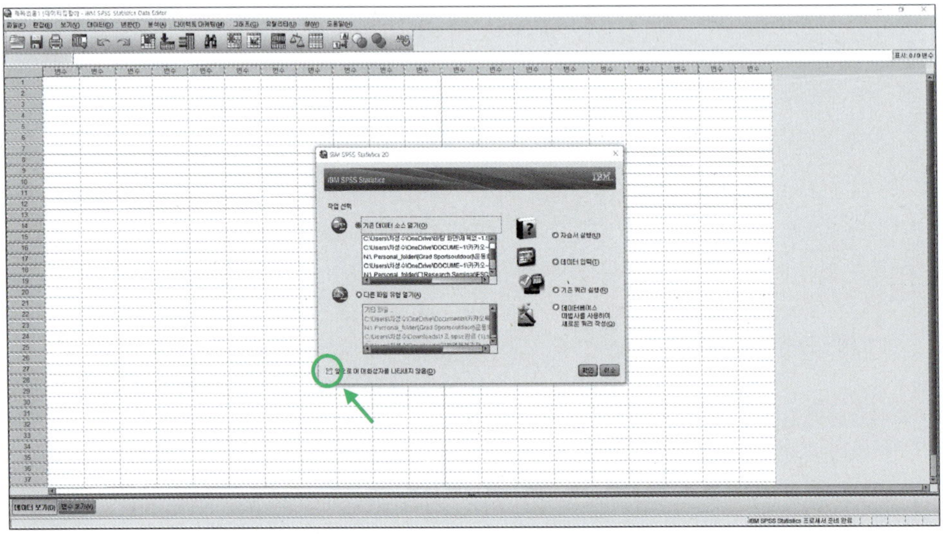

1) 데이터 편집 창

SPSS Statistics 프로그램을 실행하면 아래 그림과 같이 '데이터 보기' 창이 나타난다. 상단부에 다양한 메뉴들이 있고, 주요 메뉴들은 바로 아래 바로가기 아이콘으로 나열되어 있다.

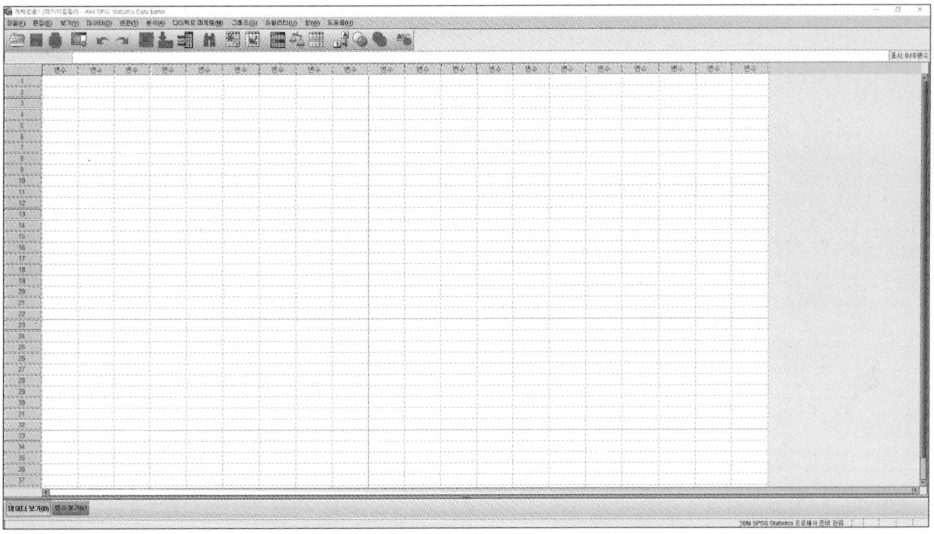

- 제목 표시줄: 현재 열린 화면의 파일 이름을 보여준다. 위 그림처럼 처음은 제목없음으로 보이지만, 사용자가 자료를 저장하면 저장한 파일명이 나타난다.
- 메뉴 표시줄: 모든 메뉴들이 나열되어 있으며, 이 중에서 필요한 기능을 사용자가 찾아서 실행한다.
- 도구모음: 많이 사용되는 메뉴들이 아이콘 형태로 보여진다. 필요한 기능을 메뉴바에서 찾아서 실행할 수 있다. 그리고 자주 사용되는 메뉴는 도구모음의 아이콘으로 실행할 수도 있다.
- 데이터 보기: 데이터 자료를 입력하는 화면이다.
- 변수 보기: 데이터 자료에 대한 설명을 입력하는 화면이다.

① 기본 메뉴

SPSS Statistics의 기본 메뉴는 학교나 기업에서 보편적으로 사용하는 MS Office, 한글 프로그램의 메뉴 기능과 유사하다. 다음은 SPSS Statistics의 메뉴에 관한 설명인데, 통계분석 과정에서 가장 빈번하게 사용되는 메뉴는 앞부분에 모여 있다.

- 파일: 새로운 데이터를 가져오거나 데이터를 저장하는 등의 파일 생성 및 저장과 관련된 기능으로 MS Office 파일 메뉴와 유사하다.
- 편집: 변수나 데이터를 복사, 붙여넣기, 잘라내기, 복구 및 재실행 등 데이터와 변수를 편집하는 기능과 관련된 메뉴이다.
- 보기: 프로그램에 출력되는 모습을 사용자가 직관적으로 이해할 수 있도록 프로그램을 설정하는 디스플레이와 관련된 메뉴이다.
- 데이터: 분석 대상이 되는 데이터를 편의에 따라서 선택, 정렬, 조정, 편집하는 등 기능을 제공한다.
- 변환: 입력된 변수를 계산하고 코딩값을 변경하는 등 변수를 조정하는 기능의 메뉴이다.
- 분석: SPSS Statistics의 핵심적인 목적인 자료의 통계분석 기능을 제공한다.
- 그래프: 분석 이외에 자료를 다양한 도표로 표현하기 위한 기능을 제공한다.
- 유틸리티: 변수의 설정 및 변수군 설정과 관련된 기능이다.
- 창: 작동 중인 창의 크기를 조정하거나 창의 분할 등을 설정한다.
- 도움말: 사용자가 스스로 문제를 해결하도록 각종 자료와 정보를 지원한다.
- Meta Analysis: 메타분석을 지원하는 메뉴이다.
- KoreaPlus(P): 국내 사용자들에게 유용하게 쓰이는 기능을 추가로 제공하는 메뉴이다.

② 파일(F) - File

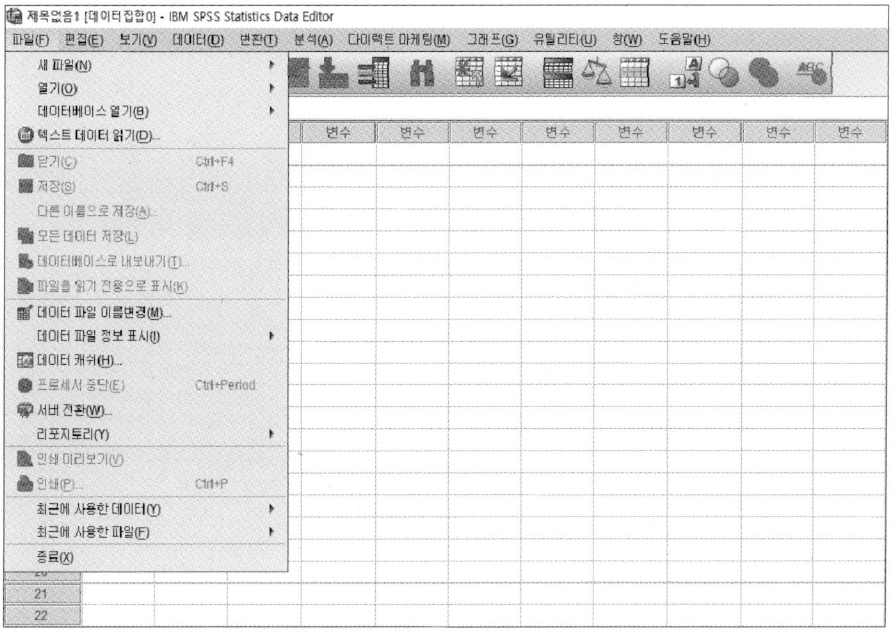

- 새 파일: 새로운 파일을 만드는 메뉴로, 데이터, 명령문, 출력결과, 스크립트가 있다.
- 열기: 내 컴퓨터에 있는 기존 데이터를 화면으로 불러온다. 세부 메뉴는 새 파일 메뉴와 동일하게 데이터, 명령문, 출력결과, 스크립트가 있다. 도구모음의 바로가기 아이콘을 이용할 수 있다.
- 저장: 작업한 데이터를 저장한다. 도구모음의 바로가기 아이콘으로도 가능하다.
- 다른 이름으로 저장: 현재 파일명을 바꿔서 저장할 때 사용한다.
- 인쇄 미리보기: 출력화면의 내용을 미리 확인할 수 있는 기능을 제공한다.
- 인쇄: 화면의 내용을 인쇄한다. 도구모음의 바로가기 아이콘을 이용할 수도 있다. 단축키는 'Ctrl + P(print)'이다.

③ **편집(E) - Edit**

실수로 지워진 데이터를 복구, 재실행, 복사, 붙여넣기 등이 가능한 사용자 편의성을 제공하는 메뉴이다.

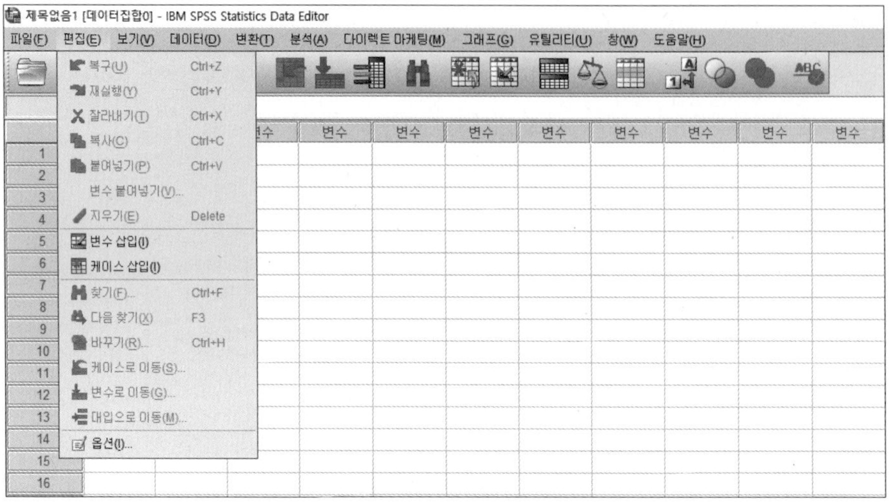

- 복구: 작업한 데이터를 역순으로 복구한다. 도구모음에 있는 바로가기 아이콘을 이용할 수도 있으며, 단축키는 'Ctrl+Z'이다.
- 잘라내기: 셀이나 블록을 지정하여 잘라낼 수 있다. 단축키는 'Ctrl+X'이다.
- 복사: 셀이나 블록을 지정하여 복사한다. 단축키는 'Ctrl+C'이다.
- 붙여넣기: 복사하거나 잘라낸 부분을 붙여넣기한다. 단축키는 'Ctrl+V'이다.
- 지우기: 셀이나 블록을 설정하여 삭제한다. Delete 아이콘을 사용하여 삭제할 수도 있다.
- 찾기, 바꾸기: 필요한 데이터 내용을 찾기가 가능하고 찾아서 변경할 수 있다.
- 옵션: 사용자 편의에 맞추기 위해 프로그램에서 제공하는 기능을 변경할 수 있다.

④ 보기(V) - View

분석 후 출력 내용을 사용자가 직관적으로 이해할 수 있도록 그래픽 등으로 볼 수 있게 상태를 설정하는 메뉴이다.

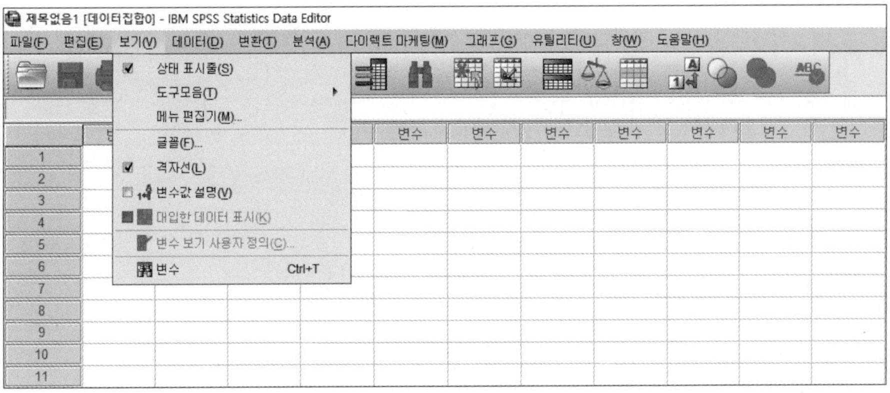

- 상태 표시줄: 상태 표시줄 메뉴 좌측에 체크를 하면 화면의 하단에 현재 SPSS Statistics의 상태를 보여준다.
- 글꼴: 글꼴의 종류나 크기를 선택한다.
- 격자선: 격자선을 설정하거나 해제한다.

⑤ 데이터(D) - Data

분석 대상이 되는 데이터를 사용자의 편의에 따라 편집, 조정할 수 있는 기능을 제공하는 메뉴이다.

- 변수 특성 정의: 변수값에 이름을 붙이거나 데이터를 스캔한 후에 다른 속성을 설정할 수 있다.
- 데이터 특성 복사: 선택한 변수와 데이터 속성을 열려 있는 데이터 집합이나 외부 SPSS Statistics 데이터 파일의 활성화 데이터 집합으로 복사할 수 있다.

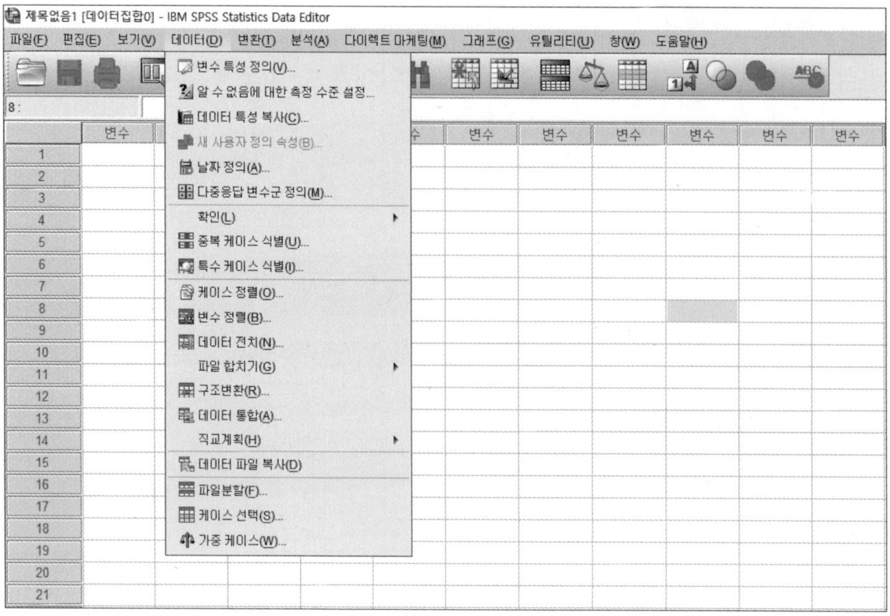

⑥ **변환(T)**

데이터를 다른 값으로 대체하거나, 혹은 기존 데이터에 기준값을 설정하여 새로운 값을 만들어 낼 수 있는 메뉴이다.

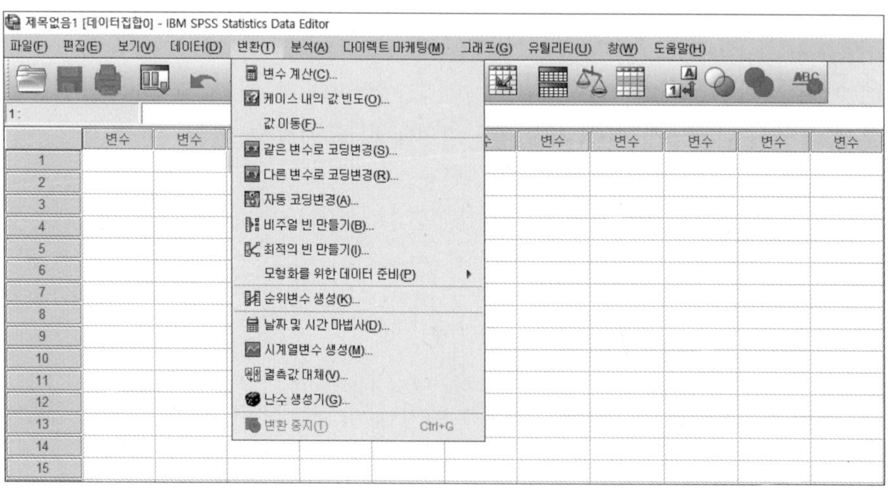

- 변수 계산: 기존에 존재하는 변수들과 연산을 실행하여 새로운 변수를 생성할 수 있다.
- 같은 변수로 코딩변경: 기존에 존재하는 변수값이 변경하고자 하는 변수값으로 변경되며, 기존에 존재하는 변수값은 사라진다.
- 다른 변수로 코딩변경: 기존에 존재하는 변수값을 이용하여 새로운 변수값을 생성하는 기능이다.

⑦ **분석**(A) - Analysis

지금까지 설명한 메뉴들은 데이터를 입력할 때 이용한다. 이렇게 데이터를 입력한 후에 실질적인 통계분석을 실시할 때 이용하는 메뉴이다.

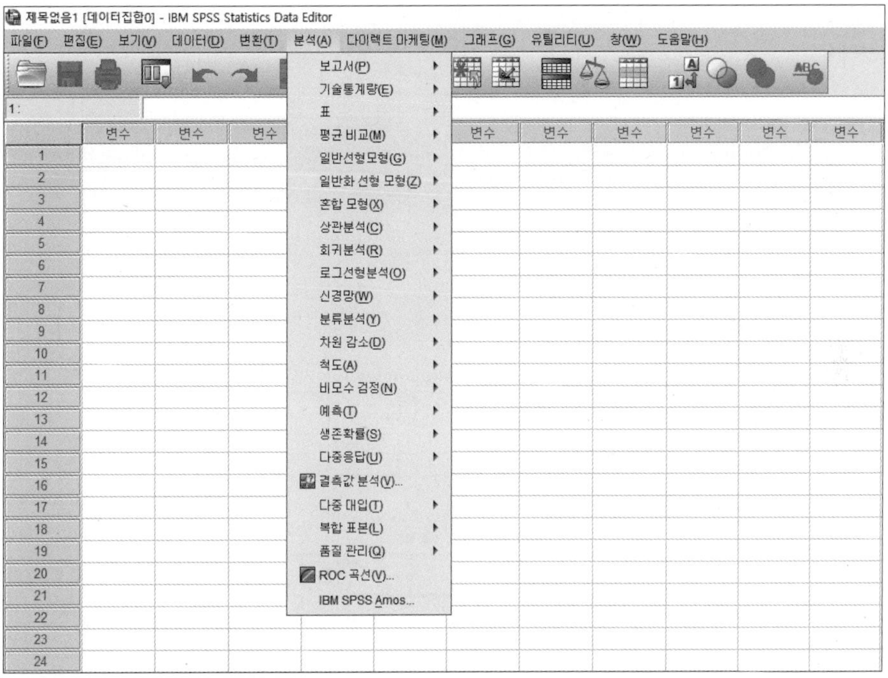

- 보고서: 간단한 결과값에 대한 보고서를 출력할 때 사용한다. 케이스 요약, 행별 요약보고서, 열별 요약보고서를 확인할 수 있다.

- 기술통계량: 기술통계, 빈도분석, 교차분석 시에 사용한다.
- 평균 비교: 일표본 t 검정, 대응표본 t 검정, 독립표본 t 검정 및 분산분석(ANOVA)을 시행한다.
- 상관분석: 상관분석을 실시할 때 사용한다.
- 회귀분석: 단순회귀분석, 다중회귀분석 등을 실시할 때 사용한다.
- 차원감소: 요인분석 시 사용한다.
- 척도: 신뢰도분석 시 사용한다.

2) 출력결과 창

다음으로 출력결과 창을 살펴보자. 연구자가 분석하는 모든 과정들이 순서대로 출력되어 보인다. 앞으로 실습할 모든 분석결과들은 이곳에서 확인할 수 있다. 출력된 결과들을 정리하여 보고서나 논문으로 옮기면 된다.

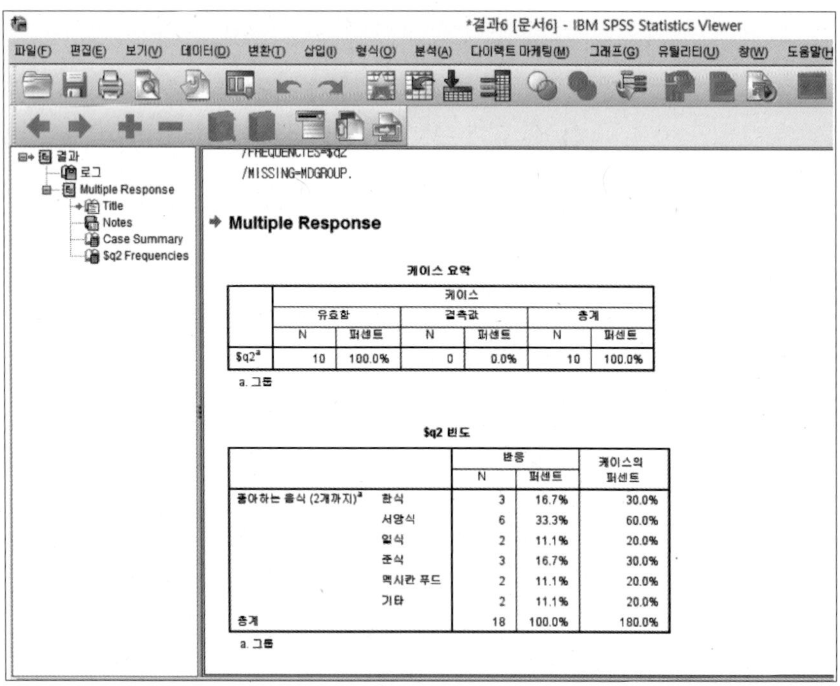

CHAPTER 9

t 검정

1 t 검정의 종류

2 대응표본 t 검정 – 검정통계량 계산

3 일표본 t 검정

4 대응표본 t 검정

5 대응표본 t 검정 – 비모수 검정

6 독립표본 t 검정

7 독립표본 t 검정 – 비모수 분석

1. t 검정의 종류

t 검정은 통계분석에서 가장 많이 활용되는 분석 방법이다. 2개 이하의 집단간 평균의 차이를 비교하는 방법으로 집단간 통계적으로 유의한 차이가 있는가 없는가, 영향이 있는가 없는가 등을 분석하는 방법이다. t 검정의 종류에는 일표본 t 검정, 대응표본 t 검정, 독립표본 t 검정의 3가지 방법이 주로 사용된다.

표 9.1-1 t 검정의 종류

	표본의 수	측정 회수	비고
일표본 t 검정	1개	1회	
대응표본 t 검정	1개	2회	
독립표본 t 검정	2개	1회	

우선 대응표본 t 검정을 사용하여 집단간 비교의 예를 살펴본다. SPSS Statistics 프로그램을 사용하지 않고, 검정통계량 계산과 t 분포표를 사용한 검정 방법이다. 이후로는 SPSS 프로그램을 활용한 분석방법을 학습한다.

2. 대응표본 t 검정 – 검정통계량 계산

무더운 여름철 아이스크림 먹은 후의 체온 변화에 대한 검정을 예로 들어보자. 다음 표는 아이스크림 먹기 전후 15명의 체온이 내리는지 아닌지를 살펴본 결과이다.

	1	2	3	4	5	6	7	8	9	10	11	12	13	14	15
먹기 전	37.5	36.5	38.0	37.9	36.9	36.3	38.2	36.9	36.5	36.7	37.6	36.9	37.5	37.0	37.2
먹기 후	36.3	36.5	36.7	36.1	36.4	36.5	36.8	36.2	36.6	36.5	36.7	36.5	36.2	36.3	36.8

1) 가설 수립

조사의 목적이 아이스크림을 먹은 전후 체온의 변화이므로, 귀무가설 H_0는 '온도 변화가 없다', 대립가설 H_1은 '온도 변화가 있다'이다.

2) 표본의 통계량과 표준오차

아이스크림 먹기 전을 X_i, 아이스크림 먹은 후를 X_j, 표본의 크기를 n이라고 하자. X_i와 X_j의 차이를 $X_i - X_j = d$라 하면, 아이스크림을 먹기 전후 차이의 평균, 표준편차, 표준오차는 다음과 같다.

$$\text{평균} \ \frac{\sum(X_i - X_j)}{n} = \bar{d}, \quad \text{표준편차} \ s_d = \sqrt{\frac{\sum(d-\bar{d})^2}{n-1}},$$

$$\text{표준오차} \ s_{\bar{d}} = \frac{s_d}{\sqrt{n}}$$

이때, 아이스크림 먹기 전후 차이의 평균, 분산, 표준편차, 표준오차를 구해보자.

사람	1	2	3	4	5	6	7	8	9	10	11	12	13	14	15	평균	분산	표준편차
먹기 전	37.5	36.5	38	37.9	36.9	36.3	38.2	36.9	36.5	36.7	37.6	36.9	37.5	37	37.2	37.17	0.32	0.57
먹은 후	36.3	36.5	36.7	36.1	36.4	36.5	36.8	36.2	36.6	36.5	36.7	36.5	36.2	36.3	36.8	36.47	0.05	0.21
편차	**1.2**	**0**	**1.3**	**1.8**	**0.5**	**−0.2**	**1.4**	**0.7**	**−0.1**	**0.2**	**0.9**	**0.4**	**1.3**	**0.7**	**0.4**	**0.70**	**0.366**	**0.605**

표준오차$= 0.605/\sqrt{14} = 0.156$

$$\bar{d} = \frac{\sum(X_i - X_j)}{n} = \frac{(37.5-36.3)+(36.5-36.5)+\cdots+(37.2-36.8)}{15} = 0.7$$

$$s_d^2 = \frac{\sum(d-\bar{d})^2}{n-1} = \frac{(1.2-0.7)+(0-0.7)+\cdots+(0.4-0.7)}{14} \fallingdotseq 0.366$$

$$s_d = \sqrt{\frac{\sum(d-\bar{d})^2}{n-1}} = \sqrt{\frac{(1.2-0.7)+(0-0.7)+\cdots+(0.4-0.7)}{14}} \fallingdotseq 0.605$$

$$s_{\bar{d}} = \frac{s_d}{\sqrt{n}} = \frac{0.605}{\sqrt{15}} \fallingdotseq 0.156$$

3) 검정통계량 분석

우선 신뢰구간 분석을 위해서 수립된 가설에 대한 검정은 자유도를 $(n-1)$로 하는 t 분포를 이용한다. 신뢰구간 $100(1-\alpha)$에서의 검정통계량 t는 $X_i - X_j$에서 다음과 같다.

$$t = \frac{\bar{d}}{s_d/\sqrt{n}}$$

유의수준은 0.05이며 자유도$(n-1)$가 14인 $t(14,\ 0.025)$ 값은 2.145이다(t 분포에서 확인). 그러므로 양측검정의 신뢰구간을 구해보면 다음과 같다.

$$\bar{d} - t_{(n-1,\ \frac{\alpha}{2})} \cdot \frac{s_d}{\sqrt{n}} \le t \le \bar{d} + t_{(n-1,\ \frac{\alpha}{2})} \cdot \frac{s_d}{\sqrt{n}}$$

$$0.7 - 2.145 \cdot \frac{0.605}{\sqrt{15}} \le t \le 0.7 + 2.145 \cdot \frac{0.605}{\sqrt{15}}$$

$$0.7 - 2.145 \cdot 0.156 \le t \le 3.900 + 2.145 \cdot 0.156$$

$$0.365 \le t \le 1.035$$

검정통계량은 $t = \frac{\bar{d}}{s_d/\sqrt{n}} = \frac{0.7}{0.156} \fallingdotseq 4.487$

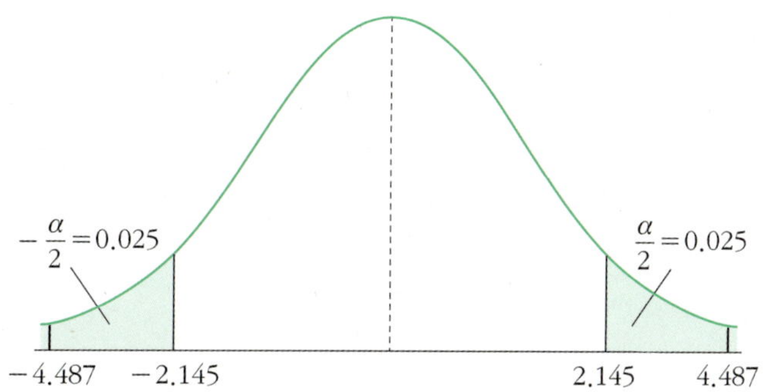

유의수준 0.05로 좌우 각각 0.025로 표현되며, 자유도가 14, t가 2.145, 검정통계량 4.487이므로 기각역에 속하게 된다.

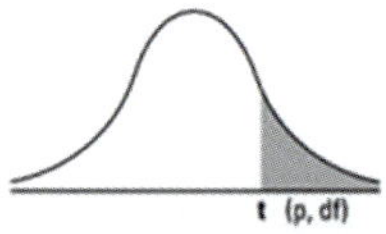

df/p	0.40	0.25	0.10	0.05	0.025	0.01	0.005	0.0005
1	0.324920	1.000000	3.077684	6.313752	12.70620	31.82052	63.65674	636.6192
2	0.288675	0.816497	1.885618	2.919986	4.30265	6.96456	9.92484	31.5991
3	0.276671	0.764892	1.637744	2.353363	3.18245	4.54070	5.84091	12.9240
4	0.270722	0.740697	1.533206	2.131847	2.77645	3.74695	4.60409	8.6103
5	0.267181	0.726687	1.475884	2.015048	2.57058	3.36493	4.03214	6.8688
6	0.264835	0.717558	1.439756	1.943180	2.44691	3.14267	3.70743	5.9588
7	0.263167	0.711142	1.414924	1.894579	2.36462	2.99795	3.49948	5.4079
8	0.261921	0.706387	1.396815	1.859548	2.30600	2.89646	3.35539	5.0413
9	0.260955	0.702722	1.383029	1.833113	2.26216	2.82144	3.24984	4.7809
10	0.260185	0.699812	1.372184	1.812461	2.22814	2.76377	3.16927	4.5869
11	0.259556	0.697445	1.363430	1.795885	2.20099	2.71808	3.10581	4.4370
12	0.259033	0.695483	1.356217	1.782288	2.17881	2.68100	3.05454	43178
13	0.258591	0.693829	1.350171	1.770933	2.16037	2.65031	3.01228	4.2208
14	0.258213	0.692417	1.345030	1.761310	2.14479	2.62449	2.97684	4.1405
15	0.257885	0.691197	1.340606	1.753050	2.13145	2.60248	2.94671	4.0728
16	0.257599	0.690132	1.336757	1.745884	2.11991	2.58349	2.92078	4.0150
17	0.257347	0.689195	1.333379	1.739607	2.10982	2.56693	2.89823	3.9651
18	0.257123	0.688364	1.330391	1.734064	2.10092	2.55238	2.87844	3.9216
19	0.256923	0.687621	1.327728	1.729133	2.09302	2.53948	2.86093	3.8834
20	0.256743	0.686954	1.325341	1.724718	2.08596	2.52798	2.84534	3.8495
21	0.256580	0.686352	1.323188	1.720743	2.07961	2.51765	2.83136	3.8193
22	0.256432	0.685805	1.321237	1.717144	2.07387	2.50832	2.81876	3.7921
23	0.256297	0.685306	1.319460	1.713872	2.06866	2.49987	2.80734	3.7676
24	0.256173	0.684850	1.317836	1.710882	2.06390	2.49216	2.79694	3.7454
25	0.256060	0.684430	1.316345	1.708141	2.05954	2.48511	2.78744	3.7251
26	0.255955	0.684043	1.314972	1.705618	2.05553	2.47863	2.77871	3.7066
27	0.255858	0.683685	1.313703	1.703288	2.05183	2.47266	2.77068	3.6896
28	0.255768	0.683353	1.312527	1.701131	2.04841	2.46714	2.76326	3.6739
29	0.255684	0.683044	1.311434	1.699127	2.04523	2.46202	2.75639	3.6594
30	0.255605	0.682756	1.310415	1.697261	2.04227	2.45726	2.75000	3.6460
z	0.253347	0.674490	1.281552	1.644854	1.95996	2.32635	2.57583	3.2905
CI	——	——	80%	90%	95%	98%	99%	99.9%

그림 9.2-1 유의수준 0.05, 자유도 14인 $t(14,\ 0.025)$의 t 분포표

3. 일표본 t 검정

일표본 t 검정은 하나의 표본집단을 가지고 해당 표본의 측정치가 연구자가 기준으로 세운 기준과 같은지 다른지를 판단하는 분석방법이다.

예시. B 아이스크림회사에서 판매하는 아이스크림 중 패밀리(5가지 맛을 나눠먹는 재미가 있는 사이즈)의 무게는 960g이다. 그러나 E 대학 앞에 있는 점포에서 파는 아이스크림의 무게가 960g이 아니라는 소비자들의 불만이 있었다. 이에 따라 소비자단체에서는 B 아이스크림회사에서 만든 아이스크림이 960g인지를 검사하고자 한다.

표본	1	2	3	4	5	6	7	8	9	10	…	…	…	100
무게(g)	961	921	937	926	937	940	925	972	970	948	…	…	…	968

표본집단으로 B 아이스크림이 선택되었다. 우리가 알고자 하는 것은 '패밀리'의 무게가 960g이 맞는가이다. 분석을 하기 위해서 우선 가설을 설정한다. 귀무가설과 대립가설은 각각 다음과 같다.

귀무가설: B 아이스크림 '패밀리' 상품의 무게는 960g이다.

대립가설: B 아이스크림 '패밀리' 상품의 무게는 960g이 아니다.

이 예에 적합한 분석방법은 일표본 t 검정이다. 표본집단 1개를 가지고 무게를 1회 측정하여 가설이 맞는지 아닌지를 측정해야 하기 때문이다.

1) SPSS 프로그램 실습: 일표본 t 검정

① SPSS 프로그램을 실행한 후 '앞으로 이 대화상자를 나타내지 않음'에 체크하고 시작한다.

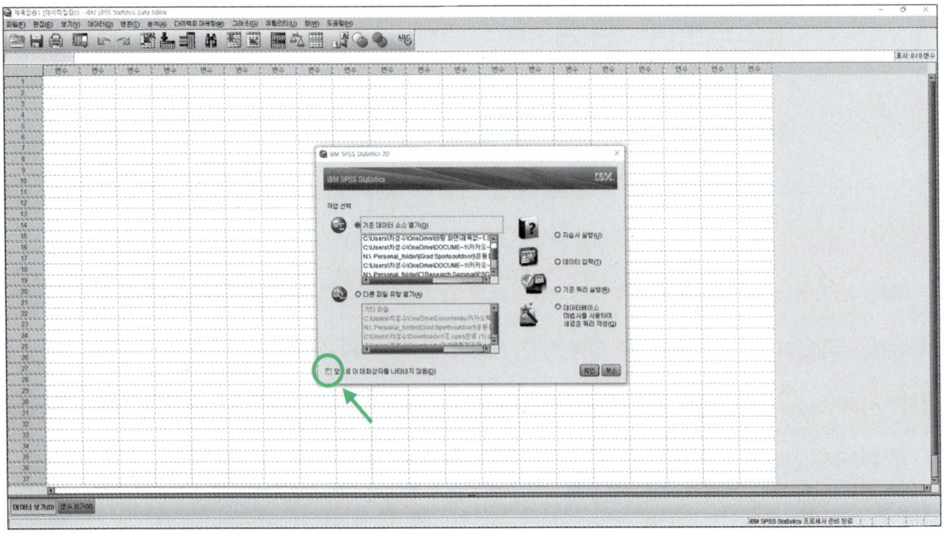

② SPSS 프로그램을 실행한 후 ▶ 데이터 열기 아이콘을 클릭한다 ▶ '데이터 열기' 창에서 파일 유형을 'Excel'로 설정한다 ▶ 01.OST(one sample t-test).xls 파일을 선택하고 '열기'를 클릭하여 해당파일을 불러온다.

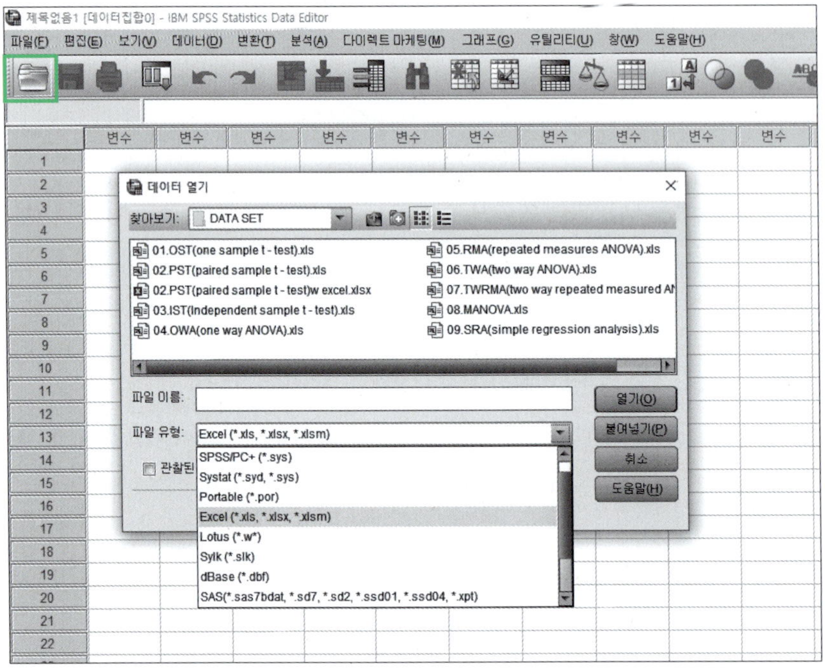

③ Excel 데이터 소스 열기 창이 열리면 ▶ '데이터 첫 행에서 변수 이름 읽어오기' 에 체크한 후 ▶ 확인을 클릭한다.

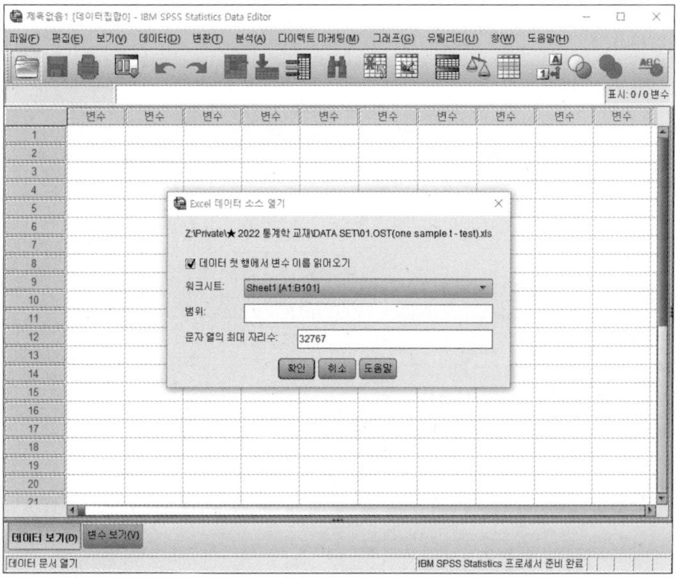

④ 파일이 열리면 ▶ '분석' ▶ '평균 비교' ▶ '일표본 T 검정(S)'을 클릭한다.

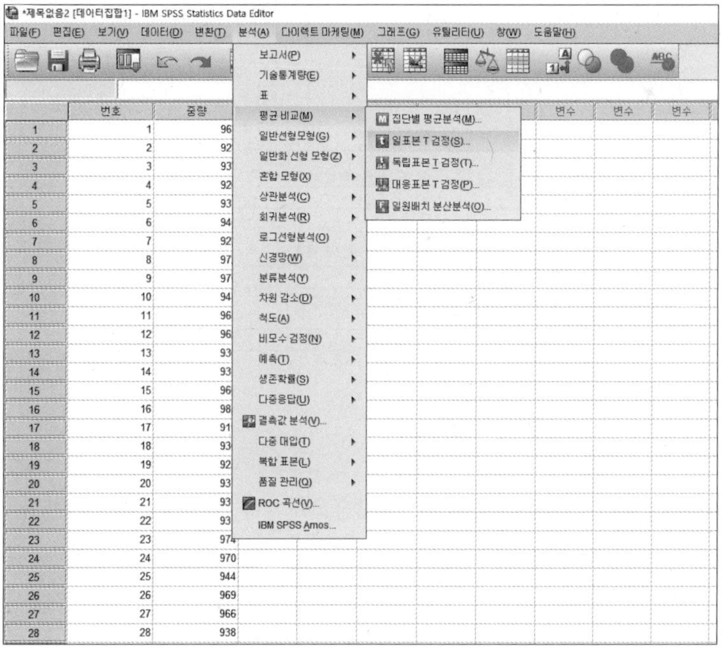

⑤ 일표본 T 검정 창에서 ▶ '검정변수' 란에 '중량'을 이동시키고 ▶ 검정값 '960'을 입력 ▶ '확인'을 클릭하면 분석이 시작된다(검정하고자 하는 변수는 '중량'이기 때문에 번호는 단순히 표본의 순서이므로 본 분석에서는 의미가 없다).

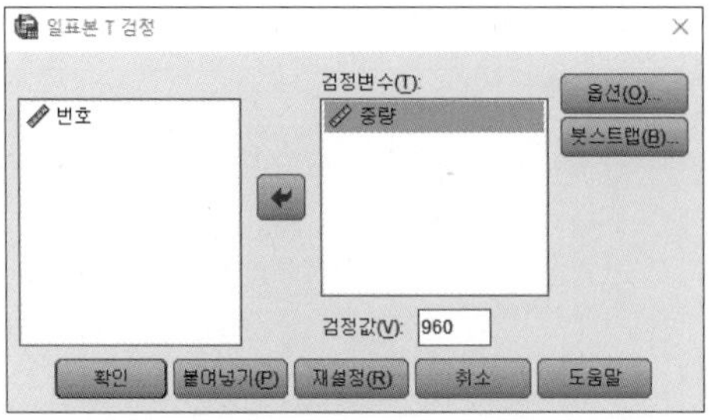

⑥ 출력결과

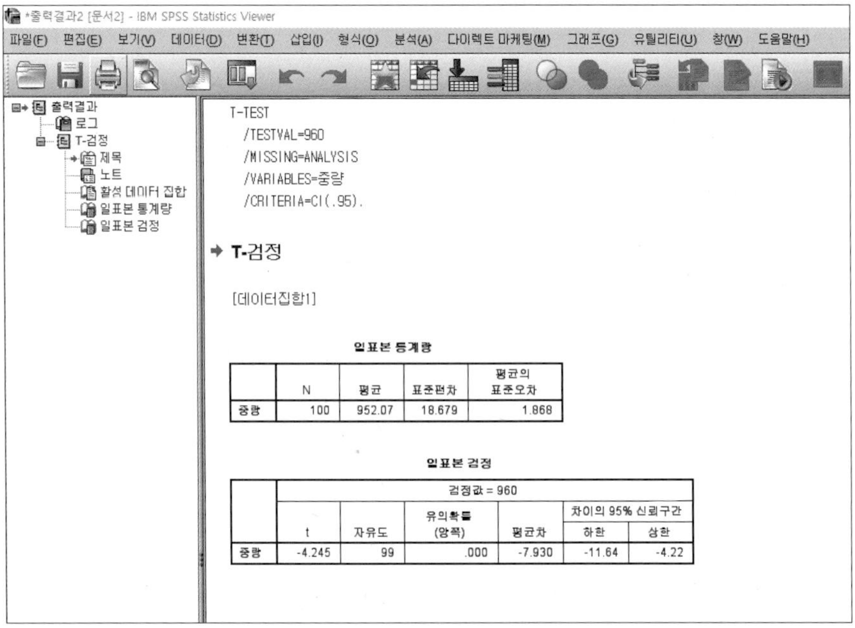

- 일표본 통계량: 중량에 대한 통계량으로 N은 표본의 개수를 의미하며, 평균과 표준편차 등을 확인할 수 있다.
- 일표본 검정: 통계적으로 유의한 차이가 있는지 확인하는 것이 가장 중요하

다. t값의 절대값이 1.96보다 크기 때문에($p^* < 0.05$) 유의한 차이가 있음을 알 수 있다. p값은 0.000으로($p^{***} < 0.001$) 통계적으로 매우 유의한 차이가 있다.

검정결과가 유의하기 때문에 '아이스크림의 중량은 960g이다'라는 귀무가설은 기각되며, 대립가설이 채택된다. 그렇다면 아이스크림의 중량이 960g이 아니라는 것은 960g보다 많다는 것인가, 적다는 것인가? 일표본 통계량의 평균값을 보면 952.07g이기 때문에, 960g보다 적다고 판단할 수 있는 것이다.

참고로 출력결과를 엑셀에 저장하면 편집을 하거나 논문에 옮길 때 편리하게 이용할 수 있다. 엑셀에 복사하기 위해서는 출력결과 창의 바탕에서 마우스 우측버튼을 클릭하고 '내보내기'를 선택한다. 내보내기 출력결과 창의 문서 항목에서 유형을 Excel로 선택한다. 파일 이름에서 어느 곳에 분석결과를 저장할 것인지 경로와 파일명을 지정한 후 확인을 클릭하여 출력결과를 저장한다.

4. 대응표본 t 검정

대응표본 t 검정은 하나의 표본을 사전, 사후 2회 측정하고 두 번의 측정치 간의 차이를 비교하는 분석 방법이다. 동일한 표본에 어떠한 처치를 했을 때, 어떤 효과가 있는지 없는지를 판단할 때 주로 사용한다.

예시. 최근 스포츠센터에서 몸짱 만들기 PT 프로그램이 유행이다. 어떤 스포츠센터에서 몸만들기 PT 프로그램 이벤트를 실시했다. 3달 동안 운동과 식단관리를 해주는 프로그램이다. 50명의 고객을 모집하여 3달 동안 프로그램에 참여시킨 뒤 프로그램 참여 전후 체중 변화를 조사하였다.

표본	1	2	3	4	5	6	7	8	9	10	…	…	…	50
프로그램 참가 전	91	94	84	91	92	99	94	92	91	99	…	…	…	87
프로그램 참가 후	90	92	80	88	90	98	92	89	88	97	…	…	…	85

표본으로 몸 만들기 이벤트에 참여한 50명이 고객이 선택되었다. 우리가 확인하고 싶은 것은 '몸 만들기 프로그램 이벤트는 고객들의 체중감량에 효과가 있을 것인가'이다. 분석을 하기 위해서 우선 가설을 설정한다. 귀무가설과 대립가설은 각각 다음과 같다.

귀무가설: 몸 만들기 프로그램은 체중감량 효과가 없다.

대립가설: 몸 만들기 프로그램은 체중감량 효과가 있다.

이 예에 적합한 분석방법은 대응표본 t 검정이다. 표본집단 하나를 가지고 프로그램 참여 전과 프로그램 참여 후, 2회 측정하여 가설이 맞는지 아닌지를 측정해야 하기 때문이다.

1) SPSS 프로그램 실습: 대응표본 t 검정

① SPSS 프로그램을 실행한 후 ▶ 데이터 열기 아이콘을 클릭한다 ▶ 데이터 열기 창에서 파일 유형을 'Excel'로 설정한다 ▶ 02.PST(paired sample t-test).xls 파일을 선택하고 '열기'를 클릭하여 해당파일을 불러온다.

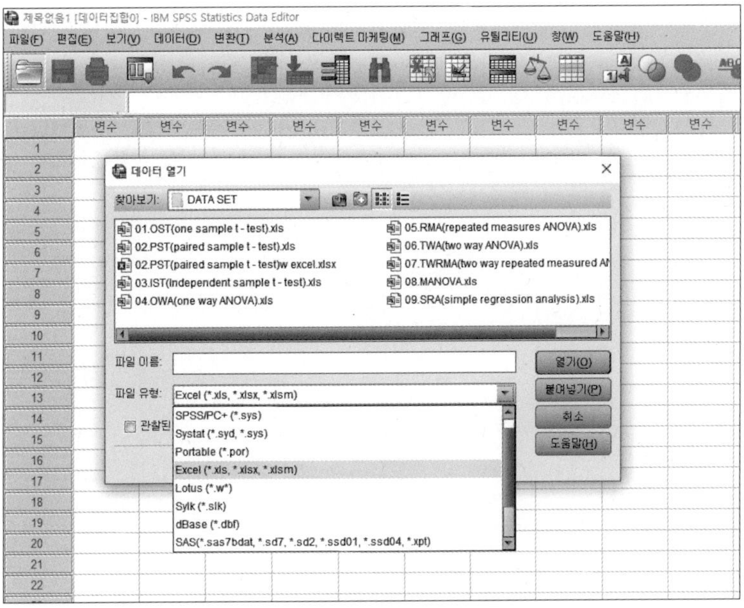

② Excel 데이터 소스 열기 창이 열리면 ▶ '데이터 첫 행에서 변수 이름 읽어오기'에 체크한 후 ▶ '확인'을 클릭한다.

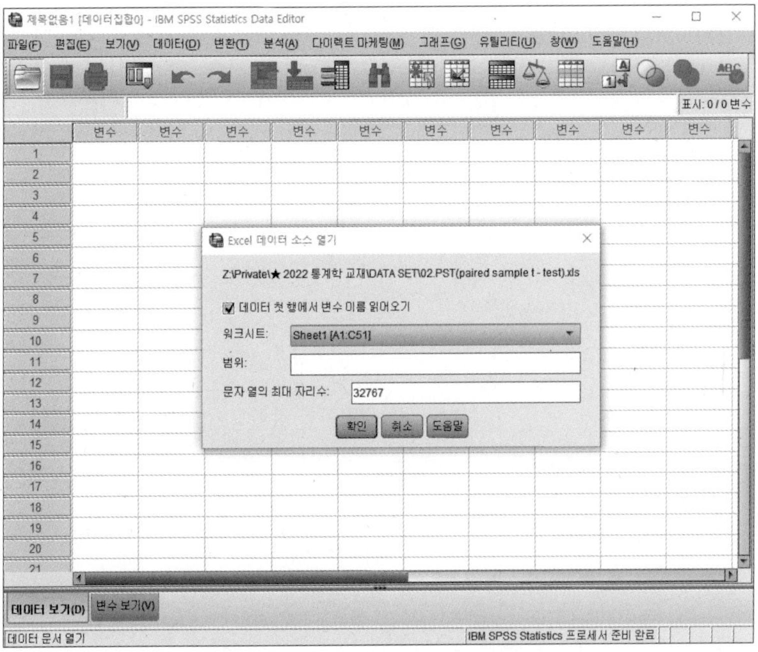

③ 파일이 열리면 ▶ '분석' ▶ '평균 비교' ▶ '대응표본 T 검정(P)'을 클릭한다.

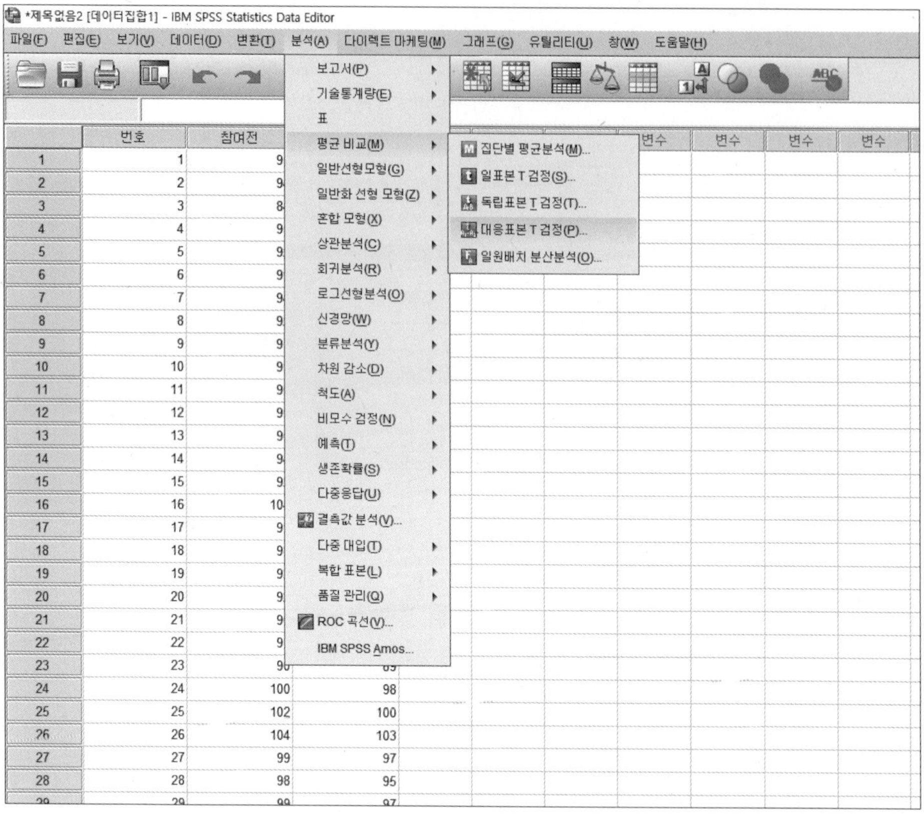

④ 대응표본 T 검정 창에서 ▶ '참여전'과 '참여후'의 데이터를 한 번에 선택하여 대응변수로 이동시키고 ▶ '확인'을 클릭하면 분석이 된다(검정변수는 참여전과 참여후 체중의 변화이다. 번호는 단순히 표본의 순서이므로 분석에 사용되지 않는다).

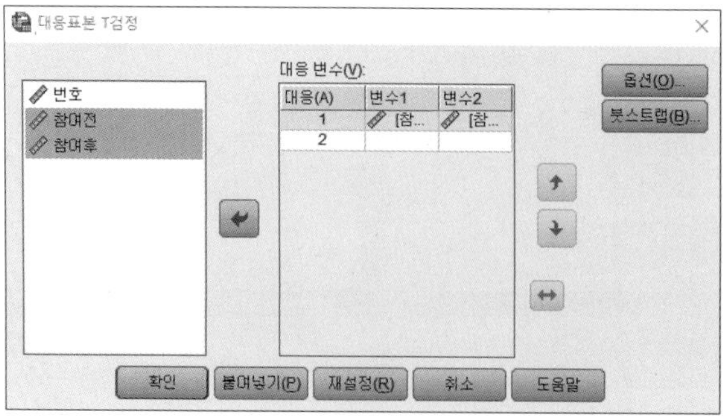

⑤ 출력결과

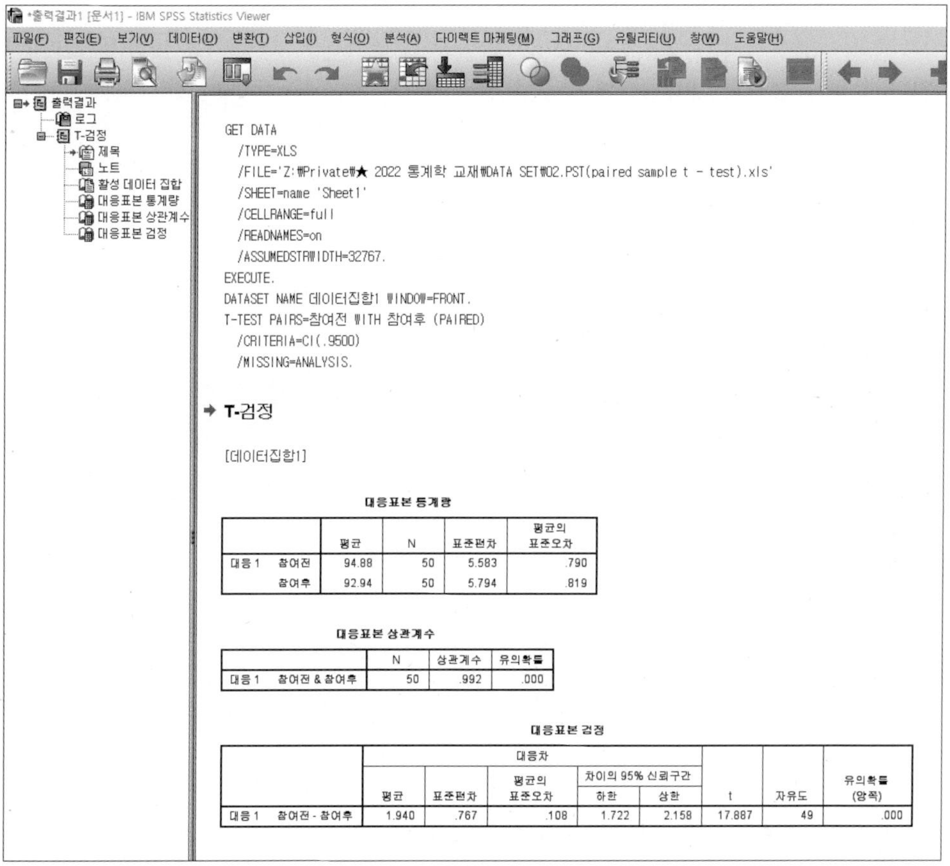


```
GET DATA
  /TYPE=XLS
  /FILE='Z:₩Private₩★ 2022 통계학 교재₩DATA SET₩02.PST(paired sample t - test).xls'
  /SHEET=name 'Sheet1'
  /CELLRANGE=full
  /READNAMES=on
  /ASSUMEDSTRWIDTH=32767.
EXECUTE.
DATASET NAME 데이터집합1 WINDOW=FRONT.
T-TEST PAIRS=참여전 WITH 참여후 (PAIRED)
  /CRITERIA=CI(.9500)
  /MISSING=ANALYSIS.
```

T-검정

[데이터집합1]

대응표본 통계량

		평균	N	표준편차	평균의 표준오차
대응 1	참여전	94.88	50	5.583	.790
	참여후	92.94	50	5.794	.819

대응표본 상관계수

		N	상관계수	유의확률
대응 1	참여전 & 참여후	50	.992	.000

대응표본 검정

		대응차					t	자유도	유의확률 (양쪽)
					차이의 95% 신뢰구간				
		평균	표준편차	평균의 표준오차	하한	상한			
대응 1	참여전 - 참여후	1.940	.767	.108	1.722	2.158	17.887	49	.000

- 대응표본 통계량: 참여전과 참여후의 대응에 관한 분석으로 N은 표본의 개수가 50이라는 의미이다. 여기서 '평균'은 참여전과 참여후의 표본의 평균과 표준편차가 제시된다.
- 대응표본 상관계수: 참여전과 참여후의 표본에 관한 상관관계를 보여준다. 상관계수 0.992는 99.2%의 유사성을 가지고 있는 것으로 확인되며, 유의확률도 0.000으로 제시된다.
- 대응표본 검정: 통계적으로 유의한 값을 보이는지 판단하기 위해 유의확률(p값)을 확인하는 것이 중요하다. t값은 17.887로써 t값이 1.96보다 크기 때문에

($p^* < 0.05$) 유의한 차이가 있음을 알 수 있다. p값은 0.000으로($p^{***} <$ 0.001) 통계적으로 매우 유의한 차이가 있다.

검정결과가 유의하므로 '몸 만들기 프로그램은 체중감량 효과가 없다'는 귀무가설을 기각하고 대립가설을 채택한다. 이것은 몸 만들기 프로그램은 체중감량 효과가 있다는 의미이다.

2) 대응표본 t 검정 논문에 표기하는 방법

표 9.4-1 **대응표본 통계량**

		평균	N	표준편차	평균의 표준오차	상관계수	유의확률
대응	참여전	94.88	50	5.583	0.790	0.871	0.000
	참여후	92.94	50	5.794	0.819		

대응표본을 50으로 하여 측정한 결과, 몸 만들기 프로그램 참여 전에는 94.88kg의 몸무게가 측정된 반면에 참여 후에는 92.94kg으로 측정되었다.

표 9.4-2 **대응표본 검정**

	대응차					t	자유도	유의확률 (양쪽)
	평균	표준편차	평균의 표준오차	차이의 95% 신뢰구간				
				하한	상한			
참여 전후	1.940	0.767	0.108	1.722	2.158	17.887	49	0.000

참여전과 참여후의 차이가 1.94이고 이에 대한 유의확률이 0.000으로 통계적으로 매우 유의한 차이가 있는 것으로 분석되었기 때문에, 귀무가설을 기각하고 대립가설을 채택한다. 그러므로 몸 만들기 프로그램은 효과가 있는 것으로 판단된다.

5. 대응표본 t 검정 – 비모수 검정

지금까지 통계분석 방법은 모수 통계분석이다. 표본이 특정 모집단의 분포로부터 추출되었다는 전제와 함께 표본의 수가 $N=30$ 이상이라는 가정이 필요하다. 하지만 실험 분석을 하다 보면 표본을 충분히 확보하지 못하는 경우가 있다. 일반적으로 표본이 30개 미만일 때는 정규분포를 가정할 수 없으므로 모수 검정이 아닌 비모수 통계분석 방법을 사용해야 한다. 다음은 모수 통계분석 방법과 비모수 통계분석 방법의 구분이다.

표 9.5–1 **모수 통계분석 방법과 비모수 통계분석 방법의 구분**

독립변수		종속변수	모수	비모수
유형	집단수	유형		
질적변수	1	연속변수	일표본 t 검정	-
질적변수	2	연속변수	대응표본 t 검정	Wilcoxon signed rank test 등
			독립표본 t 검정	Mann–Whitney U test 등

1) 비모수 대응표본 t 검정

대응표본 t 검정을 위한 비모수 방법으로는 Wilcoxon, 부호(sign), McNemar, 주변동질성(imarginal homogeneity) 방법이 있다.

- Wilcoxon과 부호(sign) 검정: 자료가 연속형인 경우 부호검정이나 Wilcoxon 부호순위검정을 사용한다. 부호검정은 모든 케이스에 대해 두 변수 간의 차이를 계산하고 그 차이를 양수, 음수 또는 동률에 따라 분류한다. Wilcoxon 부호순위검정은 이러한 변수 부호 차이와 대응변수 간 차이의 크기에 대한 정보를 모두 고려하는 분석 방법이다. Wilcoxon 부호순위검정은 자료에 대한 정보를 구체화할 수 있으므로 부호검정보다 강력한 검정 방법이다.
- McNemar와 주변동질성 검정: 자료가 범주형이면서 2개이면 McNemar 검정을 사용하고 3개 이상이면 주변동질성 검정을 사용한다. McNemar 검정은 반복측

정 상황에서 주로 사용되므로 각 개체의 반응이 지정한 사건 발생 전후로 1번씩 나타날 때 사용된다. McNemar 검정은 사건 전이 사건 후와 같은지 확인한다. 이러한 검정은 전후 계획에서 처지에 따라 반응이 다르게 나타나는 변화를 파악하는 데 유용하다.

주변동질성 검정은 McNemar 검정을 확장한 검정 방법이다. 분포를 사용하여 반응의 변화를 확인하고 전후 계획에서 실험 개입에 따라 나타나는 변화를 파악하는 데 유용하다. 주변동질성 검정은 SPSS 설치 시 정확검정 옵션을 설치한 경우에만 사용할 수 있다.

예시. 모수 분석과 동일하지만 표본의 수가 다른 예시를 가지고 비모수 분석을 진행해보자. 표본으로 몸 만들기 이벤트에 참여한 10명을 대상으로 체중감량 효과를 측정하기 위해서 다음의 가설을 설정한다.

귀무가설: 몸 만들기 프로그램은 체중감량 효과가 없다.

대립가설: 몸 만들기 프로그램은 체중감량 효과가 있다.

이 가설을 검정하기 위해서는 다음과 같은 식에 의해서 계산된다.

$$E(W^+) = \frac{n(n+1)}{4}, \quad Z = \frac{W^+ - E(W^+)}{\sqrt{Var(W^+)}}, \quad Var(W^+) = \frac{n(n+1)(2n+1)}{24}$$

$$n = \text{등순위를 제외한 수}, \quad W^+ = \text{음순위 합}$$

가설을 검증하기 위한 변수는 다음과 같이 정리할 수 있다.

변수	정의	척도
참여 전	프로그램 참여 전 체중	비율 kg
참여 후	프로그램 참여 후 체중	비율 kg

2) 비모수 분석 방법의 SPSS 분석 순서

비모수 분석 방법의 SPSS 분석 순서는 다음과 같다.

① 메뉴에서 '분석' ▶ '비모수 검정' ▶ '레거시 대화 상자' ▶ '대응 2-표본'을 선택한다.

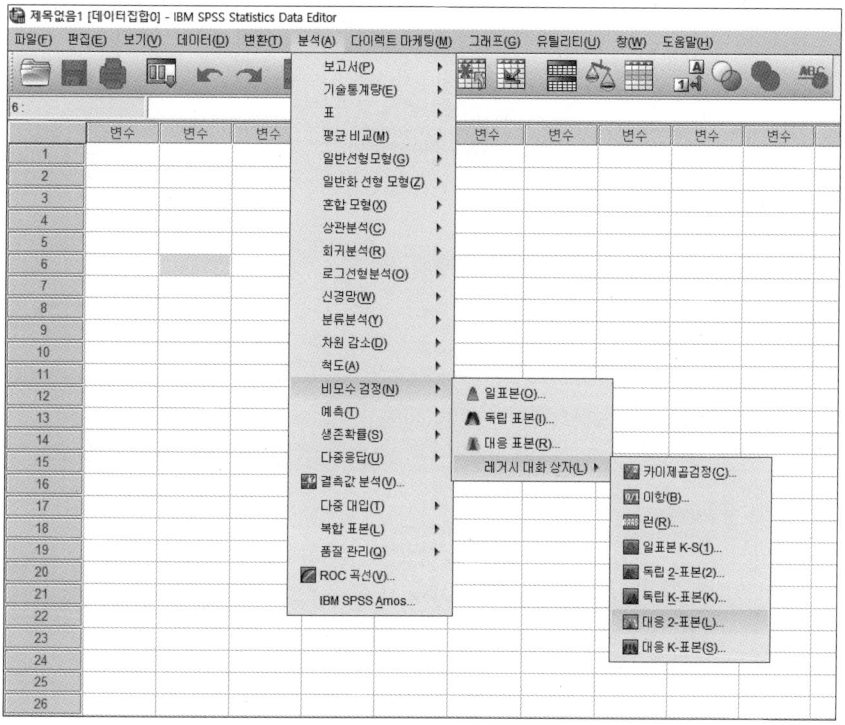

② 대응 2-표본 비모수 검정 창에서 'Before', 'After'를 오른쪽 검정 쌍(T)으로 이동시킨다. 검정 유형의 박스에서 'Wilcoxon'에 체크한 후 '확인'을 클릭한다.

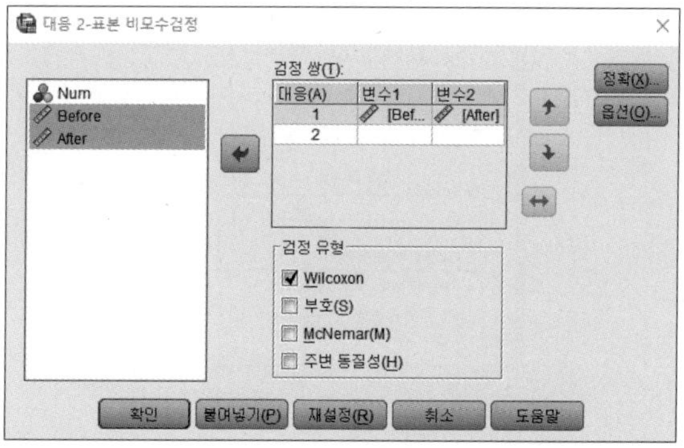

③ 옵션을 클릭하고, '기술통계'에 체크한 후 계속을 클릭한다.

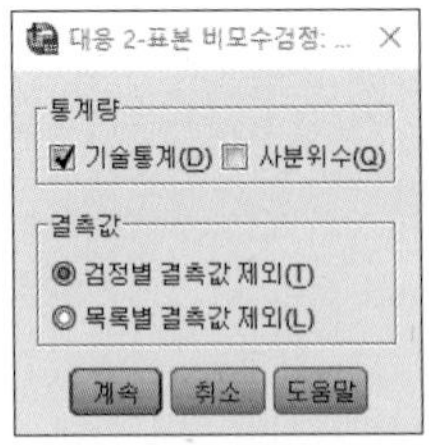

④ '확인'을 클릭하면 분석이 시작된다.

⑤ **출력결과**

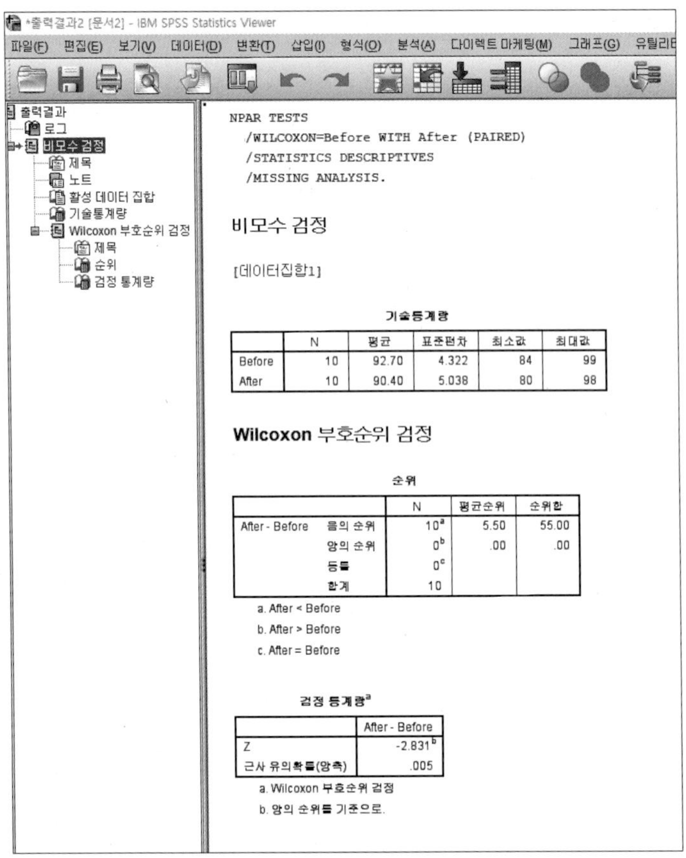

- 기술통계량: 표본수와 평균, 표준편차 등이 표시된다.

표 9.5-2 기술통계량

	N	평균	표준편차	최솟값	최댓값
Before	10	92.70	4.322	84	99
After	10	90.40	5.038	80	98

- 순위: Wilcoxon 부호 순위검정 표에서 순위를 보면 각 집단 평균순위는 프로그램 참여전과 참여후의 차이가 음의 순위는 5.50, 양의 순위는 0.00으로 나타났다.

표 9.5-3 순위

		N	평균순위	순위합
After - Before	음의 순위	10[a]	5.50	55.00
	양의 순위	0[b]	0.00	0.00
	동률	0[c]		
	합계	10		

a. After < Before
b. After > Before
c. After = Before

- 검정통계량: 순위값을 이용한 검정통계량 Z값은 -2.831, 유의확률은 0.005로 분석되었다. p값이 가설검정의 임계치인 0.05보다 작기 때문에 귀무가설을 기각하고 대립가설을 채택한다. 그러므로 본 연구의 결과는 몸 만들기 프로그램에 참여 전후로 체중에 차이가 있다고 판단할 수 있다.

표 9.5-4 검정통계량[a]

	After - Before
Z	-2.831[b]
근사 유의확률(양측)	0.005

a. Wilcoxon 부호순위 검정
b. 양의 순위를 기준으로.

3) 논문에 표기하는 방법

몸 만들기 프로그램에 참여한 지원자 10명을 대상으로 참여 전과 3개월 후 체중을 분석한 결과 참여전(M=92.70)보다 3달 후의 체중이(M=90.40) 줄었는데, 이때의 변화는 통계적으로 유의한 차이가 있었다고 할 수 있다(Z=−2.831, p=0.005). 결론적으로 몸 만들기 프로그램은 체중감량에 효과가 있다고 판단할 수 있다.

표 9.5-5 몸 만들기 프로그램 참여 전후 체중감량 효과(N=10)

	$M \pm SD$	Z	p
프로그램 참여전(kg)	92.70 ± 4.322	-2.831	0.005
프로그램 참여후(kg)	90.40 ± 5.038		

6. 독립표본 t 검정

독립표본 t 검정(independent sample t-test)은 서로 다른 2개의 표본집단을 측정하여 서로 비교하는 분석 방법이다. 유사하거나 비교가 필요한 독립된 두 집단의 평균을 서로 비교하여 그 값이 어떠한 의미를 가지는지 판단하고자 할 때 사용한다.

예시. 최근 인구 구조와 사회 문화적 변화에 따라서 HMR 상품의 매출이 급속도로 증가하고 있는 추세이다. 많은 식품기업들이 HMR 시장에 진출하고 있고 다양한 상품과 브랜드가 소비자의 평가를 받고 있다. HMR 상품의 A 브랜드와 B 브랜드의 매출이 통계적으로 유의한 차이를 보이는지 확인해보고자 한다.

	1	2	3	4	5	6	7	8	9	10	…	…	…	100
A 브랜드	18	16	17	15	14	19	16	15	18	15	…	…	…	15
B 브랜드	16	15	16	14	15	18	13	15	12	17	…	…	…	14

표본으로 HMR 브랜드 중 A, B가 선택되었다. 우리가 확인하고 싶은 것은 'HMR 브랜드 A와 B가 매출의 차이가 있는가'이다. 분석을 하기 위해서 우선 가설을 설정한다. 귀무가설과 대립가설은 각각 다음과 같다.

귀무가설: HMR 브랜드 A, B는 매출의 차이가 없다.

대립가설: HMR 브랜드 A, B는 매출의 차이가 있다.

이 예에 적합한 분석 방법은 독립표본 t 검정이다. 서로 독립된 표본집단 2개를 선정하여 판매된 매출을 분석하고 이를 1번만 측정하기 때문이다.

1) SPSS 프로그램 실습: 독립표본 t 검정

① SPSS 프로그램을 실행한 후 ▶ 데이터 열기 아이콘을 클릭한다 ▶ 데이터 열기 창에서 파일 유형을 'Excel'로 설정한다 ▶ 03.IST(Independent sample t-test).xls 파일을 선택하고 '열기'를 클릭하여 해당파일을 불러온다.

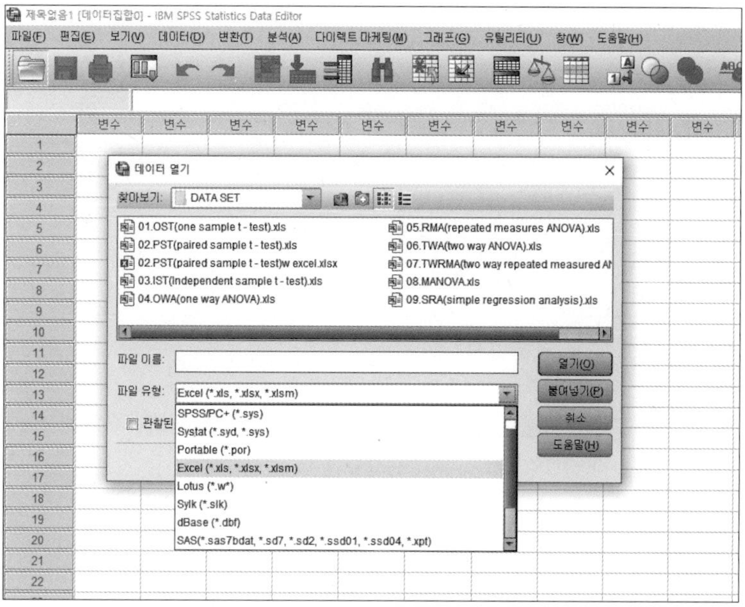

② Excel 데이터 소스 열기 창이 열리면 ▶ '데이터 첫 행에서 변수 이름 읽어오기'에 체크한 후 ▶ '확인'을 클릭한다.

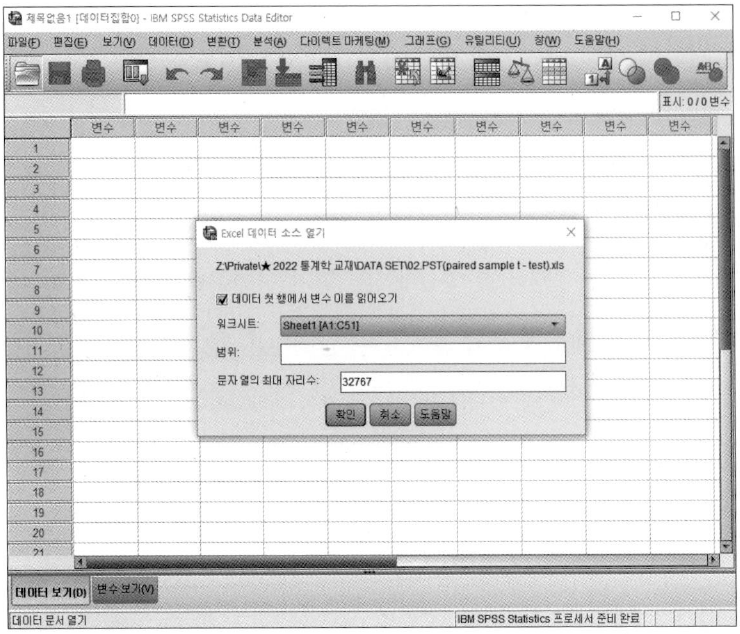

③ 파일이 열리면 '분석' ▶ '평균 비교' ▶ '독립표본 T 검정(T)'을 클릭한다.

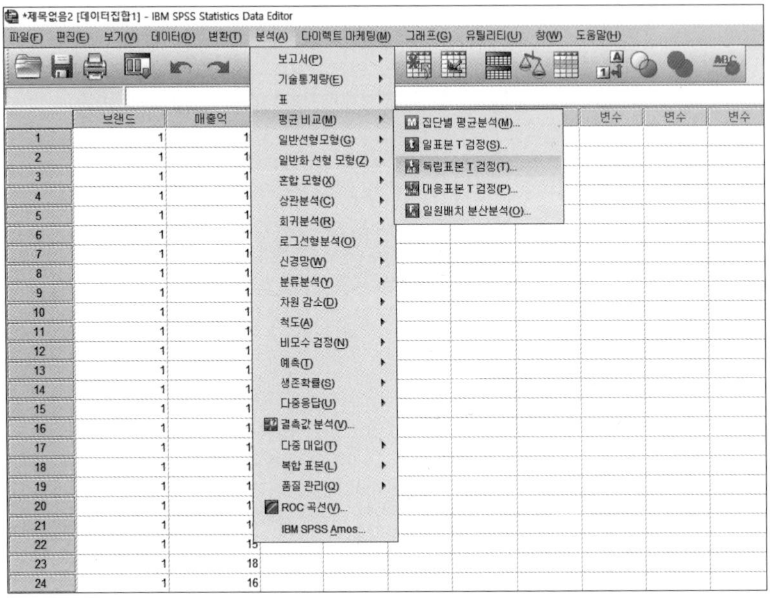

④ 독립표본 T 검정 창에서 ▶ '검정변수' 란에 검정하는 대상인 '매출액'을 이동시키고 ▶ '집단변수' 란에는 A브랜드와 B브랜드 간의 비교이므로 '브랜드'를 이동시킨다 ▶ 비교해야 할 집단을 정의하기 위해 '집단정의'를 클릭한다.

변수를 이동한 후에 '집단변수(G)'를 보면, 브랜드(? ?)처럼 브랜드 뒤에 물음표가 표시된다. 이것은 어떤 코딩값을 브랜드로 인식하는지 정해지지 않았기 때문이므로 다음 단계에서 브랜드 집단을 입력해주는 작업을 진행하면 된다.

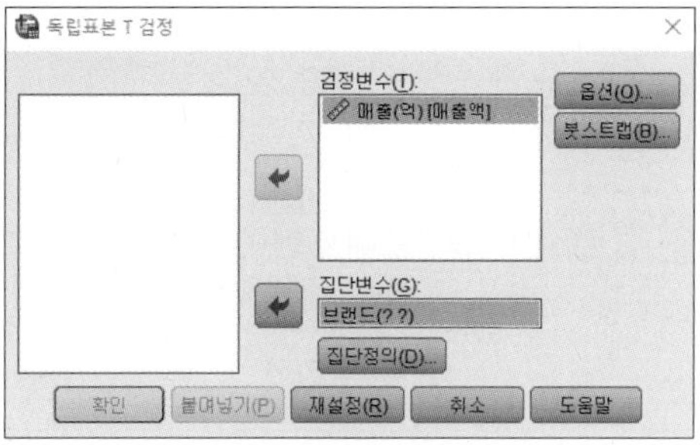

⑤ 집단정의 창에서 ▶ '집단 1'에는 '1', '집단 2'에는 '2'를 입력하고 ▶ '계속'을 클릭한다.

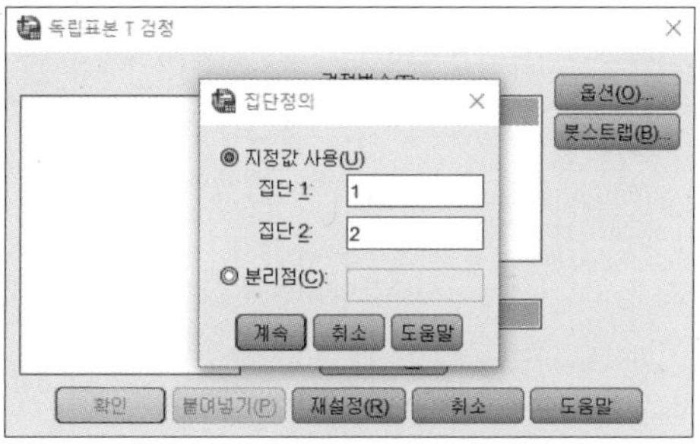

⑥ 다시 독립표본 T 검정 창을 확인하면 ▶ '집단변수'가 '브랜드(1 2)'로 설정되어 있는 것을 확인할 수 있다 ▶ '확인'을 클릭하면 분석이 시작된다.

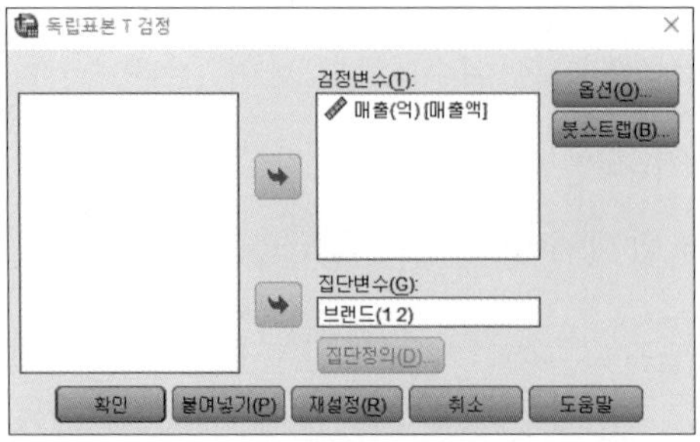

⑦ 데이터 보기 탭을 클릭하면 ▶ 브랜드가 1과 2로 코딩되어 있는 것을 확인할 수 있다.

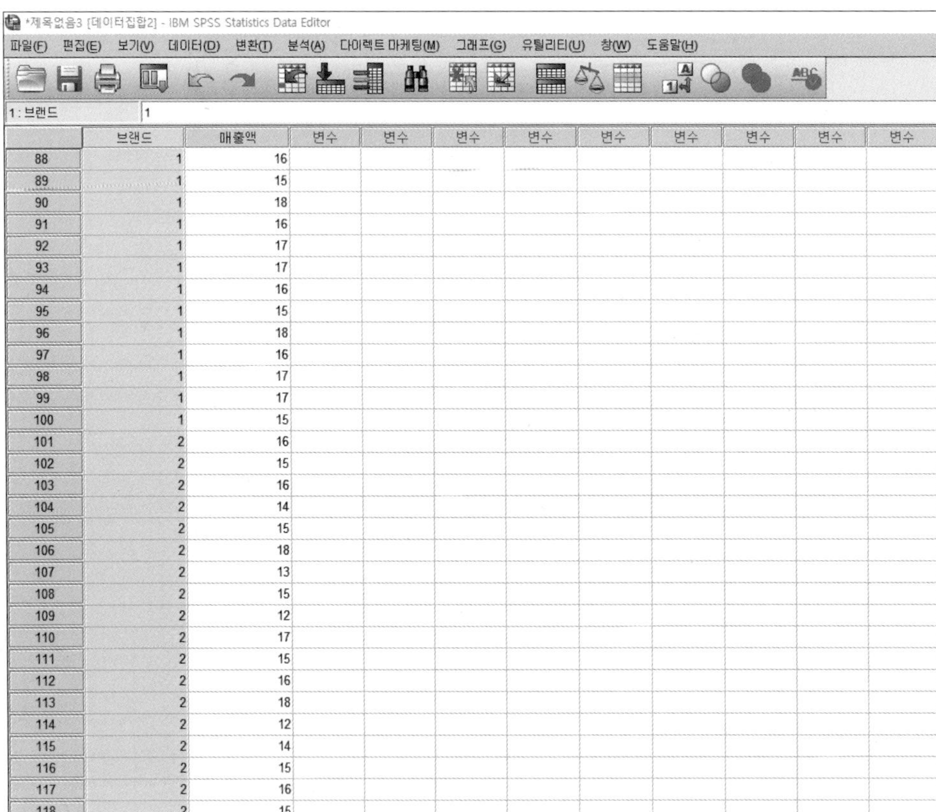

⑧ 출력결과

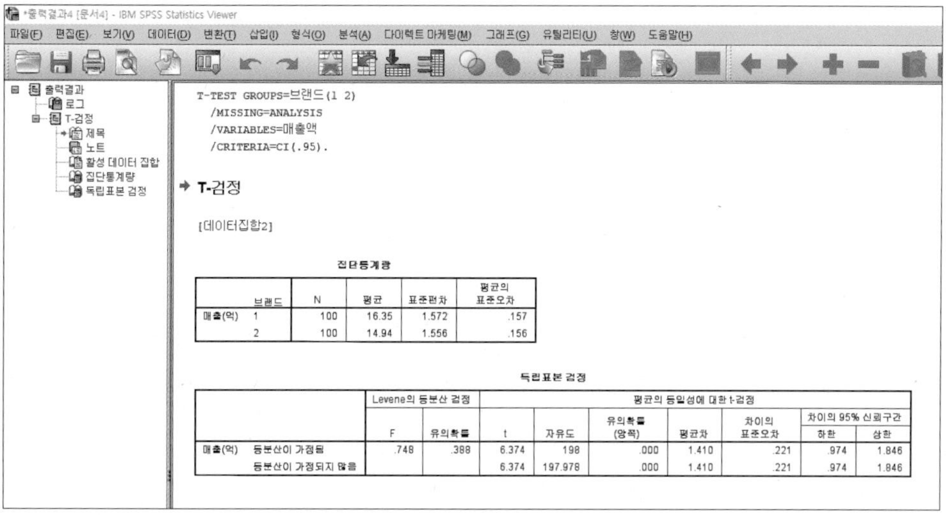

집단통계량

	브랜드	N	평균	표준편차	평균의 표준오차
매출(억)	1	100	16.35	1.572	.157
	2	100	14.94	1.556	.156

독립표본 검정

		Levene의 등분산 검정		평균의 동일성에 대한 t-검정						
									차이의 95% 신뢰구간	
		F	유의확률	t	자유도	유의확률 (양쪽)	평균차	차이의 표준오차	하한	상한
매출(억)	등분산이 가정됨	.748	.388	6.374	198	.000	1.410	.221	.974	1.846
	등분산이 가정되지 않음			6.374	197.978	.000	1.410	.221	.974	1.846

- 집단통계량: 브랜드 A, B의 표본은 각각 100개이다. A브랜드의 매출이 16.35억 원, B브랜드의 매출이 14.94억 원의 평균 매출을 나타낸다. 두 브랜드 간의 표준편차와 표준오차 등을 확인할 수 있다.
- 독립표본검정: 우선 등분산이 가정됨과 등분산이 가정되지 않음을 먼저 확인한다. 등분산은 Levene의 F 검정결과로 판단하는데, A브랜드와 B브랜드의 표본을 각각 100개씩 측정하여 2개의 브랜드 간에 등분산이 가정되는지를 확인한다. 2개의 브랜드에 대하여 상호비교가 가능한지를 판단하는 것이다. Levene의 등분산 값을 확인해보면 F값은 0.748이고 유의확률은 0.388이다. 유의확률의 임계치인 0.05보다 작아야 귀무가설을 기각시키는데, 0.388은 0.05보다 크기 때문에 귀무가설을 기각시키지 못한다. 이 뜻은 두 브랜드의 분산은 '등분산이 가정됨(분산이 같다)이 맞다'라는 귀무가설을 채택해야 한다는 것이다.

  그러므로 '등분산이 가정됨'에 해당하는 분석결과를 확인해야 한다. 만약 F값의 유의확률이 임계치 0.05보다 작으면 '등분산이 가정되지 않음'에 해당하는 분석결과 값을 확인하면 된다.

참고로 A브랜드의 매출과 B브랜드의 제품의 수를 비교한다면 집단간 비교가 불가능 할 것이다. 이처럼 비교가 가능한가를 검토하는 등분산은 Levene의 F 검정결과로 판단한다.

이제는 등분산이 가정됨에서 t값과 유의확률을 확인하면 된다. 여기서 t값은 6.374로 임계치 1.96보다 크고 p값도 0.000으로 0.05보다 작기 때문에 '브랜드 간 매출액의 차이가 없다'라는 귀무가설을 기각하고, '브랜드 간 매출액의 차이가 있다'라는 대립가설을 채택해야 한다.

그러면 두 브랜드 간 매출액은 얼마나 차이가 있는 것인가? 그것은 집단 간 통계량 표의 평균값을 확인하게 되면, A브랜드의 평균 매출은 16.35억 원, B브랜드의 평균 매출은 14.94억 원이다. A브랜드의 매출이 B브랜드의 매출보다 크기 때문에 A브랜드의 매출이 더 많다고 판단할 수 있다.

2) 독립표본 t 검정 논문에 표기하는 방법

표 9.6-1 독립표본 t 검정

	평균		표준편차		t	p
	A브랜드 (n=100)	B브랜드 (n=100)	A브랜드	B브랜드		
브랜드	16.35	14.94	1.57	1.55	6.374	0.000

두 브랜드 간의 매출을 비교하기 위해서 각각 표본 100개를 추출하여 분석하였다. A브랜드의 평균 매출액은 16.35억 원으로 분석되었고, B브랜드의 평균 매출액은 14.94억 원으로 분석되었다. 두 브랜드 집단 간 평균의 차이에 대한 유의수준은 0.000으로 매우 유의한 차이가 있는 것으로 분석되었다. 이 분석의 의미는 A브랜드의 매출과 B브랜드의 매출은 통계적으로 유의한 차이가 있다고 할 수 있는 것이다.

7. 독립표본 t 검정 - 비모수 분석

지금까지 통계분석 방법은 모수 통계분석이다. 표본이 특정 모집단의 분포로부터 추출되었다는 전제와 함께 표본의 수가 N=30 이상이라는 가정이 필요하다. 하지만 실험 분석을 하다 보면 표본을 충분히 확보하지 못하는 경우가 있다. 일반적으로 표본이 30개 미만일 때는 정규분포를 가정할 수 없으므로 모수 검정이 아닌 비모수 통계분석 방법을 사용해야 한다. 다음은 모수 통계분석 방법과 비모수 통계분석 방법의 구분이다.

표 9.7-1 **모수 통계분석 방법과 비모수 통계분석 방법의 구분**

독립변수		종속변수	모수	비모수
유형	집단수	유형		
질적변수	1	연속변수	일표본 t 검정	-
질적변수	2	연속변수	대응표본 t 검정	Wilcoxon signed rank test 등
			독립표본 t 검정	Mann-Whitney U test 등

1) 비모수 독립표본 t 검정

독립적인 두 집단의 평균 차이를 검증하기 위한 비모수 방법 중에서 SPSS에서 이용할 수 있는 방법으로 Mann-Whitney U 검정(Mann-Whitney U), Kolmogorov-Smirnov의 Z 검정(Kolmogorov-Smirnov Z), Wald-Wolfowitz의 runs 검정(Wald-Wolfowitz runs), Moses의 극단반응(extreme reactions) 검정이 있다.

- Mann-Whitney의 U 검정: Mann-Whitney의 U 검정은 가장 널리 사용되는 독립표본 t 검정 방법으로, 독립표본의 평균이 같은지를 검증한다. SPSS에서는 Mann-Whitney 방법과 함께 Wilcoxon 순위 합계(rank sum) 검정도 같이 해준다. 일반적으로 비모수 통계분석 방법은 분포의 가정 없이 구한 표본의 값만을 이용하여 순위를 매기고 이 값을 이용하여 가설을 검정한다. 순위값을 구하는 방법은 다음과 같다.

2개의 집단을 무작위로 혼합한 후에 표본의 값을 이용하여 순위를 구한다. 순위값은 역순으로 계산되며, 이에 대한 예는 다음 표와 같다.

표 9.7-2 **원 자료**

분류	실험군	대조군
자료	13	6
	15	12
	10	8
합계	38	26

표 9.7-3 **순위 자료 변환**

분류	실험군	대조군
자료	5	1
	6	4
	3	2
합계	14	7

예를 들어, 원 자료의 값을 순서대로 나열하면 15, 13, 12, 10, 8, 6이고, 이 값에 순위를 매기면 6, 5, 4, 3, 2, 1이 된다. 이후 계산에서는 표본의 값은 이용되지 않고 오로지 여기서 구한 순위값만이 이용된다. 다음 단계로는 통계적 수식에 따라 Mann-Whitney의 U 검정에서는 U값을, Wilcoxon 순위 합계에서는 W값을 구한 후, 이 값을 정규분포에 접근시켜서 가설을 검증한다.

- Kolmogorov-Smirnov의 Z 검정: Kolmogorov-Smirnov의 Z 검정과 Wald-Wolfowitz runs 검정은 보다 일반적인 검정 방법으로 분포의 위치와 모양에 있어서 차이가 있는지 검정한다. 먼저 Kolmogoroy-Smirnoy 검정은 두 표본에 대해 관측된 누적분포함수 간의 최대 차이 값을 이용하여 분석하는 방법이다. 이 차이가 매우 클 경우 두 분포에 차이가 있다고 말할 수 있다.
- Wald-Wolfowitz runs 검정: Wald-Wolfowitz runs 검정은 두 집단의 관측값을 조합하고 순위를 지정한다. 두 표본이 같은 모집단에서 비롯된 경우 두 집단은 순위 전반에 걸쳐 무작위로 산포해야 한다.
- Moses의 극단반동 검정: Moses의 극단반동 검정은 실험이 두 집단에서 반대 방향으로 영향을 미친다는 가정을 갖는다. 따라서 이 검정은 통제집단의 범위에 중점을 두면서 실험집단이 통제집단과 조합될 때 해당 실험집단의 극단값이 이 범위에 얼마나 큰 영향을 주는지를 측정하게 된다.

예시. 코로나19 시기의 명품 브랜드 매출액과 매출 성장률을 확인하고자 한다. 사전에 코로나19 전에 명품 브랜드와 일반 브랜드(대조군)의 매출액과 매출 성장률이 동질한지 검증한다. 표본으로 명품 브랜드 26개와 일반 브랜드 26개가 선택되었다. 분석을 하기 위해서 우선 가설을 설정한다. 귀무가설과 대립가설은 각각 다음과 같다.

[가설 1]

귀무가설: 실험군(명품 브랜드)와 대조군(일반 브랜드)의 코로나19 전 매출은 차이가 없다.

대립가설: 실험군(명품 브랜드)와 대조군(일반 브랜드)의 코로나19 전 매출은 차이가 있다.

[가설 2]

귀무가설: 실험군(명품 브랜드)와 대조군(일반 브랜드)의 코로나19 전 매출 성장률은 차이가 없다.

대립가설: 실험군(명품 브랜드)와 대조군(일반 브랜드)의 코로나19 전 매출 성장률은 차이가 있다.

이 예에 적합한 분석방법은 독립표본 t 검정 비모수 검정이다. 서로 독립된 표본 집단 2개를 선정하여 판매된 매출과 성장률을 분석하는데, 표본이 30개 미만(26개)이기 때문이다. 변수를 정리하면 다음과 같다.

표 9.7-4 **매출과 성장률 분석을 위한 변수 정리**

변수	정의	척도
집단	1=명품 브랜드	명목(1, 2)
	2=일반 브랜드	
매출액	매출 판매액	비율(금액)
매출 성장률	매출 성장률 퍼센트	비율(률)

본 연구에서 사용하는 표본의 수는 총 52개이지만 집단별로 살펴보면 실험군(명품 브랜드) 26개, 대조군(일반 브랜드) 26개이므로 비모수 분석을 해야 한다.

2) 비모수 분석 방법의 SPSS 분석 순서

비모수 분석 방법의 SPSS 분석 순서는 다음과 같다.

① 메뉴에서 '분석' ▶ '비모수 검정' ▶ '레거시 대화 상자' ▶ '독립 2-표본'을 선택한다.

② 독립 2-표본 비모수 검정 창에서 'Sales', 'Growth Rate'를 오른쪽 '검정변수'로 이동시킨다. 'Group'은 오른쪽 '집단변수'로 이동시키고, 바로 아래 '집단정의'를 클릭하여 '집단 1'에 '1', '집단 2'에 '2'를 입력하고 계속을 클릭한다. 검정 유형 박스에 'Mann-Whitney의 U'에 체크되어 있는지 확인한다.

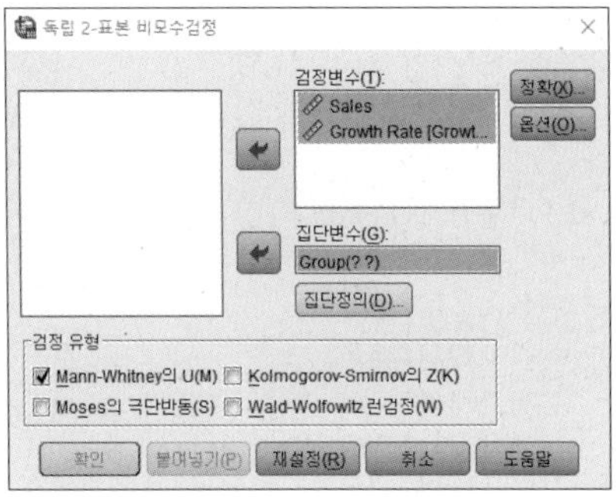

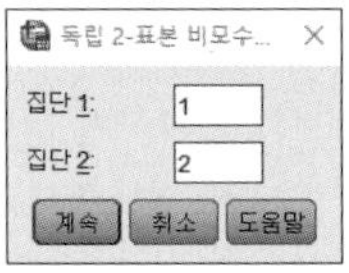

③ '옵션'을 클릭하고 '기술통계'에 체크한 후 '계속'을 클릭한다.

④ '확인'을 클릭하면 분석이 시작된다.

⑤ 출력결과

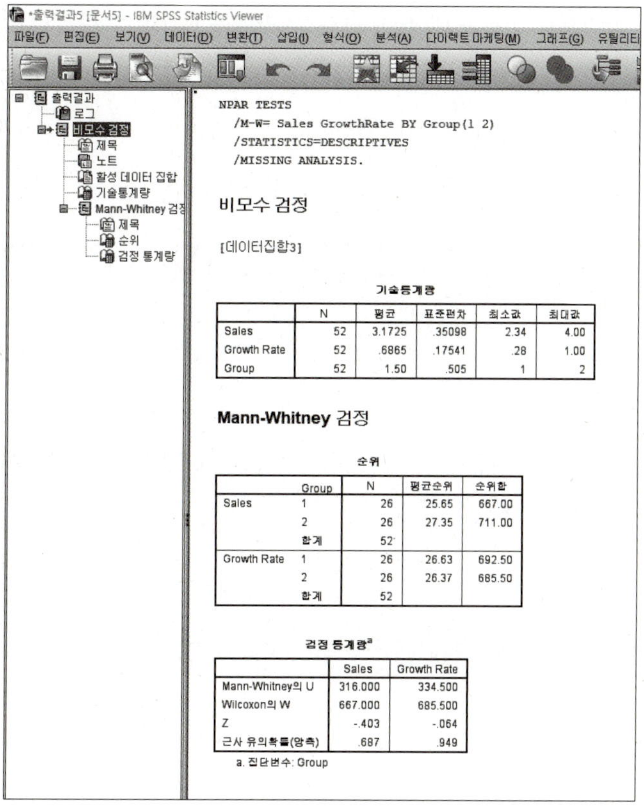

- 기술통계량: 각 그룹별 표본의 수와 평균, 표준편차 등 기술통계량이 제시되어 있다.

표 9.7-5 **기술통계량**

	N	평균	표준편차	최솟값	최댓값
Sales	52	3.1725	0.35098	2.34	4.00
Growth Rate	52	0.6865	0.17541	0.28	1.00
Group	52	1.50	0.505	1	2

- Mann-Whitney 검정

순위 테이블에서 각 집단의 평균순위를 보면 매출은 실험군이 25.65, 대조군이 27.35로 나타났으며, 매출 성장률은 실험군이 36.63, 대조군이 36.37로 나타났다. 검정통계량은 매출은 Mann-Whitney U=316, Wilcoxon W=667, $Z=-0.403$, 근사 유의확률은 0.687로 제시되었다. 매출 성장률도 동일한 방법으로 $Z=-0.064$, 근사 유의확률 0.949로 나타났다. 따라서 가설검정의 유의수준인 0.05보다 크므로 매출과 매출 성장률의 코로나19 이전 값은 모두 귀무가설이 채택된다.

표 9.7-6 **순위**

	Group	N	평균순위	순위합
Sales	1	26	25.65	667.00
	2	26	27.35	711.00
	합계	52		
Growth Rate	1	26	26.63	692.50
	2	26	26.37	685.50
	합계	52		

표 9.7-7 **검정통계량**[a]

	Sales	Growth Rate
Mann-Whitney의 U	316.000	334.500
Wilcoxon의 W	667.000	685.500
Z	−0.403	−0.064
근사 유의확률(양측)	.687	.949

a. 집단변수: Group

비모수 통계 분석에서는 각 집단의 평균값이 계산되지 않는다. 따라서 연구결과를 표로 정리하기 위해서 별도로 분석하여야 한다.

분석 방법은 메뉴에서 '분석' ▶ '평균 비교' ▶ '집단별 평균분석'을 선택한다.

Sales, Growth Rate을 종속변수로 Group을 독립변수로 이동한다.

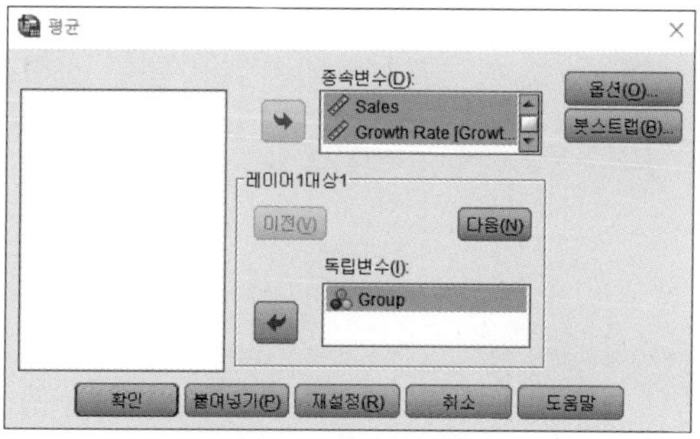

확인을 클릭하면 출력결과에서 집단별 평균분석이 제시된다.

표 9.7-8 보고서

Group		Sales	Growth Rate
1	평균	3.1681	0.6923
	N	26	26
	표준편차	0.38426	0.15308
2	평균	3.1769	0.6808
	N	26	26
	표준편차	0.32187	0.19815
합계	평균	3.1725	0.6865
	N	52	52
	표준편차	0.35098	0.17541

2) 보고서에 표기하는 방법

코로나19를 전후로 하여 명품 브랜드의 매출액과 매출 성장률에 변화가 있는지 Mann-Whitny U test로 검증한 결과 매출은 실험군(M=3.17)과 대조군(M=3.18)이 동질하였다($Z=-0.403$, $p=0.687$). 그리고 매출 성장률도 실험군(M=0.69)과 대조군(M=0.68)이 동질하였다($Z=-0.064$, $p=0.949$).

표 9.7-9 매출 성장률

	실험군(n = 26)	대조군(n = 26)	Z	p
	M ± SD	M ± SD		
Sales	3.17 ± 0.69	3.18 ± 0.68	-0.40	0.687
Sales Growth Rate	0.69 ± 0.15	0.68 ± 0.19	-0.06	0.949

CHAPTER 10

분산분석

Analysis of Variance
(ANOVA)

1. 분산분석이란

비교하는 표본집단이 3개 이상인 경우, 평균값을 비교하여 통계적 유의성을 확인하고자 할 때는 분산분석을 사용한다. 평균값을 비교하는데 분산분석이라는 이름을 사용하는 이유는 집단 간 평균 차이를 비교할 때 분산의 개념을 활용하기 때문이다. 집단 평균들 간 분산이 클수록 그리고 집단 내 분산이 작을수록 평균의 차이가 분명해진다. 즉, '집단 간 분산'과 '집단 내 분산'을 이용해 평균을 비교하기 때문에 **분산분석**(analysis of variance, ANOVA)이라고 한다. 이때 집단 간의 상대적인 비율을 확인하여 분산비율(F)[1]로 나타낸다.

$$F\text{값} = \text{집단 간 분산} / \text{집단 내 분산}$$

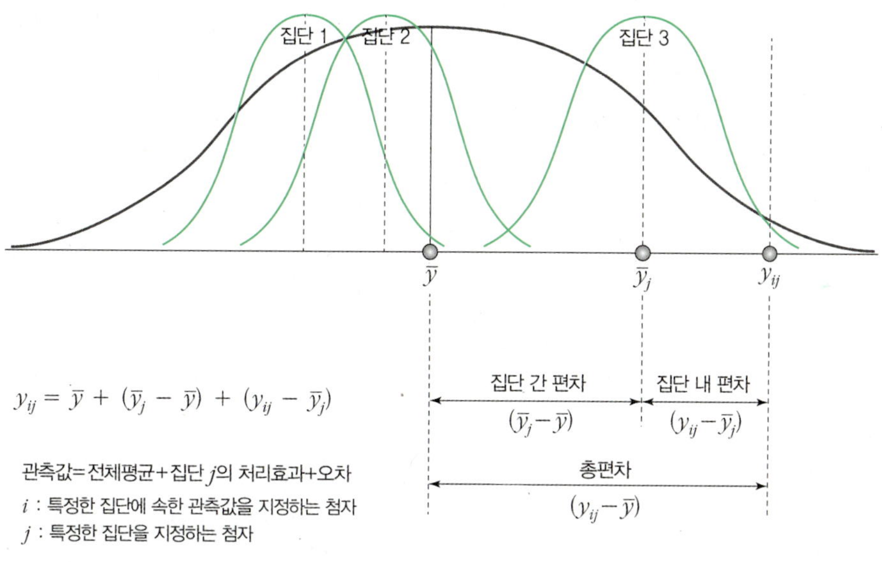

그림 10.1-1 **분산분석**

통계학에서는 분산분석을 ANOVA(아노바)라고 읽는다. T 검정 때와 마찬가지로 독

1) 분산비율은 R.A. Fisher의 이름에서 F로 나타낸다.

립변수는 명목척도, 종속변수는 연속척도(등간, 비율)로 구성된다.

2개의 그룹을 비교할 때는 t 검정을 사용하고, 그룹이 3개 이상일 때는 F 검정을 사용한다. 그렇다면 3개의 그룹을 비교하는 가설의 경우 t 검정을 그룹 조합의 수만큼 시행하는 것을 생각할 수 있다. 예를 들어 A, B, C 그룹이 있다고 하면, 비교 가능한 조합은 (AB, AC, BC)이며 동시에 t 검정을 3번 수행하는 것이다. 하지만 이렇게 동시에 비교실험을 할 경우 신뢰도가 하락하게 되며, 이를 다중 검정의 문제라고 한다. 위의 예시에서 하나의 조합에 대해 $\alpha=0.05$ 하에 t 검정을 진행하자. 이 경우 귀무가설이 참일 때, 귀무가설을 기각하지 않을 확률은 $(1-0.05)=95\%$가 되며, 그에 따라 세 가설 모두 동시에 올바르게 판단할 확률은 $(1-0.05)$^3=85.7%가 된다. 이것은 잘못된 판단을 내릴 확률은 결국 $(1-0.857)=14.3\%$가 된다. 결국, 유의수준 5%로 여러 개의 가설검정을 수행하면, 실제 α값이 커지는 문제가 발생하며, 다수의 검정을 동시에 수행할 경우 전체오류율을 5%로 유지하는 방법이 필요하다. 분산분석은 세 집단의 모평균 비교검정을 단 한번에 수행하기 때문에 전체오류율을 α로 유지할 수 있다. 결론적으로, F 검정을 사용하는 이유는 t 검정을 3번 수행해야 하는 번거로움과 발생할 수 있는 오류도 해결해준다.

ANOVA는 단일변량 분산분석과 다변량 분산분석으로 나뉘고, 단일변량 분산분석은 독립변수의 수에 따라서 일원분산분석, 이원분산분석, 다원분산분석으로 구분된다. 다변량 분산분석은 Multivariate Analysis of Variance라고 하고, 마노바(MANOVA)라고 읽는다.

표 10.1-1 **분산분석의 종류**

분류		영어 명칭	독립변수	종속변수
단일변량 분산분석	일원분산분석	One way ANOVA	1개	1개
	이원분산분석	Two way ANOVA	2개	
	다원분산분석	Multi way ANOVA	3개 이상	
다변량 분산분석		MANOVA	1개 이상	2개 이상

2. 일원분산분석 - 모수 분석

일원분산분석(one way ANOVA)은 집단을 구분하는 변수가 하나이고 3개 이상의 표본에 대해서 종속변수가 하나인 경우 종속변수의 평균 차이를 비교하는 분석이다.

예시. 기업 인사관리의 직위는 일반적으로 '사원-주임-대리-과장-차장-부장-수석부장' 순으로 정해져 있는데, 외식기업은 '점장-매니저-수퍼바이저' 등 현장에 따라서 다르게 불리기도 한다. 기업의 일반적인 스텝조직에서 직급(롯데그룹의 예. 수석, 책임, 대리) 차이의 직무만족도는 어떻게 다를까?

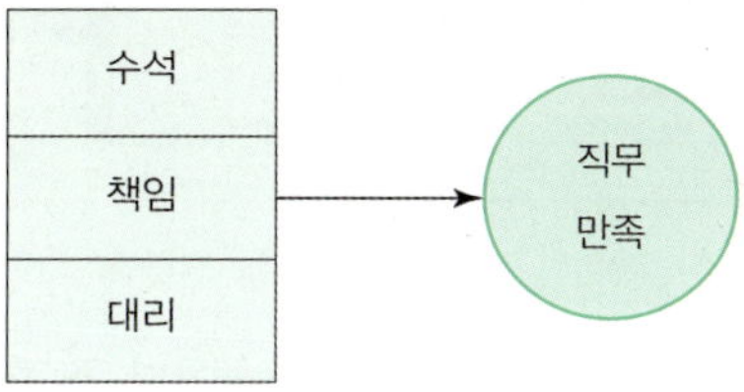

명목척도로 측정된 '직급'을 독립변수로, 등간척도로 측정된 '직무만족'을 종속변수로 하여 일원분산분석을 실시한다. 분석을 하기 위해서 우선 가설을 설정한다. 귀무가설과 대립가설은 각각 다음과 같다.

귀무가설: 외식기업의 직급별 직무 만족도는 같다.

대립가설: 외식기업의 직급별 직무 만족도는 같지 않다.

이 예제에 적합한 분석방법은 일원분산분석이다. 집단을 구분하는 변수는 '직위' 하나이고 수석, 책임, 대리 3개의 직급군에 대해서 직무만족도가 차이가 있는지를 알아보고자 하는 것이기 때문이다.

1) SPSS 프로그램 실습: 일원분산분석

① SPSS 프로그램을 실행한 후 ▶ 데이터 열기 아이콘을 클릭한다 ▶ 데이터 열기 창에서 파일 유형을 'Excel'로 설정한다 ▶ 04.OWA(one way ANOVA).xls 파

일을 선택하고 '열기'를 클릭하여 해당파일을 불러온다.

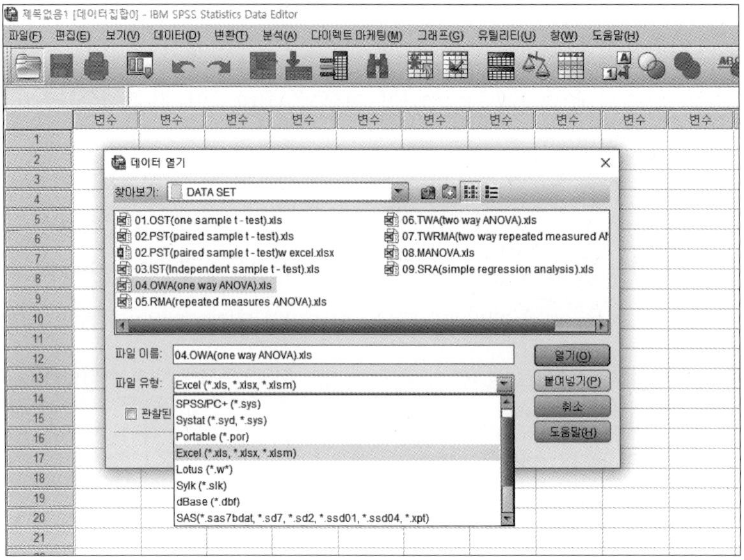

② Excel 데이터 소스 열기 창이 열리면 ▶ '데이터 첫 행에서 변수 이름 읽어오기' 에 체크를 확인한 후 ▶ '확인'을 클릭한다.

③ 화면 좌측아래 '변수보기' 탭을 클릭하여 ▶ 값 열의 '없음'을 클릭하면 ▶ 점 세 개 버튼 [...]이 보이는데 이곳을 클릭한다.

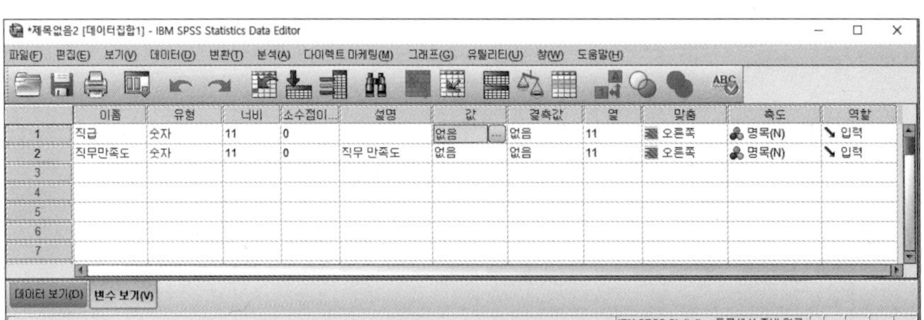

④ 변수값 설명 창에서 ▶ 설문지의 답안인 1부터 5까지의 이름을 기준값과 설명 칸에 각각 기입하면서 ▶ 순서대로 추가를 클릭하면서 진행하고 ▶ 입력을 모두

마치면 '확인'을 클릭한다.

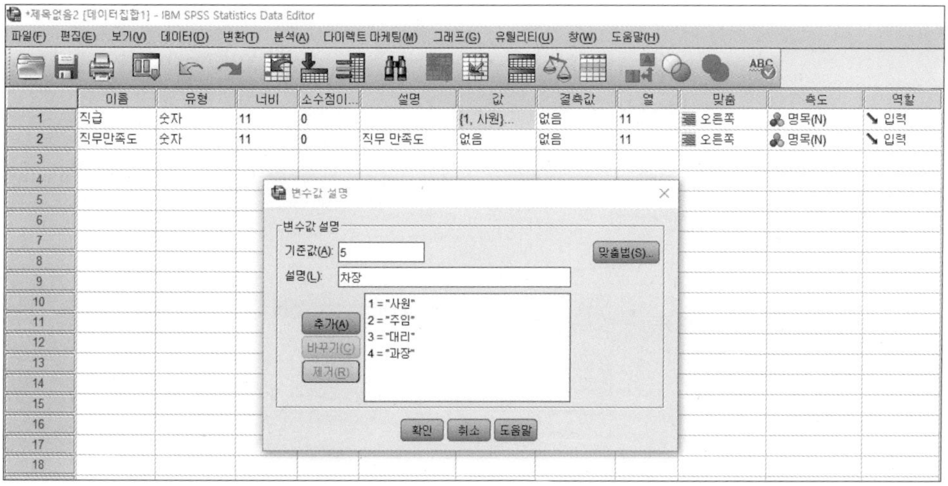

변수값 설명 창에 기준값과 설명을 입력하지 않아도 분석은 시행할 수 있다. 하지만 분석 후에 코딩값을 기억 못하거나, 따로 메모해 놓아야 하는 번거로운 수고를 덜기 위해서 필요한 작업이다.

⑤ 이제 다시 분석을 시작한다. '분석' ▶ '평균 비교' ▶ '일원배치 분산분석(O)'을 클릭한다.

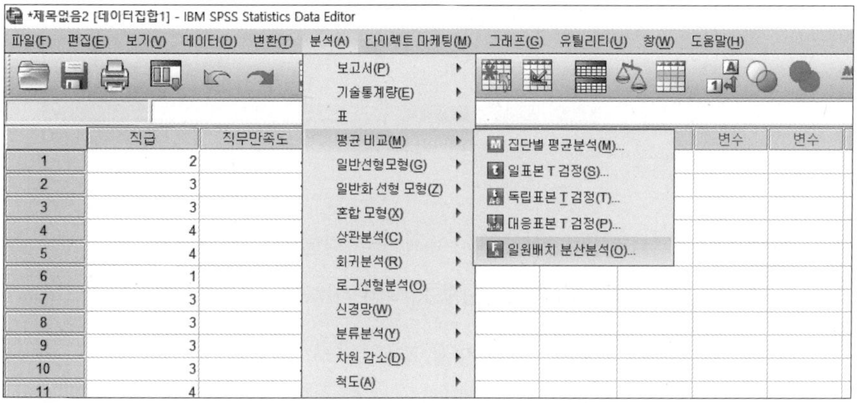

⑥ 일원배치 분산분석 창의 ▶ '종속변수'에 '직무 만족도'를 옮겨 넣고 ▶ '요인'에 '직급'을 이동시킨다 ▶ '확인'을 클릭하여 분석을 시작한다.

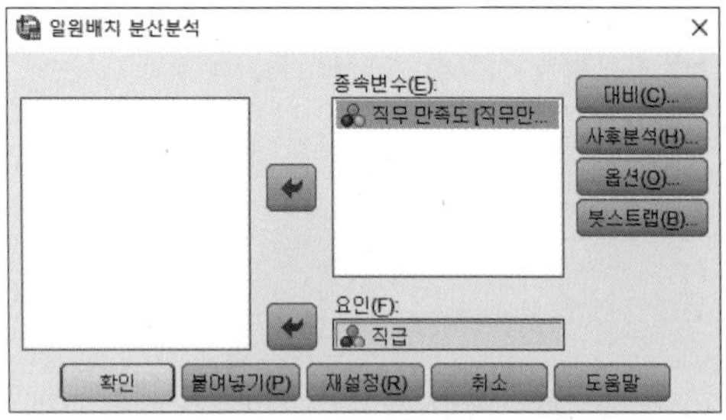

⑦ 출력결과

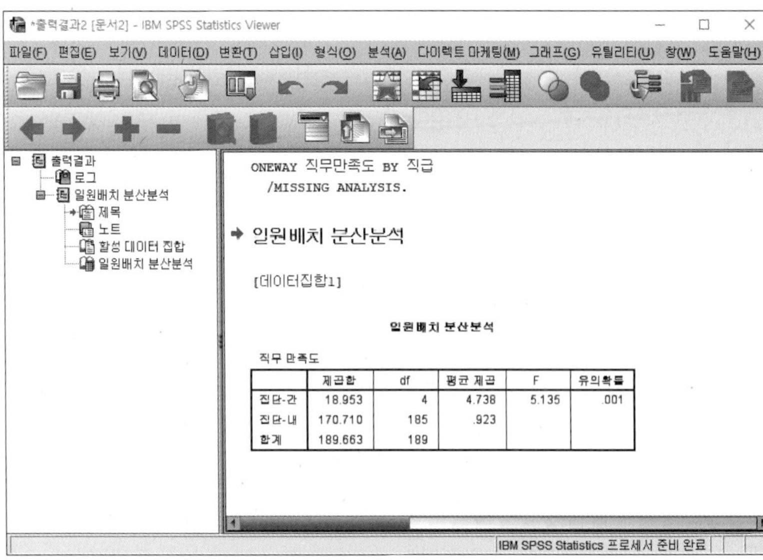

- 일원배치 분산분석: 일원분산분석의 유의확률(p값)로 집단 간 차이가 있는지 검증한다. 직급 간 직무만족도에 차이가 있다면 유의확률은 임계치 0.05보다 작다. 검증결과 유의확률 값이 0.001이므로 귀무가설을 기각하고 대립가설을 채택한다. F 값은 집단 간 평균제곱값 4.738을 집단 내 평균제곱값 0.923으로 나눈 값이다. $F=4.738/0.923=5.135$이다.

각 직급별 직무만족도에 대한 차이는 '사후분석'을 통해서 확인이 가능하다.

분산분석을 실시한 후, 사후분석을 하는 이유는 분산분석은 t 검정과 달리 표본이 3개 이상인 경우에 실시하는 분석이다. 표본이 2개인 t 검정에서는 두 집단을 직접 비교할 수 있다. 하지만 3개 이상의 집단에 대한 분산분석으로는 표본들 간의 차이 여부는 확인할 수 있지만, 그 표본들 간의 구체적인 차이는 확인할 수 없다. 즉 A, B, C의 3개의 집단에 대해 분산분석을 실시했을 때, 이들 간에 차이가 있음을 확인했다 해도 각 집단 간의 차이까지 확인할 수 있는 것은 아니다. 이때 사후분석을 수행하면 집단 간 차이에 대한 유의성 여부를 확인할 수 있으므로 더욱 정교한 결과를 얻을 수 있다.

사후분석을 비교해보자.

- **Scheffe**: 분석한 결과가 유의해서 집단 간 평균차이가 있다는 결론이 얻어졌을 때 적용하는 방법이다. Scheffe 방법은 단순히 집단 간의 조합을 만들어 비교하는 것 외에도 모든 경우의 수에 대한 비교가 가능하다는 장점이 있으며, 집단 간 표본수가 동수가 아니라도 적용할 수 있다.
- **Duncan**: 표본 간 평균차가 있는지에 대한 검정방법 중 하나로 연구에 선택된 표본들이 서로 동일한 표본수(n)여야 하고, 어떤 서열관계가 있는가에 따라 임계치를 달리하는 검정방법이라 다중범위검정이라고도 한다. 사회과학계열에서 주로 적용하는 방법이다.
- **Dunnett**: 다중집단 비교에 있어 실험군과 통제군의 평균비교를 위해 사용되는 사후검정방법이다. 처치(treatment)가 된 a개의 집단 중 비교집단은 한 개이므로 $a-1$개의 비교가 가능하다.
- **Tukey**: 비교되는 모든 집단의 표본수(n)가 동일한 경우 평균차가 있는지를 비교하는 방법이다. 이공계열의 실험실 연구와 같이 표본수를 정확하게 통제할 수 있는 경우에 가장 적합한 분석 방법이다. 반면, 사회과학계열에서는 모수에 따라 표본수가 서로 다를 수 있어 이 방법을 적용하지 못하는 경우가 많다.

2) SPSS 프로그램 실습: 일원분산분석의 사후분석

① 사후분석을 진행하기 위해서 다시 '분석' ▶ '평균 비교' ▶ '일원배치 분산분석(O)'을 클릭한다.

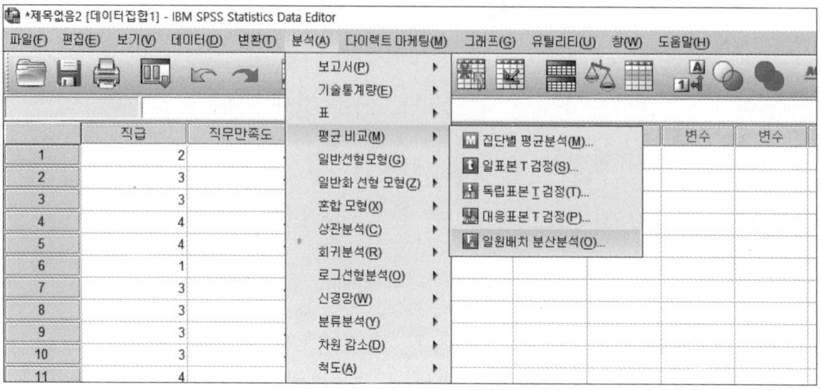

② 일원배치 분산분석 창에서 ▶ '사후분석'을 클릭한다. 일원배치 분산분석: 사후분석－다중비교 창에서 ▶ 'Scheffe'를 선택하고 ▶ '계속'을 클릭한다.

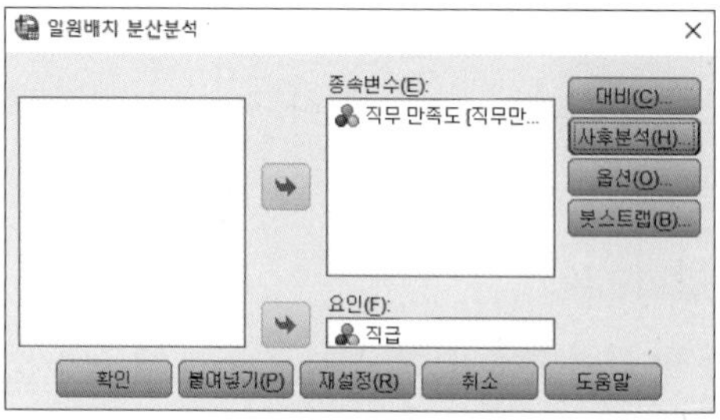

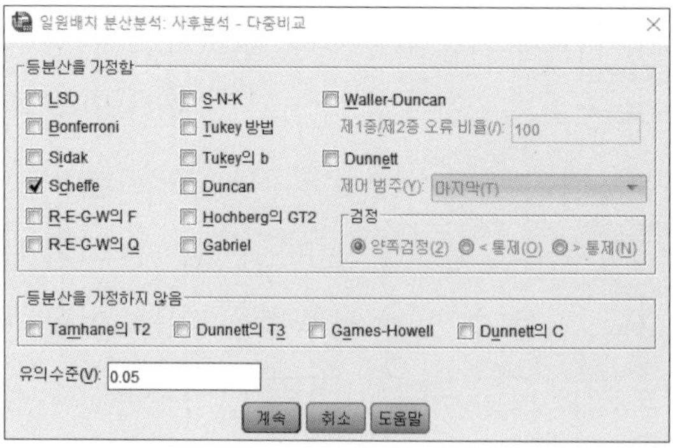

③ 기술통계를 확인하기 위해 일원배치 분산분석 창에서 ▶ '옵션'을 클릭한다. 일원배치 분산분석: 옵션 창의 '통계량' 항목에서 ▶ '기술통계', '분산 동질성 검정'에 체크를 한 후 ▶ '계속'을 클릭한다. 그 다음 일원배치 분산분석 창에서 ▶ '확인'을 클릭한다.

④ 출력결과

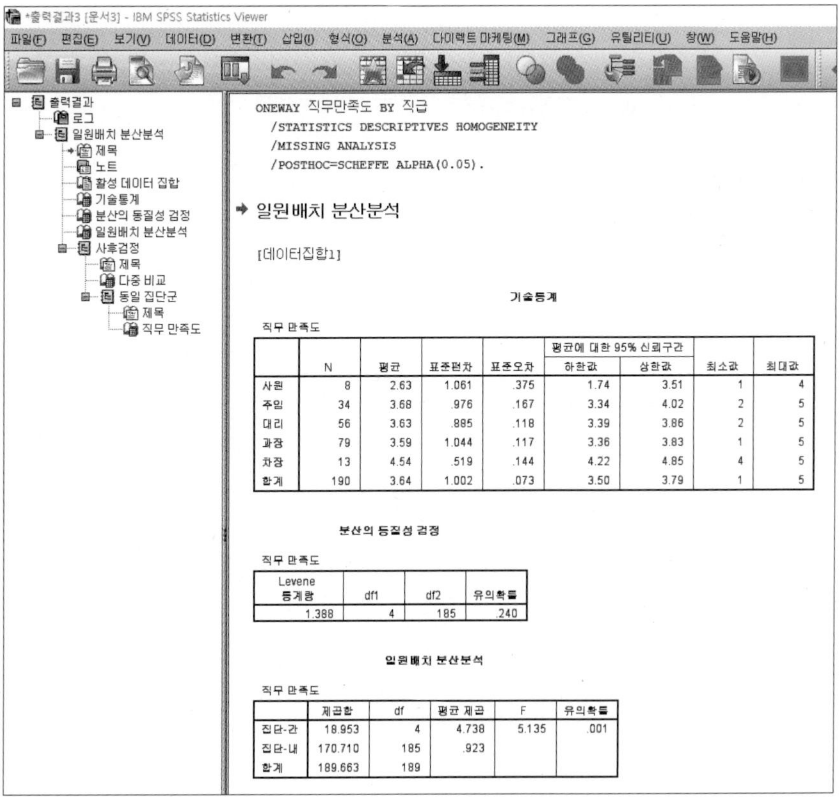

기술통계

직무 만족도

	N	평균	표준편차	표준오차	평균에 대한 95% 신뢰구간		최소값	최대값
					하한값	상한값		
사원	8	2.63	1.061	.375	1.74	3.51	1	4
주임	34	3.68	.976	.167	3.34	4.02	2	5
대리	56	3.63	.885	.118	3.39	3.86	2	5
과장	79	3.59	1.044	.117	3.36	3.83	1	5
차장	13	4.54	.519	.144	4.22	4.85	4	5
합계	190	3.64	1.002	.073	3.50	3.79	1	5

분산의 동질성 검정

직무 만족도

Levene 통계량	df1	df2	유의확률
1.388	4	185	.240

일원배치 분산분석

직무 만족도

	제곱합	df	평균 제곱	F	유의확률
집단-간	18.953	4	4.738	5.135	.001
집단-내	170.710	185	.923		
합계	189.663	189			

- 기술통계: 집단에 따른 표본의 수(N)와 평균, 표준편차, 표준오차, 최댓값, 최솟값, 신뢰구간의 상한과 하한의 값이 표시된다.
- 분산의 동질성 검정: Levene 통계량으로 동질적 집단 여부의 값을 표시하는데, 임계치 1.96을 초과하지 못하고 p값 또한 0.05 이내가 아니므로 동질적인 집단으로 판단한다.

일원배치 분산분석은 다음과 같다.

- 제곱합(sum of square): 평균과 편차를 제곱한 후 더한 값이다.
- df(degree of freedom): 자유도($n-1$)로, 전체 5개집단(사원, 주임, 계장, 과장, 차장)에서 하나를 뺀 숫자이다.
- F: 집단간 분산을 집단내 분산으로 나눈 값인데, 이 값은 절대로 음수가 나올 수 없으며, 집단내 분산과 집단간 분산이 같다면 $F=1$이 된다. F값이 클수록 집단내 평균 차이보다 집단간의 평균 차이가 크다는 의미이므로 귀무가설을 기각할 확률이 높아진다.
- 유의확률: p값을 의미하며 임계치 0.05보다 작을 경우 귀무가설을 기각하고 대립가설을 채택한다.

사후검정 다중비교 결과 창의 유의확률(p값)을 확인하면, 차장 대 사원, 차장 과장이 0.05 이하로써 직무만족도에 차이가 있다는 것을 알 수 있다. 평균차(I−J) 가장 아랫쪽 차장과 다른 직급들 간의 차이를 보면, 차장의 직무만족도에서 다른 직급의 직무만족도를 뺀 차이가 모두 양수이다. 그러므로 본 분석에서는 차장의 직무만족도가 가장 높다고 판단할 수 있다.

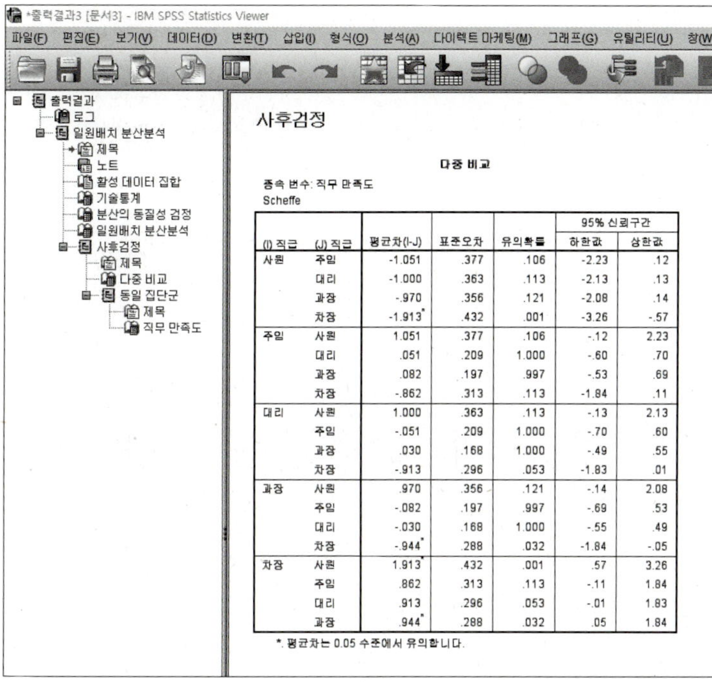

표 10.2-1 **다중 비교**

종속변수: 직무 만족도
Scheffe

(I) 직급	(J) 직급	평균차(I-J)	표준오차	유의확률	95% 신뢰구간	
					하한값	상한값
사원	주임	−1.051	0.377	0.106	−2.23	0.12
	대리	−1.000	0.363	0.113	−2.13	0.13
	과장	−0.970	0.356	0.121	−2.08	0.14
	차장	−1.913*	0.432	0.001	−3.26	−0.57
주임	사원	1.051	0.377	0.106	−0.12	2.23
	대리	0.051	0.209	1.000	−0.60	0.70
	과장	0.082	0.197	0.997	−0.53	0.69
	차장	−0.862	0.313	0.113	−1.84	0.11
대리	사원	1.000	0.363	0.113	−0.13	2.13
	주임	−0.051	0.209	1.000	−0.70	0.60
	과장	0.030	0.168	1.000	−0.49	0.55
	차장	−0.913	0.296	0.053	−1.83	0.01

(계속)

표 10.2-1 다중 비교(계속)

(I) 직급	(J) 직급	평균차(I-J)	표준오차	유의확률	95% 신뢰구간	
					하한값	상한값
과장	사원	0.970	0.356	0.121	-0.14	2.08
	주임	-0.082	0.197	0.997	-0.69	0.53
	대리	-0.030	0.168	1.000	-0.55	0.49
	차장	-0.944*	0.288	0.032	-1.84	-0.05
차장	사원	1.913*	0.432	0.001	0.57	3.26
	주임	0.862	0.313	0.113	-0.11	1.84
	대리	0.913	0.296	0.053	-0.01	1.83
	과장	0.944*	0.288	0.032	0.05	1.84

* 평균차는 0.05 수준에서 유의하다.

3) 일원분산분석 논문에 표기하는 방법

표 10.2-2 분산분석 동질성 검정

Levene 통계량	df1	df2	유의확률
1.388	4	185	0.240

유의확률은 0.240으로 p값 임계치 0.05를 넘어선다. 즉 동질성이 있다는 의미이며, 집단 간 분산분석을 실시할 수 있는 표본으로 확인할 수 있다.

표 10.2-3 일원배치 분산분석

	제곱합	df	평균 제곱	F	유의확률
집단-간	18.953	4	4.738	5.135	0.001
집단-내	170.710	185	0.923		
합계	189.663	189			

유의확률은 0.001로 p값 임계치 0.05보다 작기 때문에 유의한 차이가 있다는 의미이다. 직급 간의 직무만족도에는 차이가 존재한다는 것이다.

표 10.2-4 사후검정 다중비교 Sheffe

(I) 직급	(J) 직급	평균차(I-J)	표준오차	유의확률	95% 신뢰구간	
					하한값	상한값
사원	주임	-1.051	0.377	0.106	-2.23	0.12
	대리	-1.000	0.363	0.113	-2.13	0.13
	과장	-0.970	0.356	0.121	-2.08	0.14
	차장	-1.913*	0.432	0.001	-3.26	-0.57
주임	사원	1.051	0.377	0.106	-0.12	2.23
	대리	0.051	0.209	1.000	-0.60	0.70
	과장	0.082	0.197	0.997	-0.53	0.69
	차장	-0.862	0.313	0.113	-1.84	0.11
대리	사원	1.000	0.363	0.113	-0.13	2.13
	주임	-0.051	0.209	1.000	-0.70	0.60
	과장	0.030	0.168	1.000	-0.49	0.55
	차장	-0.913	0.296	0.053	-1.83	0.01
과장	사원	0.970	0.356	0.121	-0.14	2.08
	주임	-0.082	0.197	0.997	-0.69	0.53
	대리	-0.030	0.168	1.000	-0.55	0.49
	차장	-0.944*	0.288	0.032	-1.84	-0.05
차장	사원	1.913*	0.432	0.001	0.57	3.26
	주임	0.862	0.313	0.113	-0.11	1.84
	대리	0.913	0.296	0.053	-0.01	1.83
	과장	0.944*	0.288	0.032	0.05	1.84

* 평균차는 0.05 수준에서 유의하다.

3. 일원분산분석 – 비모수 분석

분산분석도 t 검정과 마찬가지로 표본의 수가 30개 미만일 때는 정규분포를 가정할 수 없다. Kruskal Wallis test 등과 같은 비모수 분석을 사용해야 한다.

비모수 일원분류 분산분석 방법을 이용하기 위한 SPSS 메뉴 이용 방법은 다음과 같다.

'분석(A)' ▶ '비모수 검정(N)' ▶ '레거시 대화상자(L)' ▶ '독립 K-표본(K)'

독립적인 세 집단의 평균차이를 검증하기 위한 비모수 방법 중에서 SPSS에서 이용할 수있는 방법으로는 Kruskal Wallis 검정, median 검정이 있다. Kruskal Wallis 검정과 median 검정은 둘 다 종속변수의 모집단 중앙값이 한 요인의 모든 수준에서 일치하는가를 평가한다. 여기서도 집단 간의 차이가 나면 사후분석(post hoc)을 실시하게 된다.

비모수 일원분산분석은 집단을 구분하는 변수가 하나이고 3개 이상의 표본에 대해서 종속변수가 하나인 경우 종속변수의 평균 차이를 비교하는 분석인데, 표본의 수가 30 미만일 때 사용한다.

예시. 시중에 판매되고 있는 단백질 보충제의 효과를 분석하기 위해서 헬스 트레이너들을 대상으로 A 브랜드 단백질 보충제, B 브랜드 단백질 보충제, C 브랜드 단백질 보충제 브랜드로 나누어 한달간 섭취 하게 한 후, 근육량 증가 효과를 측정하였다. 단 이들 세 집단은 사전 동질성 검증에서 모든 조건이 동질하였다. A 단백질 보충제, B 단백질 보충제, C 단백질 보충제를 섭취한 그룹 중 어느 그룹이 근육량 증가가 가장 많았을까?

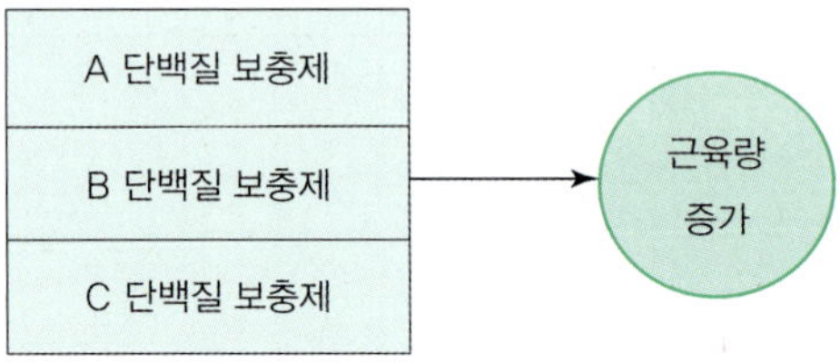

명목척도 'A, B, C 단백질 보충제'를 독립변수로, 비율척도 '근육량 증가'를 종속변수로 하여 일원분산분석을 실시한다. 분석을 하기 위해서 우선 가설을 설정한다. 귀무가설과 대립가설은 각각 다음과 같다.

귀무가설: 근육량 증가는 집단에 따라 차이가 없다.

대립가설: 근육량 증가는 집단에 따라 차이가 있다.

이 예제에 적합한 분석방법은 일원분산분석 비모수 검정이다. 집단을 구분하는 변수는 '단백질 보충제' 하나이고 A, B, C의 단백질 보충제에 대해서 근육량 증가에 차이가 있는지를 알아보고자 하는 것이고, 표본이 30개 이하이기 때문이다.

1) SPSS 프로그램 실습: 일원분산분석

① SPSS 프로그램을 실행한 후 ▶ 데이터 열기 아이콘을 클릭한다. ▶ 데이터 열기 창에서 파일 유형을 'Excel'로 설정한다. ▶ 04.OWA(one way ANOVA Non-parametric test).xls 파일을 선택하고 '열기'를 클릭하여 해당파일을 불러온다.

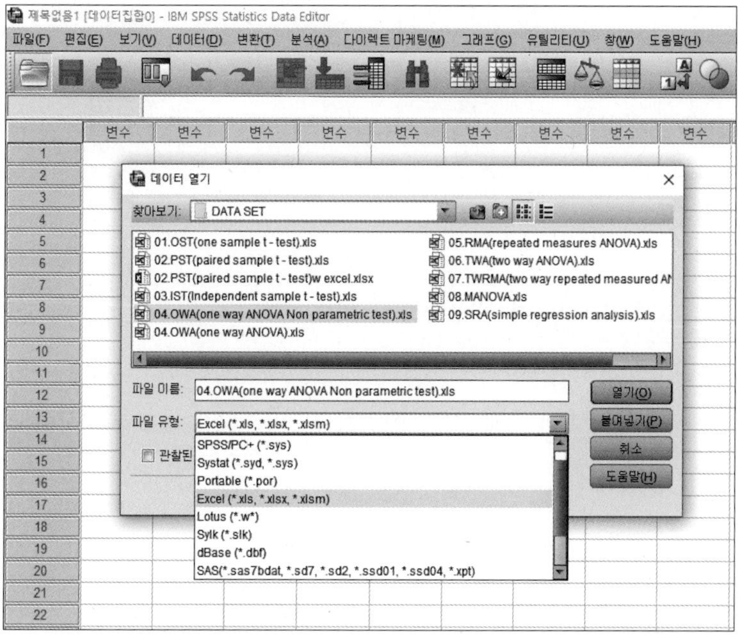

② 상단 메뉴의 '분석' ▶ '비모수검정' ▶ '레거시 대화상자' ▶ '독립 K-표본'을 선택한다.

③ 독립 K 표본 비모수검정 창에서 왼쪽 박스 '근육량 증가'를 오른쪽 '검정변수'로 이동시키고, '단백질보충제'를 '집단변수'로 이동시킨다. '범위지정'을 클릭하고 '최솟값'에 '1', '최댓값'에 '3'을 입력한 후, '계속'을 클릭한다. 아래쪽 '검정유형'에서 'Kruskal-Wallis의 H'가 체크되어 있는지 확인한다.

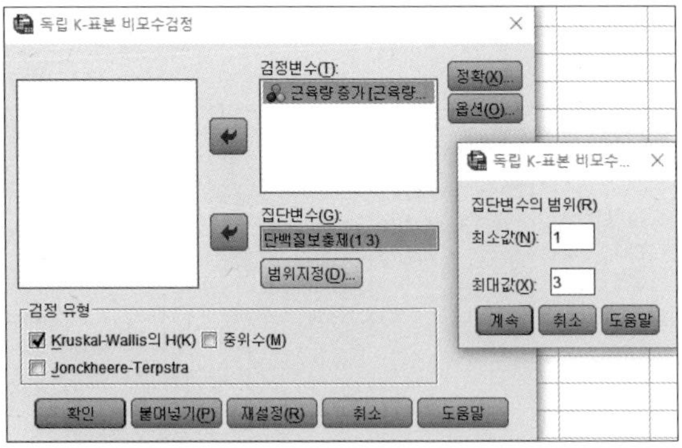

오른쪽 위 '정확'을 클릭하면 '정확한 검정' 창이 뜬다. 점근적 검정, Monte

Carlo, 정확한검정이 있는데 일반적으로 점근적 검정을 사용한다. 정확한 검정은 현재 데이터가 표준점근법을 사용하여 신뢰할만한 결과 작성에 필요한 기본 가정을 만족시킬 수 없을 때 정확한 결과를 얻기 위해 사용한다. 주로 교차분석과 비모수 검정 프로시저에 유의수준을 계산할 때 사용한다. 계속을 클릭하고 다시 독립 K 표본 비모수검정 창으로 온다. 다음으로 옵션을 클릭하고 기술통계에 체크한 후 계속을 클릭하고 확인을 클릭하면 분석이 실시된다.

④ **출력결과**

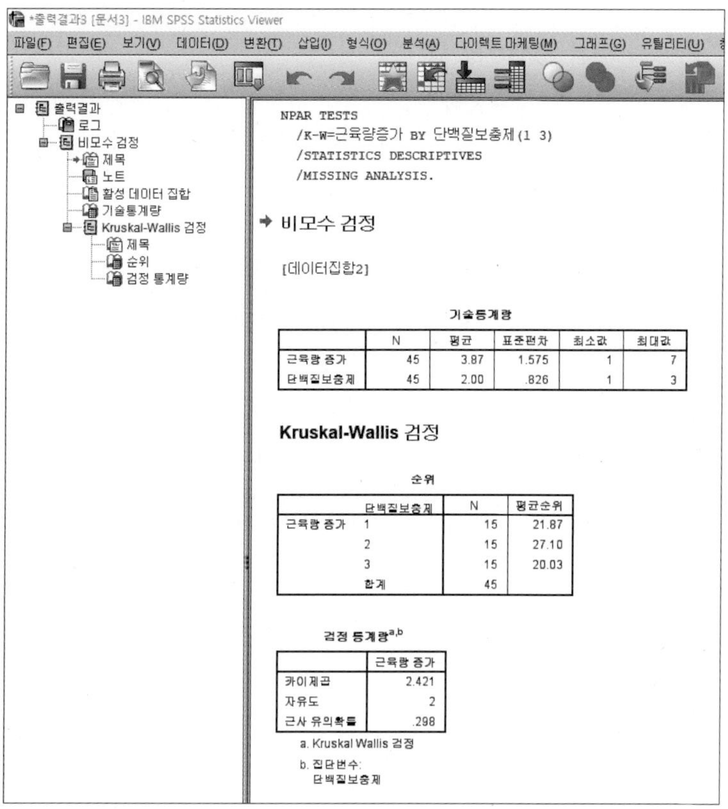

기술통계량

	N	평균	표준편차	최소값	최대값
근육량 증가	45	3.87	1.575	1	7
단백질보충제	45	2.00	.826	1	3

Kruskal-Wallis 검정

순위

	단백질보충제	N	평균순위
근육량 증가	1	15	21.87
	2	15	27.10
	3	15	20.03
	합계	45	

검정 통계량[a,b]

	근육량 증가
카이제곱	2.421
자유도	2
근사 유의확률	.298

a. Kruskal Wallis 검정

b. 집단변수: 단백질보충제

- 기술통계량: 표본에 대한 간단한 기술통계인 평균과 표준편차 등이 제시되어 있다.

표 10.3-1 기술통계량

	N	평균	표준편차	최솟값	최댓값
근육량 증가	45	3.87	1.575	1	7
단백질보충제	45	2.00	.826	1	3

- 순위: Kruskal-Wallis의 결과인 순위 테이블이 제시된다.

표 10.3-2 순위

	단백질보충제	N	평균순위
근육량 증가	1	15	21.87
	2	15	27.10
	3	15	20.03
	합계	45	

- 검정통계량: 검정결과 유의확률 p값이 0.298가 제시되었다. 가설검정 유의수준의 임계치인 0.05보다 크기 때문에 귀무가설을 채택한다. 그러므로 A, B, C 브랜드에 따른 단백질 보충제의 근육량 증가에는 차이가 없다고 판단내릴 수 있다.

표 10.3-3 검정통계량[a,b]

	근육량 증가
카이제곱	2.421
자유도	2
근사 유의확률	.298

a. Kruskal Wallis 검정
b. 집단변수: 단백질보충제

본 예에서는 차이가 없다고 나왔지만, 만약에 차이가 있다고 검정되었다면 집단간 차이를 살펴봐야 한다. 그러나 비모수 통계에서는 사후분석을 할 수 있는 방법이 없다. 그러므로 집단간 차이를 분석하려면 **비모수 독립표본 t 검정**을 해주어야 한다(A vs B, A vs C, B vs C). 또한, 평균과 표준편차도 각 집단의 통계량을 직접 구해야 한다(분석 – 평균비교 – 집단별 평균분석).

표 10.3–4 **근육량 증가**

단백질보충제	평균	N	표준편차
1	3.67	15	0.976
2	4.40	15	1.882
3	3.53	15	1.685
합계	3.87	45	1.575

2) 일원분산분석 – 비모수 분석 보고서에 표기하는 방법

단백질 보충제의 효과를 분석하기 위해서 헬스 트레이너들을 대상으로 A 브랜드 단백질 보충제, B 브랜드 단백질 보충제, C 브랜드 단백질 보충제로 나누어 한달 간 섭취하게 한 후, 근육량 증가 효과를 측정하였다. 그 결과 A 브랜드 단백질 보충제(M=3.67), B 브랜드 단백질 보충제(M=4.40), C 브랜드 단백질 보충제(M=3.53) 간에는 통계적으로 유의한 차이가 없었다(Chi-Square=2.421, p=0.298).

	A브랜드 단백질 보충제	B브랜드 단백질 보충제	C브랜드 단백질 보충제	F	p
	M ± SD	M ± SD	M ± SD		
운동 레벨	3.67 ± 0.976	4.40 ± 1.882	3.53 ± 1.685	2.421	< 0.298
	A vs B: z=-1.320, $p < 0.187$		B vs C: z=-1.284, $p < 0.199$		
	A vs C: z=-0.596, $p < 0.551$				

4. 반복측정 분산분석 – 모수 분석

반복측정 분산분석은 Repeated Measures ANOVA로 명칭되며 줄여서 RM ANOVA로 지칭하기도 한다. 반복측정 분산분석은 동일 대상에 대해서 시간의 흐름에 따라 3회 이상 반복하여 측정한 자료를 검증할 때 사용된다.

예시. 운동 효과를 측정하기 위해서 남녀 3명씩 총 6명을 3회 운동 레벨 측정, 운동 전, 1개월 후, 2개월 후 등 시점에 따라 차이가 있는지를 알아보고자 한다. 운동 효과는 어느 시점에 가장 극대화 되는지 알아보자. 분석을 하기 위해서 우선 가설을 설정한다. 귀무가설과 대립가설은 각각 다음과 같다.

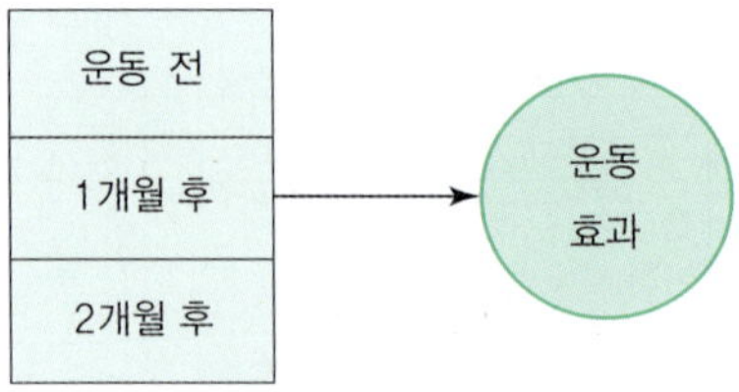

귀무가설: 운동효과를 측정한 세 시점에서 효과는 같다.

대립가설: 운동효과를 측정한 세 시점에서 효과는 같지 않다.

이 예제에 적합한 분석방법은 반복측정 분산분석이다. 집단을 구분하는 변수는 운동 전, 운동 후 1개월, 운동 후 2개월의 시점에 대해서 운동효과에 차이가 있는지를 알아보고자 하는 것이기 때문이다.

1) SPSS 프로그램 실습: 반복측정 분산분석

① SPSS 프로그램을 실행한 후 ▶ 데이터 열기 아이콘을 클릭한다 ▶ 데이터 열기 창에서 파일 유형을 'Excel'로 설정한다 ▶ 05.RMA(repeated measures ANOVA).xls 파일을 선택하고 '열기'를 클릭하여 해당파일을 불러온다.

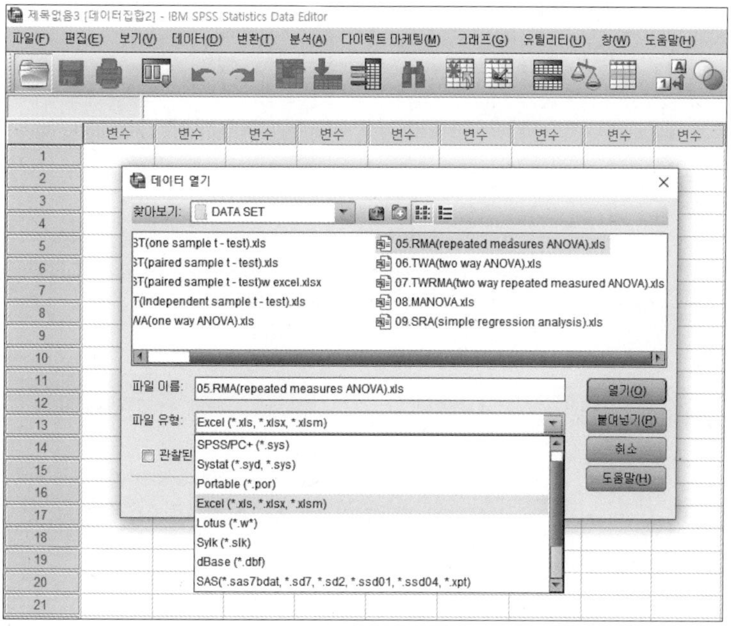

② 데이터 보기 창에서 '분석' ▶ '일반선형모형' ▶ '반복측정'을 클릭한다.

③ 반복측정 요인 정의 창에서 ▶ '개체-내 요인이름' 박스에 '시점'을 입력 후 ▶ '수준의 수'에 '3'을 입력하고, ▶ '추가'를 클릭하면 세 번째 박스에 '시점(3)'이 추가된다.

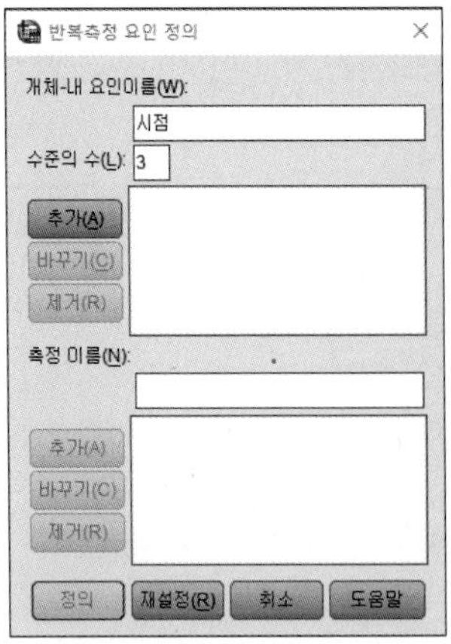

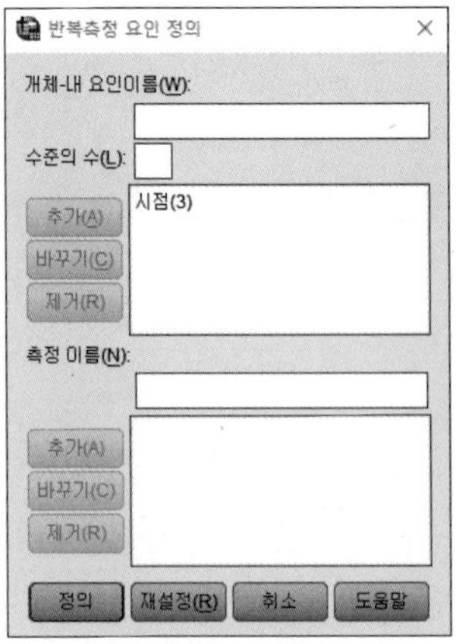

④ 반복측정 요인 정의 창에서 '정의' 클릭 후 ▶ 왼쪽 박스의 '운동전', '1개월후', '2개월후'를 오른쪽 박스로 이동한다.

⑤ 다음으로 '모형'을 클릭하고 모형설정 메뉴에서 '완전요인모형(F)' 선택 확인 후, '계속' 클릭한다.

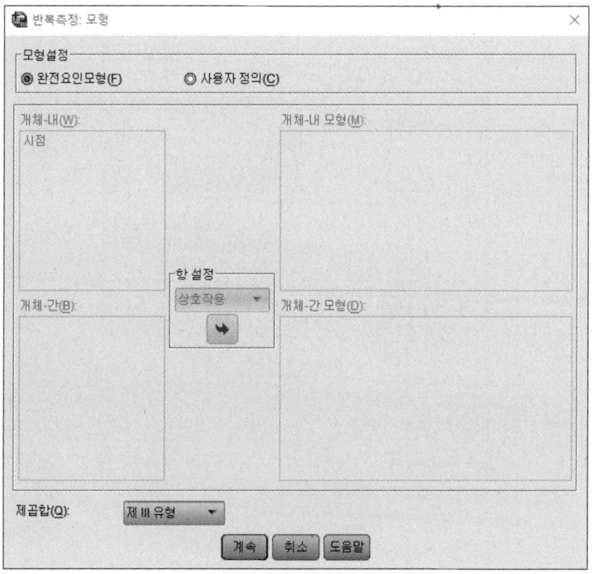

⑥ 다음으로 반복측정 창에서 '도표'를 클릭하면 반복측정: 프로파일 도표 창이 나타난다. '요인' 박스 안의 '시점'을 오른쪽 '수평축 변수' 박스로 이동한다. 중간 정도에 위치한 '추가(A)'를 클릭하면 '도표(T)'에 시점이 생성된다. '다음' 계속을 클릭한다.

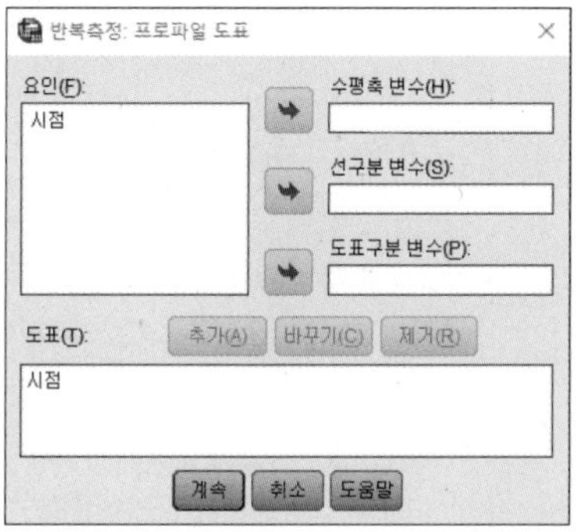

⑦ 다시 반복측정 창에서 '옵션'을 클릭하면 요인 및 상호작용 박스의 '시점'을 '평균 출력 기준'으로 이동시킨다. '주효과 비교'를 체크하면 신뢰구간 조정이 LSD (지정않음)으로 선택된다. 아래 표시 메뉴에서 '기술통계량'을 체크한다.

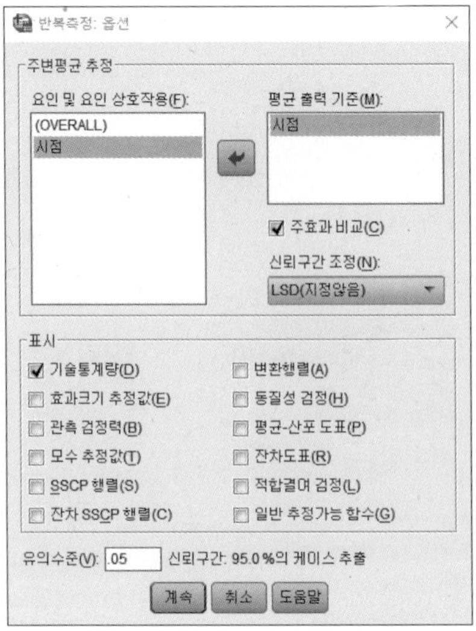

분산분석에서는 집단간 차이가 있으면 사후분석(post hoc)을 실시하는데, 이 분석방법에도 사후분석이라는 메뉴가 있기만, 이원분류 반복측정 분산분석에서 쓰이고 여기처럼 일원분류 반복측정 분산분석일 때는 주 효과 비교를 통해서 주요 효과만 사후검정을 할 수 있다. 뷰석 방법은 기본으로 LSD로 신택되어 있다. '계속' ▶ '확인'을 클릭하면 분석이 시작된다.

⑧ **출력결과**

- 개체-내 요인: 시점에 따른 종속변수의 설명으로 운동전, 1개월후, 2개월후이다.
- 기술통계량: 각 집단의 평균, 표준편차, 표본수에 대한 간단한 기술통계가 제시되어 있다.
- Mauchly의 구형성 검정: 먼저, Mauchly의 구형성 검정 표를 통해 구형성을 검정한다. 만약 구형성 가정이 성립되지 않으면($p<0.05$), '다변량 검정'의 표의 값으로 검정한다. 만약 구형성이 성립되면($p>0.05$), 개체-내 효과 검정(단일 변량 검정)의 결과를 이용한다.

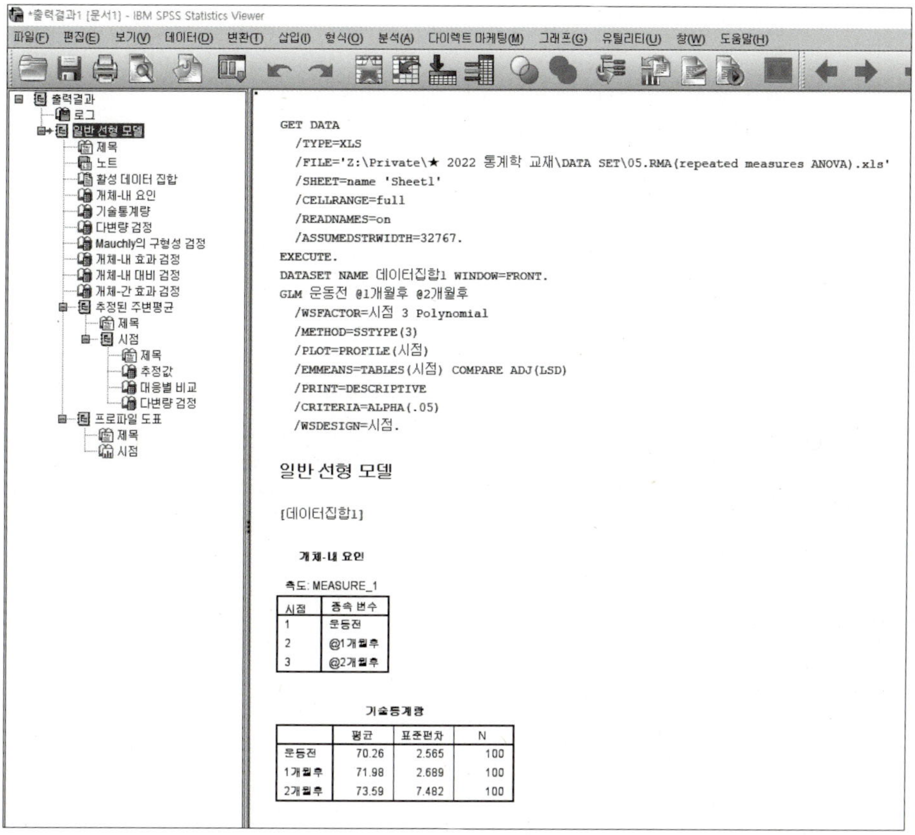

본 연구결과는 Mauchly의 구형성 검정이 표 10.4-1에서 보는 바와 같이 유의확률 0.000이므로 구형성 가정이 성립되지 않았기 때문에 '다변량 검정'의 값으로 결과 값을 해석한다.

표 10.4-1 **Mauchly의 구형성 검정**[a]

측도: MEASURE_1

개체-내 효과	Mauchly의 W	근사 카이제곱	자유도	유의확률	엡실런[b]		
					Greenhouse-Geisser	Huynh-Feldt	하한값
시점	0.542	60.114	2	0.000	0.686	0.692	0.500

정규화된 변형 종속변수의 오차 공분산행렬이 단위행렬에 비례하는 영가설을 검정한다.
a. Design: 절편
개체-내 계획: 시점
b. 유의성 평균검정의 자유도를 조절할 때 사용할 수 있습니다. 수정된 검정은 개체내 효과검정 표에 나타난다.

- 다변량 검정: 본 연구는 구형성 가정이 성립되지 않았으므로 다변량 검정 값을 사용하여 가설을 검증하는데, Pillai의 트레이스, Wilks의 람다, Hotelling의 트레이스, Roy의 최대 근 모두 유의확률이 0.05보다 작기 때문에 시점에 따라서 확률에 따라 유의한 차이가 있다고 판단한다. 그러므로 '운동효과를 측정한 세 시점에서 효과는 같다'라는 귀무가설을 기각하고 대립가설을 채택한다.

표 10.4-2 **다변량 검정[a]**

효과		값	F	가설 자유도	오차 자유도	유의확률
시점	Pillai의 트레이스	0.223	14.087[b]	2.000	98.000	0.000
	Wilks의 람다	0.777	14.087[b]	2.000	98.000	0.000
	Hotelling의 트레이스	0.287	14.087[b]	2.000	98.000	0.000
	Roy의 최대근	0.287	14.087[b]	2.000	98.000	0.000

a. Design: 절편
개체-내 계획: 시점
b. 정확한 통계량

- 개체-내 효과 검정: 만약에 구형성 가정이 성립되었다면 다변량 검정표 값을 사용하지 않고, 아래의 개체-내 효과 검정표를 사용하여 가설을 검증한다. 개체-내 효과 검정표에는 구형성 가정, Greenhouse-Geisser, Huynh-Feldt, 하한값 등 4개의 값이 표시되어 있다. 이 중에서 구형성의 가정이 성립이 되었다면, 구형성 가정의 값을 해석하면 된다. 다음의 Greenhouse-Geisser, Huynh-Feldt, 하한값은 Epsilion에 의해 교정된 값이다. 본 연구의 결과 시점에 따른 운동효과의 차이는 $F=11.425$, 유의확률(Sig.)$=0.000$으로 유의하게 나타난다. 개체-내 효과 검정표를 통한 운동효과 역시 시점에 따라 차이가 있는 것으로 나타난다.

표 10.4-3 **개체-내 효과 검정**

측도: MEASURE_1

소스		제 III 유형 제곱합	자유도	평균 제곱	F	유의확률
시점	구형성 가정	554.647	2	277.323	11.425	0.000
	Greenhouse-Geisser	554.647	1.371	404.476	11.425	0.000
	Huynh-Feldt	554.647	1.384	400.729	11.425	0.000
	하한값	554.647	1.000	554.647	11.425	0.001
오차(시점)	구형성 가정	4806.020	198	24.273		
	Greenhouse-Geisser	4806.020	135.756	35.402		
	Huynh-Feldt	4806.020	137.025	35.074		
	하한값	4806.020	99.000	48.546		

- 추정값: 다음으로 추정된 주변 평균에 대한 분석결과가 나타나는데, 추정값에는 시점에 따른 평균, 표준오차, 95% 신뢰구간에 대한 기술통계가 제시된다.

표 10.4-4 **추정값**

측도: MEASURE_1

시점	평균	표준오차	95% 신뢰구간	
			하한값	상한값
1	70.260	0.256	69.751	70.769
2	71.980	0.269	71.446	72.514
3	73.590	0.748	72.105	75.075

- 대응별 비교: 다음 표의 대응별 비교에는 각 시점의 주요 효과를 비교 분석한 결과가 나와 있다. 먼저 시점 1과 시점 2 간의 평균차이를 보면 유의확률이 0.000으로 나타나 두 시점 간에 차이가 있음이 검정되었다. 시점 1과 시점 3 간에도 유의확률이 0.000으로 나타나 두 시점 간에 차이가 있음이 검정되었다. 시점 2와 시점 3 간에는 유의확률이 0.048 ($p<0.05$)로 두 시점 간에는 차이가 있음이 검정되었다.

표 10.4-5 **대응별 비교**

측도: MEASURE_1

(I) 시점	(J) 시점	평균차(I-J)	표준오차	유의확률[b]	차이에 대한 95% 신뢰구간[b]	
					하한값	상한값
1	2	-1.720*	0.396	0.000	-2.506	-0.934
	3	-3.330*	0.809	0.000	-4.935	-1.725
2	1	1.720*	0.396	0.000	0.934	2.506
	3	-1.610*	0.803	0.048	-3.204	-0.016
3	1	3.330*	0.809	0.000	1.725	4.935
	2	1.610*	0.803	0.048	0.016	3.204

추정된 주변평균을 기준으로
*. 평균차는 0.05 수준에서 유의하다.
b. 다중비교에 대한 조정: 최소유의차(조정하지 않은 상태와 동일하다.)

그 다음은 각 시점에서 추정된 주변 평균값에 대한 프로파일 도표이다.

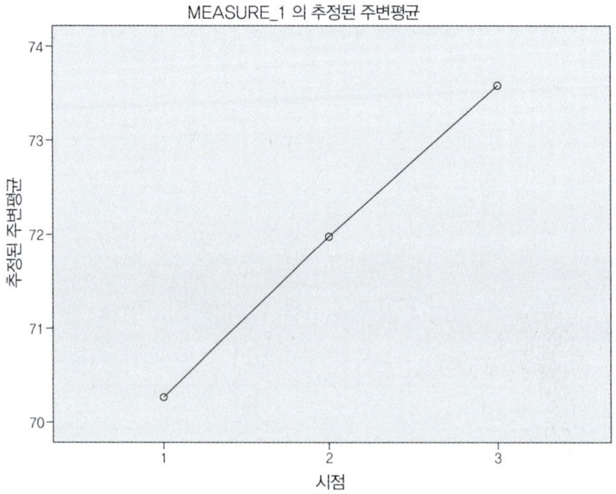

2) 반복측정 분산분석 논문에 표기하는 방법

	운동전	1개월후	3개월후	F	p
	M ± SD	M ± SD	M ± SD		
운동 레벨	70.26 ±2.56	71.98±2.68	73.59±7.48	14.087	< 0.001
	md 1.72, p < 0.001		md 1.61, p < 0.05		
	md-0.11, p < 0.001				

Note) md: mean difference

5. 반복측정 분산분석 - 비모수 분석

반복측정 분산분석은 동일 대상에 대해서 시간의 흐름에 따라 3회 이상 반복하여 측정한 자료를 검증할 때 사용되는데, 반복측정 분산분석도 표본의 수가 30개 미만일 때는 정규분포를 가정할 수 없다. 따라서 Friedman test 등과 같은 비모수 분석을 사용해야 한다.

비모수 반복측정 분산분석 방법을 이용하기 위한 SPSS 메뉴 이용 방법은 아래와 같다.

분석(A) ▶ 비모수 검정(N) ▶ 레거시 대화상자(L) ▶ 대응 K-표본(S)

또한 대응표본 평균차이를 검증하기 위한 비모수 방법 중에서 SPSS에서 이용할 수 있는 방법으로는 Friedman, Kendall의 W, Cochran의 Q방법이 있다. Cochran의 Q는 Friedman 검정과 동일하나 모든 응답이 이분형인 경우 적용할 수 있다. 이 방법은 McNemar 검정을 K 표본 상황으로 확장한 것이다.

예시. 운동 효과를 측정하기 위해서 남녀 3명씩 총 6명을 3회 운동 레벨 측정, 운동전, 1개월 후, 2개월 후 등 시점에 따라 차이가 있는지를 알아보고자 한다. 운동 효과는 어느 시점에 가장 극대화 되는지 알아보자. 분석을 하기 위해서 우선 가설을 설정한다. 귀무가설과 대립가설은 각각 다음과 같다.

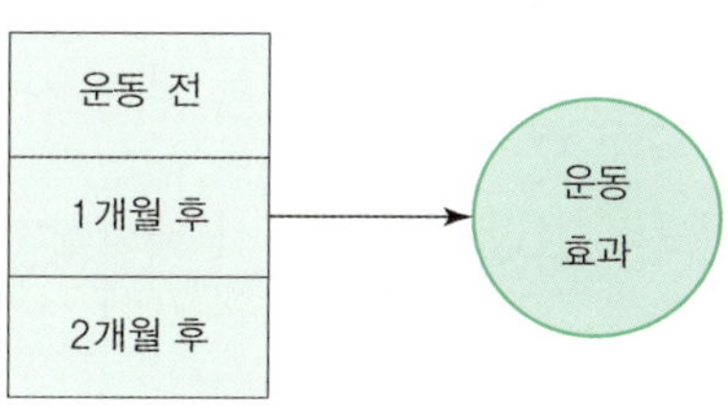

귀무가설: 운동효과를 측정한 세 시점에서 효과는 같다.

대립가설: 운동효과를 측정한 세 시점에서 효과는 같지 않다.

이 예제에 적합한 분석방법은 반복측정 분산분석이다. 집단을 구분하는 변수는 운동전, 운동후 1개월, 운동후 2개월의 시점에 대해서 운동효과에 차이가 있는지를 알아보고자 하는 것이기 때문이다.

1) SPSS 프로그램 실습: 반복측정 분산분석

① SPSS 프로그램을 실행한 후 ▶ 데이터 열기 아이콘을 클릭한다 ▶ 데이터 열기 창에서 파일 유형을 'Excel'로 설정한다 ▶ 05.RMA(repeated measures ANOVA Non parametric test).xls 파일을 선택하고 '열기'를 클릭하여 해당파일을 불러온다.

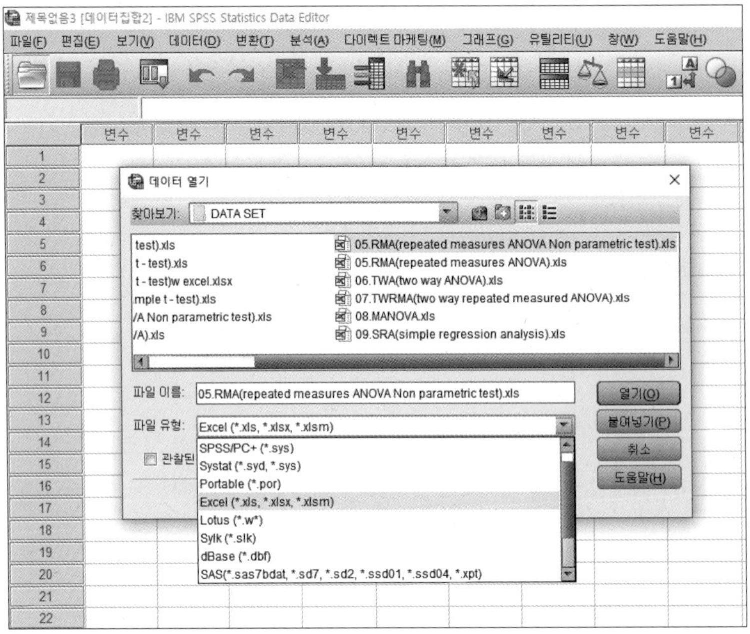

② 메뉴의 '분석' ▶ '비모수 검정' ▶ '레거시 대화상자' ▶ '대응 K 표본'을 선택한다.

③ 대응 K-표본 비모수검정 창에서 '운동전', '1개월후', '2개월후'를 오른쪽 '검정변수'로 이동한다. 아래 검정유형에서 'Friedman'에 체크한다.

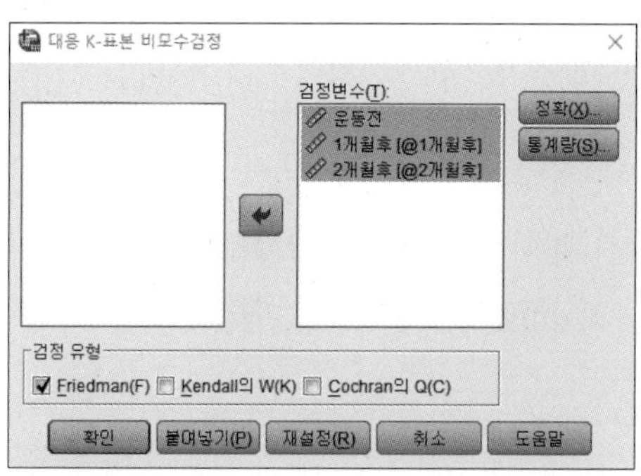

④ 오른쪽 '통계량' 클릭 ▶ '기술통계' 체크 후 '계속' ▶ '확인'을 클릭하면 분석이 시작된다.

⑤ 출력결과

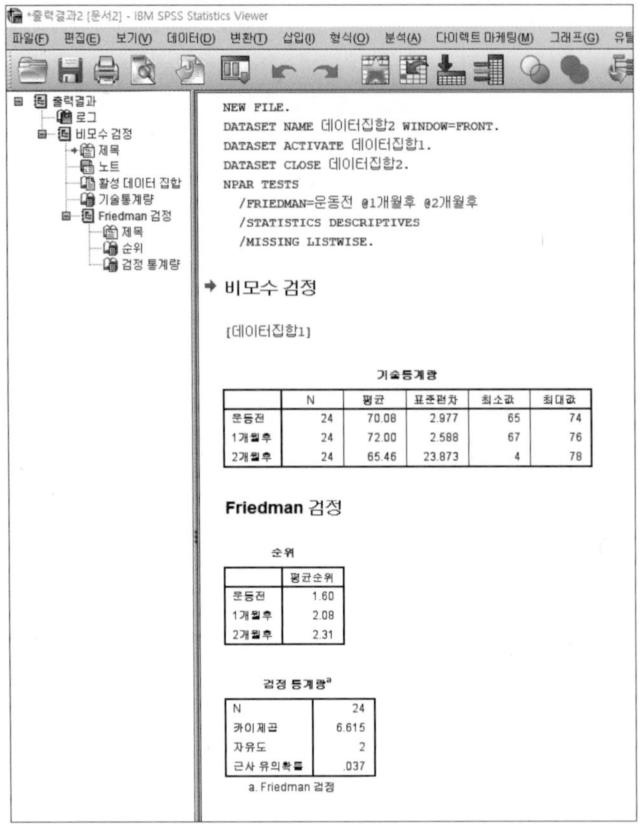

이후에는 어느 시점에 차이가 나는지 검정해야 하는데, 비모수 통계에서는 사후분석을 할 수 없다. 따라서 집단간의 차이를 보려 한다면 **비모수 대응표본 T검정**(분석 ▶ 비모수검정 ▶ 레거시 대화상자 ▶ 대응2 표본을 통해서 각각 분석해야 한다(운동전 vs 1개월후, 운동전 vs 3개월후, 1개월후 vs 3개월후).

<table>
<tr><th rowspan="2"></th><th>운동전</th><th>1개월후</th><th>3개월후</th><th rowspan="2">Chi-square</th><th rowspan="2">p</th></tr>
<tr><th>M ± SD</th><th>M ± SD</th><th>M ± SD</th></tr>
<tr><td rowspan="3">운동 레벨</td><td>70.08 ±2.97</td><td>72.00±2.58</td><td>65.46±23.87</td><td rowspan="3">6.615</td><td rowspan="3">< 0.037</td></tr>
<tr><td colspan="3">z = −1.812, p < 0.07 | z = −0.700, p < 0.484</td></tr>
<tr><td colspan="3">z = −1.736, p < 0.083</td></tr>
</table>

6. 이원분산분석

이원분산분석(two way ANOVA)은 집단을 구분하는 독립변수가 둘이고 복수의 표본에 대해서 종속변수가 하나인 경우 종속변수의 평균 차이를 비교하는 분석방법이다.

예시. 젊은층이 많이 찾는 커피 브랜드 A와 커피 브랜드 B를 기준으로 카페를 나누고, 각 카페의 인테리어 상태를 '인테리어 양호' '인테리어 불량'으로 나눈 뒤, 각각의 요소들이 매출에 어떠한 영향을 미치는지 조사한다.

카페를 브랜드에 따라서 명목척도로 A브랜드, B브랜드로 나누고, 인테리어 상태에 따라서 명목척도로 인테리어 양호, 인테리어 불량으로 나누어 독립변수로 설정한다. 카페 브랜드와 인테리어 상태가 매출에 미치는 영향을 알아보기 위해서 비율척도인 매출액을 종속변수로 설정한다. 분석을 하기 위해서 우선 가설을 설정한다. 귀무가설과 대립가설은 각각 다음과 같다.

귀무가설 1: 카페 브랜드에 따른 매출액의 차이는 없을 것이다.

대립가설 1: 카페 브랜드에 따른 매출액의 차이는 있을 것이다.

귀무가설 2: 인테리어 상태에 따른 매출액의 차이는 없을 것이다.

대립가설 2: 인테리어 상태에 따른 매출액의 차이는 있을 것이다.

이 예제에 적합한 분석방법은 이원분산분석이다. 집단을 구분하는 변수는 '카페 브랜드'와 '인테리어 상태' 2개이고 카페브랜드 A, B와 인테리어 상태에 대해서 매출에 차이가 있는지를 알아보고자 하는 것이기 때문이다.

1) SPSS 프로그램 실습: 이원분산분석

① SPSS 프로그램을 실행한 후 ▶ 데이터 열기 아이콘을 클릭한다 ▶ 데이터 열기 창에서 파일 유형을 'Excel'로 설정한다 ▶ 06.TWA(two way ANOVA).xls 파일을 선택하고 '열기'를 클릭하여 해당파일을 불러온다.

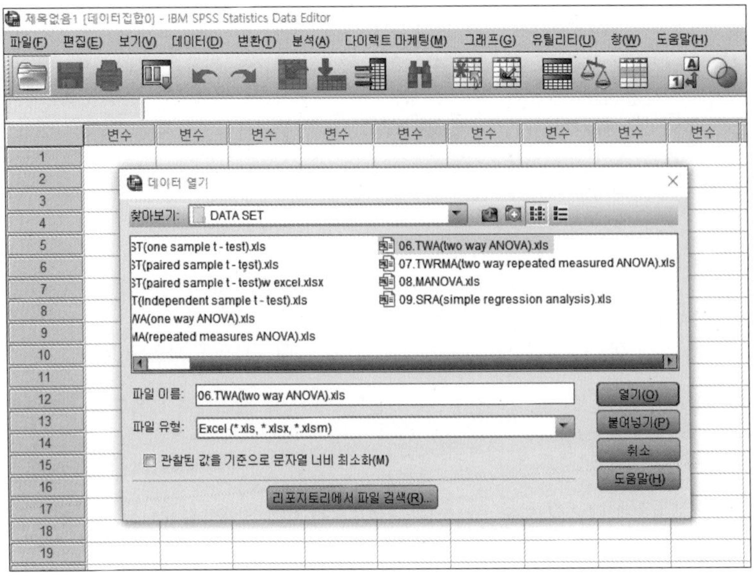

② Excel 데이터 소스 열기 창이 열리면 ▶ '데이터 첫 행에서 변수 이름 읽어오기'에 체크를 한 후 ▶ '확인'을 클릭한다.

③ 화면 좌측아래 '변수보기' 탭을 클릭하여 ▶ 값 열의 '없음'을 클릭하면 점 세 개 버튼 [...]이 보이는데 이곳을 클릭한다.

④ 변수값 설명 창에서 ▶ 설문지의 '기준값'과 '설명' 칸에 각각 기입(Brand: 1=A브랜드, 2=B브랜드, 3=C브랜드, Interior: 1=인테리어 양호, 2=인테리어 보통, 3=인테리어 불량) ▶ 순서대로 '추가'를 클릭하면서 진행하고 ▶ 입력을 모두 마치면 '확인'을 클릭한다.

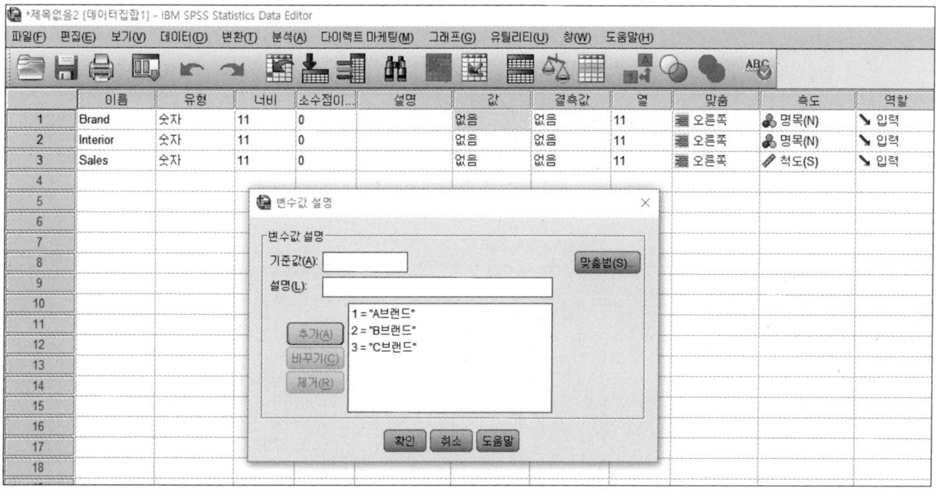

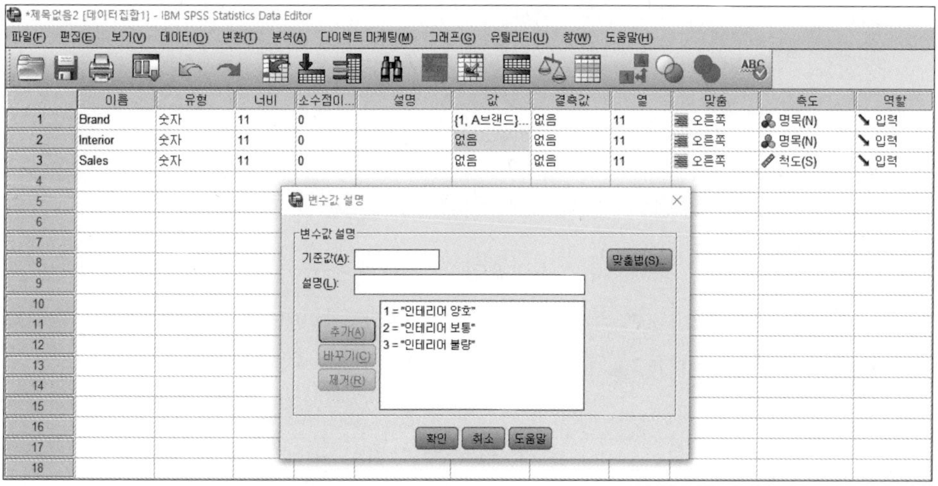

⑤ 데이터 편집 창에서 '분석' ▶ '일반선형모형' ▶ '일변량'을 클릭한다.

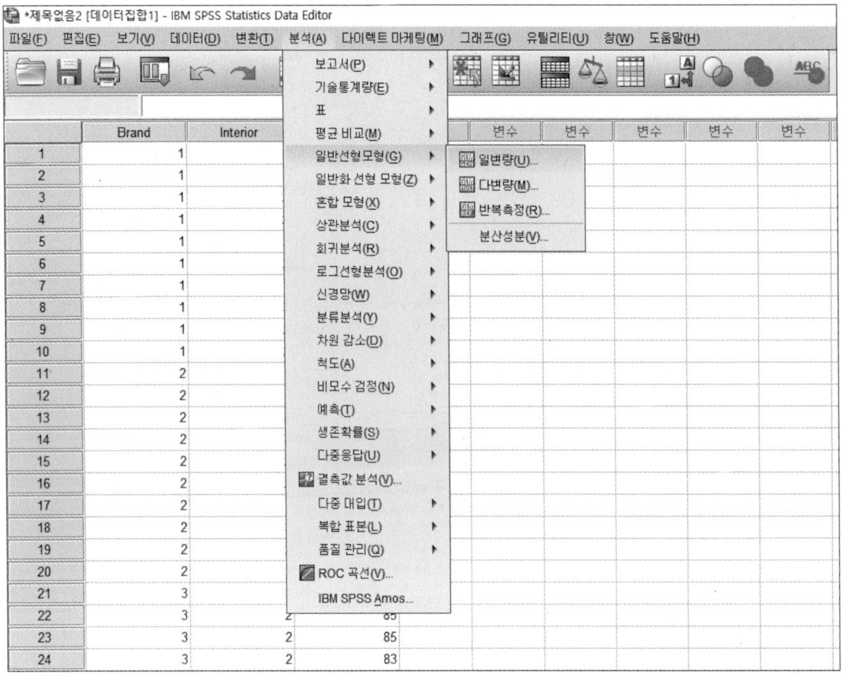

⑥ 분석의 목적은 브랜드 A, B, C와 인테리어 양호, 보통, 불량에 따라서 매출의 차이가 나는지를 확인하는 것이기 때문에 일변량 분석 창에서 ▶ 'Sales'을 '종속변수'로 이동하고 ▶ 표본의 특성에 해당하는 'Brand'와 'Interior'는 '모수요인'으로 이동시킨 후 ▶ '모형'을 클릭한다.

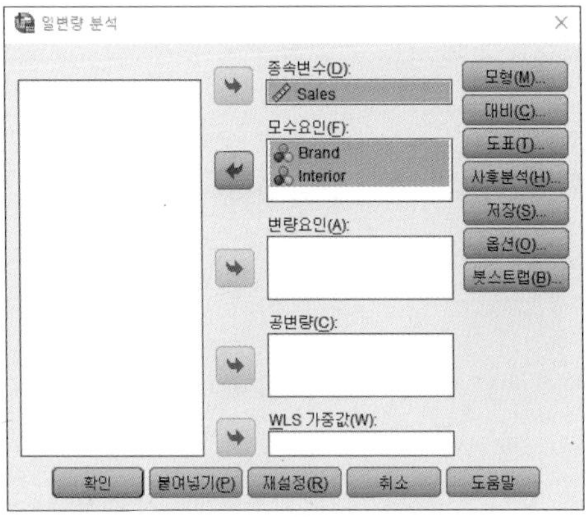

⑦ 일변량: 모형 창에서 ▶ '모형설정'을 '사용자 정의'로 선택한다. ▶ 가운데 '항 설정'을 '주효과'로 변경하고, ▶ 왼쪽 '요인 및 공변량' 박스의 'Brand', 'Interior'를 오른쪽 박스 '모형'으로 이동시킨다. 그 다음에 '계속'을 클릭한다.

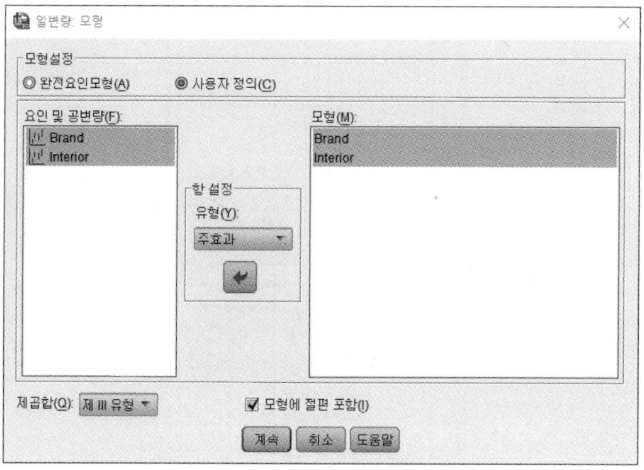

⑧ 일변량 분석 창에서 '옵션'을 클릭하면, 일변량: 옵션 창이 생성된다. ▶ 일변량: 옵션 창에서 '기술통계량'에 체크한 후, '계속'을 클릭한다. ▶ 다시 일변량 분석 창으로 와서 '확인'을 클릭한다.

⑨ 출력결과

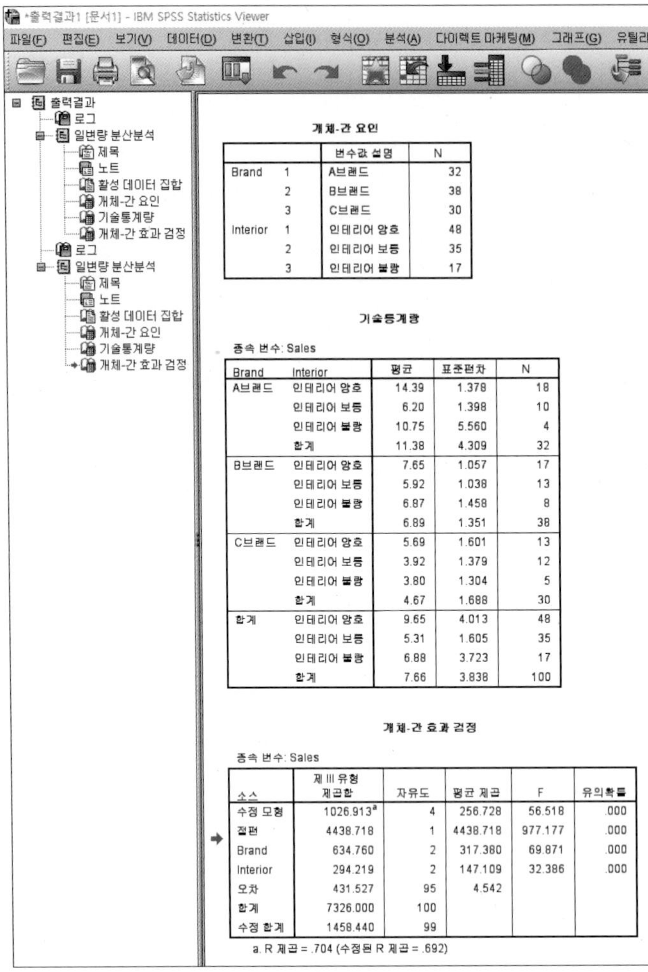

개체-간 요인

		변수값 설명	N
Brand	1	A브랜드	32
	2	B브랜드	38
	3	C브랜드	30
Interior	1	인테리어 양호	48
	2	인테리어 보통	35
	3	인테리어 불량	17

기술통계량

종속 변수: Sales

Brand	Interior	평균	표준편차	N
A브랜드	인테리어 양호	14.39	1.378	18
	인테리어 보통	6.20	1.398	10
	인테리어 불량	10.75	5.560	4
	합계	11.38	4.309	32
B브랜드	인테리어 양호	7.65	1.057	17
	인테리어 보통	5.92	1.038	13
	인테리어 불량	6.87	1.458	8
	합계	6.89	1.351	38
C브랜드	인테리어 양호	5.69	1.601	13
	인테리어 보통	3.92	1.379	12
	인테리어 불량	3.80	1.304	5
	합계	4.67	1.688	30
합계	인테리어 양호	9.65	4.013	48
	인테리어 보통	5.31	1.605	35
	인테리어 불량	6.88	3.723	17
	합계	7.66	3.838	100

개체-간 효과 검정

종속 변수: Sales

소스	제 III 유형 제곱합	자유도	평균 제곱	F	유의확률
수정 모형	1026.913[a]	4	256.728	56.518	.000
절편	4438.718	1	4438.718	977.177	.000
Brand	634.760	2	317.380	69.871	.000
Interior	294.219	2	147.109	32.386	.000
오차	431.527	95	4.542		
합계	7326.000	100			
수정 합계	1458.440	99			

a. R 제곱 = .704 (수정된 R 제곱 = .692)

- 개체-간 요인: 브랜드와 인테리어 상태는 spss '변수보기' 탭 '값'에서 설정한 대로 브랜드는 1＝A브랜드, 2＝B브랜드, 3＝C브랜드, 인테리어 상태는 1＝인테리어 양호, 2＝인테리어 보통, 3＝인테리어 불량으로 변수값이 설명되어 있다. N은 표본의 개수이다.
- 기술통계량: 종속변수 Sales에 대한 Brand와 Interior 간의 설문 응답자의 평균, 표준편차 그리고 각각에 대한 표본의 수는 N으로 나타나 있다.
- 개체-간 효과 검정: Brand와 Interior에 따른 매출액의 변화는 유의확률 p값

의 임계치인 0.05보다 작기 때문에 귀무가설을 기각하고 대립가설을 채택한다. 이 의미는 브랜드와 인테리어상태에 따라서 매출액이 통계적으로 유의한 차이가 있다는 뜻이다.

위의 분석결과에서 브랜드와 인테리어상태에 따라 매출액의 차이가 있음을 확인했다. 그러나 어떤 브랜드와 인테리어상태에 따라서 매출에 어떻게 영향을 주는지 확인하기 위해서는 사후분석을 실시해야 한다.

2) SPSS 프로그램 실습: 이원분산분석의 사후분석

① 데이터 편집 창에서 '분석' ▶ '일반선형모형' ▶ '일변량'을 클릭한다.

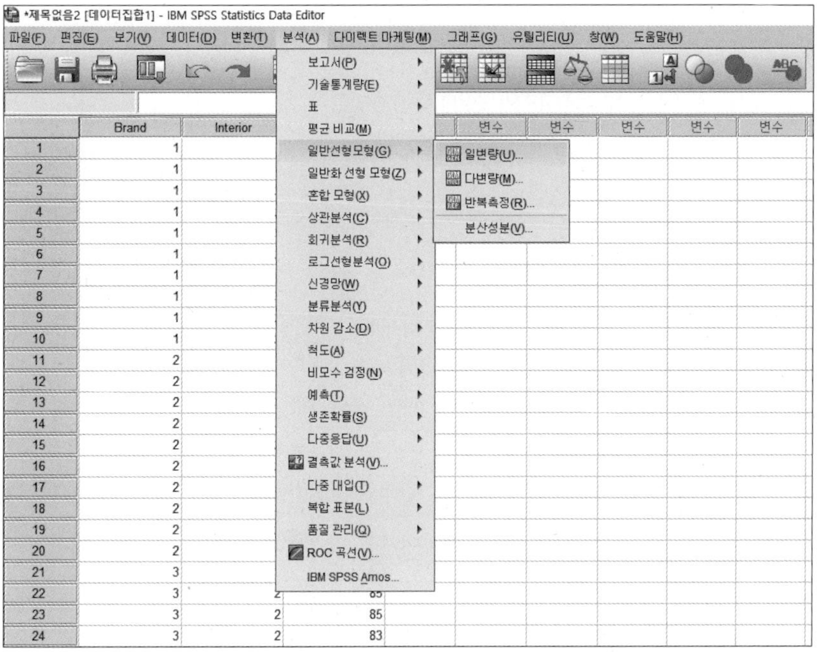

② 일변량 분석 창에서 ▶ '종속변수'에 'Sales', '모수요인'에 'Interior', 'Brand'를 이동한다. ▶ '사후분석' 클릭 ▶ 일변량: 관측평균의 사후분석 다중비교 창의 '사후검정변수' 박스에 'Brand'와 'Interior'를 이동시킨다. ▶ '등분산을 가정함' 메뉴의 'Scheffe'에 체크한 후 '계속' 클릭 ▶ '확인'을 클릭하면 분석이 시작된다.

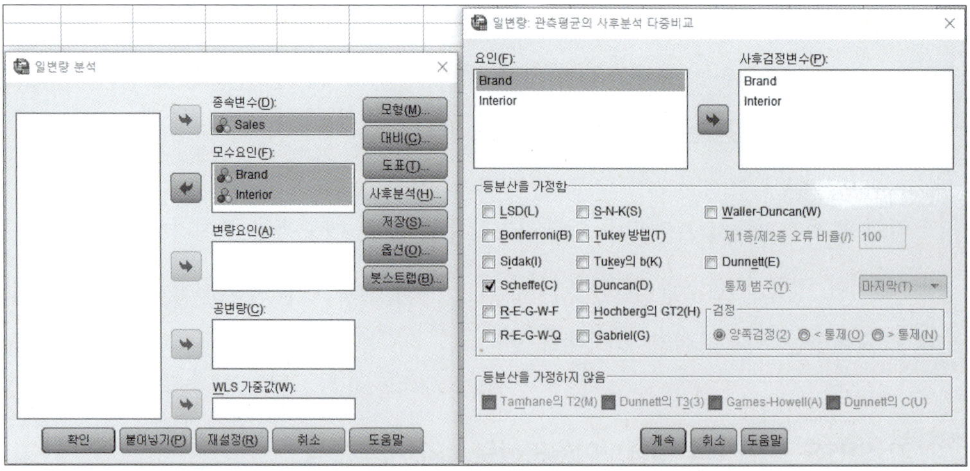

③ 출력결과

- 사후검정: 우선, Brand의 유의확률(p값)을 확인해 보자. A 브랜드, B 브랜드, C 브랜드 모두 p값의 임계치 0.05를 넘지 않기 때문에(0.000) 다른 브랜드와의 차이가 통계적으로 유의한 차이가 있다고 판단할 수 있다. 그러므로 "카페 브랜드에 따른 매출액의 차이는 없을 것이다."라는 귀무가설은 기각되고, 대립가설이 채택된다. 각 브랜드 간의 매출 차이를 알아보기 위해서는 평균차(I−J)를 통해서 서로 간의 매출 차이를 판단할 수 있다.

표 10.6–1 **다중비교(Scheffe) – Brand**

종속변수: Sales

(I) Brand	(J) Brand	평균차(I - J)	표준오차	유의확률	95% 신뢰구간	
					하한값	상한값
A브랜드	B브랜드	4.48*	0.395	0.000	3.50	5.46
	C브랜드	6.71*	0.419	0.000	5.67	7.75
B브랜드	A브랜드	-4.48*	0.395	0.000	-5.46	-3.50
	C브랜드	2.23*	0.402	0.000	1.23	3.23
C브랜드	A브랜드	-6.71*	0.419	0.000	-7.75	-5.67
	B브랜드	-2.23*	0.402	0.000	-3.23	-1.23

관측평균을 기준으로 한다.
오류 조건은 평균 제곱(오류) = 2.712이다.
* 평균차는 0.05 수준에서 유의하다.

다음은 Interior의 유의확률(p값)을 확인해보면, 인테리어 양호, 인테리어 보통, 인테리어 불량 값은 모두 p값의 임계치 0.05를 넘지 않기 때문에 다른 브랜드와의 차이가 통계적으로 유의한 차이가 있다고 판단할 수 있다. 인테리어 보통과 인테리어 불량관계는 p값이 0.007이지만 마찬가지로 0.05 이하를 넘지 않는다.

그러므로 "인테리어 상태에 따른 매출액의 차이는 없을 것이다."라는 귀무가설은 기각되고, 대립가설이 채택된다. 각 인테리어 상태의 매출 차이를 알아보기 위해서는 평균차(I−J)를 통해서 서로간의 매출 차이를 판단할 수 있다.

표 10.6-2 **다중비교(Scheffe)–Interior**

종속변수: Sales

(I) Interior	(J) Interior	평균차(I − J)	표준오차	유의확률	95% 신뢰구간	
					하한값	상한값
인테리어 양호	인테리어 보통	4.33*	0.366	0.000	3.42	5.24
	인테리어 불량	2.76*	0.465	0.000	1.61	3.92
인테리어 보통	인테리어 양호	−4.33*	0.366	0.000	−5.24	−3.42
	인테리어 불량	−1.57*	0.487	0.007	−2.78	−0.36
인테리어 불량	인테리어 양호	−2.76*	0.465	0.000	−3.92	−1.61
	인테리어 보통	1.57*	0.487	0.007	0.36	2.78

관측평균을 기준으로 한다.
오류 조건은 평균 제곱(오류) = 2.712이다.
* 평균차는 0.05 수준에서 유의하다.

7. 이원분산분석의 상호작용효과

분산분석은 3개 이상 집단의 평균을 비교할 때 사용하는데, 종속변수와 독립변수의 개수에 따라서 여러가지 방법이 있다는 것을 학습하였다. 이원분산분석은 집단을 구분하는 독립변수가 둘이고 복수의 표본에 대해서 종속변수가 하나인 경우 종속변수의 평균 차이를 비교하는 분석방법인데, 각 독립변수에 대해서 일원분산분석을 실시하면 되는 것이 아닐까라고 생각할 수 있겠지만, 일원분산분석을 각각 실시하는 것과 이원분산분석과의 결정적 차이는 이원분산분석에서는 '상호작용효과'를 분석할 수 있다는 것이다. 이렇듯 두 가지 독립변수가 서로 복합적으로 작용하여 영향을 미치는 상호작용효과를 고려한 분산분석을 '이원분산분석의 상호작용효과'이라고 한다.

예시. 젊은층이 많이 찾는 카페 브랜드 A와 카페 브랜드 B를 기준으로 카페를 나누고, 각 카페의 인테리어 상태를 '인테리어 양호' '인테리어 불량'으로 나눈 뒤, 각각의 요소들이 매출에 어떠한 영향을 미치는지 조사 한다.

카페를 브랜드에 따라서 명목척도로 A 브랜드, B 브랜드로 나누고, 인테리어상태에 따라서 명목척도로 인테리어 양호, 인테리어 불량으로 나누어 독립변수로 설정한다. 카페 브랜드와 인테리어상태가 매출에 미치는 영향을 알아보기 위해서 비율척도인 매출액을 종속변수로 설정하여 이원분산분석을 실시한다.

이번에는 상호작용 효과도 같이 확인해야 하므로, A, B 브랜드와 인테리어상태 양호, 불량까지는 동일하게 진행하되 상호작용인 '브랜드와 인테리어상태'가 동시에 영향을 미치는 영향을 추가로 확인해야 한다.

분석을 하기 위해서 우선 가설을 설정한다. 귀무가설과 대립가설은 각각 다음과 같다.

귀무가설 1: 카페 브랜드에 따른 매출액의 차이는 없을 것이다.

대립가설 1: 카페 브랜드에 따른 매출액의 차이는 있을 것이다.

귀무가설 2: 인테리어상태에 따른 매출액의 차이는 없을 것이다.

대립가설 2: 인테리어상태에 따른 매출액의 차이는 있을 것이다.

귀무가설 3: 브랜드와 인테리어상태가 상호작용해도 매출액에 차이가 없을 것이다.

대립가설 3: 브랜드와 인테리어상태가 상호작용하여 매출액에 차이가 있을 것이다.

이 예제에 적합한 분석방법은 이원분산분석 상호작용 효과이다. 집단을 구분하는 변수는 '카페 브랜드'와 '인테리어상태' 2개이고 카페 브랜드 A, B와 인테리어상태에 대해서 매출에 차이가 있는지를 확인하고, 추가적으로 브랜드, 인테리어상태 두 개의 독립변수가 상호작용을 일으켜 미치는 영향까지 확인해야 한다.

위의 세 가지 가설 중에서 가설 1과 가설 2는 주효과 검정 이원분산분석에서 이미 실시하였으므로 이번에는 가설 3을 확인하도록 한다.

1) SPSS 프로그램 실습: 이원분산분석

① SPSS 프로그램을 실행한 후 ▶ 데이터 열기 아이콘을 클릭한다 ▶ 데이터 열기 창에서 파일 유형을 'Excel'로 설정한다 ▶ 06.TWA(two way ANOVA).xls 파일을 선택하고 '열기'를 클릭하여 해당파일을 불러온다.

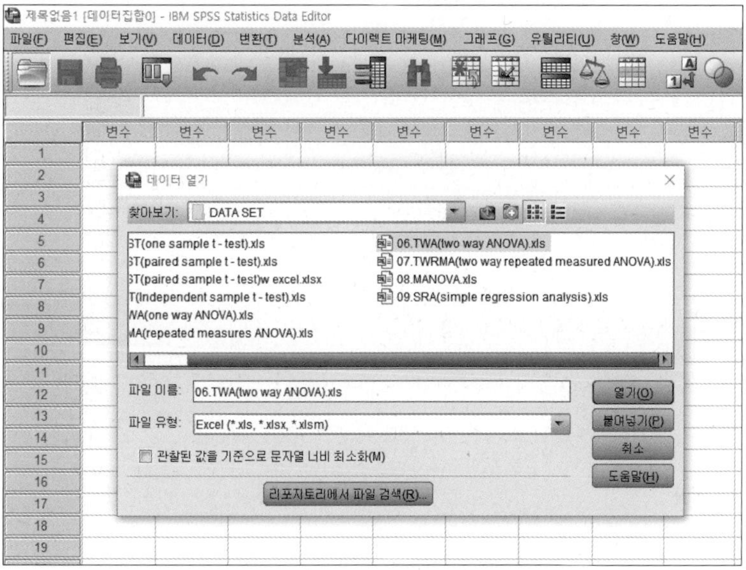

② Excel 데이터 소스 열기 창이 열리면 ▶ '데이터 첫 행에서 변수 이름 읽어오기'에 체크한 후 ▶ '확인'을 클릭한다.

③ 화면 좌측아래 '변수보기' 탭을 클릭하여 ▶ 값 열의 '없음'을 클릭하면 점 세 개 버튼 [...]이 보이는데 이곳을 클릭한다.

④ 변수값 설명 창에서 ▶ 설문지의 '기준값'과 '설명' 칸에 각각 기입(Brand: 1=A브랜드, 2=B브랜드, 3=C브랜드, Interior: 1=인테리어 양호, 2=인테리어 보통, 3=인

테리어 불량) ▶ 순서대로 '추가'를 클릭하면서 진행하고 ▶ 입력을 모두 마치면 '확인'을 클릭한다.

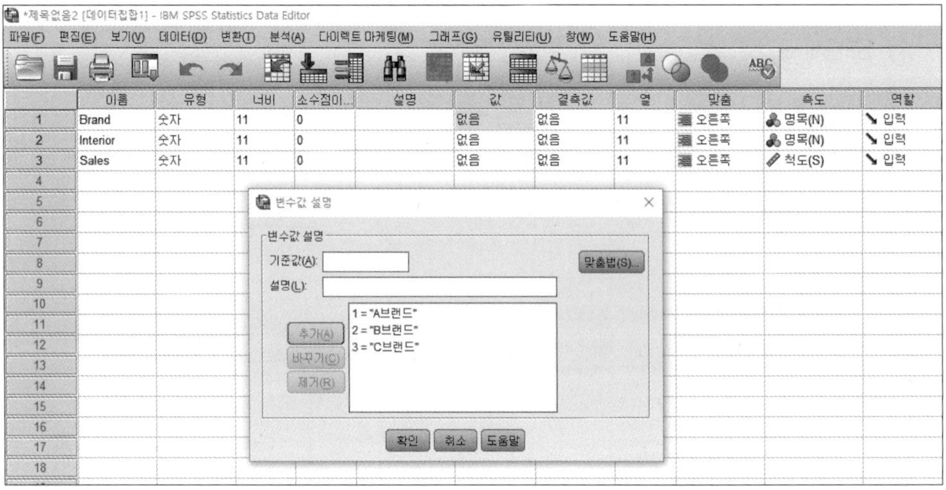

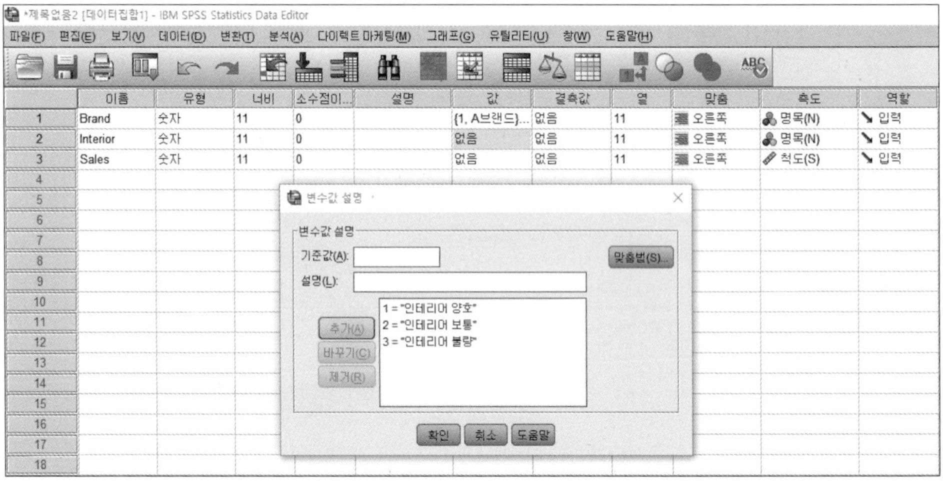

⑤ 데이터 편집 창에서 '분석' ▶ '일반선형모형' ▶ '일변량'을 클릭한다.

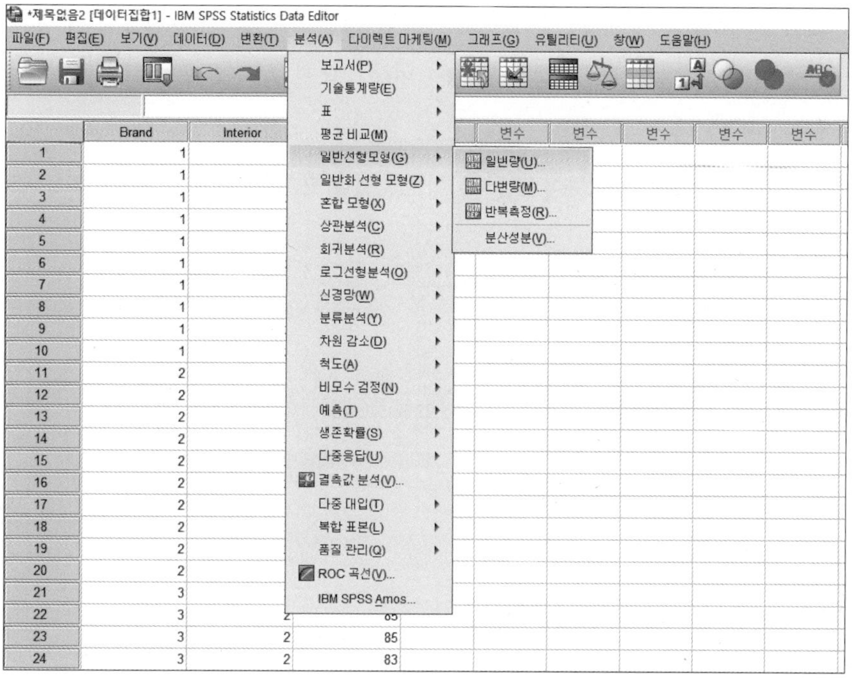

⑥ 분석의 목적은 브랜드 A, B, C와 인테리어 양호, 보통, 불량에 따라서 매출의 차이가 나는지를 확인하는 것이기 때문에 일변량 분석 창에서 'Sales'을 '종속변수'로 이동하고 ▶ 표본의 특성에 해당하는 'Brand'와 'Interior'는 '모수요인'으로 이동시킨 후 ▶ '모형'을 클릭한다.

⑦ 일변량: 모형 창에서 ▶ '모형설정'을 '사용자 정의'로 선택한다. 가운데 '항 설정'을 '상호작용'으로 변경하고, ▶ 왼쪽 '요인 및 공변량' 박스의 'Brand', 'Interior'를 오른쪽 박스 '모형'으로 하나씩 이동시킨다. 그 다음 'Brand', 'Interior'를 함께 선택하여 오른쪽 박스 '모형'으로 한번에 이동시킨다. '계속'을 클릭한다.

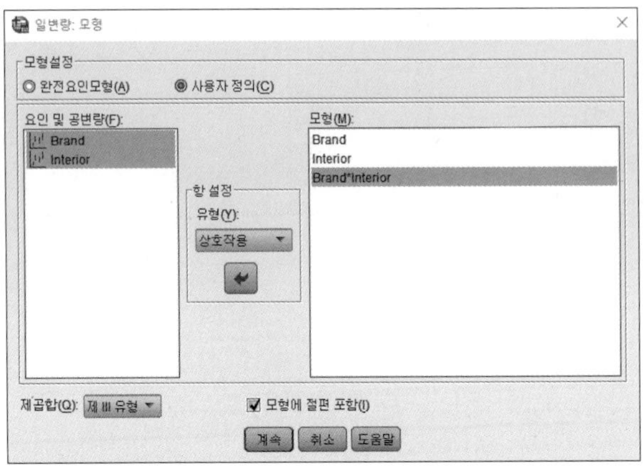

⑧ 일변량 분석 창에서 '옵션'을 클릭하면, 일변량: 옵션 창이 생성된다. '요인 및 상호작용(F)'에서 'Brand', 'Interior', 'Brand*Interior'를 선택하고 ▶ 오른쪽 '평균 출력 기준' 박스로 이동시킨다. '표시'에서 '기술통계량'에 체크하고 '계속'을 클릭한 후 ▶ 다시 일변량 분석 창으로 와서 '확인'을 클릭한다.

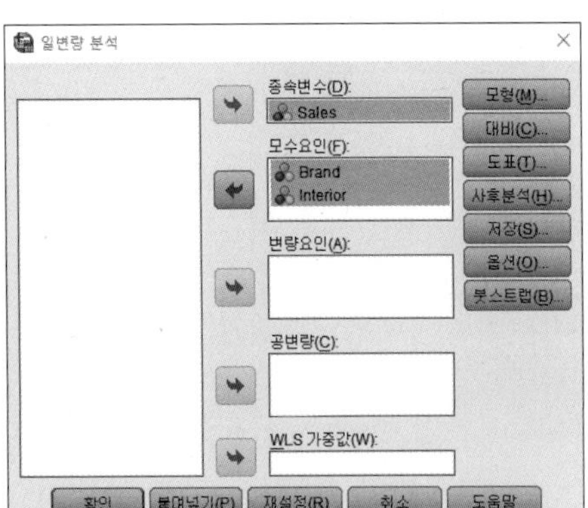

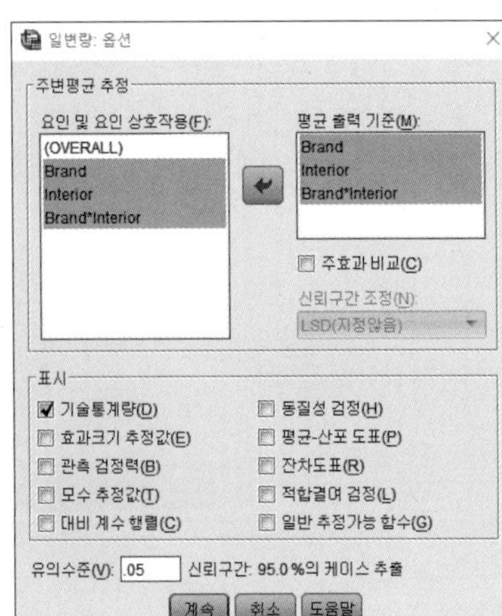

⑨ 출력결과

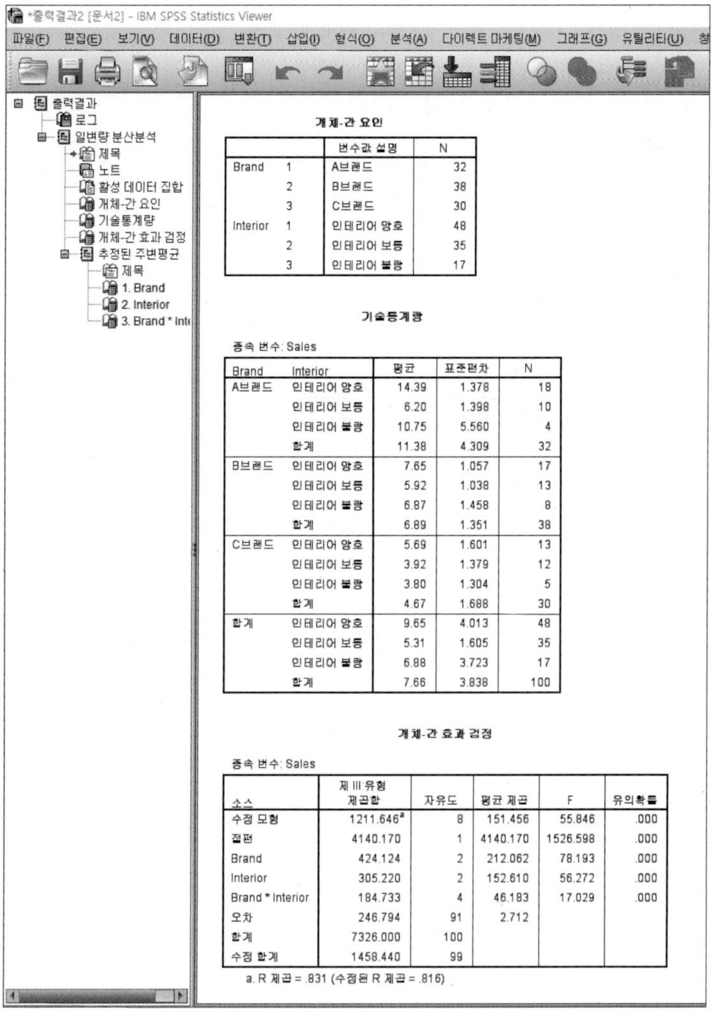

개체-간 요인

		변수값 설명	N
Brand	1	A브랜드	32
	2	B브랜드	38
	3	C브랜드	30
Interior	1	인테리어 양호	48
	2	인테리어 보통	35
	3	인테리어 불량	17

기술통계량

종속 변수: Sales

Brand	Interior	평균	표준편차	N
A브랜드	인테리어 양호	14.39	1.378	18
	인테리어 보통	6.20	1.398	10
	인테리어 불량	10.75	5.560	4
	합계	11.38	4.309	32
B브랜드	인테리어 양호	7.65	1.057	17
	인테리어 보통	5.92	1.038	13
	인테리어 불량	6.87	1.458	8
	합계	6.89	1.351	38
C브랜드	인테리어 양호	5.69	1.601	13
	인테리어 보통	3.92	1.379	12
	인테리어 불량	3.80	1.304	5
	합계	4.67	1.688	30
합계	인테리어 양호	9.65	4.013	48
	인테리어 보통	5.31	1.605	35
	인테리어 불량	6.88	3.723	17
	합계	7.66	3.838	100

개체-간 효과 검정

종속 변수: Sales

소스	제 III 유형 제곱합	자유도	평균 제곱	F	유의확률
수정 모형	1211.646[a]	8	151.456	55.846	.000
절편	4140.170	1	4140.170	1526.598	.000
Brand	424.124	2	212.062	78.193	.000
Interior	305.220	2	152.610	56.272	.000
Brand * Interior	184.733	4	46.183	17.029	.000
오차	246.794	91	2.712		
합계	7326.000	100			
수정 합계	1458.440	99			

a. R 제곱 = .831 (수정된 R 제곱 = .816)

- 개체-간 요인, 기술통계량: 앞서 분석했던 이원분산분석과 동일하다. 다른 부분은 개체-간 효과 검정표에 'Brand*Interior'가 추가되었다는 것이다.

이에 따른 가설은 브랜드와 인테리어상태가 상호작용하면 매출액에 차이가 있을 것인지에 대한 것이다. 여기서 F값은 17.029, $p=0.000$이므로 유의확률의 임계치 0.05보다 작기 때문에 귀무가설을 기각한다. 그러므로 브랜드와 인테리어 상태가 상호작용하면 매출액에 유의한 영향을 미칠 수 있다는 것이 검증되었다.

표 10.7-1 **개체-간 효과 검정**

종속변수: Sales

소스	제 III 유형 제곱합	자유도	평균 제곱	F	유의확률
수정 모형	1211.646[a]	8	151.456	55.846	0.000
절편	4140.170	1	4140.170	1526.598	0.000
Brand	424.124	2	212.062	78.193	0.000
Interior	305.220	2	152.610	56.272	0.000
Brand * Interior	184.733	4	46.183	17.029	0.000
오차	246.794	91	2.712		
합계	7326.000	100			
수정 합계	1458.440	99			

[a] R 제곱 = 0.831 (수정된 R 제곱 = 0.816)

8. 이원 반복측정 분산분석

2개의 요인 중에서 1개의 요인이 시점일 경우에는 **이원 반복측정 분산분석**(two way repeated measures ANOVA, TWRMA)이 사용된다. 집단에 따른 시점 차이를 검증하고자 할 때 사용할 수 있다. 또한 실험군과 대조군으로 나누어 실험 전후의 차이를 검증할 때도 이용할 수 있다.

예시. E 대학 식품산업외식학과에서 건강기능식품을 개발하였다. 이 식품이 건강 증진에 효과가 있는지 검증하기 위해서 새롭게 개발한 건강기능식품을 꾸준히 섭취한 실험군과 일반 식품을 섭취한 대조군을 나누고, 섭취 전과 섭취 후의 건강 증진에 차이가 있는지를 검증해 보고자 한다.

분석을 하기 위해서 우선 가설을 설정한다. 귀무가설과 대립가설은 각각 다음과 같다.

귀무가설 1: 그룹에 따라 건강증진의 차이가 없을 것이다.

대립가설 1: 그룹에 따라 건강증진의 차이가 있을 것이다.

귀무가설 2: 시점에 따라 건강증진의 차이가 없을 것이다.

대립가설 2: 시점에 따라 건강증진의 차이가 있을 것이다.

귀무가설 3: 건강기능식품 섭취군과 일반 식품 섭취군은 시점에 따라 건강증진의 차이가 없을 것이다.

대립가설 3: 건강기능식품 섭취군과 일반 식품 섭취군은 시점에 따라 건강증진의 차이가 있을 것이다.

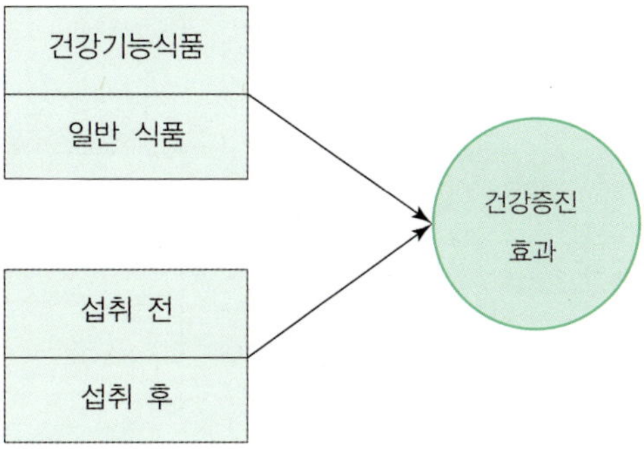

표 10.8-1 **이원 반복측정 분산분석**

		요인A (시점)		평균
요인B (집단)	개체	섭취 전	섭취 후	
실험군 (건강기능식품)	1	12.2	24.1	47.8
	2	12.3	22.6	
	3	15.5	24.8	
	4	13.8	37.1	
	……	……	……	
대조군 (일반 식품)	1	13.2	41.5	45.7
	2	14.3	34.2	
	3	13.5	35.2	
	4	12.8	33.8	
	……	……	……	
평균		47.2	40.8	-

1) SPSS 프로그램 실습: 이원 반복측정 분산분석

① 메뉴에서 '분석' ▶ '일반선형모형' ▶ '반복측정'을 선택한다.

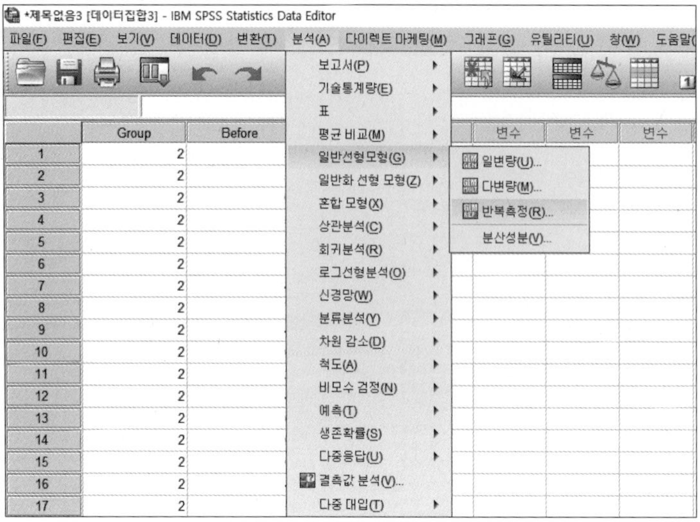

② 반복측정 요인들의 정의 창에서 '개체-내 요인이름' 박스에 '시점'을 입력하고, '수준의 수'에는 '2'를 입력한다. '개체-내 요인이름'은 반복측정 변수로 측정 시점을 의미한다. 다음 '추가' 버튼을 클릭하면 오른쪽 박스에 '시점(2)'가 추가된다.

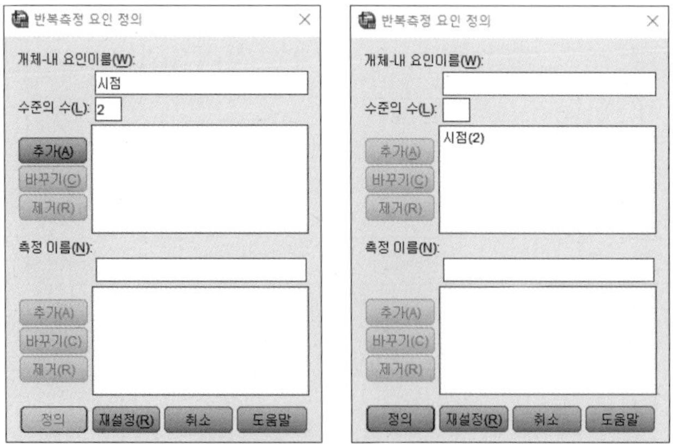

③ 다음 '정의'를 클릭하면, 반복측정 창이 뜬다. 왼쪽 'Before', 'After'를 '개체-내 변수'로 이동하고, 'Group'을 '개체-간 요인'으로 이동한다.

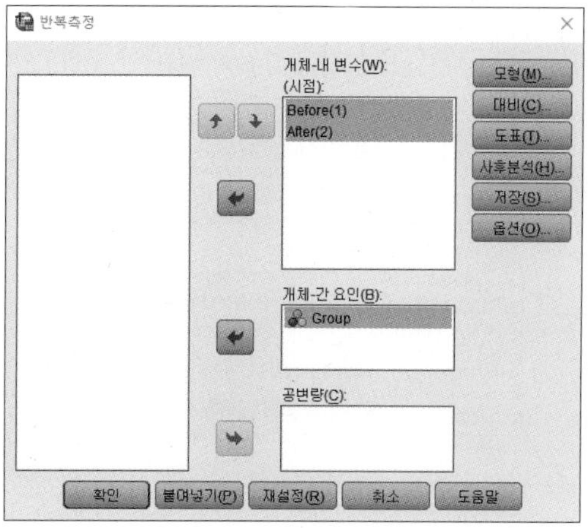

④ 다음 '모형' 클릭 후 '완전요인모형' 확인 후 '계속' ▶ '도표' 클릭 후 '시점'을 '수평축변수'에 'Group'을 '선구분 변수'로 이동한 후, 아래 '추가' 클릭한다.

⑤ 아래 박스에 '시점*Group' 확인 후 '계속'을 클릭한다.

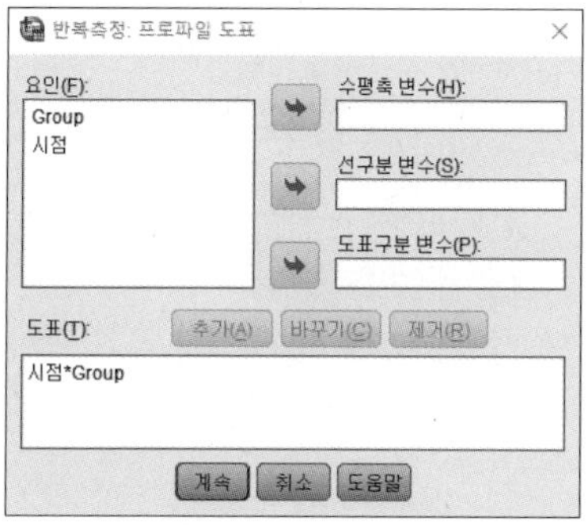

⑥ '옵션'을 클릭하고 'Group', '시점', 'Group*시점'을 '평균 출력 기준'으로 이동한다. '주효과 비교'를 체크한 후, '신뢰구간 조정'에 'LSD(지정않음)'을 선택하고 아래 표시 박스에서 '기술통계량' 체크 후 '계속' 클릭한다.

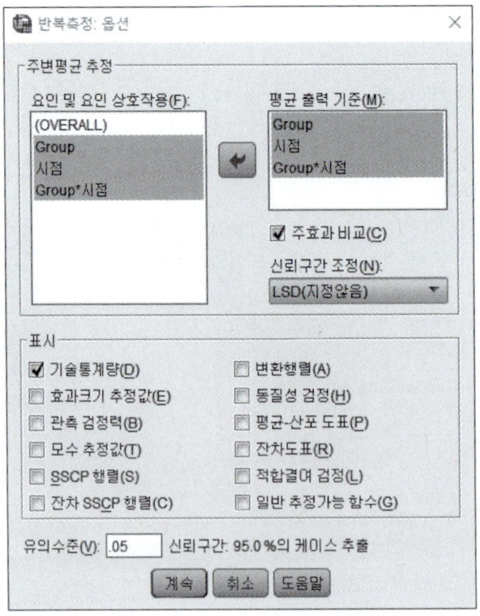

⑦ 반복측정 창으로 다시 와서 아래쪽 '붙여넣기'를 클릭한다. 9번 행 오른쪽에 '/EMMEANS=TABLES(Group*시점) COMPARE(시점)'을 추가한다.

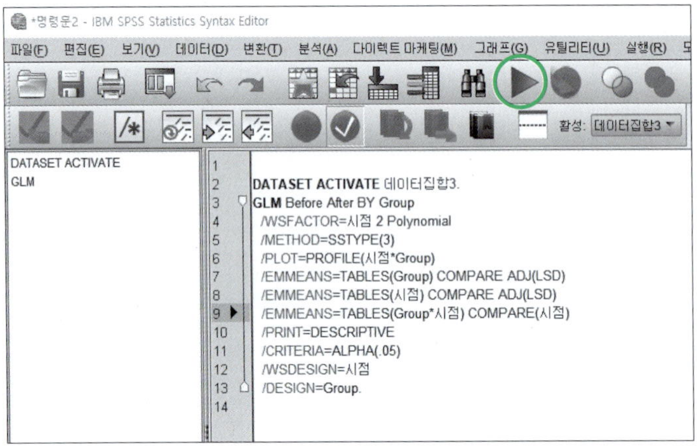

⑧ 위쪽 메뉴에서 '▶' 표시를 클릭해서 실행시킨다.

⑨ **출력결과**

대부분은 일원반복측정 분산분석과 유사하다.

- 기술통계량: 기술통계량에는 섭취 전후 각 집단의 평균, 표준편차, 표본수에 대한 간단한 기술통계가 제시된다.

표 10.8-1 기술통계량

	Group	평균	표준편차	N
Before	1	4.95	1.108	32
	2	5.06	0.980	32
	합계	5.00	1.039	64
After	1	5.273	0.9845	32
	2	4.875	0.9755	32
	합계	5.074	0.9927	64

1(건기식), 2(일반식)

- Mauchly의 구형성 검정: 본 연구는 두 집단간 식품 섭취 전후의 비교이므로 Mauchly의 구형성 가정 결과는 의미가 없다.

표 10.8-2 Mauchly의 구형성 검정[a]

측도: MEASURE_1

개체-내 효과	Mauchly의 W	근사 카이제곱	자유도	유의확률	엡실런[b]		
					Greenhouse-Geisser	Huynh-Feldt	하한값
시점	1.000	0.000	0	.	1.000	1.000	1.000

정규화된 변형 종속변수의 오차 공분산행렬이 단위행렬에 비례하는 영가설을 검정한다.
a. Design: 절편 + Group
개체-내 계획: 시점
b. 유의성 평균검정의 자유도를 조절할 때 사용할 수 있다. 수정된 검정은 개체내 효과검정 표에 나타난다.

- 다변량 검정결과: 시점*Group의 F=7.524, 유의수준(Sig.)=0.008로 유의한 상호작용이 있어 실험군과 대조군은 시점에 따라 차이가 있다는 것을 알 수 있다. 즉, 건강기능식품을 섭취한 실험군의 건강증진에 효과가 있음을 의미한다. 따라서 집단과 시점 간 상호작용을 보정한 상태에서 실험군과 대조군의 전·후 차이를 집단별로 구하여야 한다. 여기서 주의할 점이 있다. 본 예시에서는 시점이 *F*값 0.560, 유의확률 0.457로 통계적으로 유의한 차이가

없는 것으로 나타났지만, p값이 0.05 이하로 유의한 값으로 제시되는 경우는 어떨까? 이 경우에 시점은 실험집단과 통제집단을 구분하지 않고 실험집단과 통제집단을 함께 합쳐서 사전 값과 사후 값으로 비교한 결과이다. 그러므로 시점은 실험군과 통제군의 차이와는 전혀 관계가 없고, 유의확률도 의미가 없는 것이다.

표 10.8-3 **다변량 검정[a]**

효과		값	F	가설 자유도	오차 자유도	유의확률
시점	Pillai의 트레이스	0.009	0.560[b]	1.000	62.000	0.457
	Wilks의 람다	0.991	0.560[b]	1.000	62.000	0.457
	Hotelling의 트레이스	0.009	0.560[b]	1.000	62.000	0.457
	Roy의 최대근	0.009	0.560[b]	1.000	62.000	0.457
시점 * Group	Pillai의 트레이스	0.108	7.524[b]	1.000	62.000	**0.008**
	Wilks의 람다	0.892	7.524[b]	1.000	62.000	**0.008**
	Hotelling의 트레이스	0.121	7.524[b]	1.000	62.000	**0.008**
	Roy의 최대근	0.121	7.524[b]	1.000	62.000	**0.008**

a. Design: 절편 + Group
개체-내 계획: 시점
b. 정확한 통계량

또한 아래의 개체 간 효과 검정 표에서 집단 간 차이가 유의한 것으로 나타날 때 연구가설이 지지된 것으로 해석하는 사람도 있다(본 연구에서는 $p=0.552$로 유의하지 않게 나타났다). 여기서 집단 간 차이는 시점을 구분하지 않고, 실험군의 합(실험 전과 실험 후의 합)과 대조군의 합(실험 전과 실험 후의 합)의 차이를 검증하는 것으로 본 연구의 가설을 검증하는 결과로 사용할 수 없다.

표 10.8-4 **개체-간 효과 검정**

측도: MEASURE_1
변환된 변수: 평균

소스	제 III 유형 제곱합	자유도	평균 제곱	F	유의확률
절편	3250.195	1	3250.195	1834.273	0.000
Group	0.633	1	0.633	0.357	0.552
오차	109.859	62	1.772		

다음으로 추정된 주변평균값은 상호작용을 통제하고 구한 값으로, 보고서의 기술통계량을 제시할 때 이 표에 있는 평균과 표준오차의 추정값을 제시한다.

표 10.8-5 **추정값**

측도: MEASURE_1

Group	시점	평균	표준오차	95% 신뢰구간	
				하한값	상한값
1	1	4.945	0.185	4.576	5.315
	2	5.273	0.173	4.927	5.620
2	1	5.063	0.185	4.693	5.432
	2	4.875	0.173	4.529	5.221

실험군과 대조군에 대한 전후 차이를 검증하기 전에, 먼저 실험군과 대조군이 사전에는 차이가 없었다는 것을 살펴보아야 한다. 즉, 사전에는 차이가 없었지만 사후에 차이가 발생해야 실험이 의미가 있는 것이다. 사전에 이미 차이가 있었다면 (동질성이 없다면) 실험은 의미가 없게 된다. 따라서 실험을 하고자 하면 미리 실험을 하기 전에 실험군과 대조군이 차이가 없음을 검증하고 실험을 진행해야 한다. 따라서 이원분류 분산분석을 실시하기 전에 미리 t 검정을 통해 사전 동질성을 검정해야 한다. t 검정을 한 결과, 실험 전에는 $t=-448$, $p=0.656$으로 차이가 없었다는 것이 검정되었다.

다음으로 대응별 비교에는 실험군과 대조군별로 각 시점의 효과를 비교 분석한 결과가 나와 있다. 먼저 실험군의 경우에는 시점 1과 시점 2 간의 평균차이를 보면 유의확률이 0.016으로 나타나 두 시점 간에 차이가 있음이 검정되었다. 반면 대조군의 경우에는 시점 1과 시점 2 간의 평균차이를 보면 유의확률이 0.163으로 나타나 차이가 없는 것으로 나타났다.

표 10.8-6 **대응별 비교**

측도: MEASURE_1

Group	(I) 시점	(J) 시점	평균차(I-J)	표준오차	유의확률[b]	차이에 대한 95% 신뢰구간[b]	
						하한값	상한값
실험군	1	2	-0.328*	0.133	0.016	-0.594	-0.062
	2	1	0.328*	0.133	0.016	0.062	0.594
대조군	1	2	0.188	0.133	0.163	-0.078	0.453
	2	1	-0.188	0.133	0.163	-0.453	0.078

추정된 주변평균을 기준으로

*. 평균차는 0.05 수준에서 유의하다.

b. 다중비교에 대한 조정: 최소유의차(조정하지 않은 상태와 동일하다.)

다음으로 각 시점에서의 평균값에 대한 도표가 나다난다. 이 도표는 결과표와 함께 제시하기도 한다.

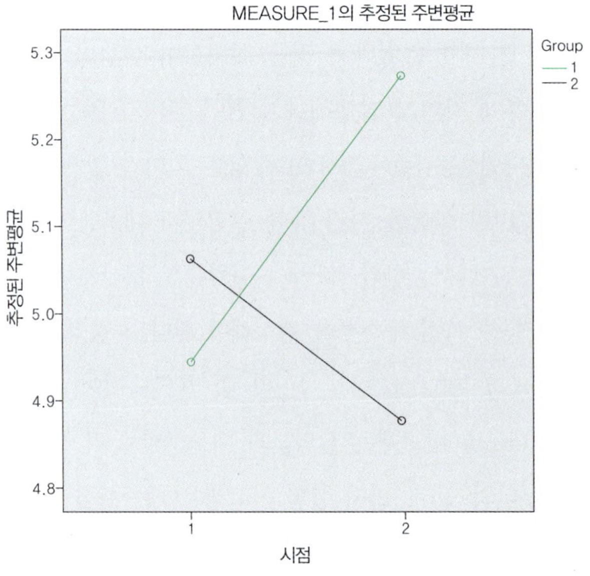

2) 논문에 표기하는 방법

건강기능식품을 섭취한 실험군과 일반 식품을 섭취한 대조군으로 나누어 건강증진 효과를 측정하였다. 먼저, 사전 두 집단의 건강증진 상태는 동질하였다($t=-0.45$, $p=0.656$). 실험 후 건강증진 상태 변화를 검정한 결과, 집단과 시점 간에 유의한 상호작용이 있는 것으로 나타나, 건강기능식품 섭취군과 일반 식품 섭취군은 시점에 따른 변화가 다르게 나타남이 확인되었다($F=7.52$, $p=0.008$). 따라서 집단과 시점 간 상호작용을 보정한 상태에서 대응별 비교를 한 결과, 일반 식품을 섭취한 대조군은 섭취 전(EM=5.06)과 섭취 후(EM=4.88)의 건강 증진 점수는 다소 감소하였으나 통계적으로 차이가 없었다($p=0.163$). 그러나 건강기능식품을 섭취한 실험군은 섭취 전(EM=4.95)보다, 섭취 후(EM=5.27)의 건강증진 점수가 통계적으로 유의하게 증가($p=0.016$)하여 건강기능식품 섭취가 건강증진에 효과적임이 확인되었다.

	집단	섭취 전 EM(SE)	섭취 후 EM(SE)	Source	F	p
건강증진효과	건강기능식품 섭취군 (n = 32)	Md = 0.33, p = 0.016		집단	0.357	0.552
		4.95 (0.19)	5.27 (0.17)	시점	0.560	0.457
	일반 식품 섭취군 (n = 32)	5.06 (0.19)	4.88 (0.17)	집단*시점	7.52	0.008

* 비모수 검정은 t-test, paired t-test, ANOVA와 같이 독립변수가 1개인 경우만 가능하며, 독립변수가 2개 이상인 경우의 비모수 검정은 실행하지 않는다. 대신해서 일반화 선형모형(GLM: Generalized Liner Model)이나 일반화 추정 방정식(GEE: Generalized Estimated Equation)으로 분석할 수 있다.

9. 다변량 분산분석

다변량 분산분석(MANOVA)은 종속변수가 2개 이상인 경우 집단 간 변수의 평균 차이를 비교하는 분석 방법이다.

예시. 대학교 1, 2, 3 학년 150명(1=69, 2=57, 3=24)을 학과별, 학년별 학생들의 교육 만족도와 학교 로열티에 영향을 미치는지 분석하고자 한다. 독립변수는 대학의 '학과'와 '학년'이고, 종속변수는 '만족도'와 '로열티'이다.

분석을 하기 위해서 우선 가설을 설정한다. 귀무가설과 대립가설은 각각 다음과 같다.

귀무가설 1: 대학 학과에 따라 교육 만족도의 차이는 없을 것이다.

대립가설 1: 대학 학과에 따라 교육 만족도의 차이는 있을 것이다.

귀무가설 2: 대학 학년에 따라 교육 만족도의 차이는 없을 것이다.

대립가설 2: 대학 학년에 따라 교육 만족도의 차이는 있을 것이다.

귀무가설 3: 대학 학과에 따라 로얄티의 차이는 없을 것이다.

대립가설 3: 대학 학과에 따라 로얄티의 차이는 있을 것이다.

귀무가설 4: 대학 학년에 따라 로얄티의 차이는 없을 것이다.

대립가설 4: 대학 학년에 따라 로얄티의 차이는 있을 것이다.

귀무가설 5: 대학 학과와 학년이 상호작용 해도 만족도의 차이는 없을 것이다.

대립가설 5: 대학 학과와 학년이 상호작용 하면 만족도의 차이가 있을 것이다.

귀무가설 6: 대학 학과와 학년이 상호작용 해도 로얄티의 차이는 없을 것이다.

대립가설 6: 대학 학과와 학년이 상호작용 하면 로얄티의 차이가 있을 것이다.

이 예제에 적합한 분석방법은 종속변수가 2개 이상인 다변량 분산분석을 사용한다. 집단을 구분하는 변수는 '대학 학과'와 '학년'이고, 학과 A, B와 학년에 따라서 2개의 종속변수 '만족도'와 '로열티'에 차이가 있는지를 알아보고자 하는 것이기 때문이다.

1) SPSS 프로그램 실습: 다변량 분산분석

① SPSS 프로그램을 실행한 후 ▶ 데이터 열기 아이콘을 클릭한다 ▶ 데이터 열기 창에서 파일 유형을 'Excel'로 설정한다 ▶ 08.MANOVA.xls 파일을 선택하고 '열기'를 클릭하여 해당파일을 불러온다.

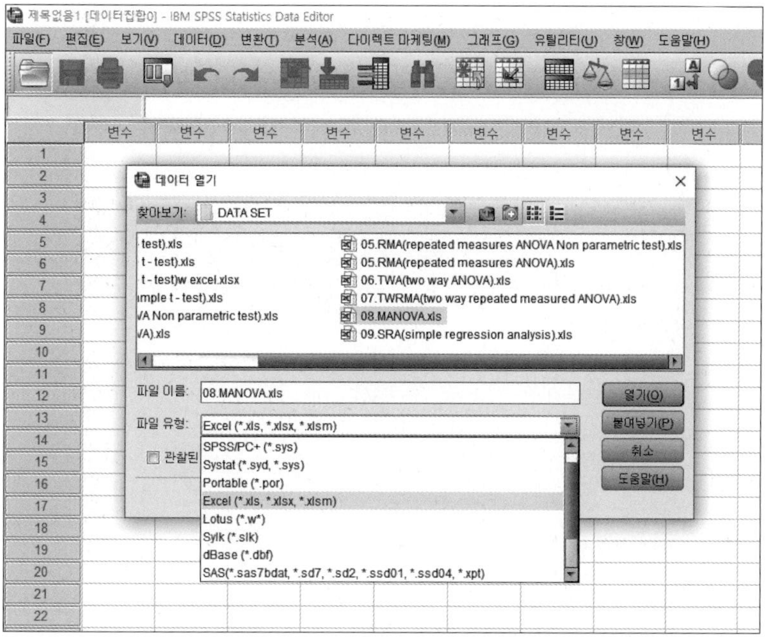

② 오른쪽 아래 '변수보기'를 클릭하고 ▶ '값 열의 없음'을 클릭하면 ▶ 점 세 개 표시 ⋯가 나타난다. 해당 표시를 클릭하면 ▶ 변수값 설명 창이 뜨는데, '기준값' 1부터 '설명'을 입력하고 ▶ '추가'를 클릭하여 다음과 같이 입력한다. 학과(A, B, C 학과)와 학년(1, 2, 3학년)을 순서대로 입력한다.

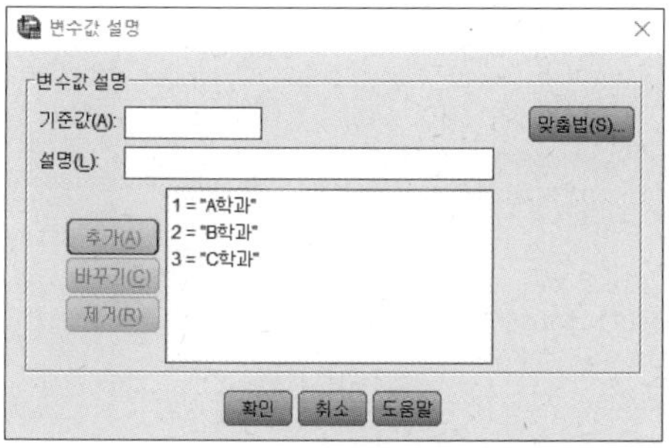

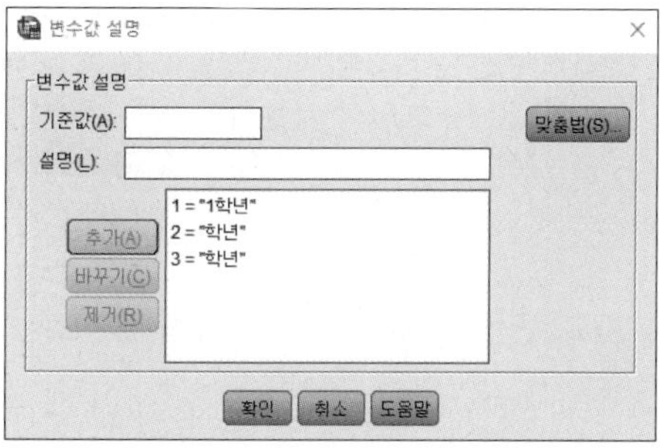

③ '확인'을 누르고 다시 왼쪽-아래쪽 '데이터 보기'를 클릭한다. 다변량 분석을 하기 위해서 위쪽 메뉴의 '분석' ▶ '일반선형모형' ▶ '다변량'을 클릭한다.

④ 다변량 분석 창에서 'Loyalty'와 'Satisfaction'을 오른쪽 '종속변수'로 이동시킨다. 'Department'와 'Grade'은 '모수요인'으로 이동시킨 후 오른쪽 '모형'을 클릭한다.

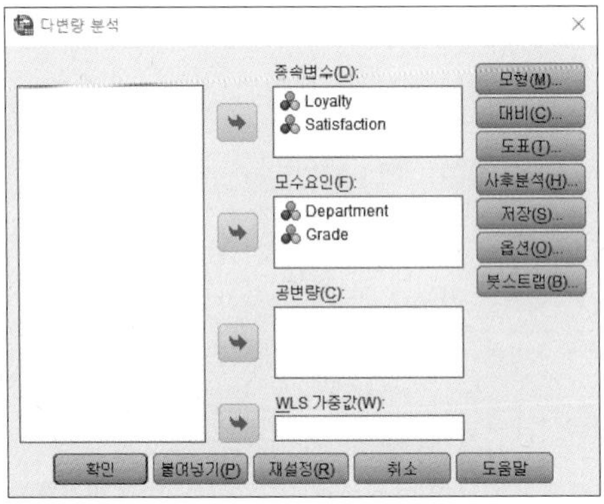

⑤ 다변량 모형 창에서 '모형설정'을 '사용자 정의'로 선택한다. '요인 및 공변량' 박스의 'Department', 'Grade'을 각각 오른쪽 '모형' 박스로 이동시킨다. 그 다음 'Department'와 'Grade'을 동시에 선택하고 '모형'쪽으로 이동시키면 상호작용 효과를 확인할 수 있는 'Department*Grade'이 생성된다. 항 설정의 유형이 상호작용으로 되어 있는지 확인하고 '계속'을 클릭하여 다시 다변량 분석 창으로 돌아온다.

⑥ '옵션'을 클릭하고, 왼쪽 박스의 'Department', 'Grade', 'Department*Grade'을 오른쪽 '평균 출력 기준' 박스로 이동시킨다. 아래쪽 표시 박스에 '기술통계량'과 '동질성 검정'에 체크하고 계속을 클릭한다.

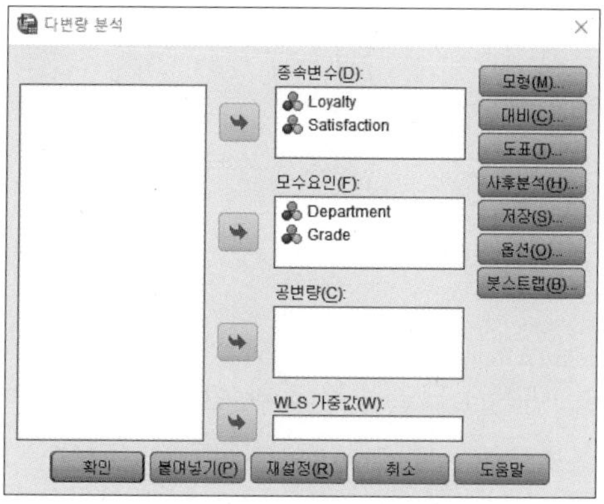

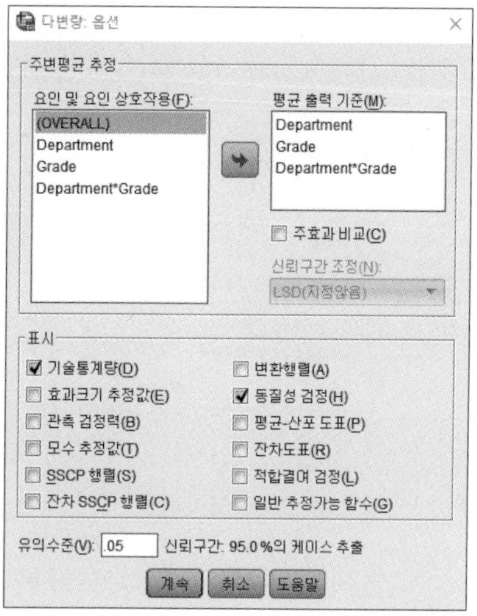

⑦ 다변량 분석 창에서 '사후분석'을 클릭한다. 다변량: 관측변수의 사후분석 다중비교 창에서 왼쪽 '요인' 박스의 'Department', 'Grade'을 오른쪽 박스 '사후검정변수'로 이동한다. 아래쪽 '등분산을 가정함' 박스에서 'Sheffe'에 체크하고 '계속'을 클릭한다. 다변량 분석 창의 '확인'을 클릭하면 분석이 시작된다.

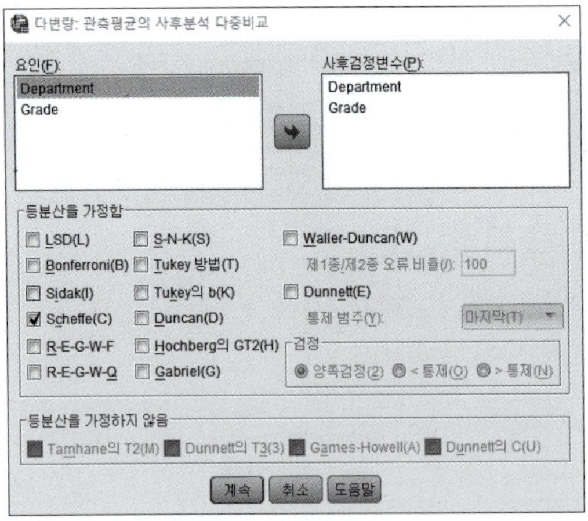

⑧ **출력결과**

- 개체-간 요인: 학과와 학년에 대한 변수값과 표본수가 제시되어 있다.

표 10.9-1 **개체-간 요인**

		N
Department	1	46
	2	60
	3	44
Grade	1	69
	2	57
	3	24

- 기술통계량: 만족도와 구전의도에 대한 응답률을 학과와 학년으로 나누어 평균과 표준편차 그리고 표본의 수가 제시되어 있다.

표 10.9-2 기술통계량

	Department	Grade	평균	표준편차	N
Loyalty	1	1	5.50	1.022	24
		2	5.13	1.088	16
		3	5.83	1.169	6
		합계	5.41	1.066	46
	2	1	5.40	1.041	25
		2	5.29	1.197	24
		3	5.36	0.924	11
		합계	5.35	1.071	60
	3	1	5.00	1.414	20
		2	5.29	1.160	17
		3	5.00	1.915	7
		합계	5.11	1.385	44
	합계	1	5.32	1.157	69
		2	5.25	1.138	57
		3	5.37	1.313	24
		합계	5.30	1.169	150
Satisfaction	1	1	5.96	0.908	24
		2	5.75	0.931	16
		3	6.17	1.169	6
		합계	5.91	0.939	46
	2	1	5.84	0.898	25
		2	5.79	1.141	24
		3	5.82	1.079	11
		합계	5.82	1.017	60
	3	1	5.35	1.226	20
		2	5.71	0.920	17
		3	5.14	1.676	7
		합계	5.45	1.190	44
	합계	1	5.74	1.024	69
		2	5.75	1.005	57
		3	5.71	1.301	24
		합계	5.74	1.058	150

- 공분산 행렬에 대한 Box의 동일성 검정: 표 아래쪽 '여러 집단에서 종속변수의 관측 공분산 행렬이 동일한 영가설을 검정한다'라는 뜻은 종속변수의 공분산 행렬이 동일하다는 것을 검증한다는 의미이다. 유의확률 값을 보면 0.899로 공분산 행렬이 동일하다는 귀무가설을 채택한다.

표 10.9-3 **공분산 행렬에 대한 Box의 동일성 검정[a]**

Box의 M	16.897
F	0.653
df1	24
df2	8576.251
유의확률	0.899

여러 집단에서 종속변수의 관측 공분산 행렬이 동일한 영가설을 검정한다.
a. Design: 절편 + Department + Grade + Department * Grade

- 오차분산의 동일성에 대한 Levene의 검정: Loyalty와 Satisfaction에 대한 오차 분산의 동일성에 대한 Levene의 검정 또한 유의확률 0.662, 0.229로 동일 집단의 귀무가설이 채택되었다.

표 10.9-4 **오차분산의 동일성에 대한 Levene의 검정[a]**

	F	df1	df2	유의확률
Loyalty	0.733	8	141	0.662
Satisfaction	1.339	8	141	0.229

여러 집단에서 종속변수의 오차 분산이 동일한 영가설을 검정한다.
a. Design: 절편 + Department + Grade + Department * Grade

- 다변량 검정: Department, Grade 그리고 Department*Grade의 유의확률을 보면 p값의 임계치인 0.05를 모두 넘지 않는다. 그 의미는 Department 간 Grade 간 그리고 Department*Grade의 상호작용 효과 모두 그룹 간 차이가 없다는 뜻이다. 따라서 차이가 없다는 귀무가설을 채택한다.

표 10.9-5 다변량 검정[a]

효과		값	F	가설 자유도	오차 자유도	유의확률
절편	Pillai의 트레이스	0.961	1732.243[b]	2.000	140.000	0.000
	Wilks의 람다	0.039	1732.243[b]	2.000	140.000	0.000
	Hotelling의 트레이스	24.746	1732.243[b]	2.000	140.000	0.000
	Roy의 최대근	24.746	1732.243[b]	2.000	140.000	0.000
Department	Pillai의 트레이스	0.038	1.362	4.000	282.000	0.247
	Wilks의 람다	0.962	1.365[b]	4.000	280.000	0.246
	Hotelling의 트레이스	0.039	1.368	4.000	278.000	0.245
	Roy의 최대근	0.039	2.751[c]	2.000	141.000	0.067
Grade	Pillai의 트레이스	0.007	0.242	4.000	282.000	0.914
	Wilks의 람다	0.993	0.240[b]	4.000	280.000	0.915
	Hotelling의 트레이스	0.007	0.239	4.000	278.000	0.916
	Roy의 최대근	0.007	0.482[c]	2.000	141.000	0.619
Department * Grade	Pillai의 트레이스	0.022	0.392	8.000	282.000	0.925
	Wilks의 람다	0.978	0.390[b]	8.000	280.000	0.925
	Hotelling의 트레이스	0.022	0.389	8.000	278.000	0.926
	Roy의 최대근	0.020	0.695[c]	4.000	141.000	0.597

a. Design: 절편 + Department + Grade + Department * Grade
b. 정확한 통계량
c. 해당 유의수준에서 하한값을 발생하는 통계량은 F에서 상한값이다.

- 개체-간 효과 검정: 확인하고자 하는 효과는 독립변수인 Department와 Grade이 각각 독립적으로 또는 상호복합적으로 Satisfaction와 Loyalty에 영향을 주는가 이다. Department, Grade, Department*Grade의 Satisfaction와 Loyalty에 대한 F값과 유의확률(p값)을 확인한다. 'Department와 Loyalty, Department와 Satisfaction'의 유의확률 그리고 'Grade과 Loyalty', 'Department와 Satisfaction'의 유의확률(p값)이 모두 임계치인 0.05 이상이다. 'Department*Grade과 Loyalty', 'Department*Grade과 Satisfaction'의 유의확률(p값)도 모두 임계치인 0.05 이상이다. 그러므로 귀무가설을 채택하고, Department와 Grade 그리고 Department*Grade 상호작용 모두 Satisfaction와 Loyalty에 미치는 영향에는 집단 간 차이가 없다고 해석한다.

표 10.9-6 개체-간 효과 검정

소스	종속 변수	제 III 유형 제곱합	자유도	평균 제곱	F	유의확률
수정 모형	Loyalty	5.883[a]	8	0.735	0.525	0.836
	Satisfaction	8.177[b]	8	1.022	0.908	0.512
절편	Loyalty	3288.182	1	3288.182	2346.128	0.000
	Satisfaction	3819.190	1	3819.190	3393.597	0.000
Department	Loyalty	2.727	2	1.363	0.973	0.381
	Satisfaction	6.027	2	3.014	2.678	0.072
Grade	Loyalty	0.429	2	0.215	0.153	0.858
	Satisfaction	0.042	2	0.021	0.019	0.981
Department * Grade	Loyalty	3.303	4	0.826	0.589	0.671
	Satisfaction	2.822	4	0.706	0.627	0.644
오차	Loyalty	197.617	141	1.402		
	Satisfaction	158.683	141	1.125		
합계	Loyalty	4417.000	150			
	Satisfaction	5109.000	150			
수정 합계	Loyalty	203.500	149			
	Satisfaction	166.860	149			

a. R 제곱 = 0.029 (수정된 R 제곱 = -0.026)
b. R 제곱 = 0.049 (수정된 R 제곱 = -0.005)

2) 추정된 주변평균

Satisfaction와 Loyalty를 종속변수로 한 Department와 Grade의 영향력이 평균, 표준편차로 제시되어 있고, Department*Grade의 영향력은 Department와 Grade에 따라서 각각에 대한 평균값으로 제시되어 있다.

표 10.9-7 Department

종속변수	Department	평균	표준오차	95% 신뢰구간	
				하한값	상한값
Loyalty	1	5.486	0.205	5.080	5.892
	2	5.352	0.164	5.028	5.676
	3	5.098	0.198	4.707	5.489
Satisfaction	1	5.958	0.184	5.595	6.322
	2	5.817	0.147	5.526	6.107
	3	5.400	0.177	5.049	5.750

표 10.9-8 Grade

종속변수	Grade	평균	표준오차	95% 신뢰구간	
				하한값	상한값
Loyalty	1	5.300	0.143	5.017	5.583
	2	5.237	0.159	4.922	5.552
	3	5.399	0.250	4.905	5.893
Satisfaction	1	5.716	0.128	5.462	5.970
	2	5.749	0.143	5.467	6.031
	3	5.709	0.224	5.267	6.152

표 10.9-9 Department * Grade

종속변수	Department	Grade	평균	표준오차	95% 신뢰구간	
					하한값	상한값
Loyalty	1	1	5.500	0.242	5.022	5.978
		2	5.125	0.296	4.540	5.710
		3	5.833	0.483	4.878	6.789
	2	1	5.400	0.237	4.932	5.868
		2	5.292	0.242	4.814	5.769
		3	5.364	0.357	4.658	6.069
	3	1	5.000	0.265	4.477	5.523
		2	5.294	0.287	4.726	5.862
		3	5.000	0.447	4.115	5.885
Satisfaction	1	1	5.958	0.217	5.530	6.386
		2	5.750	0.265	5.226	6.274
		3	6.167	0.433	5.310	7.023
	2	1	5.840	0.212	5.421	6.259
		2	5.792	0.217	5.364	6.220
		3	5.818	0.320	5.186	6.451
	3	1	5.350	0.237	4.881	5.819
		2	5.706	0.257	5.197	6.215
		3	5.143	0.401	4.350	5.936

3) 사후검정(Department)

Sheffe의 사후검정에서도 유의확률 p값이 임계치인 0.05보다 모두 크기 때문에 집단간 차이는 없다. 사실, 여기서 개체-간 효과 검정에서 집단간 차이가 없다는 것이 이미 판단되었기 때문에 사후검정을 실시하는 큰 의미는 없다. 사후검정은 개체-간 효과 검정에서 집단간 유의한 차이가 있을 때 개별 집단 간 차이를 분석하기 위해서 실시하는 것이다.

표 10.9-10 다중 비교

Scheffe

종속변수	(I) Department	(J) Department	평균차(I-J)	표준오차	유의확률	95% 신뢰구간	
						하한값	상한값
Loyalty	1	2	0.06	0.232	0.964	-0.51	0.64
		3	0.30	0.250	0.489	-0.32	0.92
	2	1	-0.06	0.232	0.964	-0.64	0.51
		3	0.24	0.235	0.604	-0.34	0.82
	3	1	-0.30	0.250	0.489	-0.92	0.32
		2	-0.24	0.235	0.604	-0.82	0.34
Satisfaction	1	2	0.10	0.208	0.898	-0.42	0.61
		3	0.46	0.224	0.126	-0.09	1.01
	2	1	-0.10	0.208	0.898	-0.61	0.42
		3	0.36	0.211	0.231	-0.16	0.88
	3	1	-0.46	0.224	0.126	-1.01	0.09
		2	-0.36	0.211	0.231	-0.88	0.16

관측평균을 기준으로 한다.
오류 조건은 평균 제곱(오류) = 1.125이다.

4) 동일집단군

표 10.9-11 Loyalty

Scheffe

Department	N	집단군
		1
3	44	5.11
2	60	5.35
1	46	5.41
유의확률		0.458

동일집단군에 있는 집단에 대한 평균이 표시된다.
관측평균을 기준으로 한다.
오류 조건은 평균 제곱(오류) = 1.402이다.
[a] 조화평균 표본 크기 49.073을(를) 사용한다.
[b] 유의수준 = 0.05.

표 10.9-12 Satisfaction

Scheffe

Department	N	집단군
		1
3	44	5.45
2	60	5.82
1	46	5.91
유의확률		0.105

동일집단군에 있는 집단에 대한 평균이 표시된다.
관측평균을 기준으로 한다.
오류 조건은 평균 제곱(오류) = 1.125이다.
a. 조화평균 표본 크기 49.073을(를) 사용한다.
b. 유의수준 = 0.05.

5) 사후검정(Grade)

표 10.9-13 다중 비교

Scheffe

종속변수	(I) Grade	(J) Grade	평균차(I-J)	표준오차	유의확률	95% 신뢰구간	
						하한값	상한값
Loyalty	1	2	0.07	0.212	0.942	−0.45	0.60
		3	−0.06	0.281	0.980	−0.75	0.64
	2	1	−0.07	0.212	0.942	−0.60	0.45
		3	−0.13	0.288	0.904	−0.84	0.58
	3	1	0.06	0.281	0.980	−0.64	0.75
		2	0.13	0.288	0.904	−0.58	0.84
Satisfaction	1	2	−0.02	0.190	0.997	−0.49	0.45
		3	0.03	0.251	0.993	−0.59	0.65
	2	1	0.02	0.190	0.997	−0.45	0.49
		3	0.05	0.258	0.984	−0.59	0.68
	3	1	−0.03	0.251	0.993	−0.65	0.59
		2	−0.05	0.258	0.984	−0.68	0.59

관측평균을 기준으로 한다.
오류 조건은 평균 제곱(오류) = 1.125이다.

6) 동일집단군

표 10.9-14 Loyalty

Scheffe

Grade	N	집단군
		1
2	57	5.25
1	69	5.32
3	24	5.37
유의확률		0.886

동일집단군에 있는 집단에 대한 평균이 표시된다.
관측평균을 기준으로 한다.
오류 조건은 평균 제곱(오류) = 1.402이다.
a. 조화평균 표본 크기 40.704을(를) 사용한다.
b. 유의수준 = 0.05.

표 10.9-15 Satisfaction

Scheffe

Grade	N	집단군
		1
3	24	5.71
1	69	5.74
2	57	5.75
유의확률		0.981

동일집단군에 있는 집단에 대한 평균이 표시된다.
관측평균을 기준으로 한다.
오류 조건은 평균 제곱(오류) = 1.125이다.
a. 조화평균 표본 크기 40.704을(를) 사용한다.
b. 유의수준 = 0.05.

7) 다변량 분산분석의 유의성

보통 다변량 분산분석의 유의성을 판단할 때 Pillai의 트레이스, Wilks의 람다, Hotelling의 트레이스, Roy의 최대근 이렇게 4가지를 이용한다.

다변량 분산분석에서는 이 4가지 통계량이 항상 출력된다. 이 통계량은 오류와 검증력에 따라 달라지며, 통계적 검증력은 Pillai의 트레이스, Wilks의 람다, Hotelling의 드레이스, Roy의 최대 근의 순서로 줄어든다.

- Pillai의 트레이스: 가장 강력하면서도 섬세한 검증력을 지니며, 조금이라도 오류가 발생할 우려가 있으면 결과를 바로 기각한다. 동질성 검정에서 귀무가설을 기각하는 경우 미치는 효과에 대한 의미를 부여한다.
- Wilks의 람다: 독립변수의 집단이 2개 이상인 경우에 가장 일반적이면서 포괄적인 사용조건을 충족하므로 가장 많이 사용된다(다변량 분산분석에서 가장 많이 사용됨).
- Hotelling의 트레이스: 독립변수의 집단이 2개인 경우에 사용한다.
- Roy의 최대근: 그룹 내 분산을 총분산으로 나누어 람다값으로 사용하는데, 가설제곱 적합행렬/오차제곱 적합행렬에 람다값을 최대 근으로 하는 값이다.

10. 공분산분석

공분산분석(analysis of covariance, ANCOVA)은 분산분석과 회귀분석의 특성을 결합한 분석방법이라고 할 수 있다. 즉, 다른 요인들의 영향 없이 한 번에 하나의 요인만을 고려한다는 점에서 분산분석과 비슷하고, 모든 회귀선의 기울기가 동일할 때 어떤 회귀선의 절편값이 다른지 검정할 수 있다. 즉, 요인이 반응변수에 어떻게 작용하는지 분석할 수 있다는 점에서 회귀분석과 같다.

분산분석(ANOVA)은 요인수준(X)에 따른 반응변수(Y)가 차이가 있는지 검정하는 분석이라면 공분산분석(ANCOVA)은 요인 이외의 반응변수에 영향을 주는 요인(공변량)을 통제한 후에, 요인수준(X)이 반응변수에 미치는 순수한 영향을 측정하는데 목적이 있다.

공변량은 주 관심요인은 아니지만 반응변수(Y)에 영향을 미치는 요인이다. 공변량을 추가함으로써 모형으로 설명되지 않는 변동의 일부분을 설명하여 모형에서의 그룹-내 오차분산을 줄일 수 있다. 또한, 반응변수에 영향을 미치는 공변량 효과를 통제함으로써 처리효과를 더 정확하게 추정할 수 있다. 공분산분석은 공변량 효과의 통제하에 주효과와 교호작용효과를 검정하기 위해 사용된다. 만약 공변량이 반응변수에 영향을 주지 않는다면, 이는 통계적으로 통제할 필요가 없으며, 이 경우에는 공변량을 분석 모형에서 제거한다고 해도 결과에 변함이 없다.

공분산분석(ANCOVA) 역시 분산분석(ANOVA)와 마찬가지로 기본 가정 사항이 동일한데, 독립변수의 각 그룹은 서로 독립적이어야 한다. 독립변수에 따른 종속변수는 정규분포를 만족해야 하는데, SPSS에서 데이터 탐색 메뉴를 통해 검증이 가능하며 Kolmogorov-Smirnov 또는 Shapiro-Wilk에서 유의확률 값이 0.05 이상으로 나오면 된다. 등분산성은 동질성 경정을 통해 확인이 가능하며, 정규성과 마찬가지로 유의확률 값이 0.05 이상으로 나와야 한다.

자료 형태는 일원배치 분석분석과 비슷하지만 공변량이라는 변수가 추가된 것만 다르다. 독립변수는 각 그룹을 나타내는 것으로 분산분석(ANOVA)과 마찬가지로 두 그룹 또는 세 그룹 이상의 그룹들로 이루어져 있으며, 명목척도로서 범주형 변수이다.

종속변수는 산술평균을 낼 수 있는 등간척도 또는 비율척도로 구성되어 있어야 한다. 따라서 설문지 형태의 리커트척도 또는 연속형 변수 모두 가능하다. 공변량 역시 종속변수와 마찬가지로 등간척도 또는 비율척도로 구성되어 있어야 한다.

분석 과정은 다중회귀분석을 통해 종속변수에서 공변량의 효과를 제거한 후, 잔차를 이용하여 그룹별 평균을 계산하고 이러한 수정된 평균의 비교가 분산분석을 통해 이루어진다.

예시. 흡연자와 비흡연자의 콜레스테롤 수치를 비교하고, 연령을 공변량으로 통제하였을 때 어떻게 달라지는지 살펴보자. 제시된 데이터는 전체 60개의 케이스로서 3개의 필드로 구성되어 있다. 독립변수는 Group으로서 1. 비흡연자, 2. 하루 한갑 미만, 3. 하루 한갑 이상으로 코딩되어 있다. 공변량 변수는 Age 연속형 데이터이고, 종속변수는 Cholesterol 역시 연속형 데이터이다.

우선 가설을 세워보자.

귀무가설: 콜레스테롤 수치는 흡연그룹과 비흡연그룹 사이에 차이가 없을것이다.

대립가설: 콜레스테롤 수치는 흡연그룹과 비흡연그룹 사이에 차이가 있을것이다.

정규성 검정을 우선 실시하여 종속변수들의 정규성 만족을 확인한 후 공분산분석 과정으로 이동한다. 정규성 검정은 '분석' ▶ '기술통계' ▶ '탐색' 순서로 실시한다. 공분산 분석은 '분석' ▶ '일반선형모형' ▶ '일변량' 순서로 진행한다.

공분산분석의 사후분석방법이다.

- Bonferroni 방법은 가장 많이 사용되는 방법이다.
- Sidak 방법은 Bonferroni 방법 보다 더 보수적인 방법으로 보다 더 엄격하다. 그러므로 귀무가설을 쉽게 기각하지 못할 수 있다.
- LSD(least significant difference method; 최소유의차 방법): 최소유의차값을 기준값으로 사용하여 평균들의 가능한 모든 짝비교를 하는 방법이다. 평균의 짝비교는 두 평균의 차이를 기준값과 비교한다.

1) SPSS 프로그램 실습: 공분산분석

① SPSS 프로그램을 실행한 후 ▶ 데이터 열기 아이콘을 클릭한다. ▶ 09.ANCOVA.sav 파일을 선택하고 '열기'를 클릭하여 해당파일을 불러온다.

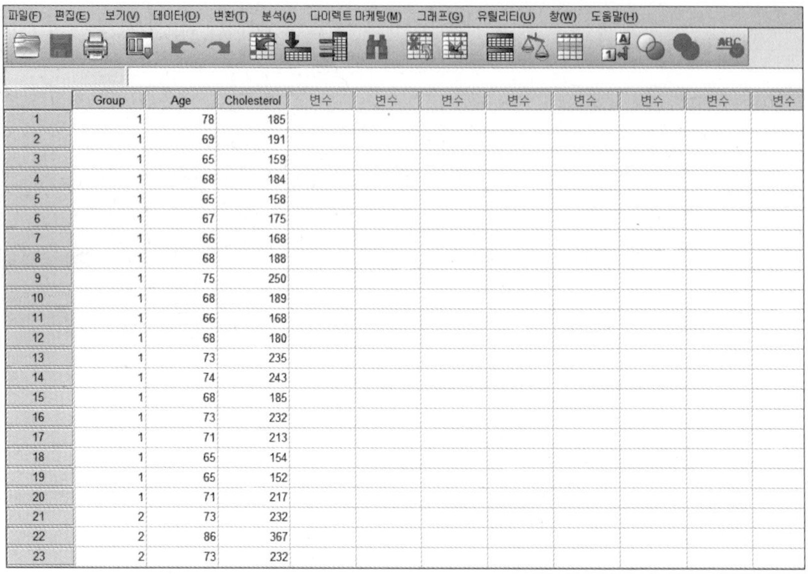

② '분석' ▶ '기술통계량' ▶ '데이터 탐색'을 클릭한다.

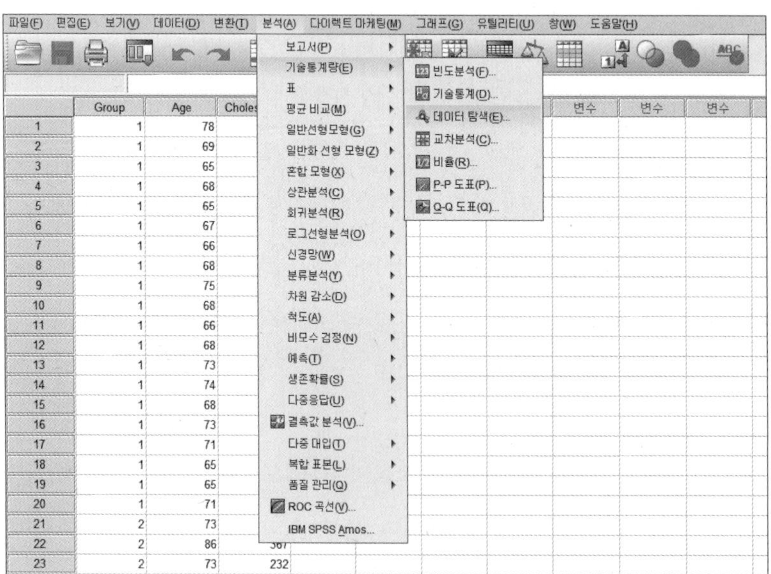

③ 'Cholesterol' 변수를 '종속변수(D)' 박스로 이동 ▶ 'Group' 변수를 '요인(F)' 박스로 이동 후 ▶ '도표(T)' 클릭한다.

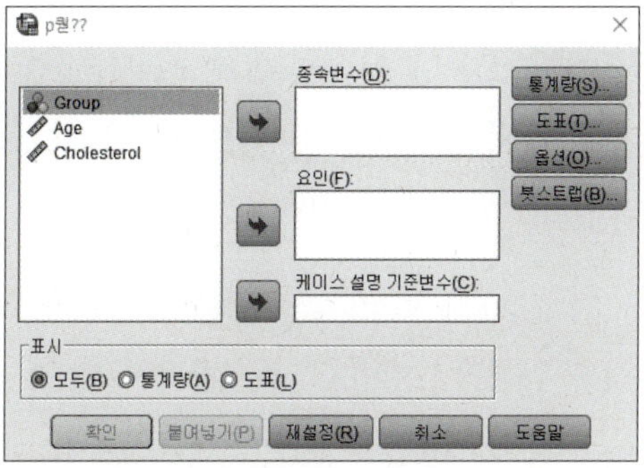

④ 데이터 탐색: 도표 창에서 '검정과 함께 정규성도표'를 선택하고 '계속' 클릭한다.

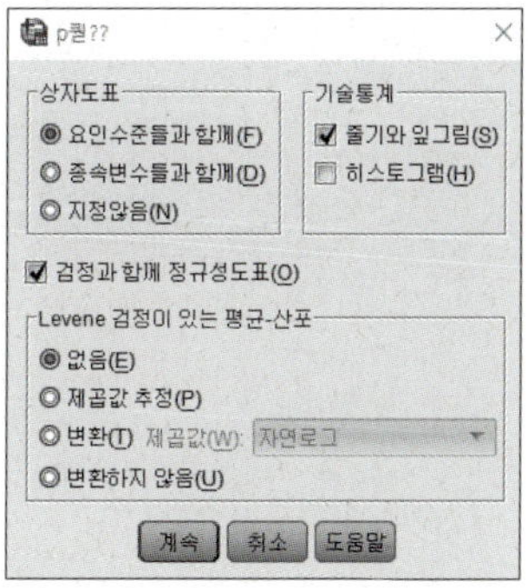

⑤ 결과 창 분석

표 10.10-1 정규성 검정

Group		Kolmogorov-Smirnov[a]			Shapiro-Wilk		
		통계량	자유도	유의확률	통계량	자유도	유의확률
Cholesterol	비흡연자	0.204	20	0.029	0.915	20	0.078
	1갑 미만	0.132	20	0.200*	0.940	20	0.241
	1갑 이상	0.117	20	0.200*	0.967	20	0.701

* 이것은 참인 유의확률의 하한값이다.
[a] Lilliefors 유의확률 수정

Kolmogorov-Smirnov 또는 Shapiro-Wilk 둘 중에서 어느 한쪽에서라도 유의확률이 0.05 이상으로 나오면 정규성을 만족하는 것으로 간주하는데, 정규성 검정결과 Shapiro-Wilk에서 유의확률이 모두 0.05보다 이상이므로 정규성을 만족한다. 정규성을 만족하였으니 이제는 실제 분석을 진행한다. 공분산분석 전에 일원배치 분산분석을 먼저 실시해보고, 공분산분석과 결과 차이가 어떻게 날지 비교해 본다.

⑥ 일원배치 분산분석을 위해서 '분석(A)' ▶ '평균비교(M)' ▶ '일원배치 분산분석(O)'을 클릭한다.

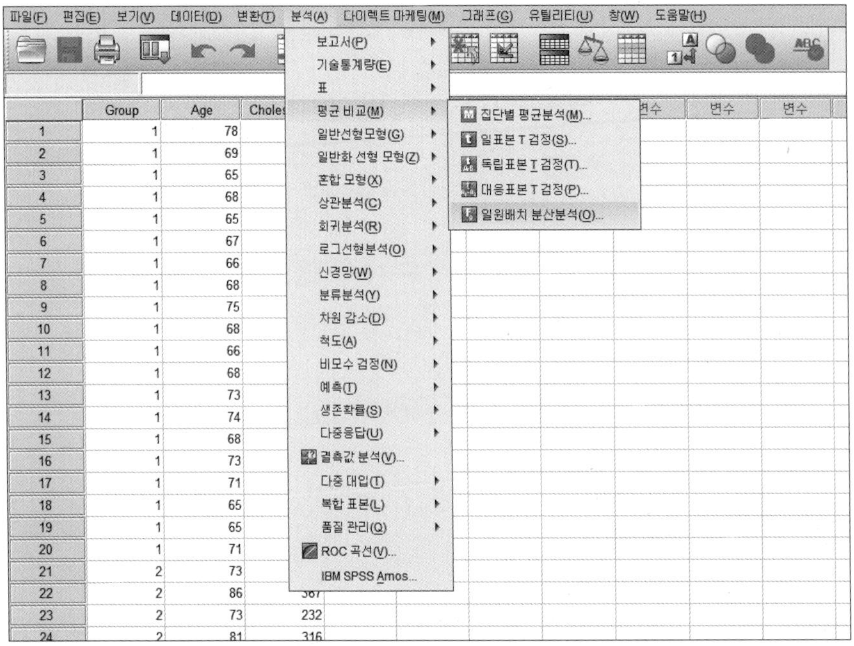

⑦ 그룹별 콜레스테롤 수치를 비교하기 위하여 'Group' 변수는 '요인(F)'로 보내고, 'Cholesterol' 변수는 '종속변수(E)'로 이동 ▶ '사후분석(H)'을 클릭한다.

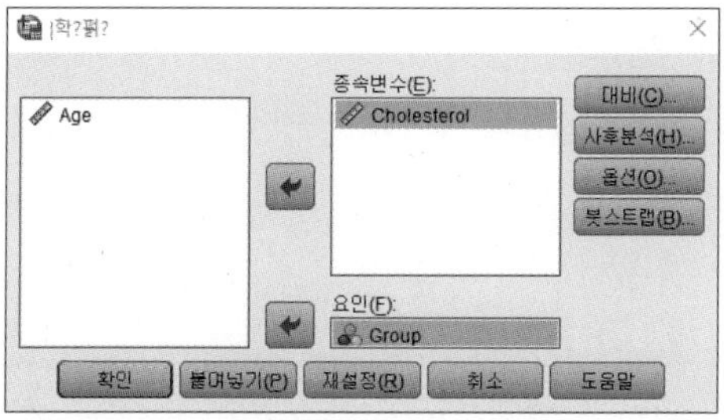

⑧ 3개의 그룹들이 모두 20명씩 샘플 수가 같으므로 'Tukey 선택'하고 '계속(C)' ▶ 오른쪽 메뉴의 '옵션' 클릭한다.

⑨ 옵션 창에서 '기술통계(D)', '분산 동질성 검정(H)'을 체크한 후 '계속' ▶ '확인' 클릭한다.

⑩ **출력결과**

- 기술통계: 각 그룹별 평균 및 표준편차를 확인할 수 있다.

표 10.10-2 **기술통계**

Cholesterol

	N	평균	표준편차	표준오차	평균에 대한 95% 신뢰구간		최솟값	최댓값
					하한값	상한값		
비흡연자	20	191.30	30.377	6.792	177.08	205.52	152	250
1갑 미만	20	252.65	43.612	9.752	232.24	273.06	183	367
1갑 이상	20	288.85	35.135	7.856	272.41	305.29	228	371
합계	60	244.27	54.368	7.019	230.22	258.31	152	371

- 분산의 동질성 검정: 분산의 공질성 검정결과 유의확률은 0.362로서 $p > 0.05$ 이므로 등분산성을 만족하였다.

표 10.10-3 **분산의 동질성 검정**

Cholesterol

Levene 통계량	df1	df2	유의확률
1.035	2	57	0.362

- 일원배치 분산분석: $F = 35.943$, $p = 0.000$으로 3개의 그룹 중 적어도 어느 한 그룹에서는 차이가 있는 것으로 나타났다.

표 10.10-4 **일원배치 분산분석**

Cholesterol

	제곱합	df	평균 제곱	F	유의확률
집단-간	97268.433	2	48634.217	35.943	0.000
집단-내	77125.300	57	1353.075		
합계	174393.733	59			

지금까지는 정확히 어떤 그룹 간에 차이가 있는지를 알 수 없으므로 다음 사후분석 결과를 확인한다.

- 사후검정: Tukey의 다중비교를 보니 비흡연자와 흡연자 사이에는 매우 유의한 차이를 보이고 있었다($p<0.001$). 하지만 흡연자 중 하루 1갑 미만 그룹과 1갑 이상 그룹 사이에는 유의확률이 0.008을 나타내고 있다.

  동질적 부분집합 결과에서 각각 다른 그룹을 나타내고 있다. 결과적으로 비흡연자 < 하루 한갑 미만 < 하루 한갑 이상으로 갈수록 콜레스테롤 수치가 높아지고 있었으며 통계적으로 각 그룹별 유의한 차이를 보이는 것으로 나타났다.

표 10.10-5 **다중비교**

종속변수: Cholesterol
Tukey HSD

(I) Group	(J) Group	평균차(I-J)	표준오차	유의확률	95% 신뢰구간	
					하한값	상한값
비흡연자	1갑 미만	-61.350*	11.632	0.000	-89.34	-33.36
	1갑 이상	-97.550*	11.632	0.000	-125.54	-69.56
1갑 미만	비흡연자	61.350*	11.632	0.000	33.36	89.34
	1갑 이상	-36.200*	11.632	0.008	-64.19	-8.21
1갑 이상	비흡연자	97.550*	11.632	0.000	69.56	125.54
	1갑 미만	36.200*	11.632	0.008	8.21	64.19

* 평균값은 0.05 수준에서 유의하다.

- 동일집단군

표 10.10-6 Cholesterol

Tukey HSD[a]

Group	N	유의수준 = 0.05에 대한 부집단		
		1	2	3
비흡연자	20	191.30		
1갑 미만	20		252.65	
1갑 이상	20			288.85
유의확률		1.000	1.000	1.000

동일집단군에 있는 집단에 대한 평균이 표시된다.
[a] 조화평균 표본 크기 20.000을(를) 사용한다.

2) SPSS 프로그램 실습: 공분산분석(연령 변수의 영향을 제거)

① 공분산분석을 위해 '분석(A)' ▶ '일반선형모형(G)' ▶ '일변량(U)' 클릭한다.

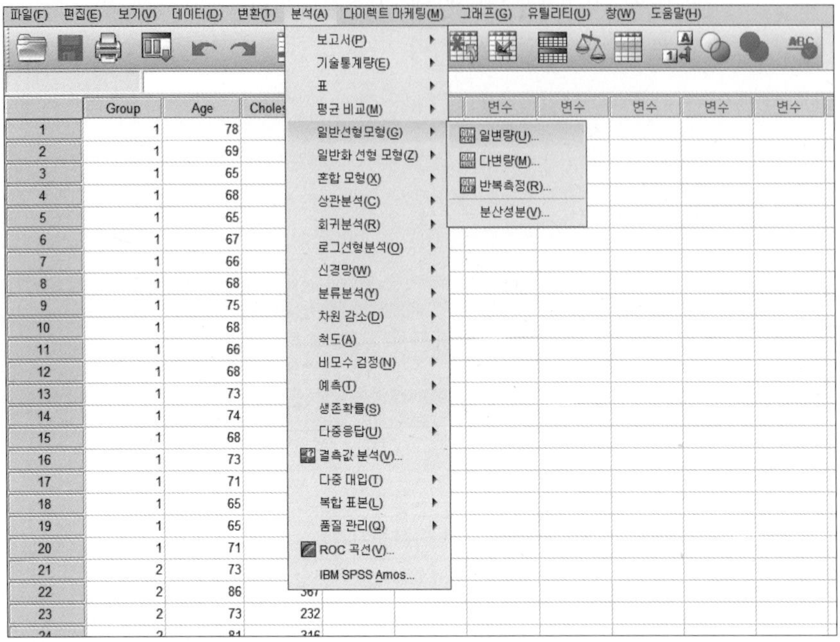

② 일변량 분석 창에서 'Cholesterol' 변수는 '종속변수(D)' 박스로 ▶ 'Group' 변수는 '고정요인(F)' 박스로 ▶ 'Age' 변수는 '공변량(C)' 박스로 이동 ▶ 오른쪽 메뉴의 '모형(M)'을 클릭한다.

③ 모형 창에서 '계속(C)'를 클릭하고 ▶ 오른쪽 메뉴의 '옵션(O)'을 클릭한다.

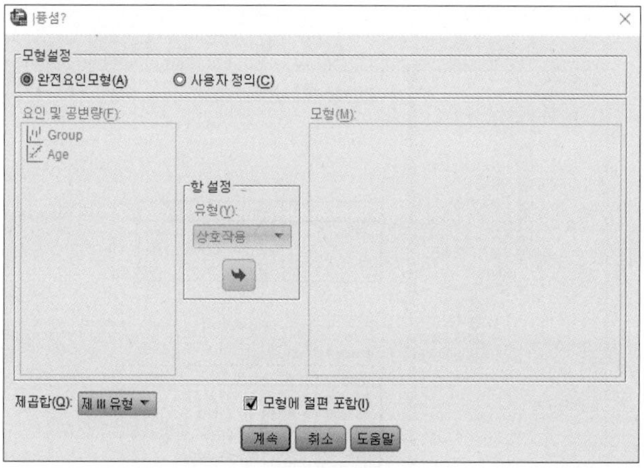

④ 표시의 '기술통계량(D)', '동질성 검정(H)', '효과크기 추정값(E)' 박스를 체크한다. 사후분석을 위해 'Group' 변수를 '평균 출력 기준(M)' 박스로 이동하면 '주효과 비교(O)'가 활성화된다. 활성화된 '주효과 비교(O)'를 체크하면, 다시 '신뢰구간 수정(N)' 항목이 활성화된다. 'Bonferroni' 방법을 선택 ▶ '계속(C)' ▶ '확인' 클릭한다.

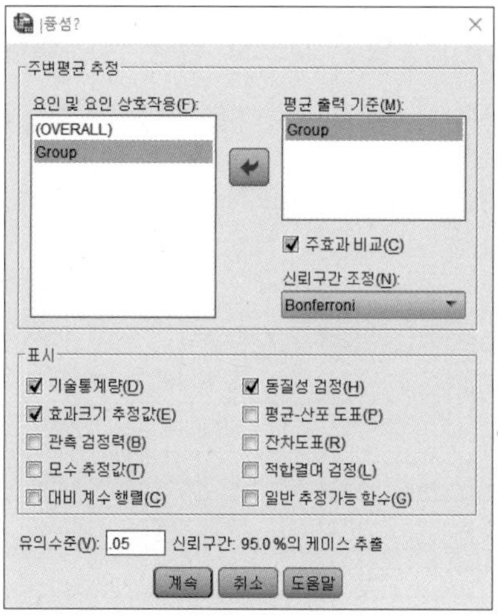

⑤ 출력결과

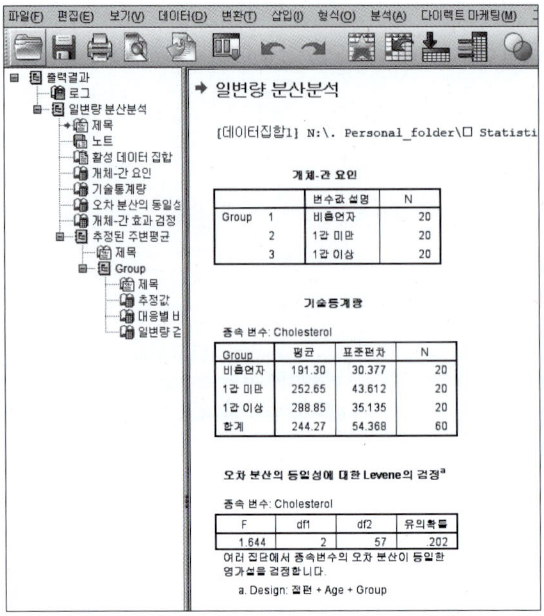

공분산분석을 위해서는 독립성, 정규성, 등분산성의 세 가지 가정을 만족해야 한다. 독립성은 연구자가 판단할 문제이고, 정규성 검정은 위에서 확인하였다. 등분산성으로 일원배치 분산분석과 마찬가지로 Levene의 검정을 통해 $p > 0.05$를 만족할 경우 분산이 동일한 것으로 판단한다. 아래 표에서 유의확률 p값은 0.202로서 등분산성을 만족하므로 다음 결과를 확인한다.

표 10.10-7 **개체-간 효과 검정**

종속변수: Cholesterol

소스	제III유형 제곱합	자유도	평균 제곱	F	유의확률	부분 에타 제곱
수정 모형	165735.148[a]	3	55245.049	357.301	0.000	0.950
절편	26628.361	1	26628.361	172.221	0.000	0.755
Age	68466.715	1	68466.715	442.813	0.000	0.888
Group	1318.728	2	659.364	4.264	0.019	0.132
오차	8658.585	56	154.618			
합계	3754366.000	60				
수정 합계	174393.733	59				

[a] R 제곱 = 0.950 (수정된 R 제곱 = 0.948)

개체-간 효과 검정에서 Group 변수만 확인하면 된다. Group 변수는 F=4.264, p=0.019로 통계적으로 유의한 차이를 보이고 있다. 사후 분석을 통해서 그룹간 차이를 살펴본다.

표 10.10-8 **추정값**

종속변수: Cholesterol

Group	평균	표준오차	95% 신뢰구간	
			하한값	상한값
비흡연자	235.298[a]	3.479	228.329	242.267
1갑 미만	246.657[a]	2.795	241.058	252.256
1갑 이상	250.845[a]	3.316	244.203	257.487

[a] 모형에 나타나는 공변량은 다음 값에 대해 계산된다. Age=74.17

- 대응별 비교: 대응별 비교 표에서 사후분석 결과를 확인한다. 비흡연자 그룹과 흡연자 그룹과는 통계적으로 차이를 보이고 있다(각각 p=0.049, p=0.021). 그러나 흡연자 중 한갑미만 그룹과 한갑 이상 그룹 사이에는 p=0.974로서 통계적 유의성을 발견하지 못하고 있다.

표 10.10-9 **대응별 비교**

종속변수: Cholesterol

(I) Group	(J) Group	평균차 (I-J)	표준오차	유의확률[b]	차이에 대한 95% 신뢰구간[b]	
					하한값	상한값
비흡연자	1갑 미만	-11.359*	4.594	0.049	-22.697	-0.020
	1갑 이상	-15.547*	5.536	0.021	-29.210	-1.884
1갑 미만	비흡연자	11.359*	4.594	0.049	0.020	22.697
	1갑 이상	-4.188	4.216	0.974	-14.594	6.218
1갑 이상	비흡연자	15.547*	5.536	0.021	1.884	29.210
	1갑 미만	4.188	4.216	0.974	-6.218	14.594

추정된 주변평균을 기준으로

* 평균차는 0.05 수준에서 유의하다.

[b] 다중비교에 대한 조정: Bonferroni

정리해보면, ANOVA 검사 결과 F=35.943, p=0.000으로 모든 그룹에서 매우 유의한 차이가 있었는데, Age를 공변량으로 처리하여 ANCOVA를 분석하였더니, 비흡연자와 흡연자 사이에는 통계적으로 유의하였으나, 흡연자 중 한갑미만 그룹과 한갑이상 그룹 사이에는 통계적 차이가 없었다. 따라서 흡연에 의해 콜레스테롤 수치가 변할 수 있음을 의미하는 결과이다.

- 일변량 검정: 부분 에타 제곱은 효과크기(effect size)를 나타내는 것으로 위의 표에서 Group의 효과크기는 0.132로 작은 반면, Age의 효과크기는 0.888로 훨씬 크게 나타난 것을 확인할 수 있는데, 흡연 뿐만 아니라 연령도 콜레스테롤 수치에 영향을 크게 준다고 볼 수 있다.

표 10.10-10 **일변량 검정**

종속변수: Cholesterol

	제곱합	자유도	평균 제곱	F	유의확률	부분 에타 제곱
대비	1318.728	2	659.364	4.264	0.019	0.132
오차	8658.585	56	154.618			

F 검정으로 효과 Group을(를) 검정한다. 이 검정은 추정되는 주변평균 사이의 일차독립 대응별 비교에 기초한다.

CHAPTER 11

상관분석

How Ice Cream Kills!
Correlation vs. Causation

Lighting up Statistics
Correlation/Covariance

CRITICAL THINKING
Fundamentals:
Correlation and Causation

1. 상관분석

1) 상관분석의 개념

상관분석(correlation analysis)은 조사 목적에 맞게 구성된 변수들 간의 연관성을 분석하는 방법이다. 상관관계는 2개의 변수를 기준으로 양의 방향과 음의 방향으로 일정한 규칙이 나타나는 선형관계의 형태와 연관 정도를 수치로 나타낸다. 이때 연관성을 나타내는 값을 **상관계수**(correlation coefficient)라 한다. 가장 일반적인 상관계수로는 Pearson 상관계수가 있으며, 상관계수를 통하여 방향과 세기를 알 수 있다. 방향은 양의 관계인지 음의 관계인지를 나타내며, 세기는 얼마나 밀접한 관련이 있는지를 값으로 나타낸다.

상관계수는 반드시 두 변수 간의 관계를 값으로 나타난다. 키와 몸무게의 관계, 광고비와 매출액의 관계, 흡연과 수명의 관계 등의 연관성을 파악하는 경우가 이에 속한다.

상관분석은 변수들 간의 선형관계의 정도에 관심을 두고 있기 때문에 변수 간에 종속 및 독립관계가 존재하지 않으므로 어느 변수가 X가 되든지 Y가 되든지 상관이 없다(회귀분석은 종속변수와 독립변수의 관계를 회귀식의 절편과 기울기를 계산하는 데 사용된다). **단순선형 상관계수**(simple linear correlation coefficient, r)는 두 변수가 얼마나 강한 선형관계를 가지고 있는지를 측정하는 -1부터 $+1$ 사이의 상대적인 숫자이다.

그림 11.1-1은 상관관계를 여러 종류의 산점도를 사용하여 보여주고 있는데, 상관계수는 첫째 두 변수 간의 관계가 $+$인지 $-$인지를 알려주고, 둘째 점자료들을 지나는 직선에 상대적으로 얼마나 가까운가를 나타내준다. 따라서 값이 $+$이면 X 값이 증가함에 따라 Y 값도 증가하며, 값이 $-$이면 X 값이 증가함에 따라 Y 값은 감소한다. 또는 이 $+1$ 또는 -1에 근접할수록 자료들이 직선에 가까이 모여 있어 강한 선형관계를 나타낸다.

X, Y 좌표상에 변수들의 분포를 나타낼 수 있는데, 이러한 분포도를 **산포도**(scatter diagram)라 한다. 산포도는 표본이 가지는 중심경향을 파악한 후 분포하고 있는 정도를 나타내는 것인데, 산포도를 나타내는 지표로는 분산, 표준편차, 범위, 사분위수, 백

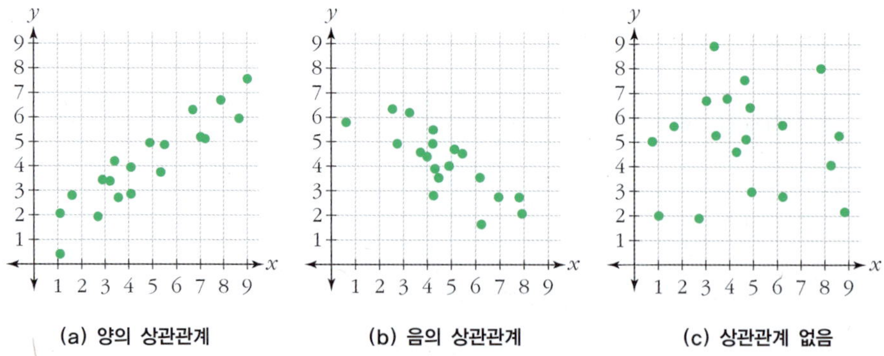

그림 11.1-1 산포도의 형태

분위수가 있다. 그런데 이 수치들은 표본 내에서 측정치들이 흩어진 정도를 의미하는 것이기 때문에 변수들 사이의 연관성을 알 수 없다. 변수 간의 연관성을 수치적으로 파악하려면 공분산과 상관계수에 대해 이해해야 한다.

예를 들어, X와 Y라는 2개의 변수가 있을 때, 두 변수가 평균 (X', Y')으로부터 떨어져 있는 정도는 $(X'-X)(Y'-Y)$를 표본의 개수로 나누어 계산한다. 이를 공분산이라 한다. 공분산은 두 가지 확률변수에 대한 흩어짐의 정도가 동일한 방향인 양(+)의 방향인지, 반대 방향인 음(−)의 방향인지를 나타내는 수치다. 두 변수가 서로 변하는 정도를 수치로 나타낸 것으로, X가 변하면 Y는 어떻게 어느 정도로 변하는지를 표현한 것이다. 만약 X와 Y의 값이 길이(cm)와 무게(kg)라면, 이로부터 계산된 공분산 값이 무엇을 의미하는지 판단하기는 쉽지 않다. 그렇기 때문에 공분산 값을 이 둘의 표준편차의 곱으로 나누어 단위가 서로 다른 수치를 직접 비교할 수 있는 표준화 값으로 변경해야 한다. 이 값이 상관계수이다. 그래프를 통한 산포도는 2개의 변수를 각각 x축과 y축으로 구성하여 이들의 흩어진 정도를 표시한 것이다. 도표로 표시하는 이유는 변수들 사이에 어떤 상관관계가 있는지를 직관적으로 판단하기 위해서다.

산포도는 그림 11.1-1과 같이 양의 상관관계, 음의 상관관계, 상관관계 없음의 세 가지 형태로 구분된다.

(a) 양의 상관관계

(b) 음의 상관관계

(c) 상관관계 없음

상관분석에도 여러 종류가 있지만 단순상관분석과 편상관분석에 대해서 학습한다. 단순 상관분석은 2개의 변수 간 상관관계를 검증하는 방법이다. 예를 들어, 종업원의 조직몰입과 직무만족 간에 관계가 있는지를 검증하는 방법이다. 이 관계를 그림으로 나타내면 아래의 음영이 있는 부분에 해당할 것이다.

편상관분석이란 중간에 다른 변수의 영향력이 있을 때 이를 통제(제거)하고 순수하게 두 변수의 상관관계만 구하는 분석 방법이다. 따라서 3개의 변수가 사용된다. 예를 들어, 조직몰입이 높은 사람일수록 직무만족이 높은지를 알아보고자 한다. 그런데 급여수준은 직무만족과도 밀접한 관계가 있다. 따라서 그림 11.1-2처럼 조직몰입과 직무만족의 관계 중에서 급여와 관계 있는 부분을 뺀 것을 **편상관분석**(partial correlation)이라고 한다.

- 단순상관분석: 임직원의 조직몰입과 직무만족 간에는 어떠한 관계가 있는가?

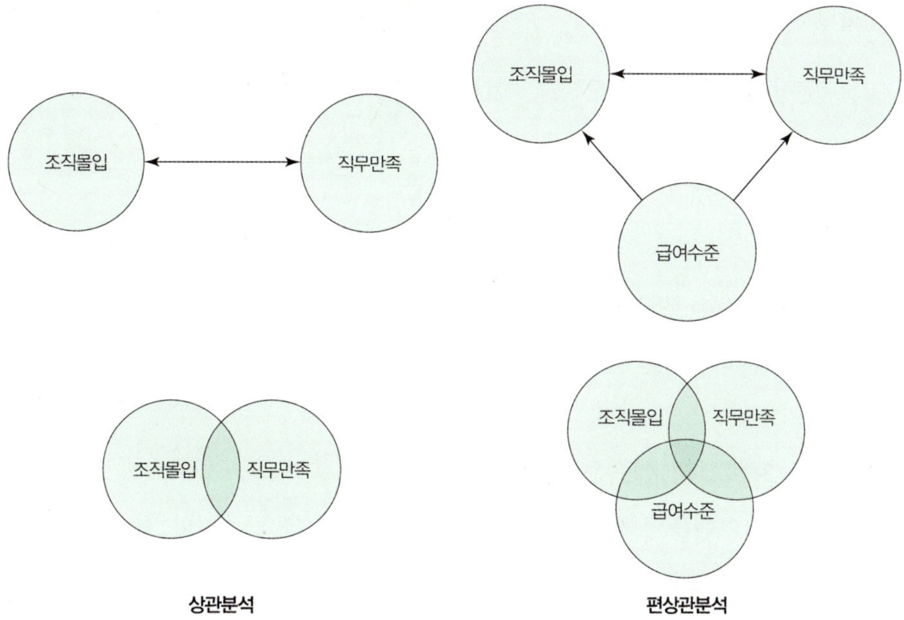

그림 11.1-2

'분석(A)' ▶ '상관분석(C)' ▶ '이변량 상관계수(B)'

- 편상관분석: 급여를 통제한 상태에서 조직몰입과 직무만족 간에는 어떠한 관계가 있는가?

  '분석(A)' ▶ '상관분석(C)' ▶ '편상관계수(R)'

2. 단순상관분석 – 모수 분석

예시. L사의 직원 조직몰입과 직무만족 간의 상관관계를 확인하기 위해서 L사 임직원 500명에게 설문조사를 실시하였다. 가설은 다음과 같다.

귀무가설: 조직몰입과 직무만족 간에는 상관관계가 없다.

대립가설: 조직몰입과 직무만족 간에는 상관관계가 있다.

두 변수 간의 상관관계를 나타내는 Pearson 상관계수는 다음과 같은 공식에 의해서 구한다.

$$r = \frac{\mathrm{Cov}(x,\ y)}{\sqrt{\mathrm{Var}(x)}\sqrt{\mathrm{Var}(y)}} = \frac{\sum_{i=1}^{n}(x_1 - \bar{x})(y_1 - \bar{y})}{\sqrt{\sum_{i=1}^{n}(x_1 - \bar{x})^2 \sum_{i=1}^{n}(y_1 - \bar{y})^2}}$$

이 예제에 적합한 분석방법은 상관분석이다. 변수는 '조직몰입'과 '직무만족'이고 둘 간의 상관관계가 있는지를 알아보고자 하는 것이기 때문이다.

1) SPSS 프로그램 실습: 상관분석

① SPSS 프로그램을 실행한 후, 데이터 열기 아이콘을 클릭한다 ▶ 데이터 열기 창에서 파일 유형을 'Excel'로 설정한다 ▶ 10.Correlation.xls를 선택하고 '열기'를 클릭하여 해당파일을 불러온다.

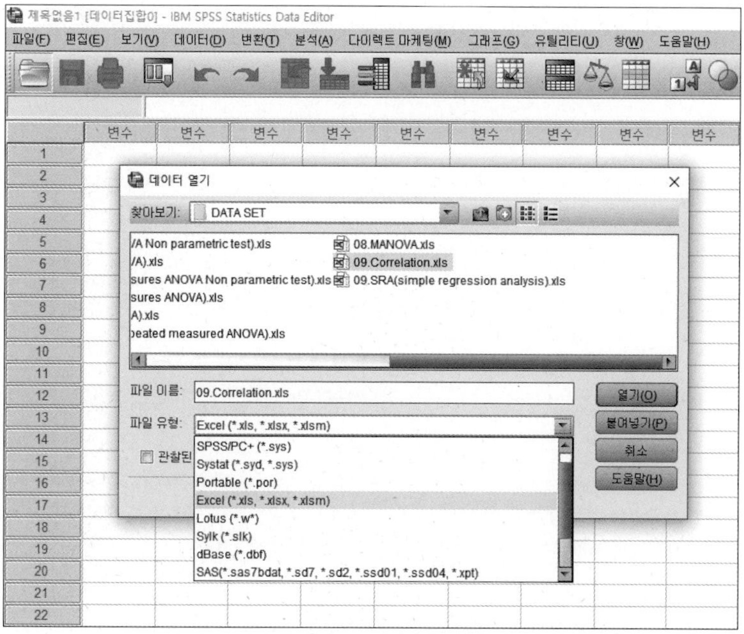

② 메뉴의 '분석' ▶ '상관분석' ▶ '이변량 상관계수'를 클릭한다.

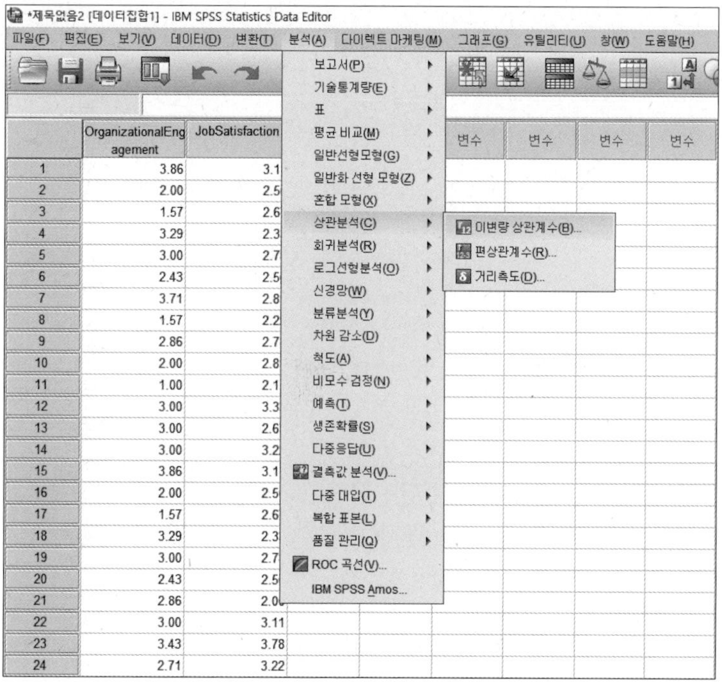

③ 이변량 상관계수 창에서 'Organizational Engagement', 'Job Satisfaction'을 오른쪽 '변수' 박스로 이동시킨다.

'상관계수'에서 'Pearson'에 '유의성 검정'에서 양쪽에, '유의한 상관계수 별표시'에 체크가 되어 있는지 확인한 후, '옵션'을 클릭하면 이변량 상관계수: 옵션 창이 나타난다.

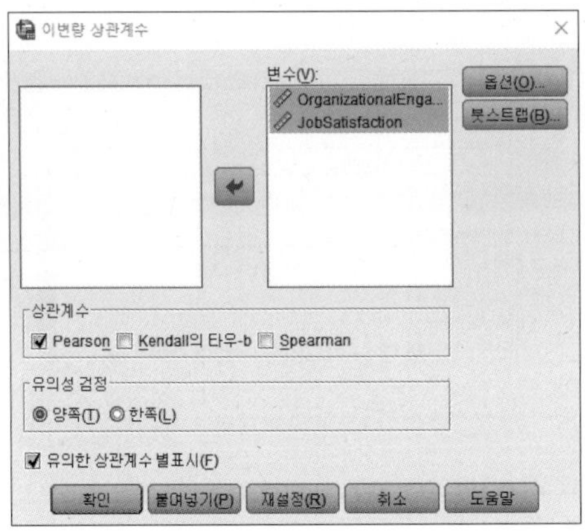

④ 이변량 상관계수: 옵션 창에서 '평균과 표준편차'를 체크하고 '계속' ▶ '확인'을 클릭하여 분석을 시작한다.

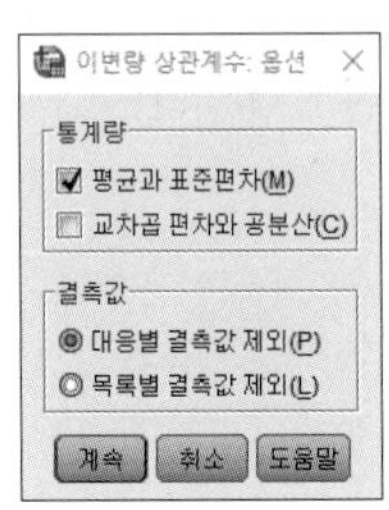

⑤ **출력결과**

- 기술통계량: 변수들의 평균과 표준편차, 표본수 등 표본에 대한 기술통계량이 제시된다.

표 11.2-1 기술통계량

	평균	표준편차	N
Organizational Engagement	2.7132	0.72184	300
Job Satisfaction	2.8944	0.48731	300

- 상관계수: 상관계수 테이블에는 Pearson 상관계수와 유의확률 그리고 표본의 수(N)가 제시된다. 두 변수간의 상관관계가 통계적으로 유의하게 관계가 있다면 유의확률이 p값의 임계치인 0.05보다 작아야 한다. 여기서 유의확률은 0.000이고 상관계수는 0.633으로 두 변수 간의 상관관계가 존재한다고 판단한다.

표 11.2-2 상관계수

		OrganizationalEngagement	JobSatisfaction
Organizational Engagement	Pearson 상관계수	1	0.633**
	유의확률 (양쪽)		0.000
	N	300	300
Job Satisfaction	Pearson 상관계수	0.633**	1
	유의확률 (양쪽)	0.000	
	N	300	300

** 상관계수는 0.01 수준(양쪽)에서 유의하다.

2) 보고서나 논문에 표기하는 방법

Variables	Organizational Engagement	Job Satisfaction
Organizational Engagement	1	.633** (p < 0.001)
Job Satisfaction	.633** (p < 0.001)	1

3. 단순상관분석 – 비모수 분석

상관분석도 표본의 수가 30 미만일 때는 비모수 분석을 사용해야 한다. 상관관계 분석을 위한 비모수 방법은 Kendall's tau-b Spearman rho가 있다. 다음의 예시에서 상관관계 비모수 분석을 살펴보자.

예시. L사의 직원 조직몰입과 직무만족 간의 상관관계를 확인하기 위해서 L사 임직원 25명에게 설문조사를 실시하였다. 가설은 다음과 같다.

귀무가설: 조직몰입과 직무만족 간에는 상관관계가 없다.

대립가설: 조직몰입과 직무만족 간에는 상관관계가 있다.

1) SPSS 프로그램 실습: 단순상관분석

① 메뉴의 '분석(A)' ▶ '상관분석(C)' ▶ '이변량 상관계수(B)'

② 이변량 상관계수 창에서 'Organizational Engagement', 'Job Satisfaction'을 오른쪽 '변수' 박스로 이동시킨다.

'상관계수'에서 'Spearman(모수분석과 이 부분이 다르다)', '유의성 검정'에서 '양쪽', '유의한 상관계수 별표시'에 체크한 후, '확인'을 클릭하면 분석이 시작된다.

③ 출력결과

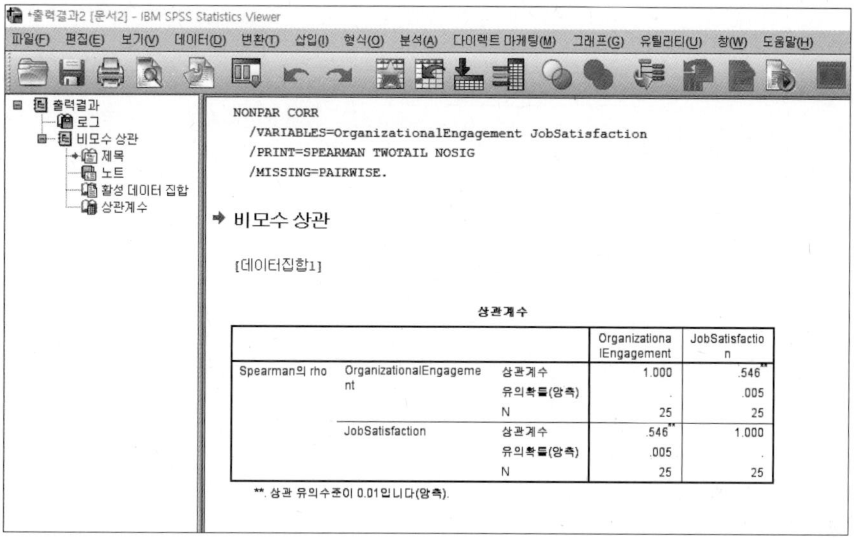


```
NONPAR CORR
  /VARIABLES=OrganizationalEngagement JobSatisfaction
  /PRINT=SPEARMAN TWOTAIL NOSIG
  /MISSING=PAIRWISE.
```

비모수 상관

[데이터집합1]

상관계수

			OrganizationalEngagement	JobSatisfaction
Spearman의 rho	OrganizationalEngagement	상관계수	1.000	.546**
		유의확률(양측)	.	.005
		N	25	25
	JobSatisfaction	상관계수	.546**	1.000
		유의확률(양측)	.005	.
		N	25	25

**. 상관 유의수준이 0.01입니다(양측).

- 비모수 상관계수: 비모수 상관계수 분석결과 상관계수 0.546, 유의확률 0.005 ($p<0.01$)이기 때문에 통계적으로 유의한 상관관계가 존재하는 것으로 판단된다.

표 11.3-1 상관계수

			OrganizationalEngagement	JobSatisfaction
Spearman의 rho	OrganizationalEngagement	상관계수	1.000	0.546**
		유의확률(양측)	.	0.005
		N	25	25
	JobSatisfaction	상관계수	0.546**	1.000
		유의확률(양측)	0.005	.
		N	25	25

**. 상관 유의수준이 0.01이다(양측).

4. 편상관분석

앞서 단순 상관분석에서 임직원들의 조직몰입과 직무만족 간의 관계를 분석해 보았다. 그런데 급여수준이 높은 사람일수록 직무만족이 높게 나타나는 경향이 있을 것이라고 예상되기 때문에, 급여수준을 통제한 상태에서 조직몰입과 직무만족 간의 관계를 분석해 보고자 한다.

예시. L사의 임직원 조직몰입과 직무만족 간의 상관관계를 확인하기 위해서 L사 임직원 300명에게 설문조사를 실시하였다. 그러나 급여수준이 높은 임직원일수록 직무만족도가 높을 것이라고 예측할 수 있기 때문에 급여수준을 통제한 상태에서 두 변수간의 상호 관련성을 알아보고자 한다. 가설은 다음과 같다.

귀무가설: 조직몰입과 직무만족 간의 편상관관계는 없다.

대립가설: 조직몰입과 직무만족 간의 편상관관계는 있다.

1) SPSS 프로그램 실습: 편상관분석

① SPSS 프로그램을 실행한 후 ▶ 데이터 열기 아이콘을 클릭한다. ▶ 데이터 열기 창에서 파일 유형을 'Excel'로 설정한다 ▶ 10.Partial Correlations.xls를 선택하고 열기를 클릭하여 해당파일을 불러온다.

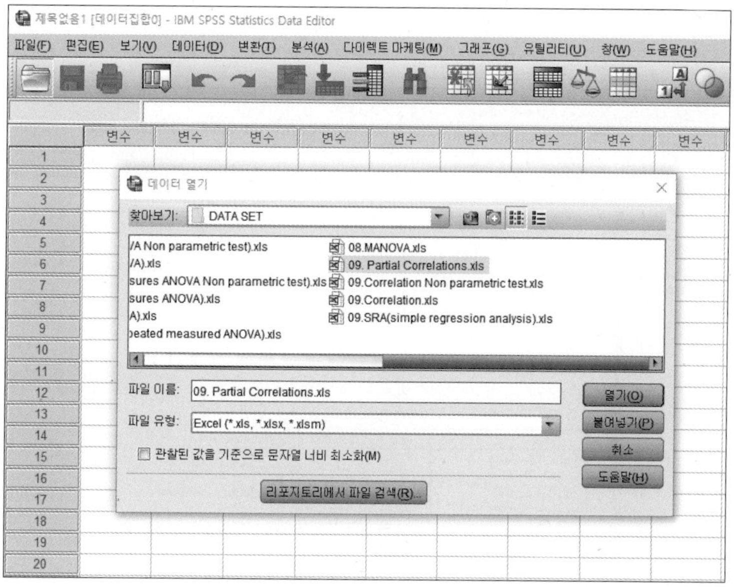

② 메뉴의 '분석(A)' ▶ '상관분석(C)' ▶ '편상관계수(R)'를 클릭한다.

③ 편상관계수 창에서 'Organizational Engagement', 'Job Satisfaction'을 오른쪽 '변수' 박스로 이동시키고, 'Salary Level'을 '제어변수' 박스로 이동시킨다. 아래 박스 '유의성 검정'에 '양쪽', '관측유의수준 출력' 체크를 확인하고 '옵션'을 클릭한다.

④ 편상관계수: 옵션 창에서 '통계량' 박스에 '평균과 표준편차', '0차 상관'에 체크하고, '결측값' 박스에 '목록별 결측값 제외'에 체크한 후 '계속'을 클릭하고, '확인'을 클릭하여 분석을 시작한다.

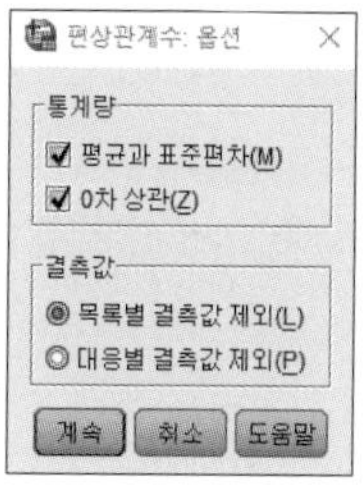

⑤ 출력결과

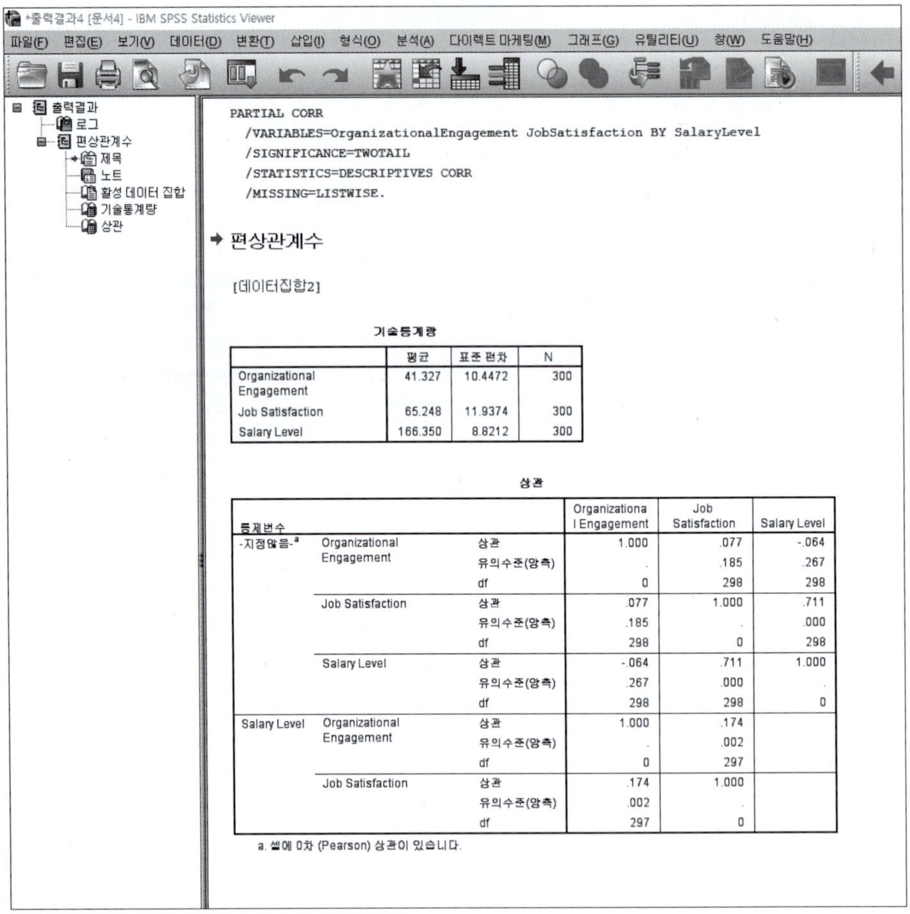

*출력결과4 [문서4] - IBM SPSS Statistics Viewer

```
PARTIAL CORR
  /VARIABLES=OrganizationalEngagement JobSatisfaction BY SalaryLevel
  /SIGNIFICANCE=TWOTAIL
  /STATISTICS=DESCRIPTIVES CORR
  /MISSING=LISTWISE.
```

➔ 편상관계수

[데이터집합2]

기술통계량

	평균	표준 편차	N
Organizational Engagement	41.327	10.4472	300
Job Satisfaction	65.248	11.9374	300
Salary Level	166.350	8.8212	300

상관

통제변수			Organizational Engagement	Job Satisfaction	Salary Level
-지정않음-[a]	Organizational Engagement	상관	1.000	.077	-.064
		유의수준(양측)	.	.185	.267
		df	0	298	298
	Job Satisfaction	상관	.077	1.000	.711
		유의수준(양측)	.185	.	.000
		df	298	0	298
	Salary Level	상관	-.064	.711	1.000
		유의수준(양측)	.267	.000	.
		df	298	298	0
Salary Level	Organizational Engagement	상관	1.000	.174	
		유의수준(양측)	.	.002	
		df	0	297	
	Job Satisfaction	상관	.174	1.000	
		유의수준(양측)	.002	.	
		df	297	0	

a. 셀에 0차 (Pearson) 상관이 있습니다.

- 기술통계량: 변수별 평균, 표준편차, 표본수 등 기술통계량이 제시되어 있다.

표 11.4-1 기술통계량

	평균	표준편차	N
Organizational Engagement	41.327	10.4472	300
Job Satisfaction	65.248	11.9374	300
Salary Level	166.350	8.8212	300

- 상관: 상관 테이블을 보면 지정 않음과 Salary Level에 대한 Organizational

Engagement, Job Satisfaction, Salary Level에 대한 관계가 제시되어 있다. 지정 않음은 통제변수의 영향없이 변수간의 단순 상관관계를 분석한 결과이다.

우선, 통제변수의 영향이 없는 지정되지 않음을 보면, Organizational Engagement, Job Satisfaction 두 변수 간에는 상관계수 $r=0.077$, 유의확률 $p=0.185$로 상관관계가 존재하지 않는 것으로 분석되었다.

그러나 Salary Level을 통제한 이후의 결과를 보면 Organizational Engagement, Job Satisfaction 두 변수 간에는 상관계수 $r=0.174$, 유의확률 $p=0.002$ ($p<0.01$)로 통계적으로 유의한 정(+)의 상관관계가 존재하는 것으로 분석되었다.

표 11.4-2 **상관**

통제변수			Organizational Engagement	Job Satisfaction	Salary Level
-지정않음-[a]	Organizational Engagement	상관	1.000	**0.077**	-0.064
		유의수준(양측)	.	**0.185**	0.267
		df	0	298	298
	Job Satisfaction	상관	**0.077**	1.000	0.711
		유의수준(양측)	**0.185**	.	0.000
		df	298	0	298
	Salary Level	상관	-0.064	0.711	1.000
		유의수준(양측)	0.267	0.000	.
		df	298	298	0
Salary Level	Organizational Engagement	상관	1.000	**0.174**	
		유의수준(양측)	.	**0.002**	
		df	0	297	
	Job Satisfaction	상관	**0.174**	1.000	
		유의수준(양측)	**0.002**	.	
		df	297	0	

[a] 셀에 0차 (Pearson) 상관이 있다.

2) 보고서나 논문에 표기하는 방법

Controlling Variable: Salary Level (N = 300)

Variables	Organizational Engagement	Job Satisfaction
Organizational Engagement	1	0.174 (0.002)
Job Satisfaction	0.174 (0.002)	1

5. 공분산

공분산(共分散, covariance)은 2개의 확률변수의 분포가 동일한 방향인지 반대방향인지 나타내는 값이다. 만약 2개의 변수 중 하나의 값이 상승하는 경향을 보일 때 다른 값도 상승하는 선형 상관성이 있다면 (+) 공분산을 가진다. 반대로 2개의 변수 중 하나의 값이 상승하는 경향을 보일 때 다른 값이 하강하는 선형 상관성을 보인다면 공분산의 값은 (−)가 된다. 또한, X와 Y가 일정한 규칙 없이 대응하면 공분산은 0에 가까워진다. 이렇게 공분산은 상관관계의 상승 혹은 하강하는 경향을 이해할 수 있으나 2개 변수의 측정 단위의 크기에 따라 값이 달라지므로 상관분석을 통해 정도를 파악하기에는 부적절하며 이때는 공분산을 **표준화한 상관계수**(Correlation coefficient) 값으로 나타낸다.

예를 들어서 x가 변하면 y는 어떻게 어느 정도로 변하는지를 표현한다. 그런데 공분산은 마이너스 무한대에서 무한대까지의 범위이므로 정도의 차이는 파악할 수 있지만 그 수치가 어느 정도인지에 대한 확인은 할 수 없다. 확률변수 X에 대한 흩어짐의 정도가 산포도이며, 이를 분산으로 표시할 수 있다. 마찬가지로 또 다른 확률변수 y에 대한 흩어짐의 정도도 분산으로 표시할 수 있다. 이 각각의 분산에 대한 공통점이 공분산이며, 이에 대한 분석을 공분산 분석이라 한다. 확률변수 X의 평균(기대값), Y의 평균을 각각 $E(X)=\mu$, $E(Y)=\upsilon$이라 했을 때, X, Y의 공분산은 다음과 같다.

$$\text{Cov}(X, Y) = E((X-\mu)(Y-v))$$

즉, 공분산은 X의 편차와 Y의 편차를 곱한 것의 평균이다.

예시. 원석이와 유진이는 운동을 결심한다. 원석이는 웨이트 트레이닝을 하고 유진이는 달리기를 하기로 결심했다. 두 명은 일주일 동안 열심히 운동한 후에 운동에 투자한 시간과 운동 후 결과가 어떠한 관계가 있는지 알아보고자 한다.

원석이는 열심히 운동하는 만큼 더 무거운 덤벨을 들어올릴 수 있을 것이라고 기대한다. 한편 유진이는 열심히 운동하는 만큼 500미터 장거리 달리기의 시간을 더 단축할 수 있을 것이라고 생각한다. 일주일 동안 둘은 6회에 걸쳐서 동일한 시간에 운동을 실시하고 결과를 기록하였다.

표 11.5-1 운동시간과 결과

	운동시간	원석 kg-lifted	유진 race time(sec)
1회	2.5	50	62
2회	3	60	55
3회	1.5	42	64
4회	2.8	48	61
5회	3.2	62	59
6회	2.9	46	57

표 11.5-2 원석이의 운동시간과 들어올린 덤벨의 무게의 공분산 계산

	운동시간	변수-평균	kg-lifted	변수-평균
1회	2.5	2.5 - 2.7	50	50 - 51.3
2회	3	3 - 3.7	60	60 - 51.3
3회	1.5	1.5 - 2.7	42	42 - 51.3
4회	2.8	2.8 - 2.7	48	48 - 51.3
5회	3.2	3.2 - 2.7	62	62 - 51.3
6회	2.9	2.9 - 2.7	46	46 - 51.3
평균	2.7	-	51.3	-

$$\text{Cov}(X, Y) = \frac{\sum_{i=1}^{n}(X_i - \bar{X})(Y_i - \bar{Y})}{n-1}$$

$$= \frac{(2.5-2.7)(50-51.3)+(3-2.7)(60-51.3)+\cdots+(2.9-2.7)(46-51.3)}{6-1}$$

$$= 3.6$$

공분산은 3.6이므로 양의 상관관계가 있다. 운동시간에 비례해서 원석이가 들어올린 덤벨의 무게는 더 무거워졌다. 다음은 유진이의 경우를 살펴보자.

표 11.5-3 유진이의 운동시간과 달린 시간의 공분산 계산

	운동시간	변수-평균	race time(sec)	변수-평균
1회	2.5	2.5 - 2.7	62	62 - 59.7
2회	3	3 - 3.7	55	55 - 59.7
3회	1.5	1.5 - 2.7	64	64 - 59.7
4회	2.8	2.8 - 2.7	61	61 - 59.7
5회	3.2	3.2 - 2.7	59	59 - 59.7
6회	2.9	2.9 - 2.7	57	57 - 59.7
평균	2.7	-	59.7	-

유진이의 운동시간과 달린시간의 공분산은 -1.6이다.

마이너스이기 때문에 유진이는 실망했을까? 그렇지 않다. 역의 상관관계이므로 운동시간이 길어질수록 500m 달리기에 걸린 시간이 짧아졌다는 것은 유진이에게는 기분 좋은 일이다.

그렇다면 동일한 운동시간 동안 원석이와 유진이 중 누가 더 운동효과가 좋았을까? 이 경우, 한 명은 덤벨의 무게를, 다른 한 명은 달리기의 시간 단축을 측정하였기 때문에 동일 비교가 어렵다. 그러므로 이때는 상관계수를 살펴봐야 한다.

6. 상관계수

상관계수(correlation coefficient)는 공분산을 표준화한 값이다. 공분산을 표준화하는 이유는 공분산의 범위가 $-\infty \le \text{Cov} \le \infty$이므로 어떤 수치로 공분산이 계산되는 양(+)과 음(−)의 정도만 파악되고 강도를 알 수 없기 때문이다. 상관계수의 범위는 $-1 \le \text{Corr} \le 1$이므로 하한과 상한이 -1과 1로 고정되어 있다. 따라서 양(+)과 음(−)의 정도에 대한 파악은 물론 연관성의 강도까지 확인할 수 있다.

단순히 공분산 숫자로 표시해서는 상호관계를 정확하게 파악하기 어렵다. 이런 공분산의 한계를 극복하기 위해 표준화가 필요하며, 표준화된 공분산계수를 상관계수라고 한다. 만약 측정값이 길이(cm)와 무게(kg)처럼 단위가 다른 경우라면 반드시 표준화해야 한다.

공분산이

$$\text{Cov}(x, y) = \frac{\sum_{i=1}^{n}(x_i - \bar{x})(y_i - \bar{y})}{n}$$

일 때, 상관계수는 다음과 같다.

$$\text{Corr}(x, y) = \frac{\text{Cov}(x, y)}{\sqrt{\frac{\sum(x_i - \bar{x})^2}{n} \times \frac{\sum(y_i - \bar{y})^2}{n}}}$$

복잡해보이지만, 정리하면 다음과 같이 나타낼 수 있다.

$$\text{Corr}(x, y) = \frac{\text{Cov}(x, y)}{S.D(s) \times S.D(y)}$$

($S.D(x)$: x의 표준편차, $S.D(y)$: y의 표준편차)

이 식은 다음과 같은 의미를 갖는다.

$$(\text{상관계수}) = \frac{(\text{공분산})}{(x\text{의 표준편차}) \times (y\text{의 표준편차})}$$

그러면 위의 공분산 예시에서 원석이와 유진이의 상관계수를 다시 살펴보자.

표 11.6-1 **원석이와 유진이의 상관계수**

	Standard Deviation
운동시간	0.609097693
원석 kg lifted	7.966596931
유진 race time	3.326659987

원석이의 운동시간과 들어올린 덤벨 kg의 상관계수

$$r = 3.6/((0.61)(7.97)) = 0.74$$

유진이의 운동시간과 단축한 시간 race time의 상관계수

$$r = -1.6/((0.61)(3.33)) = -0.77$$

두 명 모두 운동효과가 있었지만 공분산만으로 판단하기에는 동일한 운동시간에 누가 더 운동효과가 컸는지 알 수 없었다. 하지만 상관계수로 비교해보면 유진이가 약간의 차이로 더 효율적이었다는 것을 알 수 있다. 왜냐하면 $|-0.77| > 0.74$이기 때문이다.

CHAPTER 12

회귀분석

1. 회귀분석

강에서 태어난 연어는 바다로 가서 살다가 알을 낳을 때 다시 태어난 강으로 돌아온다. 바다에서 강으로 돌아오기 위해서 매일매일 급류를 필사적으로 거슬러 헤엄쳐 돌아온다. 연어는 태어났던 고향인 강에 도착하면 기진맥진한 채 알을 낳고 죽음을 맞이한다. 자연의 섭리이자 위대한 희생이다. 이런 현상을 우리는 회귀라고 하는데 '다시 원래 자리로 돌아오는 것'이라는 뜻이다.

외국에서는 영국 유전학자 갈톤(F. Galton, 1822~1891)이 그의 유전에 관한 논문 〈Family Likeness in Stature(1886)〉에서 처음 회귀를 정의하였다. 보통 키가 큰 부모로부터 태어난 자녀는 키가 크고, 키가 작은 부모로부터 태어난 자녀는 키가 작다. 그러나 그 부모로부터 태어난 자녀들 키의 평균은 그들의 부모 키가 크던 작던 관계없이 전체 인구의 평균 키에 접근하는 현상이 나타난다. 이 현상을 보편적 회귀법칙이라고 한다(law of universal regression).

보편적 회귀법칙은 피어슨(K. Pearson, 1857~1936)에 의해서 체계적으로 정립되었다. 피어슨의 회귀법칙에 의하면, 아버지의 키가 큰 집단에서 태어난 자녀들의 평균 키는 그 아버지 집단의 평균 키보다는 작고, 아버지의 키가 작은 집단에서 태어난 자녀들의 평균 키는 그 아버지 집단의 평균 키보다는 크다.

그러므로 자녀의 키는 전체 평균 키 높이로 회귀한다는 것이다. 그런데 회귀분석에서 분명히 해 둘 것이 있다. 아버지의 키가 자녀의 키에 영향을 주는 것이지, 자녀의 키가 아버지의 키에 영향을 주는 것은 아니다. 또한 자녀의 키는 어머니의 키와 성장 과정에도 영향을 받는다. 따라서 회귀분석에서는 영향을 주는 변수 X(독립변수: independent variable)와 영향을 받는 변수 Y(종속변수: dependent variable)로 구분한다. 최근에는 빅데이터 기계학습 등에 사용되는 회귀분석의 변수명으로 아래와 같이 다양한 이름들이 쓰이고 있다.

표 12.1-1 목적변수와 설명변수 구분

목적변수	설명변수
종속변수(dependent variable) 반응변수(response variable) 결과변수(outcome variable) 표적변수(target variable)	독립변수(independent variable) 예측변수(predictor variable) 회귀자(regressor) 원인변수 조작변수(mulipulated variable) 통제변수(controlled variable) 노출변수(exposure variable) 리스크 팩터(risk factor) 특징(feature) - 기계학습 공변량(covariate) - 연속형 자료 요인(factor) - 범주형 자료 입력변수(input variable)

1) 회귀분석의 목적

회귀분석은 본래 유전학적인 연구로부터 출발하였으나 그 적용분야는 광범위하다. 한 종속변수가 하나 이상의 독립변수에 의해 어떠한 영향을 받고, 또한 어떠한 관계로 나타나는지 분석하는 기법이 회귀분석이다. 다시 설명하면 종속변수가 독립변수에 의해 어떠한 통계적 관계식으로 나타나는지를 밝히는 것이 회귀분석의 주요 목적이다.

회귀분석에서 밝히고자 하는 통계적 관계식은 바로 계량모형을 의미하는데 수학적 관계식과는 다르다. 변수 사이에 존재하는 관계는 크게 두 종류로 구분할 수 있다. 하나는 확정적 관계이고 다른 하나는 통계적 관계이다. 어떠한 오차도 허용되지 않는 변수 사이에 관련성이 존재할 때 확정적 관계라 하는데, 변수 사이에 관련성이 수학적 함수관계로 표현되면 확정적 관계이다.

예를 들어, 직사각형의 넓이를 구하는 공식은 밑변과 높이를 곱하는 것이다. 이러한 수학적 관계식은 오차의 개념이 없기 때문에 확정적 관계이다. 그런데 사회과학 현상이나 자연과학 현상에서 나타나는 변수들은 대부분 확정적 관계로 표현될 수 있는 경우는 거의 없다.

소득수준이 같은 근로자 가구라도 소비지출액은 각각 다르게 나타난다. 또한 동일한 오븐에서 구운 빵도 맛이 재 각기 다를 수 있다. 뿐만 아니라 동일한 경력을 가진 쉐프들이라고 모두 맛있는 요리를 만들 수 있는 것은 아니다. 이와 같이 사회과학 현상은 변수 사이에 존재하는 관련성에 오차가 있기 때문에 통계적 확률로 나타내야 한다. 그러므로 변수 사이에 존재하는 관계식을 밝힐 때에는 통계적 분석이 이루어져야 한다.

만약 두 변수 X, Y 사이에 통계적 관계가 존재한다면, 두 변수는 확률적으로 관련성이 있다는 뜻이다. 독립변수 X 값을 알면 종속변수 Y 값을 정확하게 알 수 있다는 뜻이 아니다.

예를 들어 근로자 가구 소득을 독립변수 X로, 소비지출액을 종속변수 Y라 하자. 일반적으로 X가 증가하면 Y도 증가하고, X가 감소하면 Y도 감소한다. 그러나 소득수준 X를 알고 있다고 해서 Y를 정확히 예측할 수는 없다.

그렇다면 소득수준이 한 단위 변할 때 소비지출은 어느 정도 변할 것인가? 즉, 한계소비성향은 얼마일까? 전체 가구를 모두 조사하여 한계소비성향을 산출할 수는 없다. 모집단을 구성하는 가구수가 너무 많아서 경제적인 실익이 없기 때문이다. 그래서 모집단으로부터 표본을 추출하여 표본자료에 나타난 통계량을 바탕으로 전체가구의 소비성향을 추정할 수밖에 없다.

2) 회귀분석의 개념

의사결정을 할 때 두 가지 이상의 변수 간의 관계를 고려하여 결론을 내리는 경우가 많다. 예를 들면 e 스포츠 마케팅 팀장은 온라인 광고비용과 판매액의 관계를 고려하여 광고비 예산에 따른 판매액의 증가를 예측해 볼 수 있으며, 파티시에(Pâtissier)는 맛있는 과자나 케이크를 만들기 위해 최적의 빵 굽는 온도를 예측할 수 있는 것이다.

물론 때때로 경영자들은 두 변수 사이의 관계를 분석하는 데 자신의 직관을 사용하기도 하지만, 좀더 일반적이고 객관적인 방법은 두 변수에 대한 자료를 수집한 후 통계학적인 절차를 사용하여 변수 간의 관계를 분석하는 것이다. 회귀분석은 변수들의 관계를 파악하기 위해 수학적인 방정식을 도출해내는 통계학적인 기법이다.

위의 광고비, 빵 굽는 온도 등과 같이 다른 변수에 영향을 주는 변수를 독립변수라 하고, 판매액, 케이크의 맛과 같이 다른 변수에 의해 영향을 받는 변수를 종속변수라 한다. 하나의 독립변수와 하나의 종속변수만의 관계가 직선으로 나타내는 회귀분석기법 중 가장 간단한 형태를 단순선형회귀분석이라고 하고, 두 개 이상의 독립변수가 관련되어 있는 상황을 다중회귀분석이라고 한다.

3) 독립변수와 종속변수

독립변수(independent variable)와 **종속변수**(dependent variable)는 실험으로 획득한 데이터를 통해 수학적 모델을 세우거나 통계적 모델을 세울 때 사용되는 변수의 두 종류다. 종속변수가 독립변수에 의해 영향을 받는다고, 즉 종속되어 있다고 해석하기 때문에 이러한 이름이 붙여졌다. 따라서 독립변수는 입력값이나 원인을 나타내며, 종속변수는 결과물이나 효과를 나타낸다. 기타 여러가지 원인으로 관찰 중인 변수들은 기타 변수라고 한다.

회귀분석의 결과로 나온 독립변수와 종속변수 간의 관계는 정확하지는 않고 확률적이다. 즉, 독립변수에 대한 종속변수 값의 추정치와 예측치를 제공하며, 수식으로 나타낼 수 있다. 또한 일반적인 회귀분석은 등간척도와 비율척도로 측정된 데이터를 분석할 때 이용한다. 특수하게 명목척도와 서열척도로 측정된 경우에는 더미변수(dummy variable) 회귀분석과 로지스틱 회귀분석 등을 통해 분석할 수 있다.

회귀분석의 종류에는 선형/비선형 회귀분석, 더미/통제회귀분석, 위계적 회귀분석, 로지스틱 회귀분석 등이 있으며, 회귀분석의 확장된 형태의 구조방정식 모델링(structural equation modelling, SEM)이 있다.

선형 회귀분석은 독립변수와 종속변수의 관계가 선형일 때 사용되며 이를 식으로 나타내면 $Y = b_0 + b_1X_1 + b_2X_2 + \cdots + b_kX_k$로 나타낼 수 있다. 비선형 회귀분석은 독립변수와 종속변수의 관계가 선형이 아닐 때 사용되며 다음과 같은 식으로 나타낸다. $Y = b_0 + b_1X + b_2X^2 + \cdots + b_kX^n$로 나타낼 수 있다.

회귀분석, 분산분석, 교차분석은 다음과 같이 구별된다.

- 회귀분석: 독립변수와 종속변수 모두 측정형 변수로 구성되며, 종속변수에 대한 독립변수의 인과관계를 나타낸 것이다.
- 교차분석: 독립변수와 종속변수 모두 범주형(분류형) 변수로 구성되며, 단순히 변수들 간의 상관관계를 나타낸 것이다.

- 분산분석: 독립변수는 범주형(분류형) 변수이며 종속변수는 양적 변수이다.

4) 단순선형 회귀모델

우선 회귀분석을 설명하기 위해 확정적 모델과 확률적 모델의 개념을 알아보자. 확정적 모델에 있어서는 독립변수의 값을 지정하면 종속변수의 값은 함수관계에 따라 정확하게 계산할 수 있다. 직선의 수학적 방정식을 $Y=\alpha+\beta x$로 표현하면 이는 확정적 모델이다. 이 모델에서 α는 종속변수 Y의 절편(intercept)인데 독립변수 X가 0일 때 Y의 평균치를 나타낸다. 한편 β는 직선의 기울기(slope)로서 독립변수 X의 한 단위 증가함에 따라 변화하는 종속변수 Y가 변동하는 평균치를 의미하는데 x의 값이 지정되면 y의 값은 정확하게 계산할 수 있다. 여기서 α, β, X, Y는 모두 상수이다.

그러나 이 확정적 모델은 예측오차(error of prediction)를 평가할 방법을 제공하지 못한다. 예컨대 판매액은 광고비 외에 경제상황, 재고상태, 경쟁사의 가격 등등 다른 많은 변수에 의존한다. 이러한 설명할 수 없는 일정치 않은 확률적 요인들의 영향으로 광고비가 계속 일정하게 지불되더라도 판매액은 일정하지 않고 항상 변동하게 된다. 이와 같은 식이 두 변수의 관계를 나타내는 과학적인 식은 될 수 없다. 이러한 확률적 성질은 종속변수 Y의 값을 확정적 모델에서와 같이 정확한 값으로 예측할 수 없다는 것을 의미한다. Y에 관한 불확실성은 확률변수 오차항(random error)에 기인한다. 한편 광고비 각각에 대하여 판매액은 여러 개의 값을 가지는 정규분포의 형태를 취한다. 예를 들면, 광고비가 매월 10억 원으로 일정하다고 할 때 판매액은 30억, 40억, 50억 원 등 수없이 다른데 이들은 평균 판매액을 중심으로 정규분포를 따르게 된다. 이와 같이 판매액에 있어서 설명되지 않는 모든 변동을 오차라고 한다.

따라서 모집단의 경우 독립변수 X와 종속변수의 1차 함수관계를 가정할 때 회귀모델은 다음과 같이 확정적 함수관계를 나타내는 부분과 확률적 오차부분을 포함한다.

모집단 단순선형회귀모델

$$Y = \text{확정적 부분} + \text{확률적 오차부분}$$

$$y_i = \beta_0 + \beta_1 x_i + \varepsilon_i \ (i = 1 \sim n)$$

위 식에서 β_0와 β_1는 모수이다. 종속변수 Y의 값은 두 모수와 독립변수 X 및 오차항 ε에 의하여 결정된다. 여기서 β_0, β_1 독립변수이며, X는 상수이다. 그런데 확률적 모델에서는 X의 특정한 값이 주어지더라도 이에 대한 Y의 정확한 값을 구할 수 없다. 이는 확률변수인 오차항 때문이다. 독립변수 X의 한 값에 대응하는 종속변수 X의 값은 오차항의 값에 따라 확률적으로 다르게 나타나기 때문에 종속변수 Y는 확률변수이다.

5) 모집단 단순회귀모델

선형회귀모델은 앞에서 설명한 확률적 모델이므로 모집단의 회귀모델을 다음과 같이 표현할 수 있다.

$$Y_i = \alpha + \beta X_i + \varepsilon_i$$

위에서 Y_i는 실제 관측치이다. ε_i는 오차항이라고 하는 확률변수인데 두 변수 X와 Y의 선형관계에 의해서 설명할 수 없는 종속변수 Y의 변동을 말한다. 독립변수 X, α, β의 값이 일정한 경우 오차항 ε의 변화에 따라 종속변수 Y는 결정된다. 예컨대, $\alpha + \beta X + \varepsilon$에서 $\alpha = 10$, $\beta = 3$, $X = 4$로 일정하다고 할 때 $\varepsilon = 1.5$이면 $Y = 23.5$가 된다. 오차항 ε에 따라 매번 다르게 결정되는 Y의 분포는 X가 특정한 값을 가진다고 가정할 때의 분포이므로 조건부 분포이다. 모집단의 단순회귀모델에서 확정적 부분을 **평균 선**(line of means) 또는 **모집단 회귀선**(population regression line)이라고 하는데 이는 독립변수 X의 주어진 값에 따른 종속변수 Y의 조건부 기댓값인 $E(Y_i \mid X_i)$ 또는 $E(Y_i)$는 모델의 직선 부분과 같기 때문이다. 즉 X의 특정한 값에 따른 Y의 분포의 기대값은 회귀선 위에서 구해진다. 모집단의 회귀선은 다음과 같이 나타낸다.

$$E(Y_i) = E(Y_i \mid X_i) = \alpha + \beta X_i$$

모집단 회귀식에서 a와 B를 모집단 회귀계수(population regression coefficient)라고 한다. 독립변수 X의 특정한 값이 주어지면 종속변수 Y의 값은 평균 $E(Y \mid X)$를 중심으로 랜덤하게 오차를 가지고 확률적으로 변동하게 된다. 오차(error)란 독립변수 X의 값이 주어질 때 종속변수 Y의 실제 관측치와 종속변수 Y의 평균값의 차이, $(Y_i - E(Y_i))$를 말한다.

여기서 오차(error)와 잔차(residual)의 차이를 알아보자. 만약 모집단에서 회귀식을 얻었다면, 그 회귀식을 통해 얻은 예측값과 실제 관측값의 차이가 오차이다. 반면 표본집단에서 회귀식을 얻었다면, 그 회귀식을 통해 얻은 예측값과 실제 관측값의 차이가 잔차이다. 둘의 차이는 모집단에서 추출한 것이냐 표본집단에서 추출한 것이냐의 차이이다. 다음은 모집단 회귀모델과 모집단 회귀식의 차이를 보여주고 있다. 오차는 다음과 같이 구한다.

$$E = Y_i - E(Y_i \mid X_i) = Y_i - E(Y_i)$$

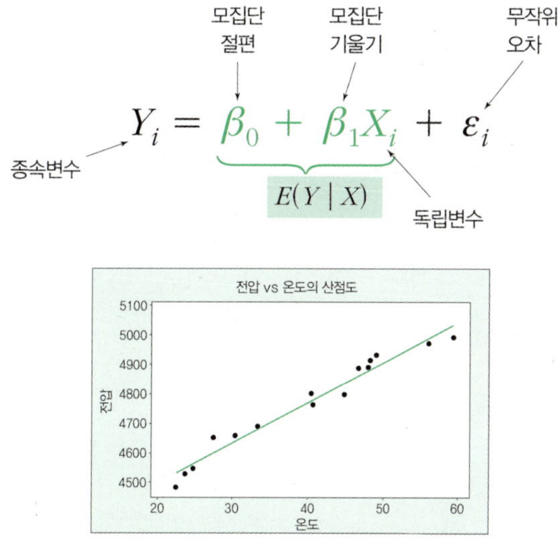

그림 12.1-1 모집단 회귀모델과 모집단 회귀식

6) 표본집단 단순회귀모델

지금까지 모집단의 회귀식을 $Y = \alpha + \beta x + \varepsilon$로 표현하였지만, 모집단의 모수 α와 β의 추정치인 표본자료를 이용하여 모 회귀식을 예측할 수 있다. **단순선형회귀**(simple linear regression) 직선을 추정하기 위한 표본회귀선의 등식은 다음과 같다.

표본회귀선 $\hat{Y} = a + bX$

여기서 a는 α의, b는 β의 추정치인데, a와 b를 표본회귀계수라고 한다. a는 회귀선이 축과 만나는 절편에 해당하고 b는 독립변수 X가 한 단위 증가하는 데 따른 종속변수 Y의 증가분을 의미하는 기울기이다. 표본 회귀선의 a와 b를 구하는 방법으로 최소자승법이 사용된다. 표본에 따라 a와 b가 달라지기 때문에 표본회귀선도 표본에 따라 여러 가지가 될 수 있다. 독립변수 X의 값이 주어질 때 표본회귀선의 추정치 $\hat{Y}$와 실제치 Y 사이에는 표본오차 때문에 차이가 발생하는데 이를 **잔차**(residual)라고 하고 e로 표시한다. 잔차 e는 모집단 오차 ε의 추정치이다.

$$e_i = Y_i - \hat{Y}_i$$

그러므로 표본회귀모형은 다음과 같다.

$$Y_i = a + bX_i + e_i$$

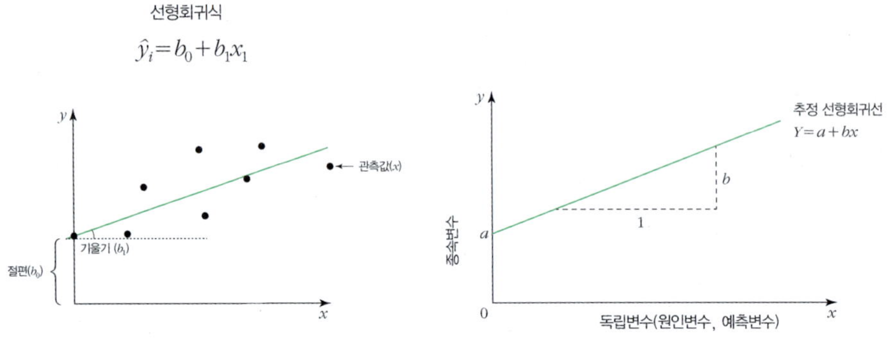

그림 12.1-2 단순선형회귀모델

- 선형회귀모형의 가정: 단순회귀모형에서 모수 α와 β를 표본으로부터 추정하고 필요한 가설들을 검정하기 위하여 모형에 대한 가정이 필요하다.

  ⓐ x와 y 간에는 선형적인 관계가 있다. ⓑ 관찰값들은 서로 독립적이다. ⓒ x의 각 값에 대한 모집단의 y 값들은 정규분포를 따른다. Y 값들 분포의

평균은 실제 회귀직선 위에 위치한다. ⓓ 모집단의 y 값들의 분산 σ^2은 모든 x 값에 대해 일정하다. ⓔ 모든 관찰값에 대하여 확률오차 ε_i는 서로 독립이며, 정규분포를 나타내고 분산은 모두 일정하다.

$$\varepsilon_i \sim N(0,\ \sigma^2),\quad i = 1,\ 2,\ \cdots,\ n$$

$$\text{단순선형회귀모델}\quad Y = \alpha + \beta Xi + \varepsilon$$

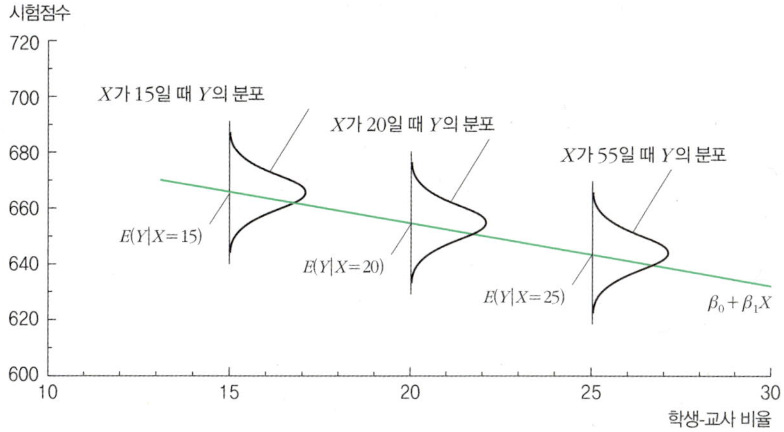

그림 12.1-3 **단순선형회귀모델**

7) 최소제곱법

단순회귀모형에서 α와 β값을 모르므로 관측값을 사용하여 α와 β를 추정하는 것이 단순회귀분석에서 제일 먼저 해야 할 일이다. 표본을 사용하여 회귀분석을 실시하므로 a와 b는 모집단 선형회귀직선을 나타내는 α와 β의 추정치이다. a와 b는 산점도 위의 점들에 직선 $\hat{Y} = a + bx$를 가장 최적으로 적합시키는 최소제곱법을 사용하여 추정한다. 적합된 값과 실제 관측값 y_i 간의 차이를 잔차 d_i라 하며 잔차는 직선에서 각 점들까지의 수직거리이다.

여기서 추정 회귀모형은 $\hat{Y} = a + bx + \hat{\varepsilon}$가 되며, 추정회귀식으로부터 잔차 $\hat{\varepsilon}$의 모든 합이 최소가 되는 회귀식을 구하면 된다. 다만 잔차는 추정 회귀식의 위 아래로 플러스, 마이너스로 분포되어 있기 때문에 모든 합을 구하면 0이 된다. 그러므로 잔차

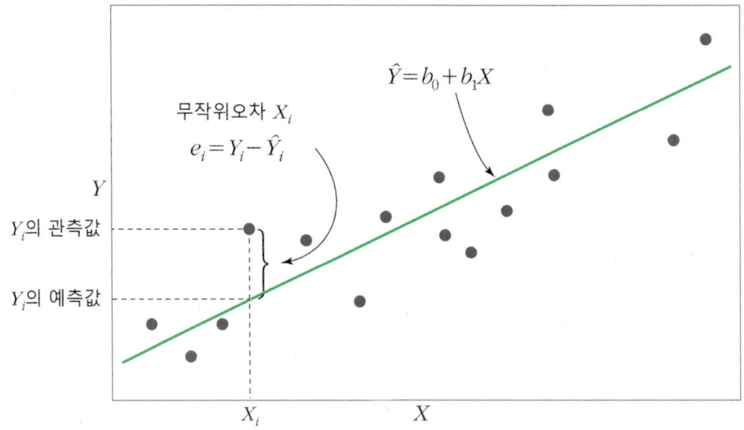

그림 12.1-4 관측값과 예측값

를 제곱하여 모두 더한 **제곱합**(sum of square)이 최소가 되게 하는 함수를 구한다. 이처럼 잔차의 제곱합 $\sum_{i=1}^{n} e_i^2$을 최소로 하는 방법을 **최소자승법**(method of least squares) 또는 **최소제곱법**(method of least squares)이라 한다.

예를 들어 5개의 점 ((1, −8), (2, 2), (3, 10), (4, 11), (5, 20))을 가장 잘 표현한 직선을 찾는 것인 데, 각 점의 차의 제곱을 최소로 하는 직선을 뜻한다.

$S=\sum_{i=1}^{5}[y_i-(ax_i+b)]^2$의 식에서 S를 최소가 되게 하는 a, b를 찾으려면 다음과 같이 계산하면 된다.

$$
\begin{aligned}
S &= \sum_{i=1}^{5}[y_i-(ax_i+b)]^2 \\
&= [-8+(a+b)]^2+[2-(2a+b)]^2+[10-(3a+b)]^2 \\
&\quad +[11-(4a+b)]^2+[20-(5a+b)]^2
\end{aligned}
$$

여기서 S는 a와 b를 변수로 갖는 함수로 볼 수 있으므로 이 함수가 점 a, b에서 최솟값을 갖기 위한 필요조건은 각각의 편도함수가 0이 되는 것이다.

$$0=\frac{\partial}{\partial a}\sum_{i=1}^{5}[y_i-(ax_i+b)]^2,\quad 0=\frac{\partial}{\partial b}\sum_{i=1}^{5}[y_i-(ax_i+b)]^2$$

각각의 편도함수를 전개하면, $0 = 2(-8-a-b)(-1) + 2(2-2a-b)(-2) + 2(10-3a-b)(-3) + 2(11-4a-b)(-4) + 2(20-5a-b)(-5)$과 $0 = 2(-8-a-b)(-1) + 2(2-2a-b)(-1) + 2(10-3a-b)(-1) + 2(11-4a-b)(-1) + 2(20-5a-b)(-1)$이다.

이것을 간단히 정리하면 $11a + 3b = 34$, $3a + b = 7$의 두 연립방정식을 얻게 된다. 위 연립방정식의 해는 $a = 6.5$, $b = 12.5$이므로 최소자승법으로 얻어지는 직선의 방정식은 $y = 6.5x - 12.5$가 된다.

x_i	y_1	$6.5x-12.5$
1	−8	−6
2	2	0.5
3	10	7
4	11	13.5
5	20	20

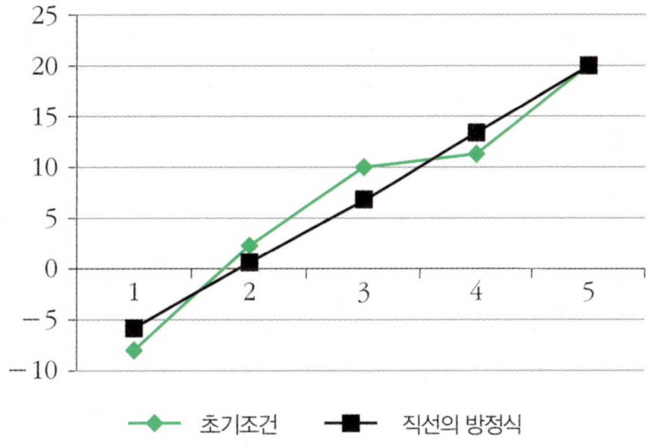

그림 12.1-5 $y = 6.5x - 12.5$의 방정식

예시. 다음의 광고비에 따른 매출의 회귀식을 도출하시오.

	2008	2009	2010	2011	2012	2013	2014	2015	2016	2017	2018	2019	2020	2021	2022
광고	7	8	9	11	13	12	15	16	18	20	21	22	20	19	24
매출	80	85	100	105	110	111	114	117	119	121	122	115	110	100	125

광고비 평균 15.7, 매출 평균 108.9

풀이. 먼저 $\hat{\beta}_0$, $\hat{\beta}_1$을 구한다.

$$\hat{\beta}_1 = \frac{\sum(X_i - \overline{X})(Y_i - \overline{Y})}{\sum(X_i - \overline{X})^2}$$

$$= \frac{[(7-15.7)(80-108.9) + (8-15.7)(85-108.9) + \cdots]}{[(7-15.7)^2 + (8-15.7)^2 + \cdots]} = 1.92$$

$$\hat{\beta}_0 = \bar{Y} - \beta_1 \bar{X} = 108.9 - 1.92 \times 15.7 = 78.851$$

그러므로 회귀식은 $\hat{Y} = 78.851 + 1.92 \times X_i$ 이다.

이 회귀식의 의미는 절편 $\hat{\beta}_0$는 광고비를 전혀 지출하지 않더라도 78.851 만큼의 매출이 발생하고 있으며, 광고비가 1단위 증가할 때 매출액은 1.92 만큼 증가한다는 것이다.

8) 적합도 검정

적합도 검정(goodness-of-fit test)은 도출한 회귀식이 표본 측정치를 얼마나 잘 설명하는지를 확인하는 것이다. 추정된 회귀식이 측정치와 일치하는 정도를 표본에 대한 회귀식의 설명력(R^2)라고 하는데, 몇 %의 설명력인지 확률로 표현한다.

그림 12.1-6은 회귀선과 측정치의 거리를 나타낸 것이다. 이 잔차를 최소화 할 수 있다면 가장 이상적인 회귀식을 찾을 수 있다. 그러므로 위의 설명과 같이 잔차를 제곱해서 모두 합한 값이 최소가 되는 식을 찾으면 그것이 가장 이상적인 회귀식이 된다.

위 그림에서 관찰값이 네 개인 표본이 있고, 최소자승법을 통해 회귀직선을 그렸다. 각 점은 정확히 회귀직선 위에 위치해 있지는 않다. 이 중 오른쪽 위에 있는 한 점에 대해서 살펴보면 이 점은 좌표평면 상에 (Y_i, X_i)로 표현될 수 있다.

세로축 Y값만 놓고 봤을 때, Y_i는 평균값에서 얼마만큼 떨어져 있는가 하면, $Y_i - \bar{Y}$ 만큼 떨어져 있다. 그리고 이 경우에는 Y_i가 평균보다 크다. 그런데 이 차이의 일부분은 회귀직선으로 설명이 된다. 왜냐하면 그만큼 X_i값도 X평균보다 크기 때문이다. 그러므로 위 값은 회귀직선으로 설명되는 부분과 아닌 부분으로 나눌 수 있다.

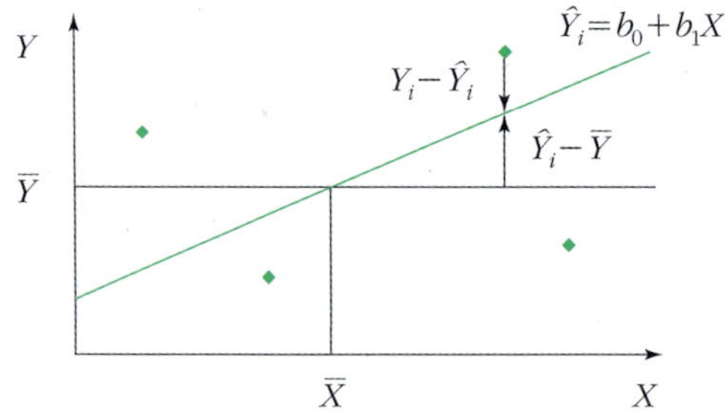

그림 12.1-6 회귀선과 측정치의 거리

$$Y_i - \overline{Y} = (\hat{Y}_i - \overline{Y}) + (Y_i - \hat{Y}_i)$$
$$= (\hat{Y}_i - \overline{Y}) + e_i$$

앞부분은 회귀직선으로 설명되는 부분이고 뒷부분은 그렇지 않은 부분이다. 이를 잔차라고 부른다. 지금은 한 점에서만 고려했지만, 각 점마다 모두 그 값들을 구한 뒤 서로 합할 수 있다. 여기서 앞서 설명한 바와 같이 0이 되게 하지 않기 위해서는 제곱하여 더해준다.

$$\sum(Y_i - \overline{Y})^2 = \sum(\hat{Y}_i - \overline{Y})^2 + \sum e_i^2$$

(전체변화량) = (설명된 변화량) + (설명 안 된 변화량)

$$SST = SSR + SSE$$

전체 변화량은 SST이며 이는 회귀직선으로 설명되는 부분인 SSR과 잔차 제곱의 합인 SSE로 표현되며, 결정계수 R^2은 다음과 같이 계산한다.

$$R^2 = \frac{SSR}{SST} = 1 - \frac{SSE}{SST}$$

결정계수 R^2은 회귀선의 설명력을 의미하며, 추정된 회귀선이 측정치들과 서로 일치하는 정도를 나타낸다. 결정계수에는 다음과 같은 특징이 있다.

- 총변동 중에서 회귀식에 의해 설명되는 변동비율을 뜻한다.
- 독립변수의 수가 늘어나면 결정계수는 증가한다.
- R값이 1에 근접할수록 회귀선이 측정치(총변동량)를 잘 반영하며, 0에 가까울수록 반영하지 못하고, 모든 측정값이 추정 회귀직선상에 있는 경우 결정계수는 1이다.
- 단순회귀의 경우, 독립변수와 종속변수 간의 표본상관계수(R)의 제곱과 같다.

9) 회귀분석에서의 분산분석

회귀분석에서 분산분석이 등장하는 이유는 총 편차를 분해하는 과정이 분산분석과 동일하기 때문이다. 각 제곱합 SST, SSR, SSE를 구한 후에는 분산분석의 평균제곱을 구하기 위해 각각의 자유도를 알아야 한다.

SST의 자유도: $n-1$

SSR의 자유도: 1

SSE의 자유도: $n-2$

SST, SSR, SSE의 자유도에서 SST의 자유도는 $\sum(Y_i - \bar{Y}) = 0$이 되어야 하는 제약 1개로 구성되므로 $n-1$이다. SSR의 자유도는 $\hat{Y}_i$가 독립변수 Xi에 따라 제약되므로 1이다. SSE의 자유도는 모수 $\hat{\beta}_0$, $\hat{\beta}_1$의 2개를 추정하므로 $n-2$다.

분산비율 F값을 알기 위해서 총제곱합의 구성부분인 오차제곱합과 회귀제곱합을 각각의 자유도로 나누면 **평균 오차제곱**(mean sequare of error, MSE)과 **평균 회귀제곱**(mean square of regression, MSR)을 다음과 같이 구할 수 있다.

$$MSE = \frac{SSE}{n-2}, \quad MSR = \frac{SSR}{1}$$

또한 회귀와 잔차에 대한 분산비율 F는 다음과 같이 구할 수 있다.

$$F = \frac{SSR/1}{SSE/(n-2)} = \frac{MSR}{MSE}$$

회귀분석에서 변수를 분해하는 과정은 분산분석에서 변수를 분해하는 과정과 동일

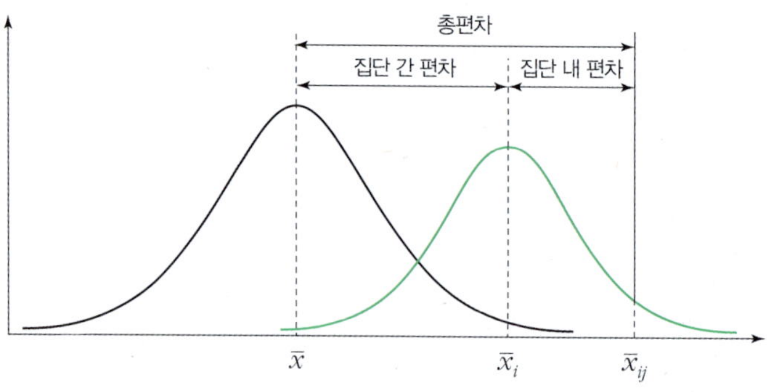

그림 12.1-7 **회귀분석의 유의성 분석시 분사분석 이용**

하다. 다음 그림을 앞서 분산분석에서 나온 '분산분석의 편차와 비교하면, 변수를 X축, Y축으로 분해한 것과 수직선 상에서 분해한 것이 동일함'을 알 수 있다.

단순 회귀분석에서 결정계수 R^2과 분산비율 F를 구해보자.

$$SST = \sum(Y_i - \bar{Y})^2$$
$$= (80 - 108.9)^2 + \cdots + (125 - 108.9)^2 = 2394.9$$
$$SSR = \sum(\hat{Y}_i - \bar{Y})^2$$
$$= (92.29 - 108.9)^2 + \cdots + (124.93 - 108.9)^2 = 1523.97^*$$

* $\hat{Y}_i$는 각 연도별 X_i를 활용하여 식 $\hat{Y} = \hat{\beta}_0 + \hat{\beta}_1 X_1$으로 구한다.

$$SSE = \sum(Y_i - \bar{Y}_i)^2$$
$$= (80 - 92.29)^2 + \cdots + (125 - 124.93)^2 = 870.97$$

$R^2 = SSR/SST = 1523.97/2394.9 = 0.636$이므로 회귀식은 63.6%의 설명력을 가진다. 분산비율 F는 다음과 같다.

$$F = \frac{SSR/1}{SSE/(n-2)} = \frac{MSR}{MSE} = 22.75$$

다음은 회귀식의 설명력이 유의한지 확인하는 절차를 거쳐야 한다. 단순회귀분석에서 회귀식 $\hat{Y} = 78.851 + 1.92 \times X_i$에 대하여 F 검정을 통해 회귀식의 유의성을 검정해야 한다. 회귀식의 유의성을 검정하는 방법은 회귀와 잔차에 대한 분산비율 F값을 계산해서 F분포표의 값보다 더 크면 귀무가설을 기각하고 대립가설을 채택하는 것이다.

분산비율 F와 F 분포표의 값을 비교하는 의미를 살펴보자. 분산비율 F는 평균 회귀제곱(MSR)을 평균 오차제곱(MSE)으로 나눈 값으로, 표준오차보다 회귀식으로 설명되는 부분이 어느 정도 더 많은지를 나타내는 수치다. 그러므로 값이 분포표의 임계치보다 크다는 것은 회귀식으로 설명할 수 있는 부분이 더 많다는 뜻이므로, 회귀식이 유의하다는 판단을 내릴 수 있는 근거가 되는 것이다.

2. 단순 회귀분석

예시. HMR 상품의 SNS 마케팅이 매출에 어떠한 영향을 미치는지 알아보고자 한다. HMR 상품을 판매하는 기업의 표본 150개를 추출하여 매출액과 SNS 마케팅 사이의 관련성을 $Y = b_o + b_1 X$라는 회귀식으로 추정하시오.

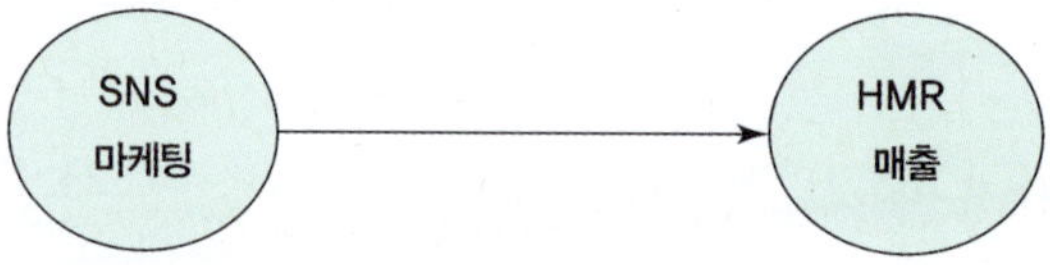

먼저 본 연구의 가설은 다음과 같다.

귀무가설(H_0): SNS마케팅(독립변수)은 HMR 매출(종속변수)에 영향이 없다.

연구가설(H_1): SNS마케팅(독립변수)은 HMR 매출(종속변수)에 영향이 있다.

회귀분석을 하기 위해서는 다음과 같은 순서로 진행한다. 먼저 회귀식을 구하는데, 단순회귀분석의 모형은 **최소자승법**(OLS, Ordinary Least Squares)에 의해서 구해진다. 이 방법은 잔차를 최소화하는 모형을 구하는 방법으로, 이 방법을 이용해 절편(B)과 회귀계수(β)를 구하게 된다. 이렇게 얻어진 회귀모형이 종속변수를 얼마나 잘 설명하고 있는지 알아보아야 한다. 즉, 회귀모형이 얼마나 의미가 있는지, 얼마나 신형(직선)에 가까운지를 살펴보아야 한다. 이는 결정계수(R)를 통해 알 수 있다. 결정계수란 총변동 중에서 회귀모형에 의해 설명되는 비율을 나타내며($0 \leq R \leq 1$)의 값을 갖는다. 그러나 결정계수는 독립변수가 많아질수록 증가하기 때문에 이를 수정하기 위해서 수정된 결정계수(adjusted R)가 이용된다.

1) SPSS 프로그램 실습: 단순 회귀분석

① SPSS 프로그램을 실행한 후 ▶ 데이터 열기 아이콘을 클릭한다 ▶ 데이터 열기 창에서 파일 유형을 'Excel'로 설정한다 ▶ 11.SRA(simple regression analysis).xls

파일을 선택하고 '열기'를 클릭하여 해당파일을 불러온다.

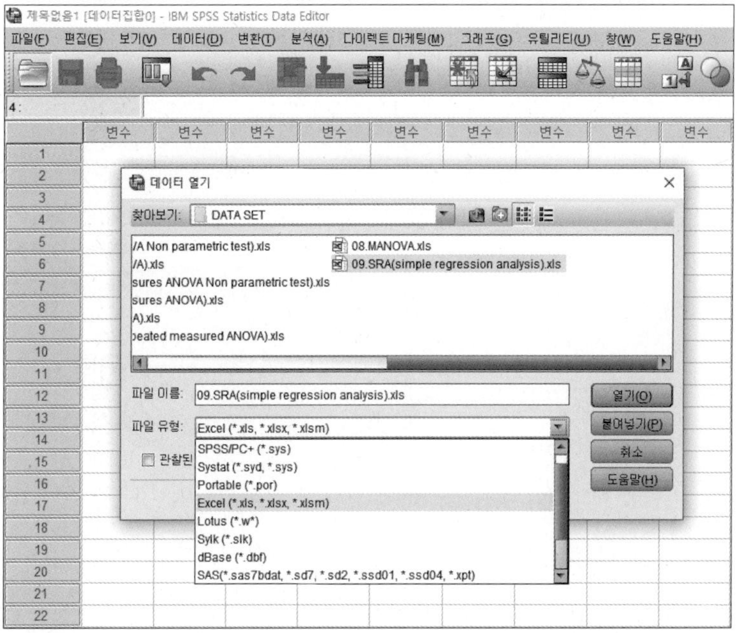

② 먼저 산점도를 확인하기 위해서 '그래프' ▶ '레거시 대화상자' ▶ '산점도/점도표' 클릭한다.

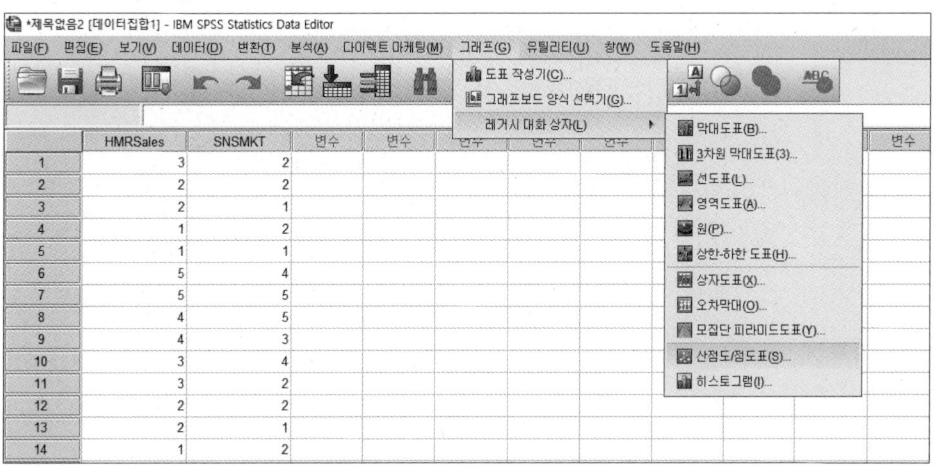

③ 산점도/점도표 창에서 '단순산점도' 그림을 클릭한 후 '정의' 클릭 ▶ 단순 산점도 창에서 'HMR Sales'를 'Y축'으로, 'SNS MKT'을 'X축'으로 이동시키고 아래쪽 '확인' 클릭한다.

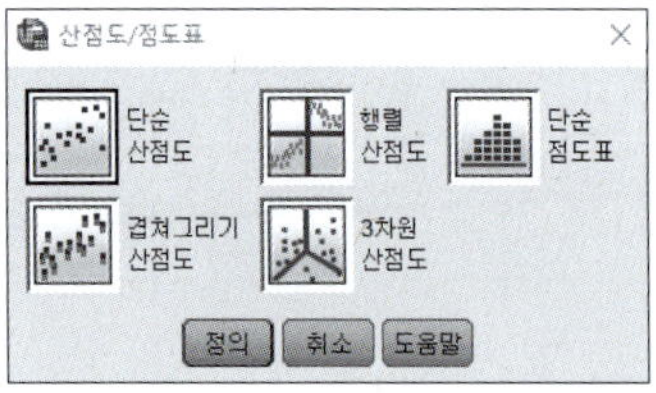

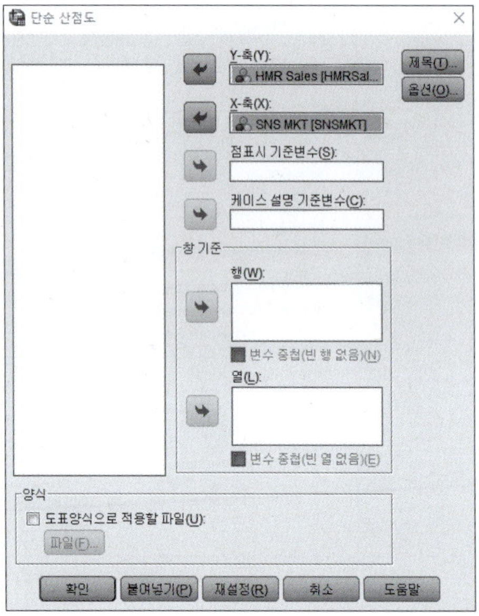

출력결과에 X 값의 증가에 따라서 Y값이 증가하는 추세를 확인할 수 있으므로 선형 산점도 그래프를 확인할 수 있다.

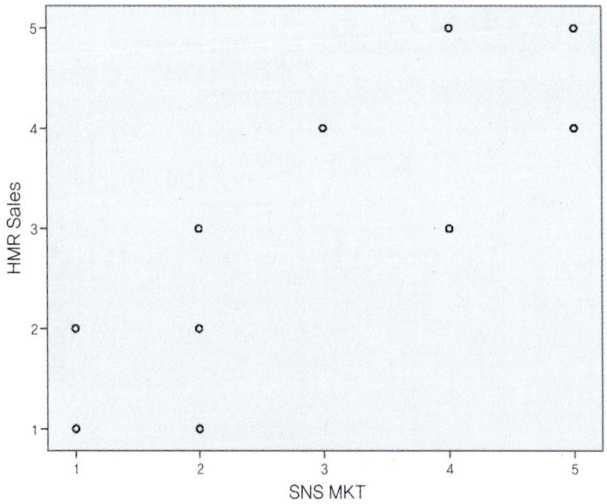

그림 12.2-1 **선형 산점도 그래프**

이제 회귀분석을 실시하는데, 회귀식은 아래와 같다.

$$Y = \beta_0 + \beta_1 X + e$$

(Y =종속변수, β_0 =상수, β_1 =계수, X =독립변수, e =잔차)

④ 회귀분석을 하기 위해서 '분석' ▶ '회귀분석' ▶ '선형'을 클릭 ▶ 선형회귀 창에서 '종속변수'에 'HMR Sales', '독립변수'에 'SNS MKT'을 이동시킨 후, '통계량'을 클릭한다.

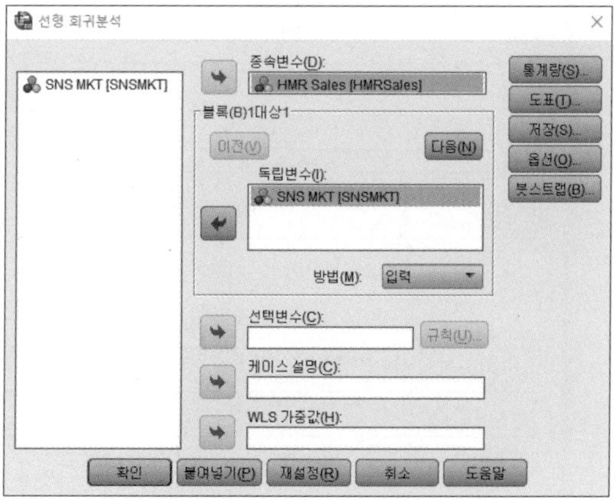

⑤ 선형 회귀분석: 통계량 창에서 '회귀계수'의 '신뢰구간' 박스에 체크하고 '계속'을 클릭 후 ▶ 선형 회귀분석 창의 '확인'을 클릭하여 분석한다.

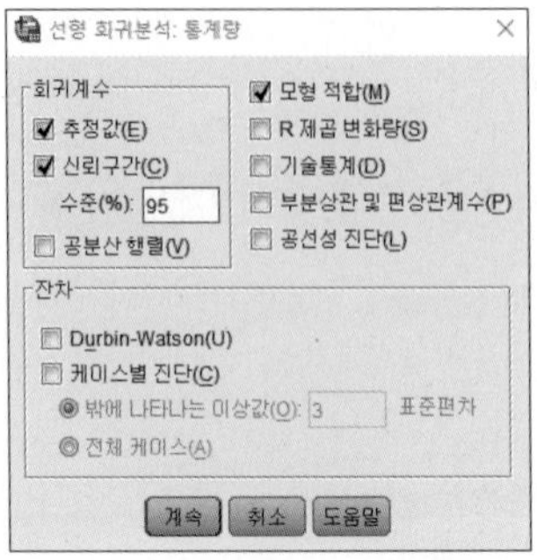

⑥ 출력결과

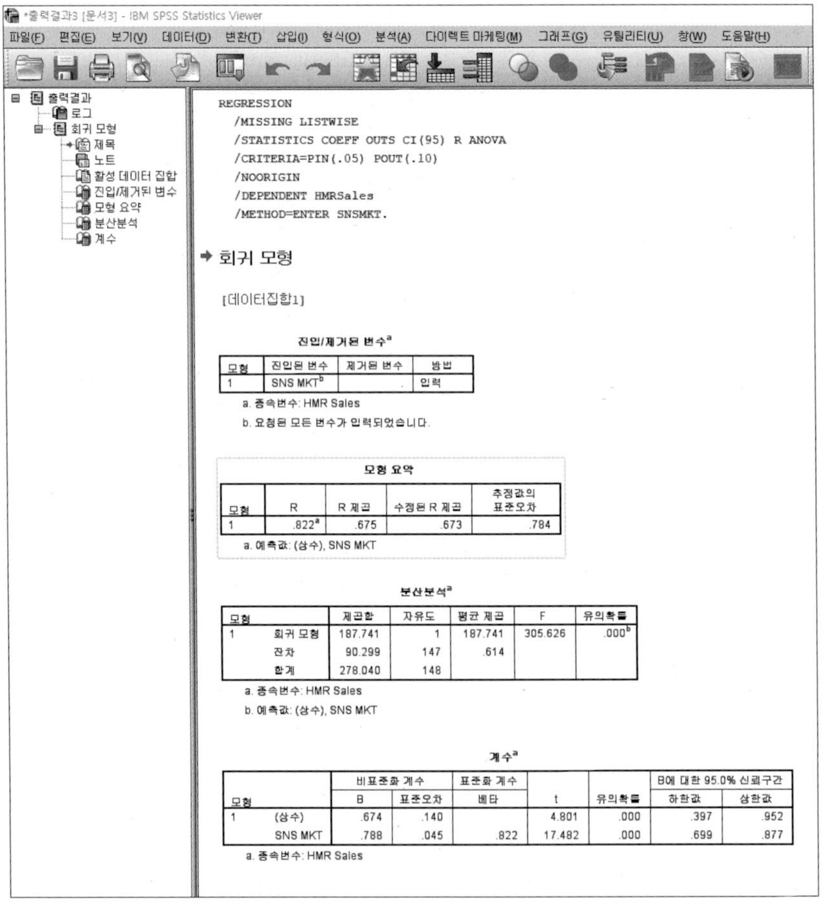

```
REGRESSION
  /MISSING LISTWISE
  /STATISTICS COEFF OUTS CI(95) R ANOVA
  /CRITERIA=PIN(.05) POUT(.10)
  /NOORIGIN
  /DEPENDENT HMRSales
  /METHOD=ENTER SNSMKT.
```

회귀 모형

[데이터집합1]

진입/제거된 변수[a]

모형	진입된 변수	제거된 변수	방법
1	SNS MKT[b]	.	입력

a. 종속변수: HMR Sales
b. 요청된 모든 변수가 입력되었습니다.

모형 요약

모형	R	R 제곱	수정된 R 제곱	추정값의 표준오차
1	.822[a]	.675	.673	.784

a. 예측값: (상수), SNS MKT

분산분석[a]

모형		제곱합	자유도	평균 제곱	F	유의확률
1	회귀 모형	187.741	1	187.741	305.626	.000[b]
	잔차	90.299	147	.614		
	합계	278.040	148			

a. 종속변수: HMR Sales
b. 예측값: (상수), SNS MKT

계수[a]

모형		비표준화 계수 B	비표준화 계수 표준오차	표준화 계수 베타	t	유의확률	B에 대한 95.0% 신뢰구간 하한값	B에 대한 95.0% 신뢰구간 상한값
1	(상수)	.674	.140		4.801	.000	.397	.952
	SNS MKT	.788	.045	.822	17.482	.000	.699	.877

a. 종속변수: HMR Sales

- 진입/제거된 변수: 진입된 변수에는 독립변수 SNS MKT을 종속변수 HMR Sales를 확인한다.

표 12.2-1 **진입/제거된 변수[a]**

모형	진입된 변수	제거된 변수	방법
1	SNS MKT[b]	.	입력

a. 종속변수: HMR Sales
b. 요청된 모든 변수가 입력되었다.

- 모형 요약: R=0.822로 독립변수와 종속변수 간의 상관관계를 나타내고, R제곱=0.675으로 회귀식의 매출액 변화에 대한 67.5%를 설명한다. 수정된 R제곱은 0.673으로 이 의미는 독립변수의 수와 표본의 크기를 고려하여 수정된 것이다. 이 값은 모집단의 결정계수를 추정할 때 사용하는데 표본의 크기가 크다면 R제곱과 동일한 값이 산출된다.

표 12.2-2 **모형 요약**

모형	R	R 제곱	수정된 R제곱	추정값의 표준오차
1	0.822[a]	0.675	0.673	0.784

a. 예측값: (상수), SNS MKT

- 분산분석: 회귀식이 유의한지 판단할 수 있다. F=305.626, 유의확률이 0.000이므로 통계적으로 유의하다고 판단할 수 있다.

표 12.2-3 **분산분석[a]**

모형		제곱합	자유도	평균 제곱	F	유의확률
1	회귀모형	187.741	1	187.741	305.626	0.000[b]
	잔차	90.299	147	0.614		
	합계	278.040	148			

a. 종속변수: HMR Sales
b. 예측값: (상수), SNS MKT

- 계수: 회귀식을 구성하는 상수와 계수를 확인할 수 있다. 상수는 0.674, 독립변수인 X에 해당하는 계수는 0.788이므로 회귀식은 다음과 같이 나타낼 수 있다.

$$Y = 0.674 + 0.788X, \quad \text{HMR Sales} = 0.674 + 0.788 \times \text{SNS Marketing}$$

표 12.2-4 **계수**[a]

모형		비표준화 계수		표준화 계수	t	유의확률	B에 대한 95.0% 신뢰구간	
		B	표준오차	베타			하한값	상한값
1	(상수)	0.674	0.140		4.801	0.000	0.397	0.952
	SNS MKT	0.788	0.045	0.822	17.482	0.000	0.699	0.877

a. 종속변수: HMR Sales

신뢰구간의 하한값과 상한값이 의미하는 것은, 독립변수에 해당하는 광고비의 X값을 1만큼 늘리면 종속변수에 해당하는 Y값이 0.699(하한값)에서 0.877 사이에서 증가한다는 것을 나타낸다.

분석 결과, SNS 마케팅비가 증가하면 매출액은 0.788의 기울기로 증가하는 것을 알 수 있는데, 기울기는 광고비가 1단위 증가할 때 매출액이 증가하는 비율을 의미한다.

출력결과 계수에서 비표준화 계수(B)와 표준화 계수(β)의 차이를 알아보자.

회귀식을 도출하려면 [계수] 표를 이용해야 한다. [계수] 표에는 비표준화 계수와 표준화 계수가 표시되고 있는데, 회귀식에서는 측정 데이터와 관련이 있는 비표준화 계수를 사용한다. (본 예제는 독립변수가 1개인 단순 회귀모형으로, 광고비의 영향만 받기 때문에 측정 데이터의 단위를 고려할 필요가 없으므로, 비표준화 계수를 사용한다.)

표준화 계수를 사용할 경우를 살펴보자. cm 단위로 측정한 '길이'라는 변수와 kg으로 측정한 '무게'라는 2개의 독립변수가 있다고 가정할 때, 두 변수의 단위가 다르면 크기 또한 다르기 때문에 각각의 수치가 똑같이 8.0으로 나왔다 하더라도 두 변수는 같다고 할 수 없다. 이처럼 단위가 다른 변수가 두 개 이상일 경우 각 단위를 통일시킨 계수로써 표준화 계수를 사용한다. 즉 회귀식을 만들 때는 비표준화 계수가 사용되지만, 독립변수 간의 계수를 비교하여 확인할 때는 표준화된 계수를 사용하여 각 변수들의 영향력을 비교 판단한다.

3. 다중 회귀분석

독립변수가 2개 이상일 때는 다중 회귀분석을 사용해야 한다. 분석의 방법은 단순 회귀분석과 동일한데, 먼저 회귀식을 구하고 결정계수(R제곱)와 분산분석을 통해서 회귀모델의 적합도를 검정한다. 그리고 회귀모형의 회귀계수들이 통계적으로 유의한지 살펴본다.

예시. 커피 전문점의 고객만족도에 영향을 미치는 요인을 분석하기 위해서 좋은 맛, 비싼 가격, 유명 브랜드, 불편한 서비스를 독립변수로 설정한다.

1) SPSS 프로그램 실습: 단순 회귀분석

① SPSS 프로그램을 실행한 후 ▶ 데이터 열기 아이콘을 클릭한다 ▶ 데이터 열기 창에서 파일 유형을 'Excel'로 설정한다 ▶ 12.MRA(multiple regression analysis).xls 파일을 선택하고 열기를 클릭하여 해당파일을 불러온다.

② 메뉴에서 '분석' ▶ '회귀분석' ▶ '선형'을 클릭한다.

③ 선형 회귀분석 창의 왼쪽 박스에서 '고객만족'을 오른쪽 '종속변수'로 이동시킨다. 그리고 '좋은맛', '비싼가격', '나쁜서비스', '유명브랜드'를 오른쪽 '독립변수' 박스로 이동시킨다.

그 다음, 바로 아래의 '방법'에는 회귀모형을 설정하는 방식을 선택할 수 있다. 입력(enter), 단계 선택(stepwise), 제거(remove), 후진(backward), 전진(forward) 방식이 있는데, 일반적으로 '입력' 방식이 많이 사용된다.

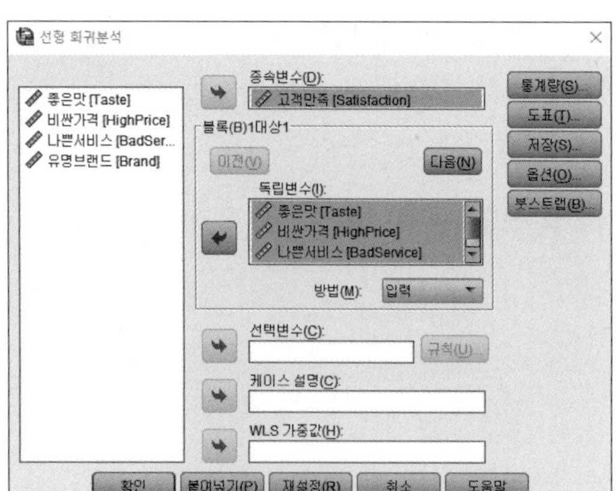

여기서 방법의 종류를 잠시 살펴보면, 입력은 가장 기본적인 방법으로 분석하고자 하는 모든 독립변수를 한꺼번에 투입하여 분석한다. 단계 선택은 유의도가 가장 낮은 변수부터 하나씩 입력하면서 모델을 분석한다. 제거는 모델이 구축된 상태에서 지정된 변수를 제거하면서 모델을 분석한다. 후진은 모든 변수를 분석에 포함시킨 후에 제거 기준에 따라 변수를 하나씩 제거하고, 전진은 투입 기준에 따라 변수를 하나씩 입력하는 방식이다.

사회현상의 인과관계를 연구할 때는 과거에 연구되었던 이론적 배경 및 연구자의 의도가 더 중요한 경우가 있다. 단계 선택을 이용할 경우 미리 유의수준을 정하기 때문에 의미 있는 변수가 탈락될 수도 있다. 따라서 회귀분석의 경우에는 입력 방식을 이용하여 연구자가 보고자 하는 모든 변수들의 관계를 분석한 후 적절히 해석하는 것이 필요하다.

그 다음 선형 회귀분석 창의 '통계량'을 클릭한다. 선형 회귀분석: 통계량 창의 '회귀계수' 박스의 '추정값(E)'을 체크하고, 오른쪽 '모형 적합(M)', '기술통계(D)', '부분상관 및 편상관계수(P)', '공선성 진단(L)'을 체크한다. 아래 잔차 박스의 'Durbin-Watson(U)', '케이스별 진단(C)'을 체크한 후 '계속'을 선택한다. 오차의 자기상관을 검정하기 위해서는 Durbin-Watson의 통계량을 이용한다. 또한 다중회귀분석이므로 독립변수가 여러 개 이용된다. 그렇기 때문에 독립변수 간 다중상관을 검증하기 위해 공선성 진단을 체크해야 하는 것이다.

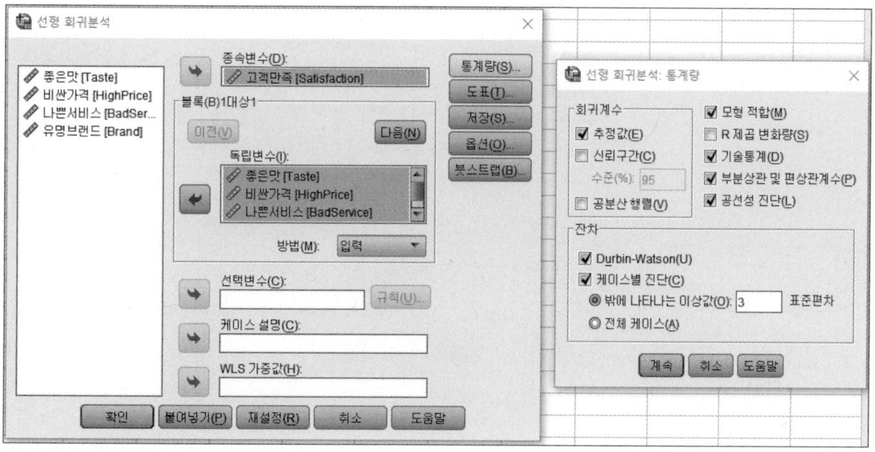

계속해서 '도표'를 클릭한 후, 선형회귀분석: 도표 창에서 'ZRESID'를 'Y' 박스로 이동, 'ZPRED'를 'X' 박스로 이동시킨다.

아래쪽 '표준화 잔차도표' 박스의 '히스토그램', '정규확률도표'를 체크하고 오른쪽 '편회귀잔차도표 모두 출력'에 체크 표시하고 '계속'을 클릭한다.

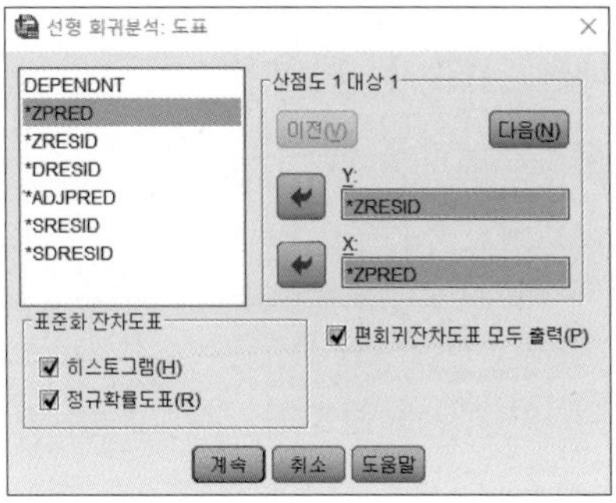

'저장'을 클릭하고 '거리' 박스의 'Cook의 거리'를 체크하는데 영향력 분석을 위해서 사용된다. 그 다음 '계속'과 '확인'을 클릭하면 분석이 시작된다.

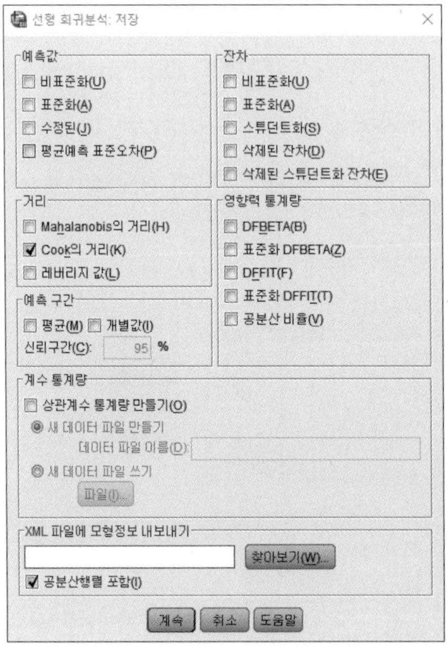

④ **출력결과**

- 기술통계량: 기술통계에는 각 변수의 평균과 표준편차, 표본수 등 표본에 대한 간단한 기술통계가 나와 있다.

표 12.3-1 **기술통계량**

	평균	표준편차	N
고객만족	2.8640	0.82121	400
좋은맛	2.5527	0.46240	400
비싼가격	3.0327	0.50422	400
나쁜서비스	3.0625	0.63115	400
유명브랜드	2.7250	0.63937	400

- 상관계수: 다음으로 상관계수 표가 나타난다. 표에는 상관계수값, 유의확률(Sig.), 표본수가 나타난다. 고객만족의 독립변수인 좋은맛, 비싼가격, 나쁜서비스, 유명브랜드과의 상관계수값이 위와 같고, 유의확률(단측)이 모두 0.000으로 나타나 상관계수값은 의미가 있다고 할 수 있다. 상관계수가 0.80 이상일 때는 다중공선성이 있으므로 제거하고 분석하여야 하지만 모든 변수들의 상관관계가 0.8 미만으로 나타났다.

표 12.3-2 **상관계수**

		고객만족	좋은맛	비싼가격	나쁜서비스	유명브랜드
Pearson 상관	고객만족	1.000	0.435	-0.471	-0.600	0.500
	좋은맛	0.435	1.000	-0.385	-0.332	0.421
	비싼가격	-0.471	-0.385	1.000	0.562	-0.336
	나쁜서비스	-0.600	-0.332	0.562	1.000	-0.426
	유명브랜드	0.500	0.421	-0.336	-0.426	1.000
유의확률 (단측)	고객만족	.	0.000	0.000	0.000	0.000
	좋은맛	0.000	.	0.000	0.000	0.000
	비싼가격	0.000	0.000	.	0.000	0.000
	나쁜서비스	0.000	0.000	0.000	.	0.000
	유명브랜드	0.000	0.000	0.000	0.000	.

(계속)

표 12.3-2 상관계수(계속)

		고객만족	좋은맛	비싼가격	나쁜서비스	유명브랜드
N	고객만족	400	400	400	400	400
	좋은맛	400	400	400	400	400
	비싼가격	400	400	400	400	400
	나쁜서비스	400	400	400	400	400
	유명브랜드	400	400	400	400	400

- 진입/제거된 변수: 다음으로 입력 제거된 변수가 나타난다. 여기서는 입력 방식이 사용되었다. 입력 방식은 모든 변수를 한번에 투입하여 분석하는 방법이다.

표 12.3-3 진입/제거된 변수[a]

모형	진입된 변수	제거된 변수	방법
1	유명브랜드, 비싼가격, 좋은맛, 나쁜서비스[b]	.	입력

a. 종속변수: 고객만족
b. 요청된 모든 변수가 입력되었다.

- 모형 요약: 다음으로 모형 요약이 나타난다. 여기에는 결정계수(R) 및 Durbin-Watson값이 나타난다. 먼저 결정계수(R 제곱)＝0.470, 수정된 결정계수(adj R^2)＝465로 나타났다. 즉 4개의 변수가 고객만족을 46.5% 정도 설명하는 것으로 나타났다. 또한 오차의 자기상관(잔차의 독립성)을 검정하는 Durbin-Watson의 통계량을 보면 1.882로 나타났다. 본 연구의 결과를 분석해보면 독립변수가 4개이며, 표본수는 400개이므로 임계치 0.05에서 자기상관이 없다고 할 수 있다.

표 12.3-4 모형 요약[b]

모형	R	R 제곱	수정된 R 제곱	추정값의 표준오차	Durbin-Watson
1	0.686[a]	0.470	0.465	0.60084	1.882

a. 예측값: (상수), 유명브랜드, 비싼가격, 좋은맛, 나쁜서비스
b. 종속변수: 고객만족

- 분산분석: 다음으로는 분산분석(ANOVA) 표가 나온다. 이 표를 이용해서 우리가 구한 회귀모형의 결정계수(R제곱)가 통계적으로 유의한지를 살펴보아야 한다. 여기서 보듯이 F값은 87.588, 유의확률은 0.000으로 본 회귀모형은 유의한 것으로 나타났다.

표 12.3-5 **분산분석[a]**

모형		제곱합	자유도	평균 제곱	F	유의확률
1	회귀모형	126.481	4	31.620	87.588	0.000[b]
	잔차	142.600	395	0.361		
	합계	269.082	399			

a. 종속변수: 고객만족
b. 예측값: (상수), 유명브랜드, 비싼가격, 좋은맛, 나쁜서비스

- 계수: 다음으로는 계수 표가 나온다. 여기서는 우리가 구한 회귀모형의 회귀계수($\beta 1$)가 통계적으로 유의한지를 살펴볼 수 있으며, 공선성 통계량(collinearity statistics)을 이용해 다중공선성도 검정할 수 있다.

표 12.3-6 **계수[a]**

모형		비표준화 계수		표준화 계수	t	유의확률	공선성 통계량	
		B	표준오차	베타 β			공차	VIF
1	(상수)	3.395	0.362		9.378	0.000		
	좋은맛	0.299	0.075	0.168	3.990	0.000	0.753	1.327
	비싼가격	−0.186	0.075	−0.114	−2.495	0.013	0.638	1.567
	나쁜서비스	−0.498	0.061	−0.383	−8.215	0.000	0.618	1.617
	유명브랜드	0.292	0.055	0.227	5.293	0.000	0.729	1.373

a. 종속변수: 고객만족

분석결과 좋은맛, 비싼가격, 나쁜서비스, 유명브랜드는 유의확률이 <0.05으로 나타나 $\beta 1 = 0$이라는 귀무가설이 기각된다. 따라서 회귀계수는 유의하다고 할 수 있다. 독립변수가 종속변수에 미치는 영향력을 설명할 때는 비표준화계수(B)를 사용하고, 영향력의 크기(순위)를 설명할 때는 표준화계수($\beta 1$)

를 사용한다. 본 연구에서는 독립변수와 종속변수 간의 영향 관계를 설명하는 것이 목적이므로 표준화 계수를 사용하고자 한다. 나쁜서비스($\beta=-0.383$)이 고객만족에 가장 영향력이 높은 것으로 나타났으며, 다음은 유명브랜드($\beta=225$)이었다.

좋은맛(B=299)와 유명브랜드(B=292)이 높을수록 고객만족을 증가시키고, 비싼가격(B=−0.186)과 나쁜서비스(B=−0.498)은 높을수록 고객만족을 감소시키는 것으로 나타났다.

다중공선성을 검정하기 위해서는 공차한계와 VIF값을 검정한다. 공차한계는 $1-R^2$으로 구할 수 있으며 값은 0~1 사이의 값을 갖는다. 이때 공차한계값이 0.1 이하이면 다중공선성이 있다고 할 수 있다. 또한 VIF값은 공차 한계값과는 반대로 $(1-R^2)^{-1}$로 측정되며, VIF값이 10 이상이면 다중공선성이 있다고 할 수 있다. 본 연구의 결과 1.327~1.617로 모든 독립변수의 다중공선성은 없는 것으로 나타났다.

- 공선성 진단: 다음으로는 공선성 진단 표가 나온다. 여기서는 고유값(cigen-value), 상태지수(condition index), 분산비율(variance proportions) 등을 통해 다중공선성을 자세히 진단할 수 있다. 하지만 초보자들은 앞의 공차한계와 VIF값만으로 판단해도 된다.

표 12.3–7 **공선성 진단**[a]

모형	차원	고유값	상태지수	분산비율				
				(상수)	좋은맛	비싼가격	나쁜서비스	유명브랜드
1	1	4.871	1.000	0.00	0.00	0.00	0.00	0.00
	2	0.086	7.524	0.00	0.04	0.03	0.09	0.17
	3	0.023	14.410	0.00	0.59	0.04	0.00	0.58
	4	0.014	18.550	0.01	0.01	0.56	0.83	0.12
	5	0.005	30.144	0.99	0.37	0.36	0.07	0.13

a. 종속변수: 고객만족

- 잔차 통계량: 다음으로는 잔차 통계량 표가 나온다. 여기서는 이직의도의 예측 자료값을 기준으로한 잔차의 통계량이 나와 있다.

표 12.3-8 **잔차 통계량[a]**

	최솟값	최댓값	평균	표준편차	N
예측값	1.1074	4.4138	2.8640	0.56302	400
표준 오차 예측값	-3.120	2.753	0.000	1.000	400
예측값의 표준오차	0.033	0.153	0.064	0.019	400
수정된 예측값	1.1111	4.4189	2.8634	0.56279	400
잔차	-1.79782	1.55787	0.00000	0.59782	400
표준화 잔차	-2.992	2.593	0.000	0.995	400
스튜던트 잔차	-3.029	2.659	0.001	1.002	400
스튜던트 잔차	-1.84182	1.63812	0.00064	0.60627	400
스튜던트 스튜던트 잔차	-3.060	2.679	0.000	1.005	400
Mahal. 거리	0.221	24.888	3.990	3.239	400
Cook의 거리	0.000	0.073	0.003	0.006	400
중심화된 레버리지 값	0.001	0.062	0.010	0.008	400

a. 종속변수: 고객만족

- 히스토그램: 다음으로는 히스토그램과 회귀 표준화 잔차의 정규 p-p 도표가 나타난다. 도표에서 오차의 정규분포를 검정한 결과, 오차는 정규분포를 따른다고 말할 수 있다.

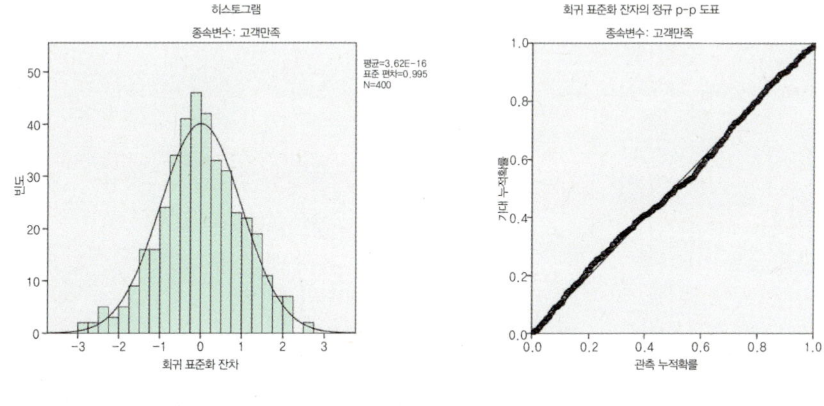

그림 12.3-1 **히스토그램과 회귀 표준화 잔차의 정규 p-p 도표**

- 산점도: 다음으로는 산점도가 나온다. 이 도표는 회귀모형의 가정 중에서 선형성 및 등분산성을 검증할 때 이용하는데, 표준화된 예측값(ZPRED)을 X축에 회귀표준화 잔차(ZRESID)를 Y축에 놓고 산포도를 그린다. 이때 잔차의 분포가 특정 분포를 띠지 않고 0을 중심으로 고르게 퍼져 있어야 한다.

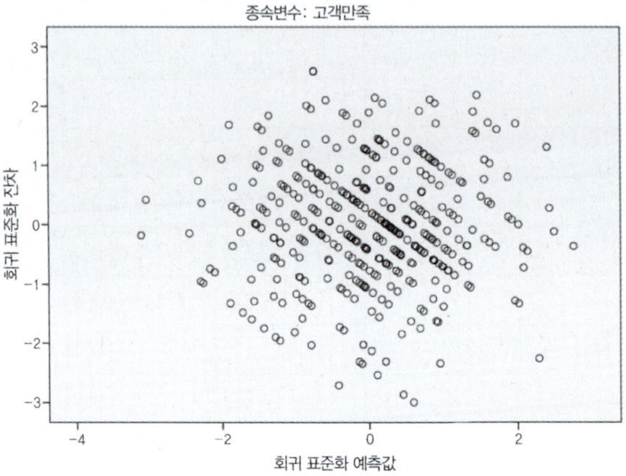

그림 12.3-2 **산점도**

- 편회귀도표: 편회귀도표(partial regression plot)는 회귀모형의 등분산성을 검증할 때 이용되는데, 종속변수의 표준화된 잔차와 독립변수 사이의 산포도가 특정 분포를 띠지 않고 0을 중심으로 고르게 퍼져 있어야 한다. 본 연구의 경우 이직의도와 스트레스, 조직몰입, 직무만족, 소진 사이의 산포도가 특정 분포를 띠지 않고 0을 중심으로 고르게 퍼져 있으므로 등분산성이라 할 수 있다.

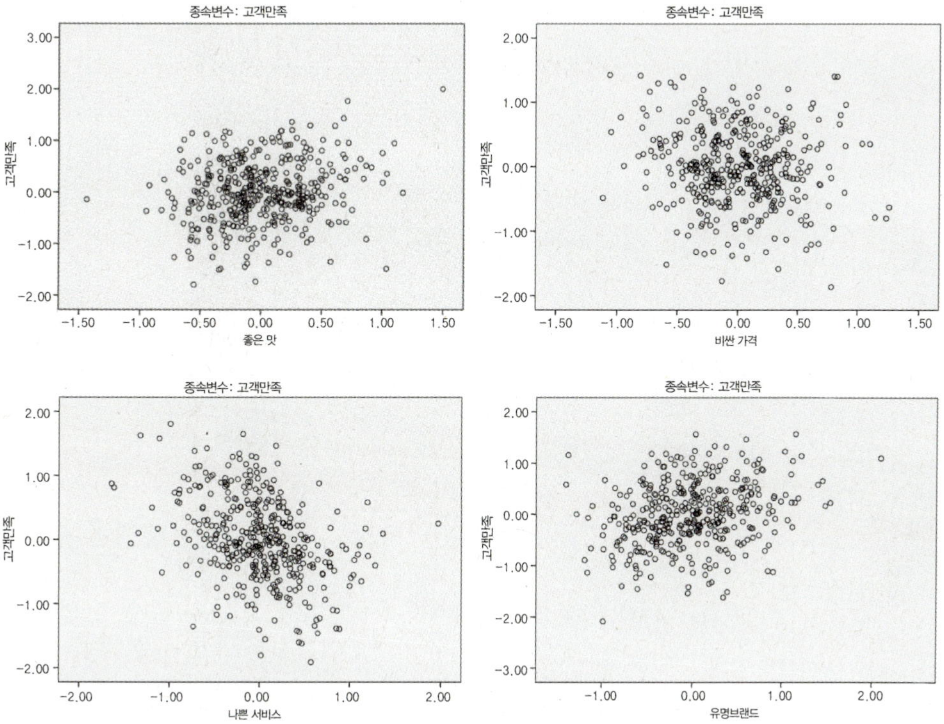

그림 12.3-3 **편회귀도표**

CHAPTER 13

구조방정식 모델링

1 구조방정식 모델링이란

2 구조방정식의 주요 용어

3 구조방정식의 장점

4 Amos 프로그램 메뉴 익히기

5 구조방정식 모델 분석 순서

6 모델 적합도

7 확인적 요인분석

8 판별타당성 분석

9 구조모형 검증: 경로분석

1. 구조방정식 모델링이란

구조방정식 모델링(structural equation modelling, SEM)은 요인분석, 회귀분석, 경로분석 등이 결합된 다변량 통계기법의 하나로 교육학, 심리학, 경영학, 회계학, 사회학 연구 등에 폭넓게 활용되고 있으며, 1세대 통계분석 기법인 탐색적 요인분석(EFA), 분산분석, 다중회귀분석, 확인적 요인분석, 군집분석, 다차원분석 등을 일반선형모형의 틀 속으로 한 차원 높게 통합하는 기법이라고 할 수 있다.

1세대 통계분석기법들은 나름대로의 역할을 하고 있지만 대부분 독립변수와 종속변수 간의 1차원적 관계 밖에 분석할 수 없다는 단점을 가지고 있다. 그러나 SEM은 다수의 외생변수(독립변수)와 내생변수(종속변수) 간의 관계는 물론이고 내생변수들 간의 인과관계도 동시에 분석할 수 있다는 장점이 있고, 인과변수들 간의 관계를 일련의 선형방정식의 형태로 구조화한 것으로써 잠재변수, 측정변수 및 측정오차 간의 관계를 동시에 고려하여 인과관계 및 상관관계를 복합적이고 통합적으로 분석이 가능하다.

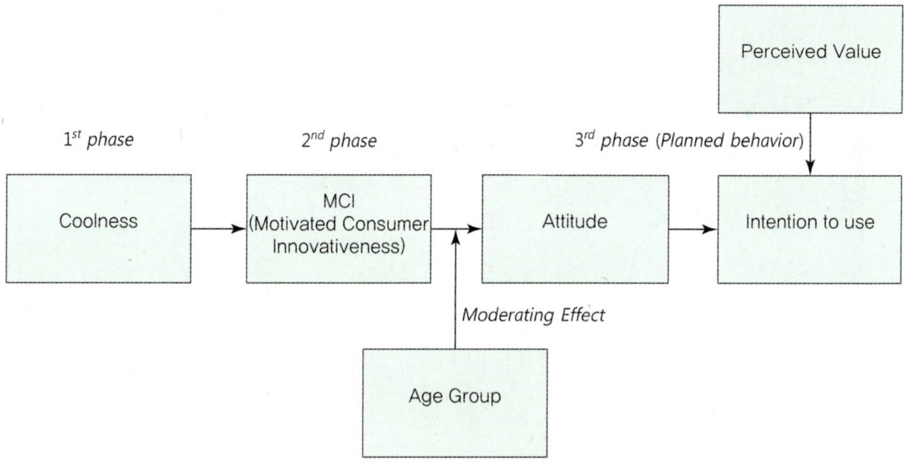

그림 13.1-1 **구조방정식 모델링의 예**

Cha, S. S. (2020). Customers' intention to use robot-serviced restaurants in Korea: relationship of coolness and MCI factors. *International Journal of Contemporary Hospitality Management*.

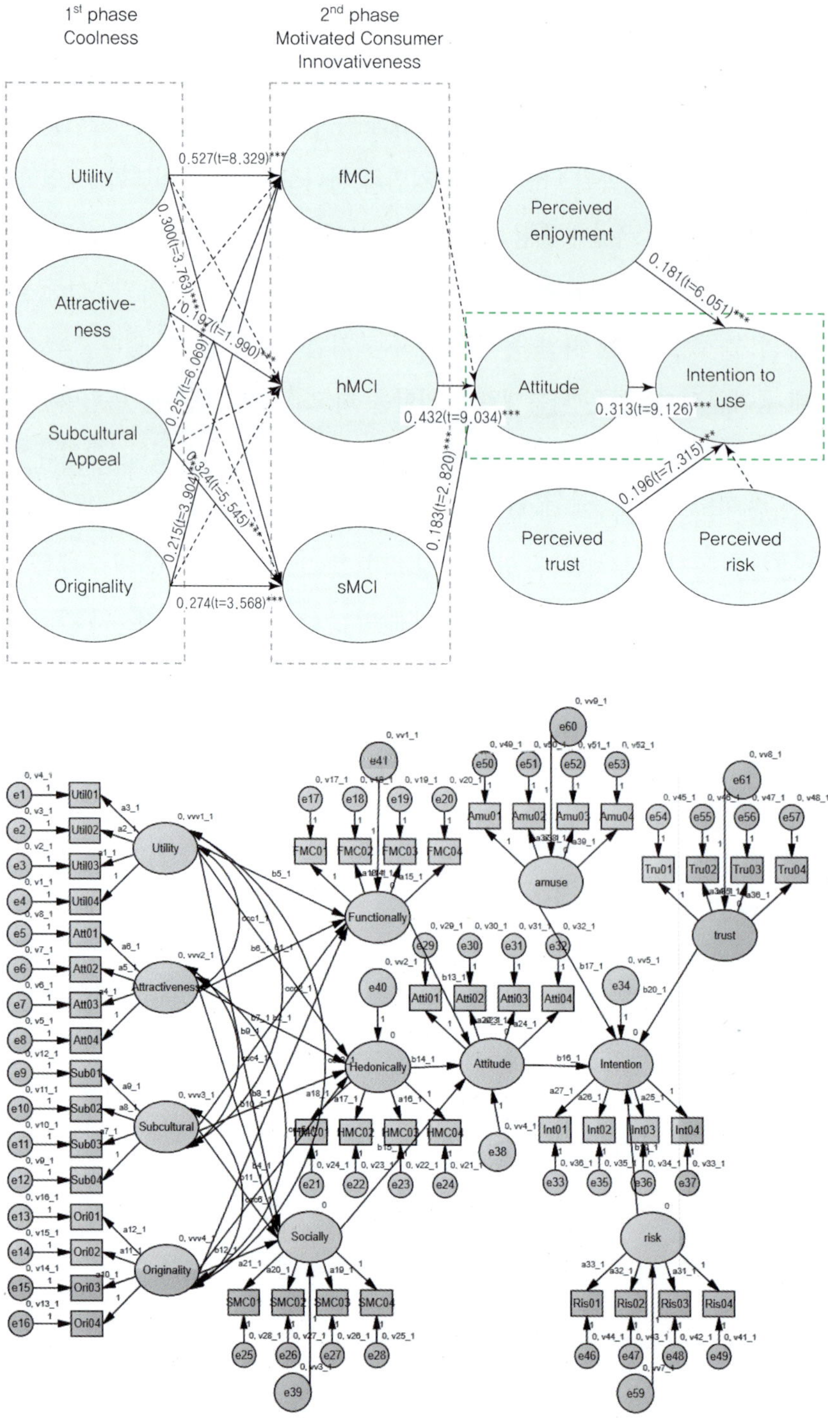

그림 13.1-2 구조방정식 모델링의 예

2. 구조방정식의 주요 용어

관측변수는 실제로 설문이나 실험에 의해 측정된 변수이고, **잠재변수**는 실제로 측정되지 않은 개념상의 변수이다. **오차**는 구조방정식모형에서 변수로 나타낼 수 없는 부분을 의미한다.

- **관측변수**란 실제로 설문이나 실험에 의해 측정된 변수를 의미한다. 즉 SPSS 데이터에 실제로 입력된 변수이다. 예를 들어 'HMR 품질'에 대해 4개 문항으로 측정되었다면, HMR 품질 1번 문항(포장이 견고하다), 2번 문항(맛이 좋다), 3번 문항(신선도가 높다), 4번 문항(영양가가 높다) 각각이 관측변수라고 할 수 있다.

표 13.2-1 구조방정식 모델에서 사용하는 변수의 기호 및 용어 개념설명

<table>
<tr><th>종류</th><th>기호</th><th>용어</th><th colspan="2">설명</th></tr>
<tr><td rowspan="3">변수</td><td>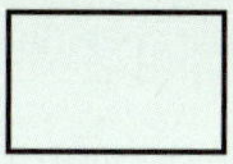</td><td>관측변수
(observed variable)</td><td colspan="2">설문지의 문항이며, 조사자가 직접 확인할 수 있는 변수이다. 관측변수는 직사각형으로 표시한다. 관측변수는 모두 화살표를 받으며, 보통 '관측변수'로 표현한다.</td></tr>
<tr><td rowspan="2">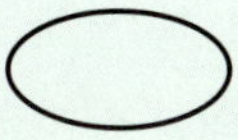</td><td rowspan="2">잠재변수
(unobserved variable)</td><td>외생 잠재변수
</td><td>타원으로 나타낸다. 측정되는 것이 아니라, 하나의 구성개념이다(SPSS에서 요인분석 후 요인들의 명칭).
화살표가 밖으로 나가는 잠재변수들이 '외생잠재변수'이다.</td></tr>
<tr><td>내생 잠재변수
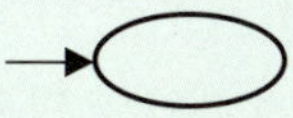</td><td>타원으로 나타낸다. 측정되는 것이 아니라, 하나의 구성개념이다(SPSS에서 요인분석 후 요인들의 명칭).
화살표를 받는 잠재변수들이 '내생잠재변수'이다. 특히 화살표가 들어오기도, 나가기도 하는 잠재변수는 내생잠재변수에 포함된다.</td></tr>
<tr><td rowspan="2">오차</td><td rowspan="2">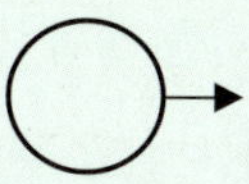</td><td>측정오차
(measurement error)</td><td colspan="2">원으로 나타낸다. 잠재변수와 관측변수의 관계에서 관측변수에서 발생하는 오차이며, 'e'로 표시한다.</td></tr>
<tr><td>구조오차
(structural error)</td><td colspan="2">원으로 나타낸다. 내생잠재변수에 나타나는 오차이며, 'd'로 표시한다.</td></tr>
</table>

오차를 'e'나 'd' 어느 것으로 설정해도 분석결과에는 영향을 미치지 않는다. 다만 오차를 모두 'e'로 표시하면, 분석결과를 확인하는 과정에서 구조오차와 측정오차 간의 구분이 어려워지므로, 'e'와 'd'로 오차를 구분한다.

- **잠재변수**란 실제로 측정되지 않은 개념상의 변수를 의미한다. 즉 SPSS 데이터에 실제로 입력된 변수는 아니다. 예를 들어 HMR 품질에 대해 4개 문항으로 측정한다고 했을 때, 'HMR 품질'이 하나의 변수로 측정되지는 않는다. 'HMR 품질'은 4개 문항을 합한 개념상의 변수이다.
- **오차**는 연구모형에서 잠재변수로 나타내거나 설명할 수 없는 부분을 의미한다. 그래서 구조방정식 모형에서는 잠재변수를 구성하는 관측변수마다 오차항이 붙는다.

3. 구조방정식의 장점

구조방정식에서는 다수의 종속변수와 독립변수들 간의 인과관계나 상관관계를 동시에 볼 수 있다. 이 것은 구조방정식이 회귀분석과 구별되는 가장 큰 차이점이다. 회귀분석은 종속변수를 하나로 고정하고 독립변수들이 하나의 종속변수에 미치는 영향을 검증하는 데 그쳤다. 만약 회귀분석에서 종속변수가 2개라면 분석을 2회 진행해야 한다. 더구나 정확하게 변수들 간의 영향력을 검증하기가 어려웠다. 하지만 구조방정식 모형에서는 여러 개의 종속변수에 독립변수들이 미치는 영향을 단 한번에 검증할 수 있다.

구조방정식에서는 직접효과 외에 간접효과도 확인할 수 있다. 회귀분석에서는 독립변수가 종속변수에 유의한 영향을 미치는가의 여부를 검증하고, 유의한 영향을 미친다면 '독립변수가 종속변수에 정(+)의 영향을 미치는지, 혹은 부(−)의 영향을 미치는지'의 여부를 검증했는데, 이는 직접효과의 유의성과 방향성에 대한 검증이다. 바론과 케니의 위계적 회귀분석(Baron and Kenny's hierarchical regression analysis)을 통해, 매개변수를 통한 간접효과 여부를 파악할 수 있지만, 간접효과의 크기를 정확히 판단할 수는 없다. 하지만 구조방정식 모델링에서는 회귀분석을 여러 차례 분석할 필요 없이, 하나의 모델을 사용해서 간접효과의 크기와 유의성을 파악할 수 있다. SPSS 프로세스 매크로를 사용하면 회귀분석에서도 정확한 간접효과의 크기를 확인할 수 있긴 하다.

하지만 이 역시 여러 매개변수의 간접효과를 확인할 수 없다는 한계점은 분명히 존재한다. 결국 여러 변수의 정확한 직접효과와 간접효과를 알려면 구조방정식 모델링(SEM)을 사용해야 한다.

구조방정식 모델에서는 잠재변수를 사용할 수 있다. 예를 들어 HMR 품질을 구성하는 문항이 4개라면, 회귀분석에서는 4개 문항 점수의 평균을 내서 HMR의 품질 점수를 도출하였다. 즉 회귀분석에서는 4개 문항 각각의 점수를 살리지 못하고, 평균 점수로 분석을 진행했다면, 구조방정식 모형에서는 잠재변수를 활용하여 4개 문항의 분산이 그대로 반영될 수 있다. 결국 좀 더 정확한 분석이 가능하다.

구조방정식 모델에서는 동시에 여러 분석이 가능하다. 회귀분석에서는 독립변수가 매개변수에 미치는 영향, 독립변수가 종속변수에 미치는 영향, 매개변수가 종속변수에 미치는 영향 등을 각각 분석해야 한다. 하지만 구조방정식 모델에서는 하나의 모형 안에 독립변수와 매개변수, 종속변수를 함께 투입하여, 독립변수, 매개변수, 종속변수 간 영향 관계를 한 번에 검증할 수 있다.

그러나 구조방정식 모델을 활용한 분석에서 반드시 유의해야 할 사항이 있는데, 자신이 설계한 연구모형에 대한 이론적 근거가 있어야 한다. 구조방정식 모델을 회귀분석처럼 생각하고 단순히 통계 프로그램을 돌리면 결과가 나올 것이라고 생각해서는 안 된다. 구조방정식 모델에서는 모형적합도가 매우 중요하며 모형적합도는 연구모형이 데이터를 잘 반영하고 있는지 확인하는 것이다. 연구자가 선행연구에 대한 검토없이 연구모형을 자신의 상식 수준에서 설계하고 분석을 진행하면 모형적합도가 낮게 나올 가능성이 매우 높다. 따라서 연구모형을 설정할 때는 반드시 선행연구를 통한 이론적 근거를 마련하고 진행해야 한다.

4. Amos 프로그램 메뉴 익히기

Amos 프로그램을 시작하려면 먼저 윈도우 시작버튼을 누르고 IBM SPSS Statistics를 찾는다.

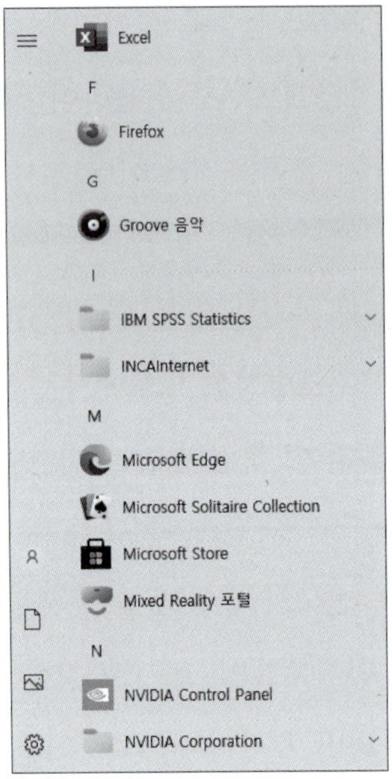

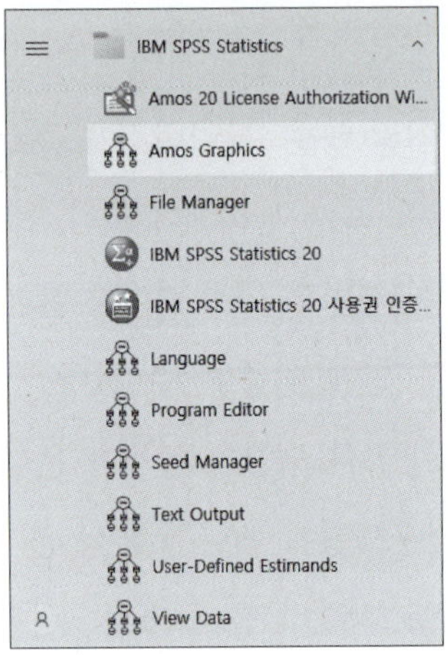

IBM SPSS Statistics 프로그램 폴더를 클릭한 후, 아래쪽의 Amos Graphics를 클릭한다. Unnamed project 라는 Amos 프로그램 창이 열린다. 메뉴 구성을 살펴보도록 하자.

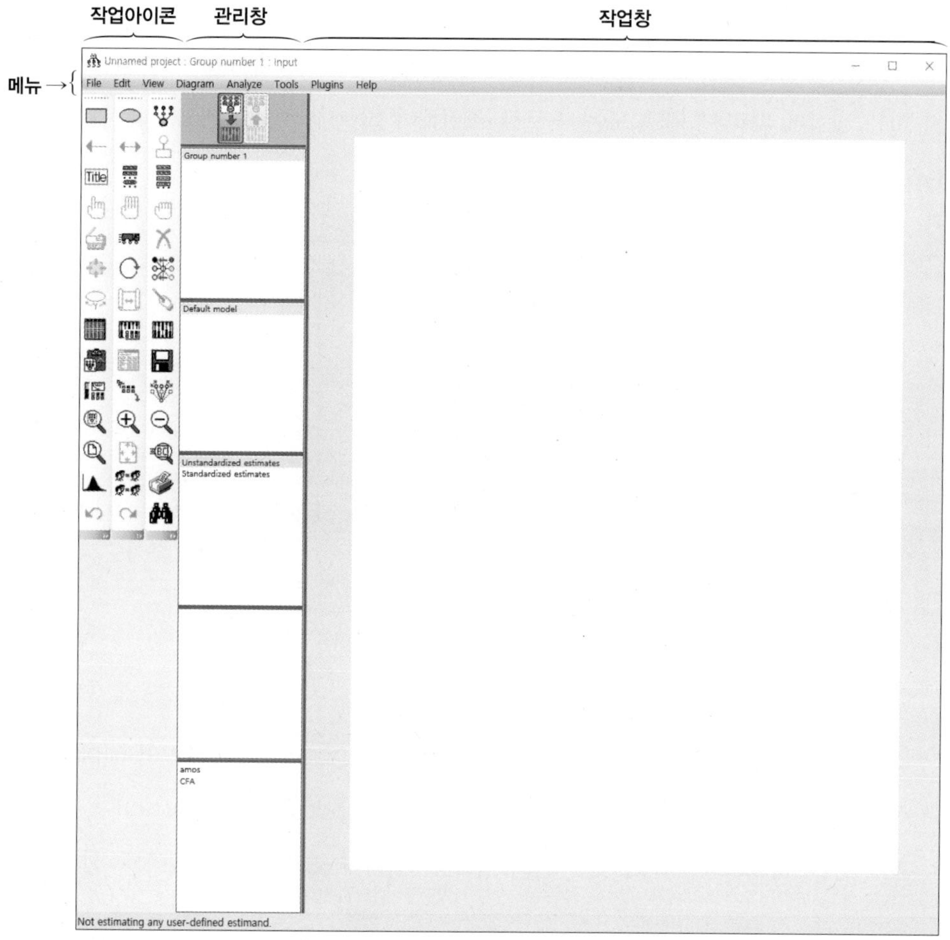

그림을 보면 Amos 프로그램 창은 크게 위쪽의 '**메뉴**', 가장 왼쪽의 '**작업 아이콘**', 그 다음 '**관리창**', 가장 크고 작업을 수행하는 영역인 '**작업창**', 이렇게 네 가지 영역으로 구분된다.

1) 메뉴

가장 위쪽의 메뉴에서 File과 Edit는 MS Office를 사용한다면 직관적으로 이해가 가능하기 때문에 View부터 살펴보도록 하자.

① **작업창 셋팅하기**

처음 Amos graphic를 구동시키면 작업창 모양이 세로로 제시된다. 그림을 그리고자 하는 방향에 따라서 세로 또는 가로로 조정해야 하는데, 이때 'View' ▶ 'Interface Properties'로 선택한다.

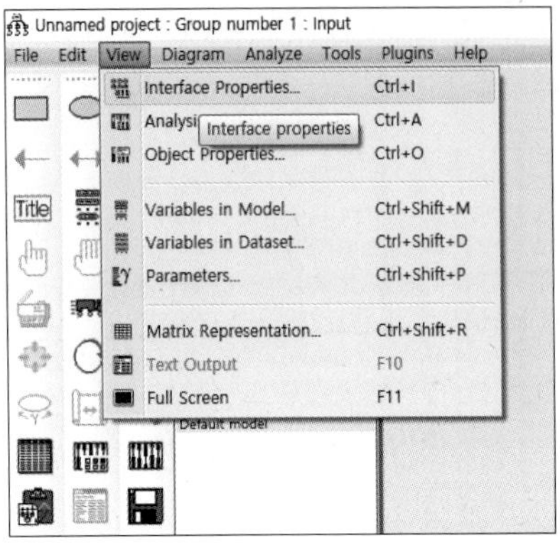

② **작업창 사이즈 선택**

가로방향 설정: 'Page Layout' 탭에서 아래쪽 'Paper Size'의 'Landscape' 선택

세로방향 설정: 'Page Layout' 탭에서 아래쪽 'Paper Size'의 'Portrait' 선택

A4, A5, A6, Legal, Letter는 작업창의 사이즈인데, 보통 A4 사이즈로 선택한다.

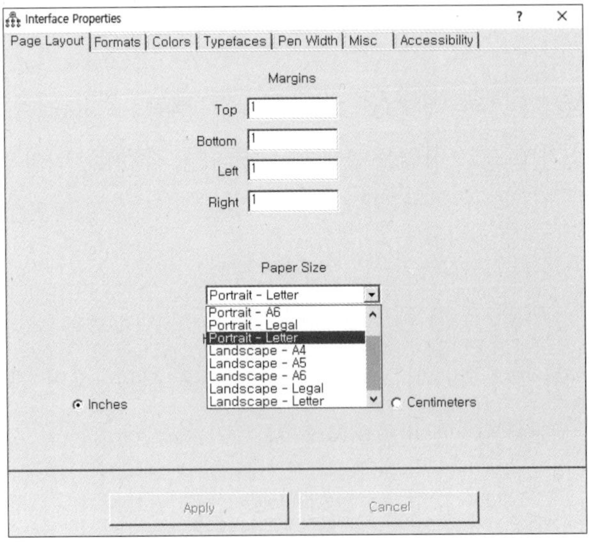

2) 작업아이콘

다음은 작업아이콘의 세부 기능에 대한 설명이다. 지금 이 기능들을 모두 기억할 필요는 없으며 작업을 진행하면서 사전처럼 찾아보면서 분석을 진행한다.

표 13.4-1 **작업아이콘 세부 기능**

아이콘	설명
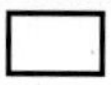	관측변수를 그릴 때 사용한다.
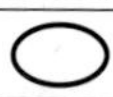	잠재변수 또는 오차변수를 그릴 때 사용한다.
	측정변수와 오차변수가 붙어 있는 잠재변수를 편리하게 그리는 아이콘이다.
	변수 간 인과관계를 설정한다.
	변수 간 공분산 또는 상관과계를 설정한다.
	측정오차나 구조오차 그릴 때 사용된다. 구조오차를 그릴 때 해당 아이콘이 유용하게 사용된다. 연속으로 클릭하면 오차변수가 시계방향으로 회전한다.
	모형작업창에 제목을 붙일 때 사용한다.
	AMOS 모형작업창에서 모형에 사용된 변수목록을 볼 때 사용한다. 과 이 혼동되지 않도록 주의한다.
	AMOS 파일에 연결해놓은 SPSS의 데이터에 있는 변수목록을 보여준다.
	모형작업창에 그려진 어떤 부분을 선택할 때 사용한다.
	모형작업창에 그려진 모든 것을 선택할 때 사용한다.
	선택된 것을 선택하지 않은 상태로 되돌릴 때 사용한다.
	복사할 때 사용한다. 손모양 아이콘과 함께 사용되는 경우가 많다.
	선택한 것을 이동시킬 때 사용한다. 손모양 아이콘과 함께 사용되는 경우가 많다.
	삭제하는데 사용된다.
	변수의 크기를 조정할 때 사용한다. 쌍방향 화살표의 모양을 조정할 때 사용한다. 쌍방향 화살표의 모양이 많이 볼록하여 미관상 좋지 않을 때 이 아이콘으로 조정할 수 있다.

(계속)

표 13.4-1 작업아이콘 세부 기능(계속)

아이콘	설명
	이 아이콘을 마우스 왼쪽 버튼으로 클릭한 후에 마우스 포인터를 잠재변수 위에 놓고 마우스 왼쪽 버튼을 클릭하면 잠재변수에 붙어 있는 측정변수와 오차변수가 시계방향으로 90도 회전한다.
	이 아이콘을 마우스 왼쪽 버튼으로 클릭한 후에 마우스 포인터를 잠재변수 위에 놓고 마우스 왼쪽 버튼을 클릭하면 잠재변수에 붙어 있는 측정변수의 위치가 반대로 바뀐다. 더블클릭하면 잠재변수를 축으로 180도 회전한다.
	경로와 변수에 있는 모수가 겹칠 때 위치이동시 사용한다.
	모형작업창의 위치를 이동시킬 때 사용한다.
	변수에 붙어 있는 화살표를 정렬화할 때 사용한다.
	SPSS 상에 있는 자료 파일을 연결시킬 때 사용한다.
	결과물의 분석 속성을 지정할 때 사용한다.
	분석을 실시할 때 사용한다.
	이 아이콘을 마우스 왼쪽 버튼으로 클릭한 후에 한글작업창을 열어놓고 붙여넣기를 하면 모형작업창에 그려진 그림이 붙여넣기가 된다.
	분석결과를 텍스트 형태로 보는데 사용한다. 이 아이콘을 클릭해놓으면 분석결과를 보다 편리하게 볼 수 있을 것이다.
	작업모형을 저장할 때 사용한다.
	변수 속성을 지정할 때 사용한다. 변수명과 변수크기 등을 조정할 때 사용한다.
	하나의 변수 특성을 다른 변수에 적용시킬 때 사용한다. 이 아이콘을 클릭하여 옵션을 설정하고 특성을 전달할 변수를 누른 상태에서 특성을 전달받을 변수로 끌어넣으면 동일한 특성이 적용된다.
	이 아이콘은 유용하게 사용될 수 있다. 아이콘을 선택한 상태에서 잠재변수를 이동시키면 잠재변수에 연결된 모든 개념이 함께 이동한다. 만약 관측변수를 이동시키면 연결된 관측변수와 측정오차가 대칭으로 이동된다.
	모형이 복잡할 때 사용할 수 있다. 그림의 어떤 영역을 클릭하면 확대하여 볼 수 있다.
	확대된 그림을 되돌릴 때 사용한다.
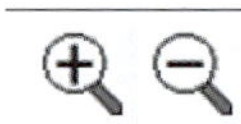	모형의 확대 및 축소에 사용된다.
	모형 작업 그림이 사이즈를 넘칠 때 사용하면 크기 안에 들어간다.

(계속)

표 13.4-1 작업아이콘 세부 기능(계속)

아이콘	설명
	원하는 부분을 돋보기로 확대해서 보고자 할 때 사용한다. 은 화면자체를 확대시키지만 은 해당 부분만 확대해서 보여준다. 마우스 왼쪽 버튼을 클릭해서 시작할 수 있고, 끝날 때는 다시 마우스 왼쪽 버튼으로 해당 아이콘을 클릭하면 된다.
	베이지안 추정법에 사용된다.
	다중집단 분석을 실시할 때 사용된다.
	프린트할 때 사용한다.
	이전 작업으로 되돌리거나 되돌렸던 작업을 다시 앞으로 되돌릴 때 사용한다.
	모델 설정 탐색시 사용한다.

3) 작업창

작업창은 메뉴와 작업아이콘을 통해서 직접 연구모형을 만드는 공간이다.

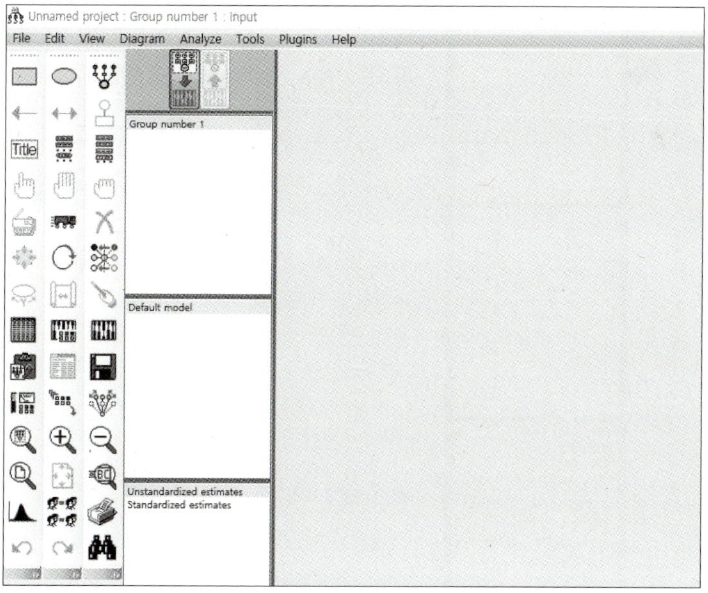

4) 관리창

관리창은 작업창에서 진행한 분석결과를 확인하거나(모형 관리창) 그룹 간 비교시에 그룹을 나누는(그룹 구분창) 등의 기능을 한다.

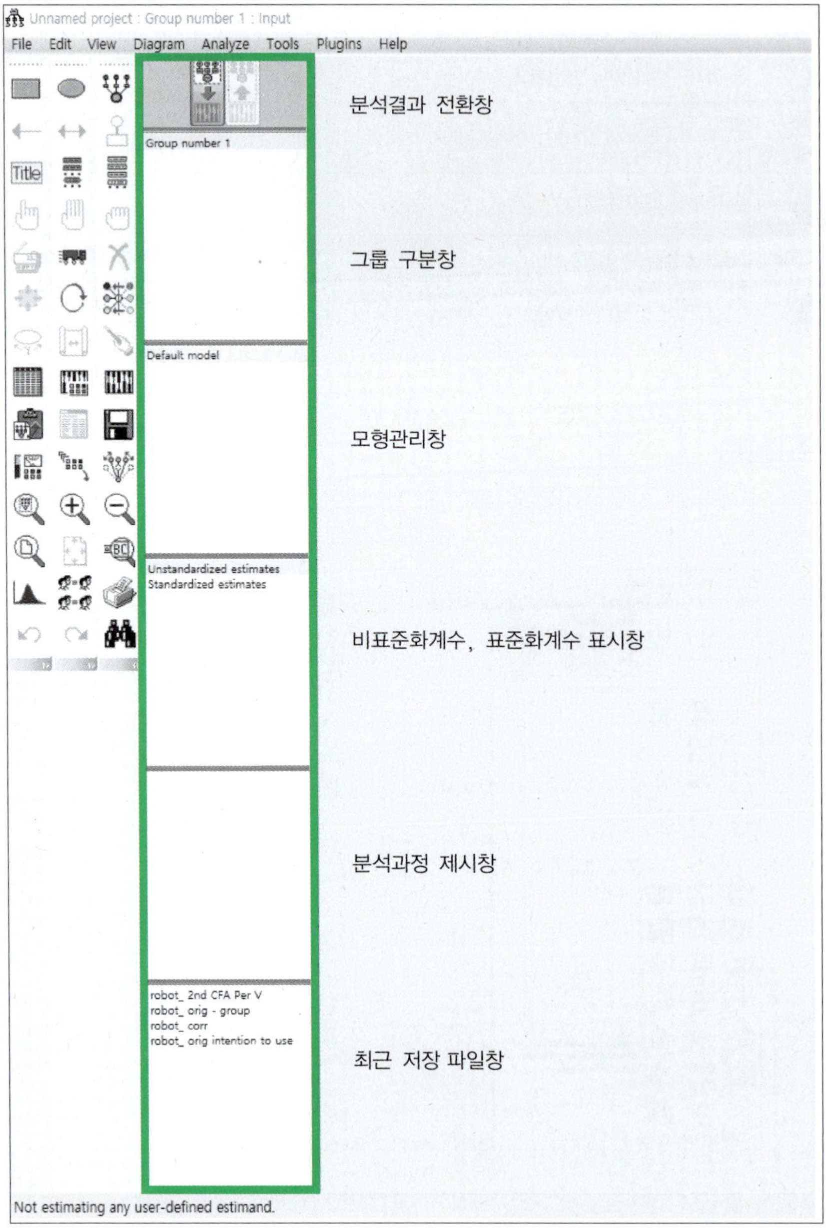

① **분석결과 전환창**

오른쪽 작업창의 연구모형 분석결과값을 제시할 때, 이곳의 오른쪽에 있는 모형을 클릭하면 결과값을 확인할 수 있다. 반대로 연구모형에 수치가 너무 복잡하다면 왼쪽에 있는 모형을 클릭하여 모형만 보이게 할 수도 있다.

② **그룹 구분창**

집단 간 분석을 실시할 때 사용되는 화면으로, 연구모형을 그룹별로 분석하여 결과값을 작업장에서 확인하고자 할 때 사용한다.

③ **모형관리창**

XX: Default model로 되어 있는데, 작업 시에 Spss 파일을 불러와서 제대로 분석이 진행되었다면 앞의 XX 표시가 OK싸인으로 바뀌게 된다.

④ **비표준화계수, 표준화계수 표시창**

작업창에 분석결과값이 포함된 모형을 선택할 때, 결과값을 비표준화계수로 표시할 것인지 표준화계수로 표시할 것인지를 결정할 수 있다.

⑤ **분석과정 제시창**

분석 파일, 분석 데이터, 자유도, 카이제곱 수치 등을 간단하게 제시해주는 창이다.

⑥ **최근 저장 파일창**

최근에 저장한 파일목록이 제시된다.

5) Amos 실습하기

S.S. CHA AND X.-W. WANG(2020)

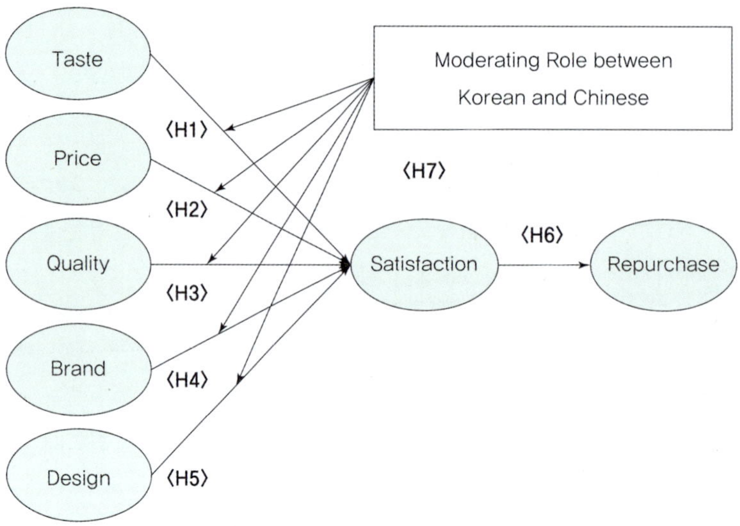

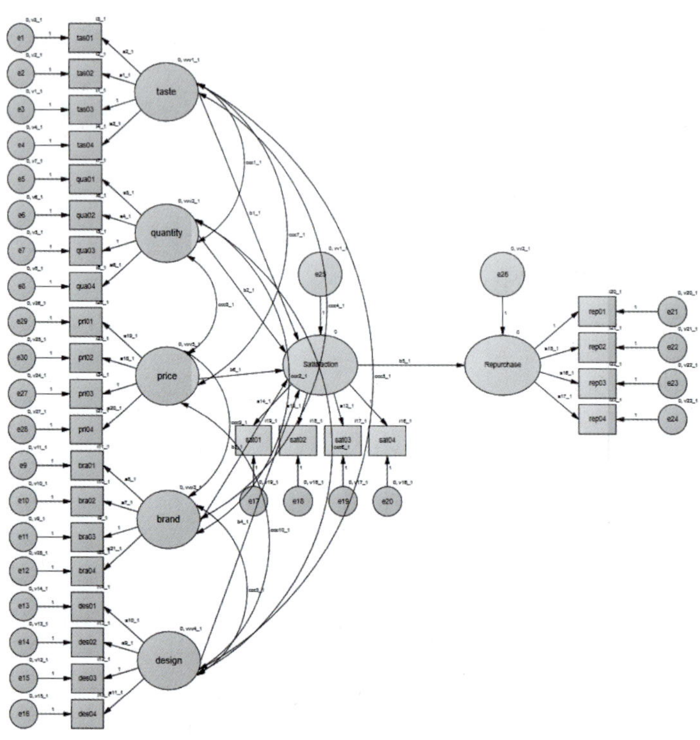

그림 13.5-1 Amos 그리기 완성

① **분석할 데이터 가져오기**

Select data file(s)를 클릭 ▶ Data Files 창이 열리면 'File Name'을 클릭하여 13.Noodle research.sav 파일을 가져온 후, 'OK'를 클릭한다.

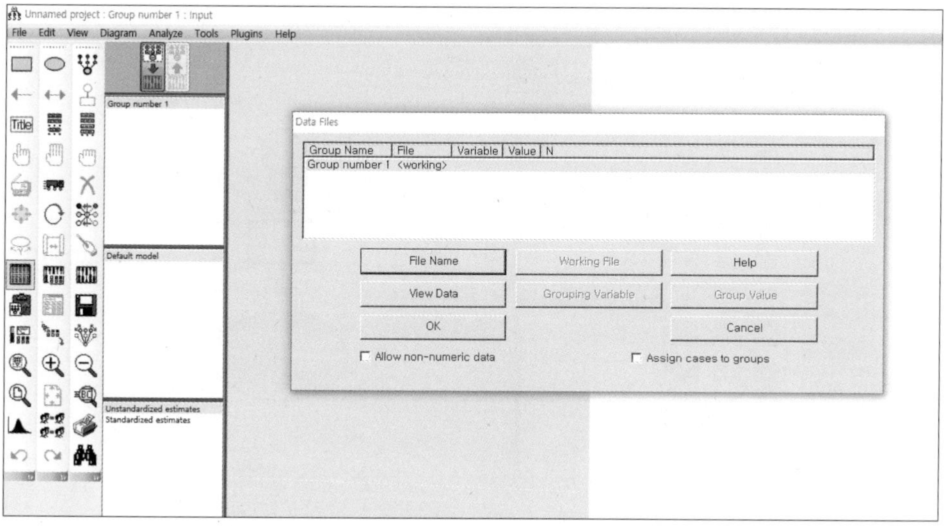

② **변수 그리기**

이제 작업아이콘을 사용해서 변수를 그려본다. 작업아이콘 첫 번째 가로줄 세번째 아이콘 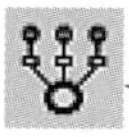 으로 변수를 그린다. 작업 아이콘 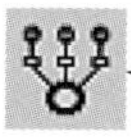 을 클릭한 다음 ▶ 마우스 커서를 작업 창으로 이동 ▶ 마우스 왼쪽 버튼을 클릭한 채로 대각선으로 끌어내리며 타원형을 그린다.

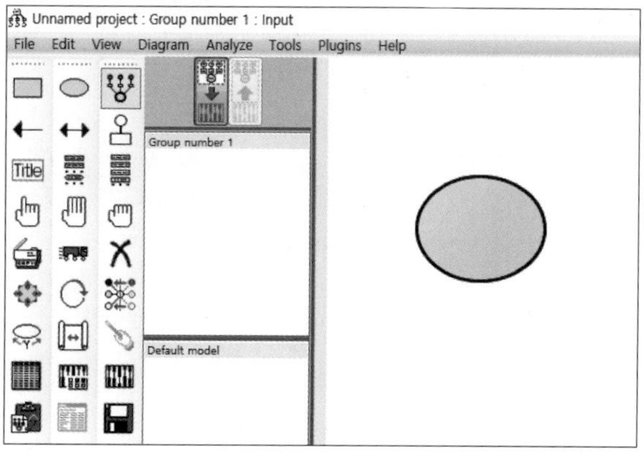

③ 타원(잠재변수)이 그려지면 ▶ 마우스 커서를 원 위로 가져간다 ▶ 원 위에서 마우스 왼쪽 버튼을 클릭하면 ▶ 네모(관측변수)와 동그라미(오차항)가 자동으로 그려진다.

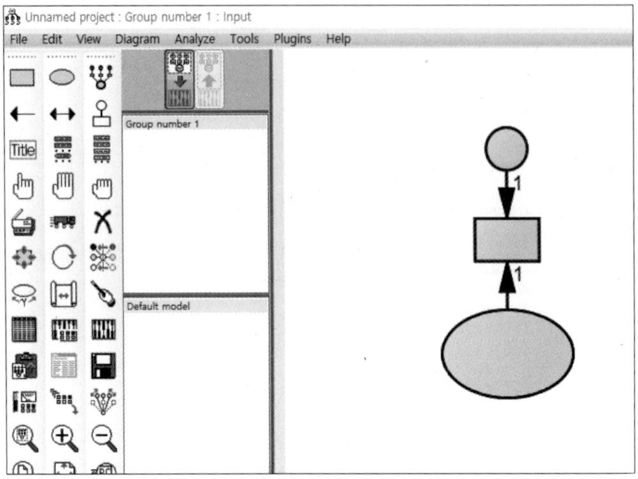

④ 원 위에 마우스 커서를 올려놓은 채로 클릭하면 클릭한 숫자대로 네모와 동그라미 셋트가 그려진다.

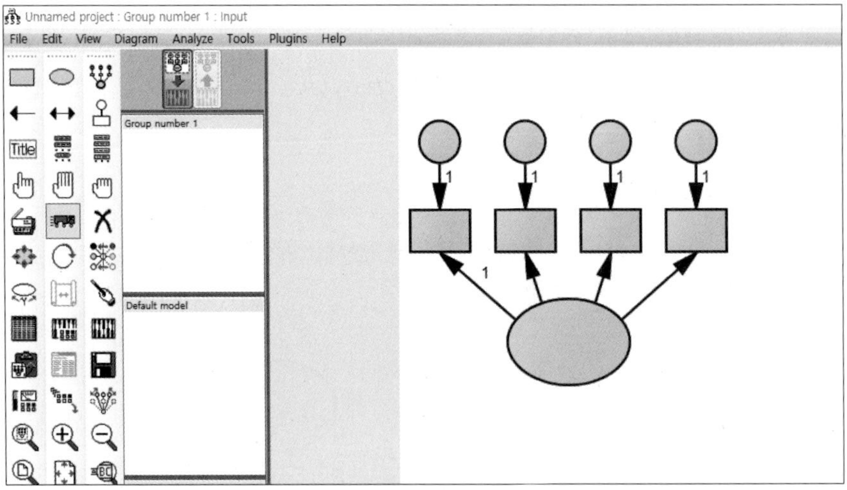

⑤ 잠재변수(타원), 관측변수(네모), 측정오차(동그라미) 하나의 셋트가 생성되었으면, 를 클릭하고, 잠재변수 위에서 다시 클릭하면 도형이 잠재변수를 중심으로 회전한다.

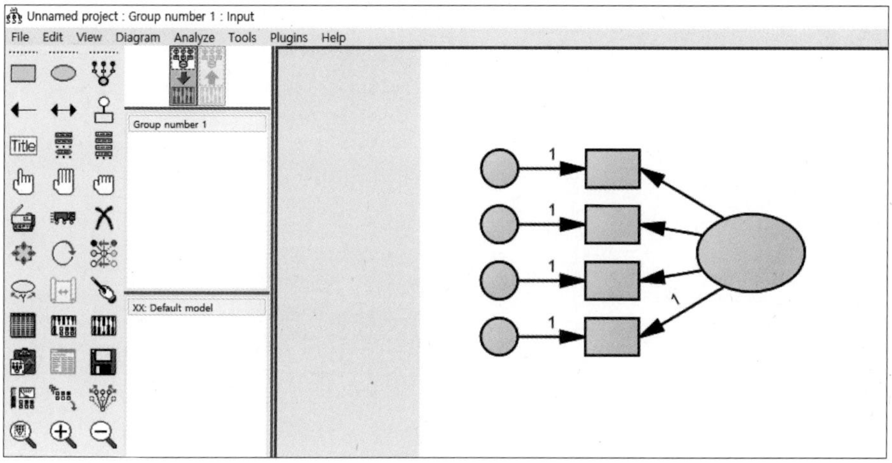

⑥ 이때 만약 도형들의 위치를 조정하고 싶으면 Select 아이콘과 이동 아이콘을 사용해서 적당한 위치로 이동할 수 있다.

네 번째 줄에는 손모양의 아이콘 3개가 있다. 첫 번째 아이콘 (Select)은 개체를 하나씩 선택할 때 사용되며, 두 번째는 (Select All) 전체를 선택할 때, 세번째는 (Deselect All) 전체 선택을 해제할 때 사용된다.

⑦ 다음은 변수들의 세트를 복사하는 방법이다. 우선 (Select All)을 클릭해서 도형 전체를 선택해준다. 작업창의 도형들이 파란색으로 전환된 것을 확인한다. Duplicate object 아이콘을 클릭한 후, '잠재변수'를 클릭한 채로 복사하고자 하는 위치로 이동시킨다.

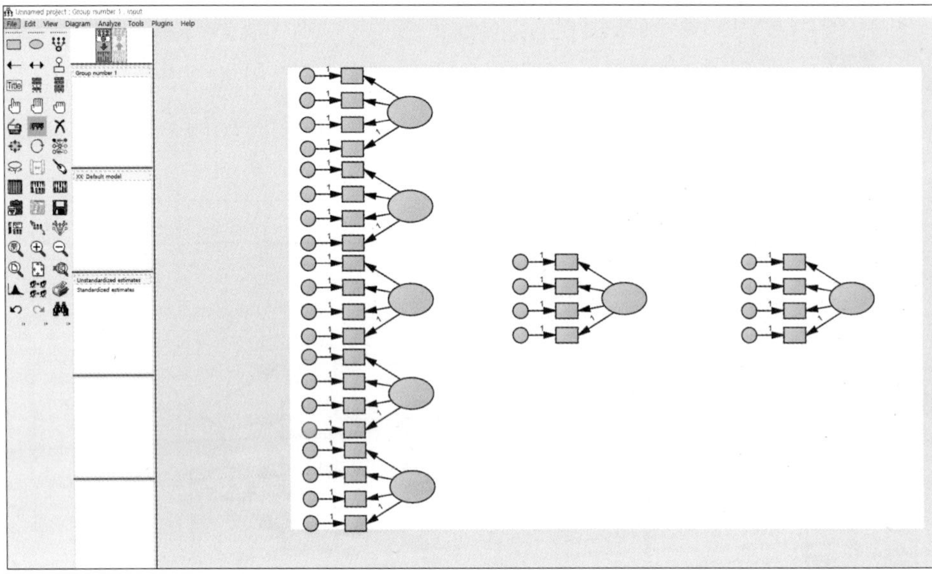

⑧ 회전(rotate)  아이콘을 이용하여 아래쪽이나 위쪽으로 방향을 바꿔서 작업 하기 용이하도록 해준다.

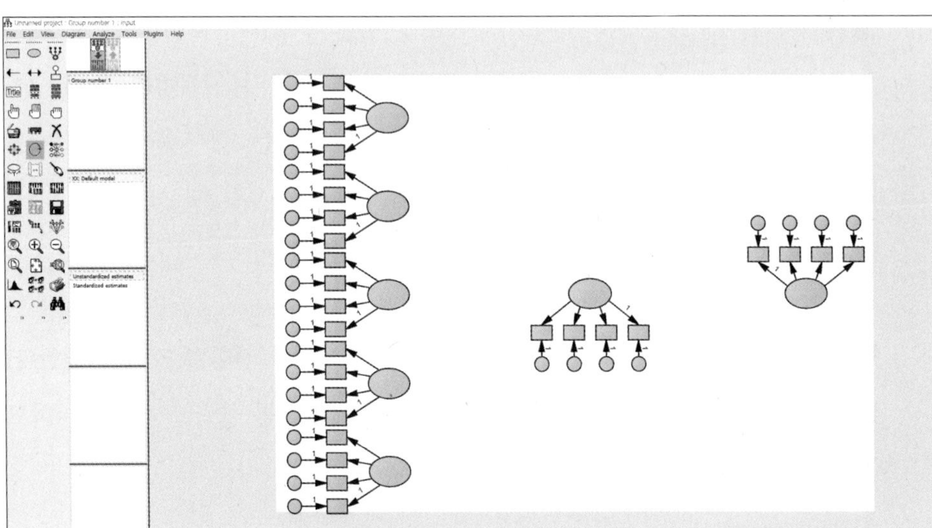

⑨ 잠재변수 도형 안에 변수명을 적어 넣어야 하는데, 타원이 적당히 크지 않다고

판단되면 (change the shape of object) 아이콘과 (move objects)를 사용하여 적당한 크기와 위치로 이동시킨다.

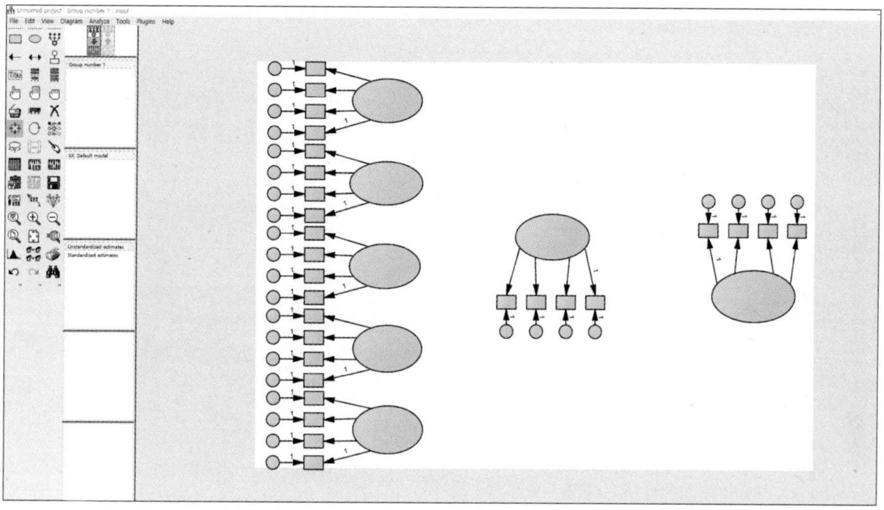

⑩ Path(경로)를 설정하기 위해서 Draw Path 아이콘을 클릭한다. 그 상태에서 잠재변수 간의 경로를 그린다. 화살표는 경로가 시작되는 (영향을 주는) 외생잠재변수에서 경로가 끝나는 (영향을 받는) 내생잠재변수 쪽으로 그림 그리듯이 연결해주면 된다.

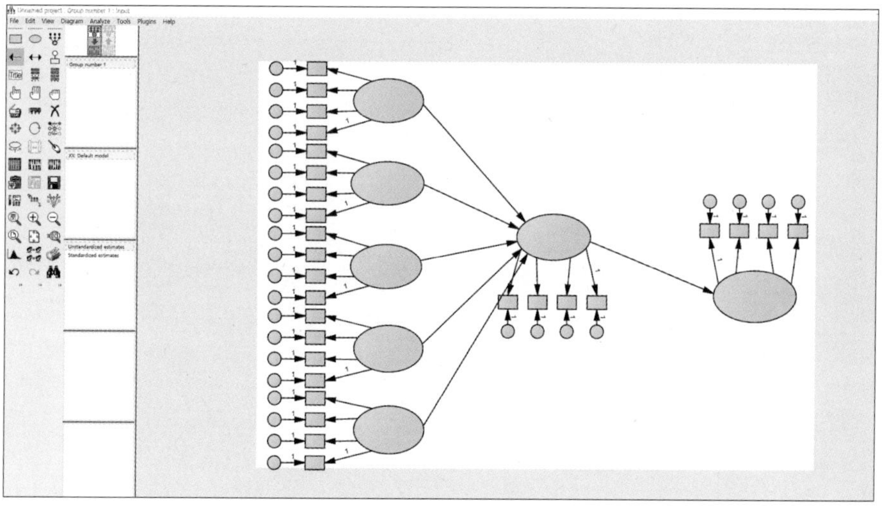

⑪ 상관관계 그리기를 위해서 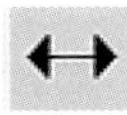 (Draw Covariance) 아이콘을 사용해서 외생잠재변수 간의 상관관계를 그려준다. 이때 유의할 점은 외생잠재변수 간의 상관관계가 빠짐없이 연결되어야 한다.

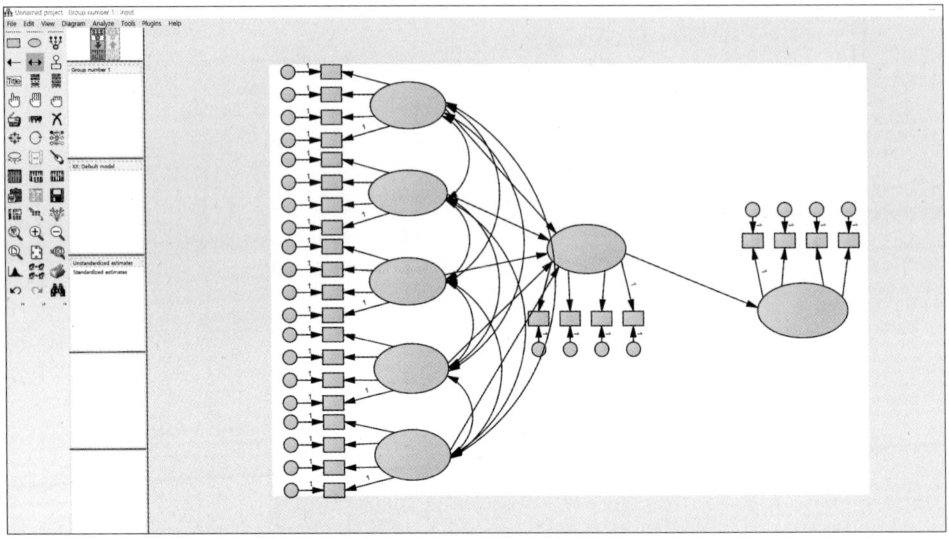

⑫ 구조오차를 표시하기 위해서  (add a unique variable to an existing variable) 아이콘을 클릭한 후, 작업창의 내생잠재변수(영향을 받는 변수)를 클릭해준다.

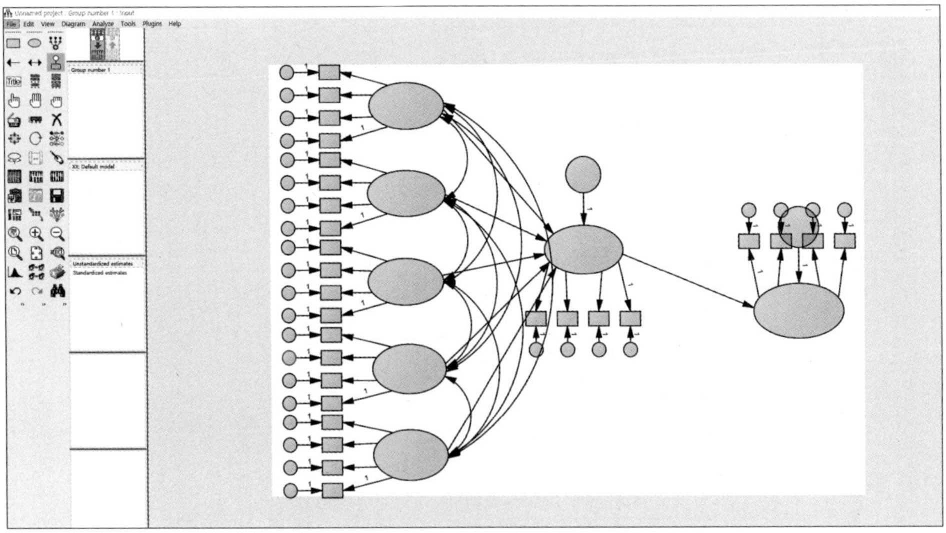

그러면 앞의 그림과 같이 구조오차가 생성되는데 그림이 겹쳐 보이지 않도록  (move object) 아이콘을 사용하여 구조오차를 아래와 같이 적절한 위치로 이동시킨다.

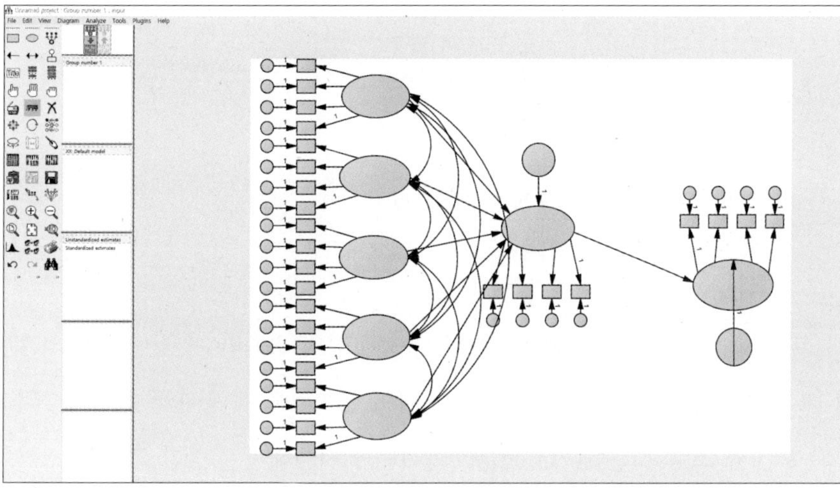

⑬ 변수들과 선들이 뒤엉켜 있는데 이를 잘 정리해 주는 아이콘이 있다.  (Touch up a variable)을 사용하여 관측변수를 한번씩 클릭해보자. 나름대로 균형잡힌 모습으로 정리가 되는 것을 볼수 있다. 오른쪽 끝의 구조오차를 가로지르는 선은 구조오차 동그라미 모양을 클릭하면 보기 좋게 정리가 된다.

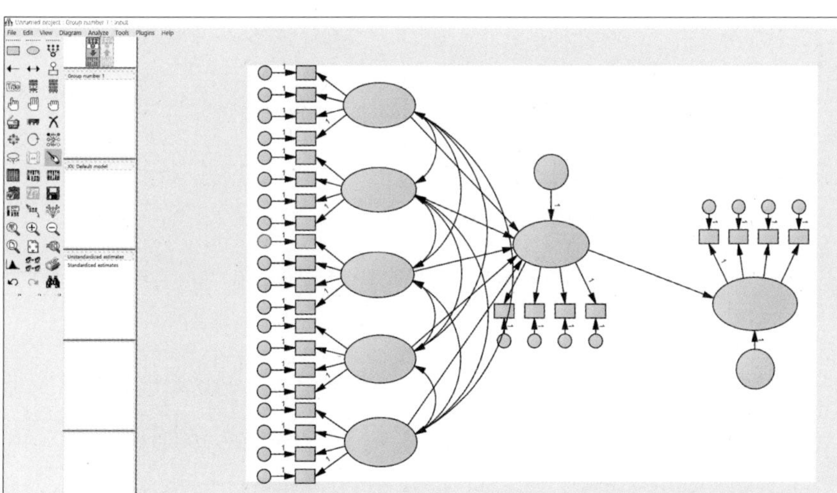

⑭ 이제 변수명을 입력할 차례다. 먼저 관측변수를 입력하는 연습을 해보자.  (List variables in data set) 아이콘을 클릭하면 'Variable in data set' 창이 나타난다.

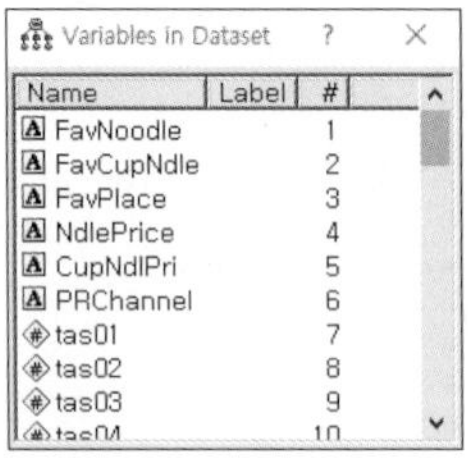

마우스를 이용하여 Variable in data set' 창의 관측변수들을 작업창의 관측변수(사각형 모양)쪽으로 Drag & Drop 하여 붙여넣는다. 이때도 관측변수의 크기나 위치를 조정하고 싶다면  아이콘을 사용해서 적당한 크기로 조정할 수 있다.

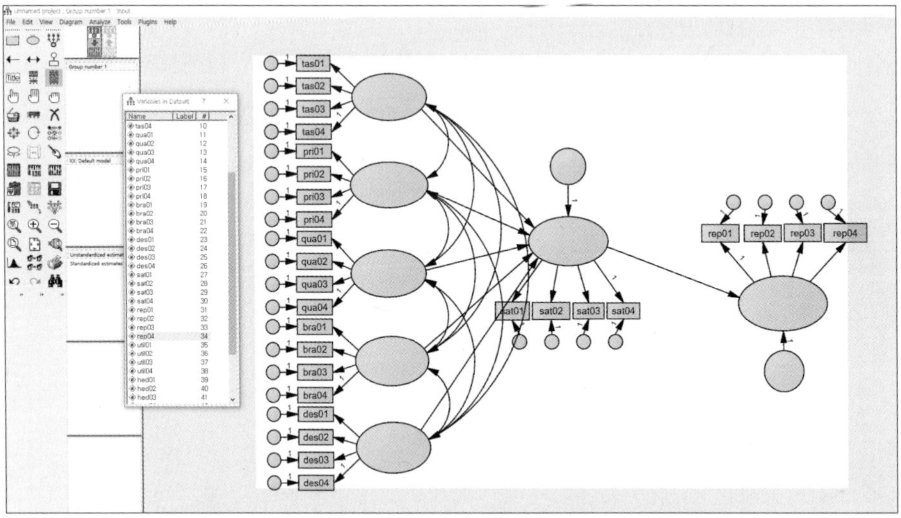

⑮ '잠재변수' 입력하기 ▶ '잠재변수' 더블클릭 ▶ Object Properties 창의 'Variable name' 박스에 잠재변수 이름 입력 ▶ 다음 '잠재변수'를 클릭하고 'Variable name' 박스에 잠재변수 이름 입력 ▶ 다음 '잠재변수'를 클릭하며 계속 입력한다.

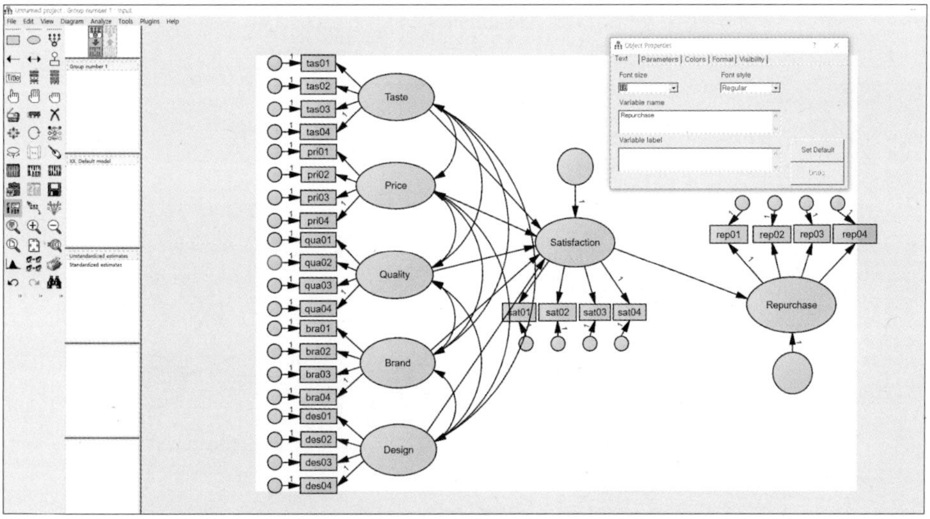

⑯ 구조오차 이름 입력하기 ▶ '구조오차' 더블클릭 ▶ Object Properties 창의 'Variable name' 박스에 d1, d2 입력 후 창 닫기한다.

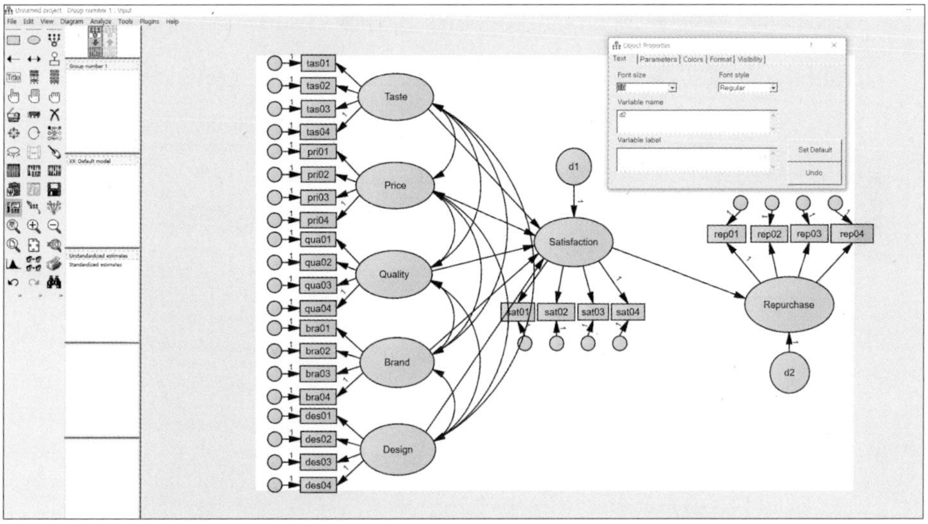

⑰ 측정오차 입력도 관측변수나 잠재변수의 입력과 같이 측정오차를 더블클릭한 후 ▶ Object Properties 창의 'Variable name' 박스에 e1, e2, e3, …를 하나하나 입력할 수 있다. 하지만 메뉴의 'Plugins' ▶ 'Name Unobserved Variable' 클

릭하면 측정오차가 자동으로 입력된다.

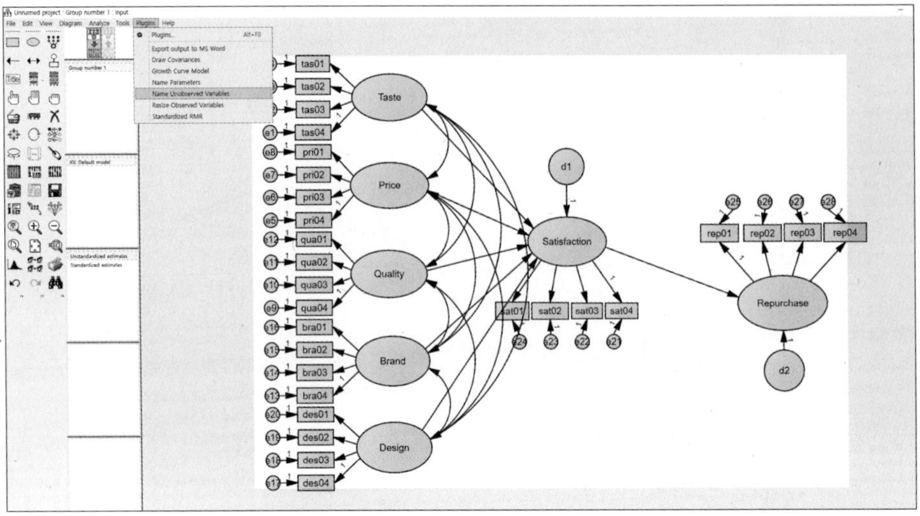

⑱ 이제 분석을 실행해본다. 우선, 왼쪽 작업아이콘에서 중간쯤 있는 (Analysis properties)를 클릭 ▶ Analysis Properties 창의 ▶ 'Estimation' 탭 ▶ 'Maximum likelihood' 체크 ▶ 오른쪽 'Estimate mean and intercepts' 체크한다.

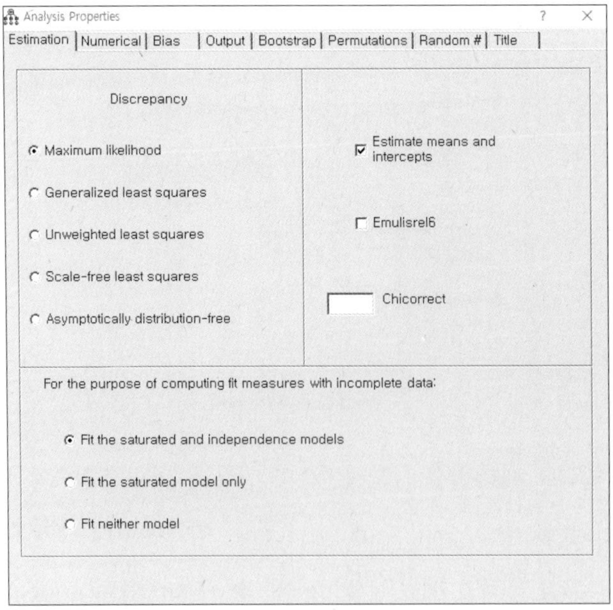

계속해서 ▶ 'Output' 탭 선택 ▶ 'Minimization history', 'Standardized estimates', 'Squared multiple correlations' 체크 후, 창 닫기한다.

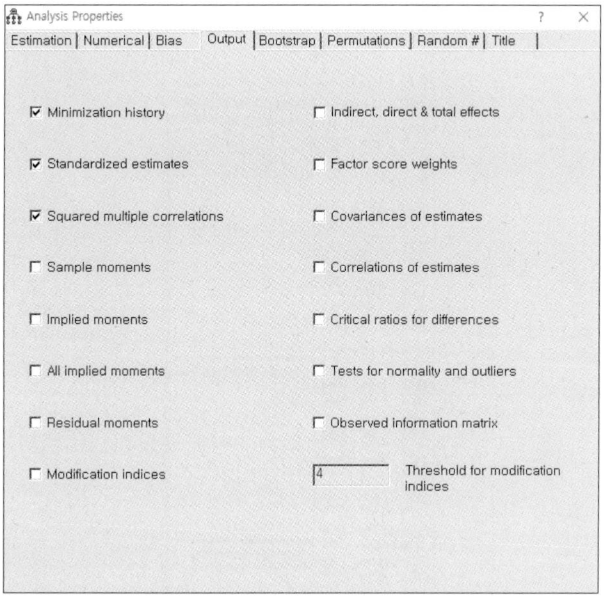

⑲ 저장 및 분석을 위해서 'File' ▶ 'Save As' ▶ 파일이름 'SEM 연습' ▶ '저장' 한다.

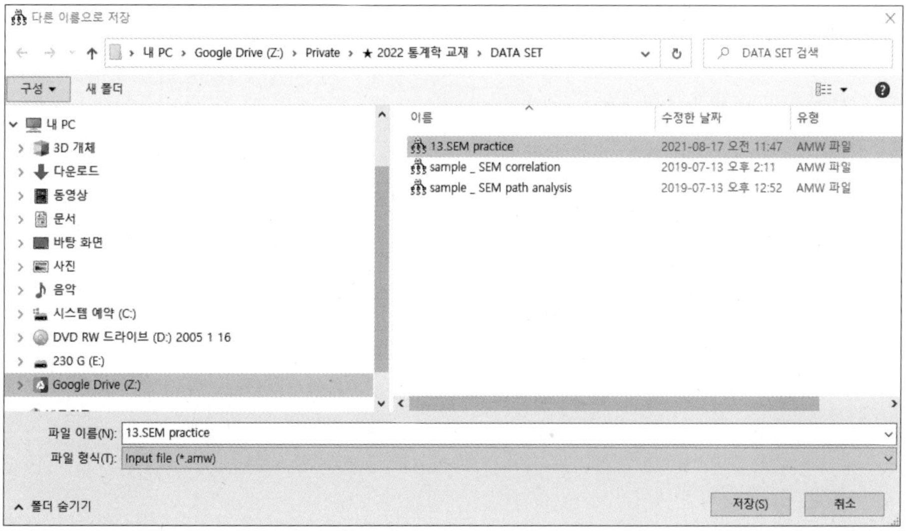

분석을 위해서 작업아이콘의 (Calculate estimates) 클릭하면 화면 오른쪽 아래 계산과정이 보이고 관리창의 모형관리창의 XX: Default model이 'OK: Default model'로 변경된 것을 확인한다.

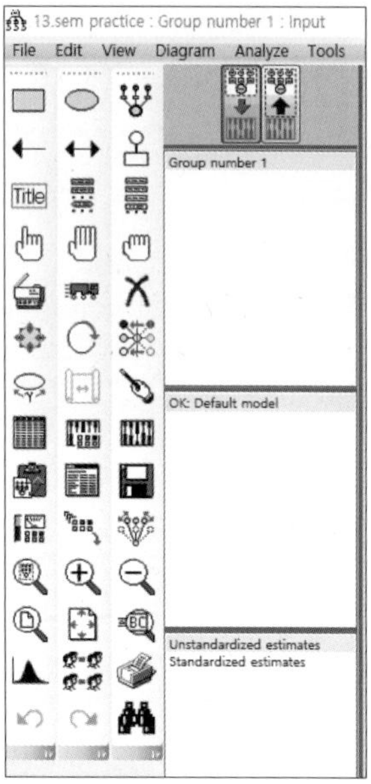

⑳ 결과 분석을 위해 (View Text) 아이콘을 클릭하면, Amos Output 창 Notes for Model의 Result가 제시된다.

```
Minimum was achieved
Chi-square=1840.763
Degrees of freedom=334
Probability level=0.000
```

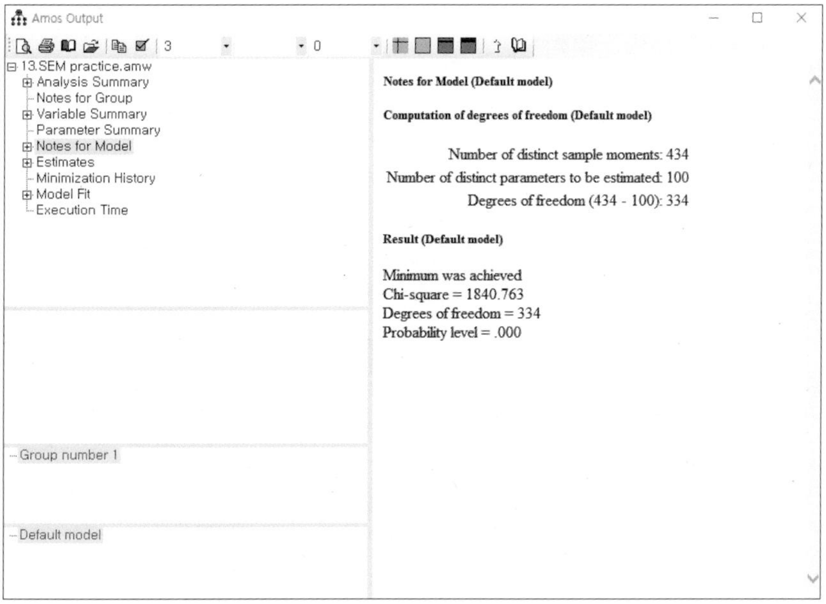

아래쪽 'Model Fit'을 선택하면 모형적합도를 확인할 수 있다.

구조모형의 모형적합도는 Chi-square=1840.763 (p<0.001), Degrees of freedom=334, CMIN/DF=5.511, NFI=0.940, RFI=0.933, IFI=0.951, TLI=0.944, CFI=0.951, RMSEA=0.067으로 제시되어 만족할 만한 수준으로 확인되었다.

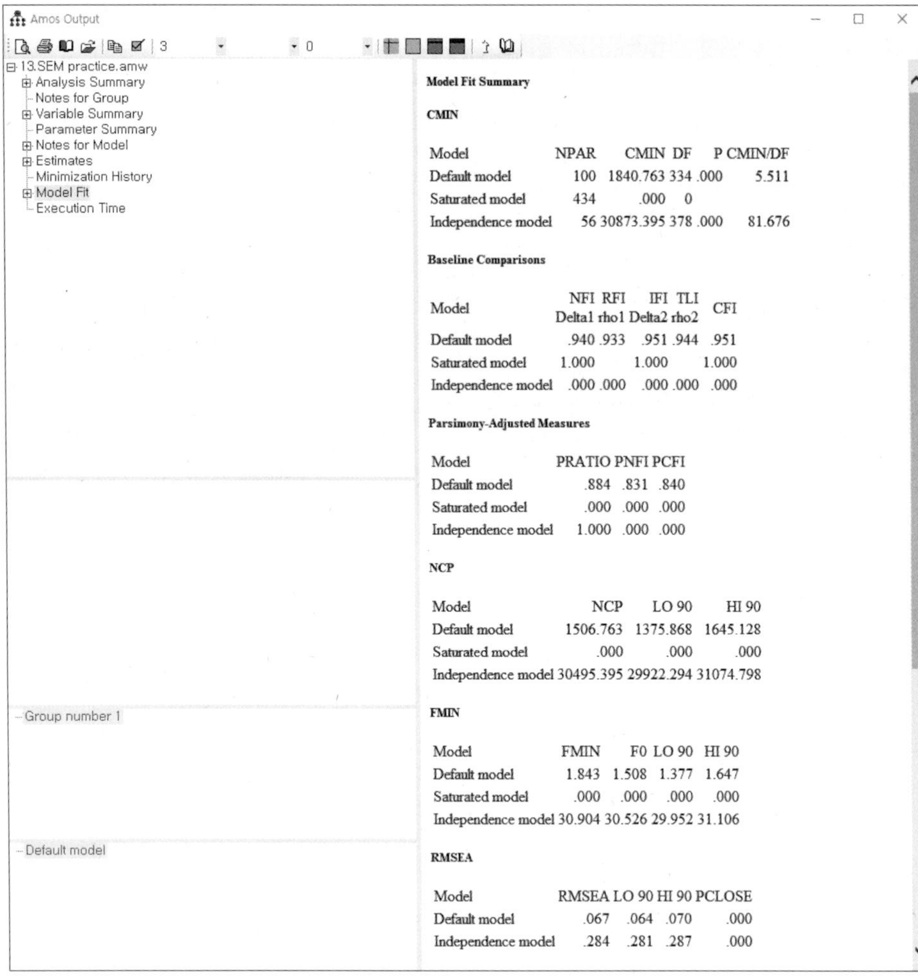

Model Fit Summary

CMIN

Model	NPAR	CMIN	DF	P	CMIN/DF
Default model	100	1840.763	334	.000	5.511
Saturated model	434	.000	0		
Independence model	56	30873.395	378	.000	81.676

Baseline Comparisons

Model	NFI Delta1	RFI rho1	IFI Delta2	TLI rho2	CFI
Default model	.940	.933	.951	.944	.951
Saturated model	1.000		1.000		1.000
Independence model	.000	.000	.000	.000	.000

Parsimony-Adjusted Measures

Model	PRATIO	PNFI	PCFI
Default model	.884	.831	.840
Saturated model	.000	.000	.000
Independence model	1.000	.000	.000

NCP

Model	NCP	LO 90	HI 90
Default model	1506.763	1375.868	1645.128
Saturated model	.000	.000	.000
Independence model	30495.395	29922.294	31074.798

FMIN

Model	FMIN	F0	LO 90	HI 90
Default model	1.843	1.508	1.377	1.647
Saturated model	.000	.000	.000	.000
Independence model	30.904	30.526	29.952	31.106

RMSEA

Model	RMSEA	LO 90	HI 90	PCLOSE
Default model	.067	.064	.070	.000
Independence model	.284	.281	.287	.000

다음은 'Estimate'를 클릭하여 Regression Weights를 확인한다. 상단의 부분만 확인하면 된다.

			Estimate	S.E.	C.R.	P	Label
Satisfaction	<---	Taste	.348	.025	13.676	***	
Satisfaction	<---	Design	.162	.023	6.981	***	
Satisfaction	<---	Quality	.065	.024	2.730	.006	
Satisfaction	<---	Price	.144	.030	4.849	***	
Satisfaction	<---	Brand	.234	.023	9.958	***	
Repurchase	<---	Satisfaction	1.224	.032	37.717	***	

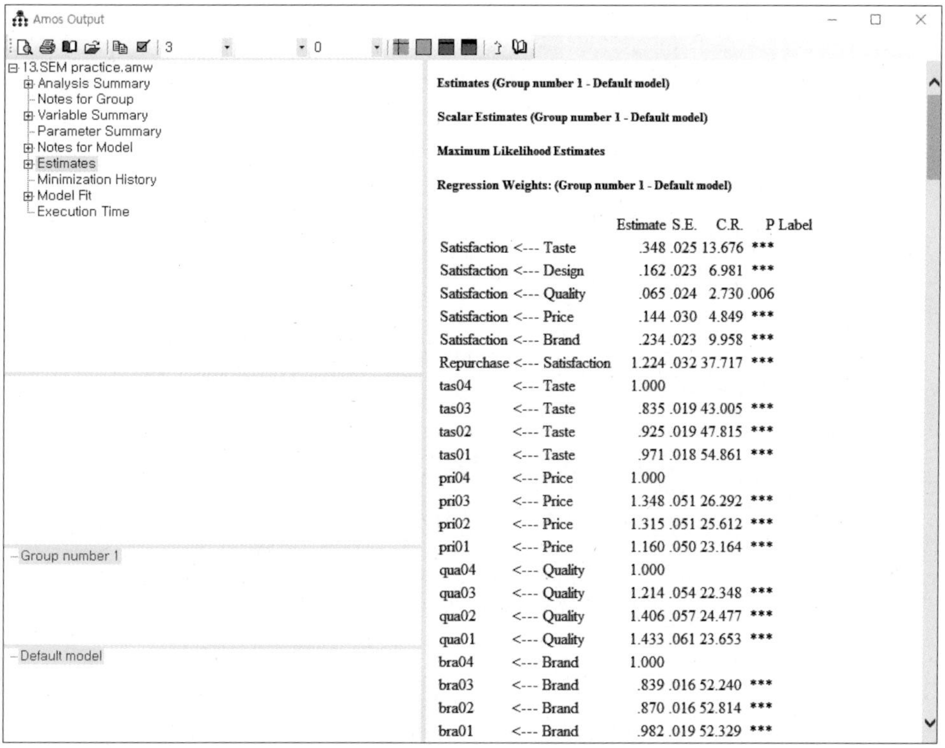

Estimates (Group number 1 - Default model)

Scalar Estimates (Group number 1 - Default model)

Maximum Likelihood Estimates

Regression Weights: (Group number 1 - Default model)

			Estimate	S.E.	C.R.	P	Label
Satisfaction	<---	Taste	.348	.025	13.676	***	
Satisfaction	<---	Design	.162	.023	6.981	***	
Satisfaction	<---	Quality	.065	.024	2.730	.006	
Satisfaction	<---	Price	.144	.030	4.849	***	
Satisfaction	<---	Brand	.234	.023	9.958	***	
Repurchase	<---	Satisfaction	1.224	.032	37.717	***	
tas04	<---	Taste	1.000				
tas03	<---	Taste	.835	.019	43.005	***	
tas02	<---	Taste	.925	.019	47.815	***	
tas01	<---	Taste	.971	.018	54.861	***	
pri04	<---	Price	1.000				
pri03	<---	Price	1.348	.051	26.292	***	
pri02	<---	Price	1.315	.051	25.612	***	
pri01	<---	Price	1.160	.050	23.164	***	
qua04	<---	Quality	1.000				
qua03	<---	Quality	1.214	.054	22.348	***	
qua02	<---	Quality	1.406	.057	24.477	***	
qua01	<---	Quality	1.433	.061	23.653	***	
bra04	<---	Brand	1.000				
bra03	<---	Brand	.839	.016	52.240	***	
bra02	<---	Brand	.870	.016	52.814	***	
bra01	<---	Brand	.982	.019	52.329	***	

이 표에서 Estimate는 영향력을 나타내고, C.R.값은 t값 (>1.96), P는 p값 (<0.05)을 의미한다.

6) 데이터 이상치 결측치 골라내기

구조방정식 모형 분석을 시작하기 전에 데이터의 이상치, 결측치 등을 확인해 볼 필요가 있다. 다음은 구조방정식 모델링으로 작성된 논문의 잠재변수와 관측변수의 질문 문항의 예시이다.

표 13.4-2 구조방정식 모델링으로 작성된 질문 문항의 예시

Constructs	Items	Measures	References
Utility	Util1	The restaurant service robot is useful.	Sundar *et al.* (2014)
	Util2	I think the purpose of the restaurant service robot is to help people.	
	Util3	The restaurant service robot would help customers get things done.	
	Util4	The restaurant service robot helps efficient service.	
Attractiveness	Attr1	The restaurant service robot is attractive.	Kim *et al.* (2015)
	Attr2	The restaurant service robot is hot.	
	Attr3	The restaurant service robot is stylish.	
	Attr4	The restaurant service robot is cutting edge.	
Subcultural appeal	Subc1	The restaurant service robot makes people who use it different from others.	Sundar *et al.* (2014)
	Subc2	People who use the restaurant service robot are unique.	
	Subc3	People who use the restaurant service robot are considered leaders rather than followers.	
	Subc4	Customers using the restaurant service robot look great.	
Originality	Orig1	The restaurant service robot is original.	Kim *et al.* (2015); Voss *et al.* (2003)
	Orig2	The restaurant service robot is unique.	
	Orig3	The restaurant service robot stands apart from similar device.	
	Orig4	The robot service restaurant is the origin of the future restaurant.	
Functionally motivated consumer innovativeness	fMCI1	The restaurant service robot seems to be easy to use.	Voss *et al.* (2003); Vandecasteele and Geuens (2010)
	fMCI2	The restaurant service robot seems to be efficient.	
	fMCI3	The restaurant service robot seems to be convenient.	
	fMCI4	The restaurant service robot is likely to shorten delivery times.	
Hedonically motivated consumer innovativeness	hMCI1	The restaurant service robot seems to make life pleasant.	Vandecasteele and Geuens (2010)
	hMCI2	I think it gives me a good feeling to use the restaurant service robot.	
	hMCI3	The discovery of novelties of the restaurant robot service makes me playful and cheerful.	
	hMCI4	The technological newness of the restaurant service robot makes me happier.	
Socially motivated consumer innovativeness	sMCI1	The restaurant service robot could impress others.	Vandecasteele and Geuens (2010)
	sMCI2	Using the restaurant service robot can show I am an early adopter.	

(계속)

표 13.4-2 구조방정식 모델링으로 작성된 질문 문항의 예시(계속)

Constructs	Items	Measures	References
Socially motivated consumer innovativeness	sMCI3	Using the restaurant service robot could distinguish me from others.	Vandecasteele and Geuens (2010)
	sMCI4	I love to use innovations of the restaurant service robot which my friends do not use.	
Attitude	Atti1	It is good idea to use the restaurant service robot.	Kim and Qu (2014)
	Atti2	I have a generally favourable attitude toward the restaurant service robot.	
	Atti3	In general, I have a positive attitude about the restaurant service robot.	
	Atti4	I have a good feeling about the restaurant service robot.	
Intention to use	Inte1	Given the opportunity, I would use the restaurant service robot.	Kim and Qu (2014)
	Inte2	I am likely to use the restaurant service robot in the near future.	
	Inte3	I will use the service robot when ordering food in the restaurant.	
	Inte4	I am open to using the restaurant service robot in the near future.	
Perceived Enjoyment	PerE1	I would have fun interacting with the restaurant service robot.	Cao *et al.* (2016)
	PerE2	Using the restaurant service robot would provide me with a lot of fun.	
	PerE3	I would enjoy using the restaurant service robot.	
	PerE4	It would be fun to order using the restaurant service robot.	
Perceived Trust	PerT1	In general, I trust in the restaurant service robot.	Liébana-Cabanillas *et al.* (2017)
	PerT2	I think that the restaurant service robot will keep the commitments that it makes.	
	PerT3	The restaurant service robot is trustworthy.	
	PerT4	I would describe the restaurant service robot as reliable.	
Perceived Risk	PerR1	There is a high potential for lost time and money if I order using the restaurant service robot.	Wu *et al.* (2017)
	PerR2	There is significant risk in ordering food using the restaurant service robot.	
	PerR3	I think that making an order with the restaurant service robot is risky.	
	PerR4	The restaurant service robot seems to carry food wrong.	

Cha, S. S. (2020). Customers' intention to use robot-serviced restaurants in Korea: relationship of coolness and MCI factors. *International Journal of Contemporary Hospitality Management*.

표 13.4-2에서 논문에 실린 구조방정식 설문문항을 예시로 실습해본다.

① 변수에 이상치가 있는지 확인하기 위해서 메뉴의 '분석' ▶ '기술통계량' ▶ '빈도분석'을 선택한다.

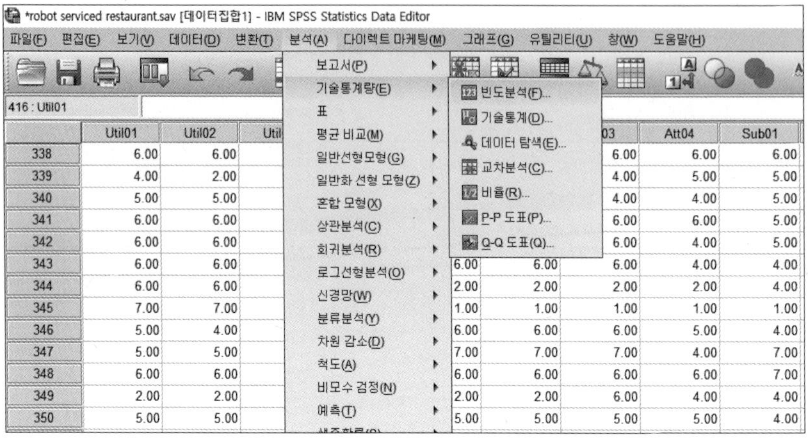

② 빈도분석창에서 왼쪽 '관측변수' 항목들을 오른쪽 '변수' 박스로 이동시킨 후 '확인'을 클릭한다.

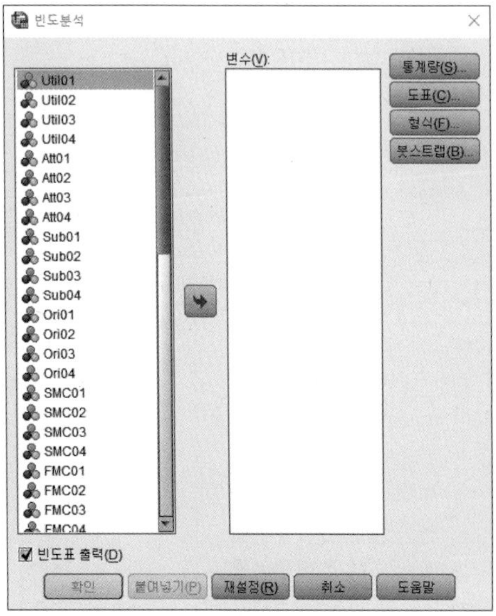

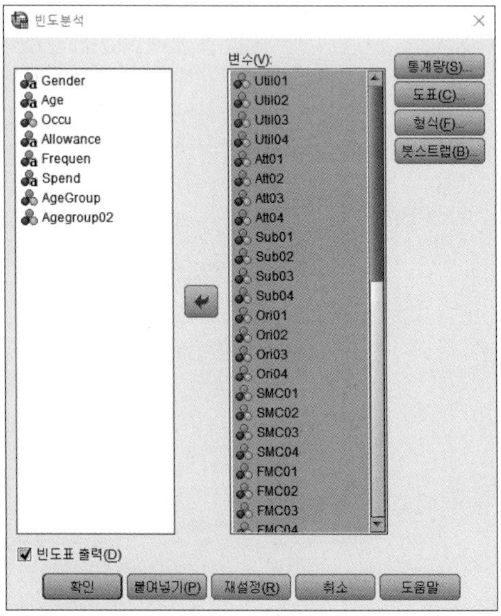

③ 빈도분석 출력결과를 통해서 결측값(missing value)이 있는지, 이상치(outlier)가 있는지 확인이 가능하다. 결측값은 모두 0으로 표시되어 있고, Util01의 유효값이 리커드척도 1에서 7까지 표시되어 있으므로 이상치는 없다고 판단하는 것이다.

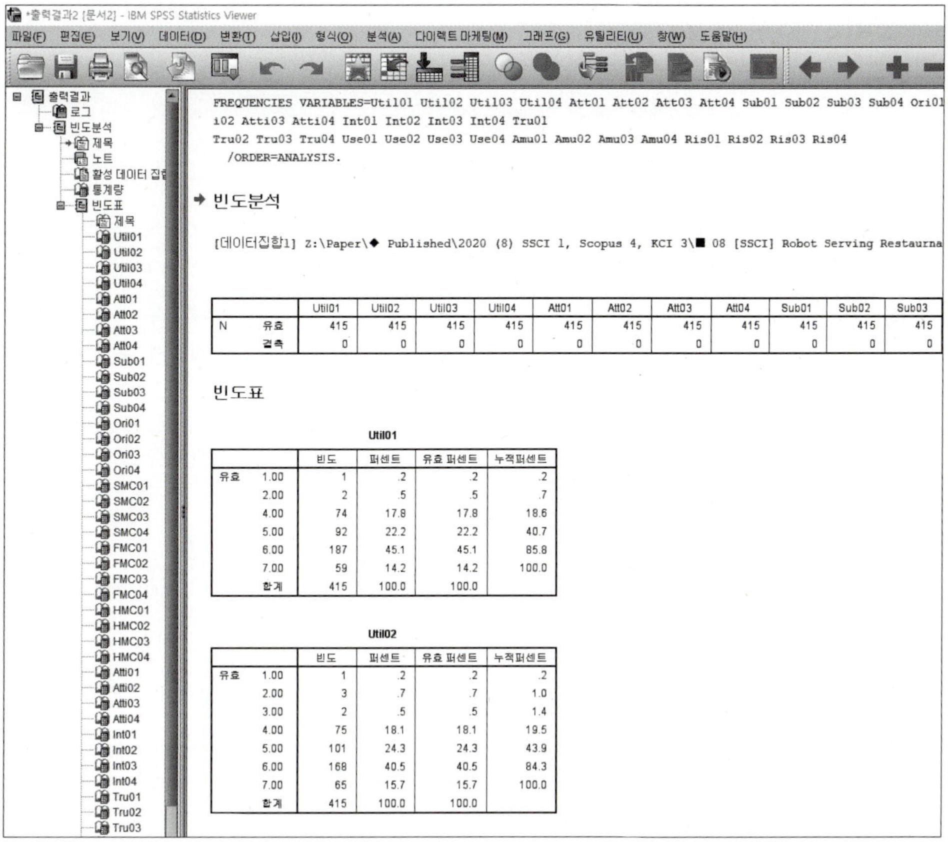

		Util01	Util02	Util03	Util04	Att01	Att02	Att03	Att04	Sub01	Sub02	Sub03
N	유효	415	415	415	415	415	415	415	415	415	415	415
	결측	0	0	0	0	0	0	0	0	0	0	0

빈도표

Util01

		빈도	퍼센트	유효 퍼센트	누적퍼센트
유효	1.00	1	.2	.2	.2
	2.00	2	.5	.5	.7
	4.00	74	17.8	17.8	18.6
	5.00	92	22.2	22.2	40.7
	6.00	187	45.1	45.1	85.8
	7.00	59	14.2	14.2	100.0
	합계	415	100.0	100.0	

Util02

		빈도	퍼센트	유효 퍼센트	누적퍼센트
유효	1.00	1	.2	.2	.2
	2.00	3	.7	.7	1.0
	3.00	2	.5	.5	1.4
	4.00	75	18.1	18.1	19.5
	5.00	101	24.3	24.3	43.9
	6.00	168	40.5	40.5	84.3
	7.00	65	15.7	15.7	100.0
	합계	415	100.0	100.0	

5. 구조방정식 모델 분석 순서

구조방정식 모델에서 중요한 것은 연구모델에 사용된 요인들이 타당한 측정문항으로 구성되었는가이다. 그러므로 타당성이 담보되지 않은 측정문항들을 이용한 분석결과는 의미가 없게 된다. 또한 타당도가 결여된 측정문항을 사용하면 연구모델의 적합도가 충분하지 못하게 된다. 따라서 구조모형을 분석하기 전에 측정모형을 통한 연구도구의 타당도를 우선 검정하여 적합도 수준을 떨어뜨리는 문항들을 제거하고 분석하여야 연구모델의 적합도가 적절한 수준을 보이게 된다.

구조방정식 모델의 분석 절차는 다음과 같다.

표 13.5-1 **구조방정식 모델의 분석 절차**

프로그램	실행	분석
구글설문지, 네이버폼	설문조사	-
SPSS	인구통계조사	빈도분석
AMOS	측정모형 검증 (신뢰도 타당도)	모델 적합도
		확인적 요인분석(CR, AVE)
		판별타당성 분석(r^2 < AVE)
	구조방정식	구조모형 검증: 경로분석

1) 신뢰도와 타당도 검정

① 신뢰도

신뢰도(reliability)는 연구자가 어떤 연구문제에 대해 실시한 조사에 대하여 그 조사를 다시 반복적으로 측정했을 때, 그 결과가 원래 측정치와 얼마나 일치할지를 나타내는 척도이다. 신뢰성을 측정하는 방법에는 반분법(split halves method)과 내적 일치도(internal consistency)를 이용한 방법인 '크론바흐 알파계수(cronbach alpha coefficient)'를 기준으로 판단하는 방법이 있다.

- 반분법: 측정한 항목들을 둘로 나누어 이들 간의 상관관계를 계산하는 방법이다. 표본의 수가 아주 많다면 문제가 없겠으나, 그렇지 않다면 반분하는 방법에 따라 결과가 달라질 수 있다.
- 크론바흐 알파계수: 항목 간의 상관관계를 계산해서 변형하는 방법으로, 측정도구의 문항 수에 따라 값이 변한다. 크론바흐 알파계수는 0~1 사이의 값을 가지며 계수가 높을수록 신뢰도가 높은 것으로 판단한다. 일반적으로 사회과학에서

는 0.6 이상이면 신뢰도에 문제가 없는 것으로 보며 내적 일관성이 있다고 판단한다.

② 타당도

타당도(validity)는 연구자가 어떤 연구문제에 대한 조사를 실시했을 때 그 조사가 얼마나 정확하게 측정되었는가를 판단하는 기준이다. 타당도는 요인분석을 통해 확인할 수 있다.

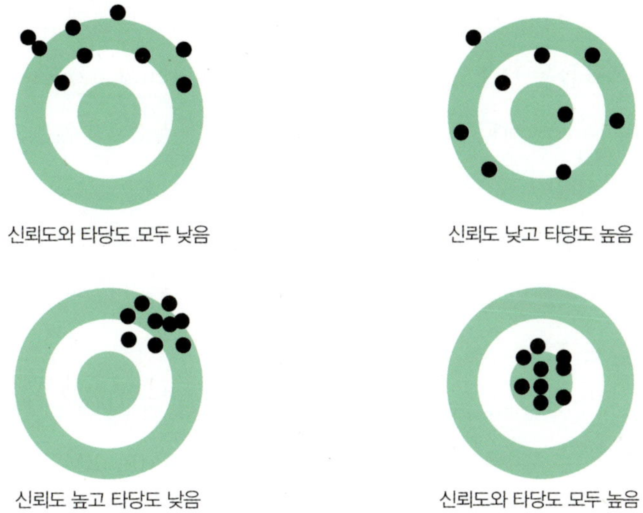

그림 13.5-1 **신뢰도와 타당도**

- **집중타당성**(convergent validity): 동일한 개념을 측정하기 위해 서로 다른 방법으로 측정한 값 사이에 높은 상관관계가 있어야 하는 것을 의미한다. 즉, 동일 개념을 측정하는 복수의 문항들이 어느 정도 일치하는지를 검증하는 것이다. 집중타당성 유무를 판단하는 기준은 평균분산추출(AVE)이 0.5 이상이거나, 개념 신뢰도(CR)가 0.7 이상이면 집중타당성이 있다고 해석한다.
- **판별타당성**(discriminant validity): 서로 다른 변수들 간에는 그 측정치에도 분명한 차이가 나야 한다는 것을 의미한다. 여기서 분명한 차이는 상관계수를 기준

으로 판별하는데, 한 변수와 다른 변수들 간의 상관관계는 상대적으로 낮아야 판별타당성이 확보되었다고 논할 수 있다. Fornell과 Larker(1981)가 제안하는 판별타당성 유무를 판단하는 기준은 평균분산추출> (상관계수)^{2}일 때 판별타당성이 있다고 한다.

6. 모델 적합도

Amos Output 창에서 확인되는 Model Fit은 다음과 같이 여러 가지 표로 나타난다. 각 표들은 Default model(분석모델), Saturated model(모든 변수 관계가 설정된 포화모델). Independence model(모든 변수관계가 설정되지 않은 모델) 등의 다양한 기준으로 모델 적합도를 나타낸다. 연구자는 중에서 필요한 모델 적합도 지수를 찾아서 기술해야 한다.

1) 절대 적합도 지수

절대 적합도 지수(absolute fit index)는 수집된 자료와 연구모델이 부합되는 정도를 절대적으로 평가하는 지수로, CMIN(T), GFI, RMR. SRMR, RMSEA가 있다.

① CMIN(χ2)

구조방정식이 개발된 초기부터 가상 많이 쓰이던 방법이며, 출력결과의 수치가 낮을수록 좋다고 해석한다.

② GFI(Goodness-of-fit-index)

분석된 데이터와 원래의 데이터 간의 차이를 나타낸 비율이다.

③ RMR(root mean square residual)

구조방정식 모델로 설명되지 않는 원래의 데이터에 관련된 지수(0.05 이하)이다.

④ SRMR(standardized root mean square residual)

RMR의 표준화 값으로, 모델 간 비교에서 활용된다.

⑤ RMSEA(root mean square error of approximation)

연구모델을 표본이 아닌 모집단으로부터 추정할 경우의 적합도(0.05 이하)이다.

2) 증분 적합도 지수

증분 적합도 지수(incremental fit index)는 연구자의 구조방정식 모델과 변수 간 상관을 설정하지 않은 모델을 비교하여 얼마나 정확하게 측정되었는지를 나타내는 지수이다. 증분 적합도 지수가 0.9 이상이라는 의미는 영모델에 비해 구조방정식 모델이 90% 더 정확하게 측정되었다는 것을 의미한다. 증분 적합도 지수에는 NFI, RFI, IFI, CFI, TLI가 있다.

① NFI(normed fit index)

연구모델이 영모델과 비교한 지수(0.9 이상)를 말한다.

② RFI(relative fit index)

상대적합지수라 하며, 영델에 대한 연구모델의 적합도를 평가하는 지수(0.9 이상)이다.

③ IFI(incremental fit index)

연구모델과 모델을 비교한 개선 정도를 나타낸다(0.9 이상).

④ CFI(comparative fit index)

모집단의 모수와 분포를 감안하여 NFI의 단선을 보완하기 위해 개발되었다(0.9 이상).

⑤ TLT(Turker-Lewis index=NNFI)

Tucker와 Lewis가 탐색적 요인분석을 위해 발전시킨 것으로, 지수가 0~1 사이지만 1을 넘어가는 경우도 있기 때문에 NNFI(non-normed fit index)라 한다(0.9 이상).

3) 간명 적합도 지수

변수가 많아질수록 연구모델이 복잡해지면서 적합도 지수가 올라가는 경우가 있는데, 이를 방지하기 위한 적합도 지수가 간명 적합도 지수(parsimonious fit index)이다. 간명 적합도 지수에는 AGEI, PNFI, AIC가 있다.

① AGFI(adjusted goodness-of-fit-index)

모델의 복잡도가 올라가면 적합도도 같이 올라가는 비정상적인 결과에 대하여, 복잡도에 따라 GFI 값을 조정한 적합지수이다(0.9 이상).

② PNFI(parsimony normed fit index), PGFI(parsimony goodness of fit index)

NFI, GFID Amos에서 보이는 PRATIO를 급하여 나타내는 지수이며, 주로 2개 이상의 모델의 비교에서 사용된다. 10~1의 수치를 가지며, 이 값이 클수록 양호하다고 판단한다.

③ AIC(Akaike information criterion)

주로 다른 모델과 비교할 때 많이 사용되며, 값이 작을수록 양호하다고 판단한다.

표 13.6-1 **모델 적합도 지수표**

유형	적합지수	최적모델
절대적합지수	Chi-square	> 0.05
	GFI	0.9 이상, 1.0에 가까울수록
	RMR	0.05 이하, 0에 가까울수록
	RMSEA	0.05 이하, 0에 가까울수록
증분적합지수	NFI	0.9 이상, 1.0에 가까울수록
	TLI	0.9 이상, 1.0에 가까울수록
	CFI	0.9 이상, 1.0에 가까울수록
간명적합지수	AGFI	0.9 이상, 1.0에 가까울수록
	AIC	작은 값일수록(다른 모델과 비교)

7. 확인적 요인분석

확인적 요인분석을 통해서 측정모형을 개발한다는 것은 측정문항과 요인들 간의 타당도와 신뢰도를 검증하는 방법이다. 타당도는 집중타당도와 판별타당도를, 신뢰도는 CR(개념 신뢰도)과 AVE(평균분산추출)를 검증해야 한다. 이렇게 측정모형을 개발함으로써 연구도형의 개념타당도에 대해 전반적인 평가가 가능하며, 타당도가 충족된 상태에서 구조모형을 검정하는 것은 이해타당도(nomological validity)에 대한 평가에도 공헌하게 된다.

확인적 요인분석은 독립변수와 매개변수, 종속변수를 모두 포함한 상태에서 검증되어야 한다. 먼저, 집중타당도란 측정항목이 관련 요인과 높은 관계를 가지고 있어야 한다는 것을 의미한다. SPSS의 탐색적 요인분석과 마찬가지로 AMOS의 확인적 요인분석을 통해서 요인과의 타당도가 낮은 항목을 제거한다.

- 표준요인부하량 검정(Standardized Factor Loadings): FL＞0.7 (또는 0.6) 요인과 측정문항 간의 관계를 엄격하게 적용하고 싶을 경우에는 0.7 이상을 기준으로 두며, 탐색적인 연구나 측정문항이 많은 경우에는 0.6 이상으로 기준을 두기도 한다.
- 다중상관제곱 검정(Squared Multiple Correlations): SMC＞0.5
- 측정오차 검정(variance): 오차값은 작을수록 좋으며 CR, AVE 값에 반영된다.

다음으로, 측정변수들의 요인에 대한 신뢰도를 평가하기 위하여 CR과 AVE를 검증해야 한다. CR과 AVE는 AMOS에서 자동으로 계산해주지 않으므로 직접 계산해야 한다.

- 개념신뢰도: CR (Composite reliability or Construct reliability) ＞ 0.7

CR = (표준부하량의 합)^2/{(표준부하량의 합)^2 + 측정오차의 합}

$$\frac{\left(\sum_{i=1}^{k} std.\lambda_i\right)^2}{\left(\sum_{i=1}^{k} std.\lambda_i\right)^2 + \sum_{i=1}^{k}(1 - std.\lambda_i)}$$

- 평균분산추출: AVE (Average Variance Extracted) > 0.5

(표준부하량 제곱의 합)/[(표준부하량 제곱의 합) + 측정오차의 합]

$$\frac{\sum_{i=1}^{k}(std.\lambda_i^2)}{\sum_{i=1}^{k}(std.\lambda_i^2) + \sum_{i=1}^{k}(1 - std.\lambda_i)}$$

표 13.7-1 엑셀에서 AVE, CR 계산법

	A	B	C	D	E
1	변수명	잠재변수1			
2	구분	Estimates	오차계수	AVE	CR
3	관측변수01			#DIV/0!	#DIV/0!
4					
5					

#DIV/0! = (B3*B3+B4*B4+B5*B5)/[(B3*B3+B4*B4+B5*B5)+(C3+C4+C5)]
#DIV/0! = (B3+B4+B5)^2/[(B3+B4+B5)^2+(C3+C4+C5)]

표 13.7-2 확인적 요인분석 결과(Results of confirmatory factor analysis)

<table>
<tr><th>Variables</th><th>Items</th><th>Standardized factor loadings</th><th>AVE</th><th>CR</th></tr>
<tr><td rowspan="4">Utility</td><td>Util1</td><td>0.84</td><td rowspan="4">0.64</td><td rowspan="4">0.88</td></tr>
<tr><td>Util2</td><td>0.84</td></tr>
<tr><td>Util3</td><td>0.78</td></tr>
<tr><td>Util4</td><td>0.72</td></tr>
<tr><td rowspan="4">Attractiveness</td><td>Attr1</td><td>0.92</td><td rowspan="4">0.71</td><td rowspan="4">0.91</td></tr>
<tr><td>Attr2</td><td>0.97</td></tr>
<tr><td>Attr3</td><td>0.76</td></tr>
<tr><td>Attr4</td><td>0.68</td></tr>
<tr><td rowspan="4">Subcultural appeal</td><td>Subc1</td><td>0.79</td><td rowspan="4">0.75</td><td rowspan="4">0.92</td></tr>
<tr><td>Subc2</td><td>0.91</td></tr>
<tr><td>Subc3</td><td>0.94</td></tr>
<tr><td>Subc4</td><td>0.80</td></tr>
<tr><td rowspan="4">Originality</td><td>Orig1</td><td>0.72</td><td rowspan="4">0.64</td><td rowspan="4">0.88</td></tr>
<tr><td>Orig2</td><td>0.85</td></tr>
<tr><td>Orig3</td><td>0.85</td></tr>
<tr><td>Orig4</td><td>0.77</td></tr>
<tr><td rowspan="4">Functionally Motivated Consumer Innovativeness</td><td>fMC1</td><td>0.85</td><td rowspan="4">0.76</td><td rowspan="4">0.93</td></tr>
<tr><td>fMC2</td><td>0.86</td></tr>
<tr><td>fMC3</td><td>0.92</td></tr>
<tr><td>fMC4</td><td>0.85</td></tr>
<tr><td rowspan="4">Hedonically Motivated Consumer Innovativeness</td><td>hMC1</td><td>0.93</td><td rowspan="4">0.80</td><td rowspan="4">0.94</td></tr>
<tr><td>hMC2</td><td>0.90</td></tr>
<tr><td>hMC3</td><td>0.82</td></tr>
<tr><td>hMC4</td><td>0.91</td></tr>
<tr><td rowspan="4">Socially Motivated Consumer Innovativeness</td><td>sMC1</td><td>0.75</td><td rowspan="4">0.61</td><td rowspan="4">0.86</td></tr>
<tr><td>sMC2</td><td>0.46</td></tr>
<tr><td>sMC3</td><td>0.90</td></tr>
<tr><td>sMC4</td><td>0.93</td></tr>
<tr><td rowspan="4">Attitude</td><td>Atti1</td><td>0.86</td><td rowspan="4">0.71</td><td rowspan="4">0.91</td></tr>
<tr><td>Atti2</td><td>0.90</td></tr>
<tr><td>Atti3</td><td>0.84</td></tr>
<tr><td>Atti4</td><td>0.75</td></tr>
</table>

(계속)

표 13.7-2 **확인적 요인분석 결과(계속)**

Variables	Items	Standardized factor loadings	AVE	CR
Intention to use	Inte1	0.83	0.72	0.91
	Inte2	0.92		
	Inte3	0.89		
	Inte4	0.76		
Perceived Enjoyment	PerE1	0.89	0.81	0.94
	PerE2	0.86		
	PerE3	0.89		
	PerE4	0.94		
Perceived Trust	PerT1	0.93	0.83	0.95
	PerT2	0.89		
	PerT3	0.89		
	PerT4	0.93		
Perceived Risk	PerR1	0.84	0.68	0.89
	PerR2	0.89		
	PerR3	0.83		
	PerR4	0.72		

자료: Chi-square=1880.785 (p<0.001, df=1014); CFI=0.95; IFI=0.95; TLI=0.94; and RMSEA=0.04 (p<0.001)

8. 판별타당성 분석

판별타당성(discriminant validity)이란 요인들 간의 관계가 어느 정도 독립적이어야 한다는 것이다. 요인분석에서는 varimax 방법을 이용해서 요인들 간의 상관관계를 0으로 만든다. 사람의 행태 연구에서 요인들 간의 상관관계가 0일 수는 없다. 따라서 SEM에서는 어느 정도 요인들 간의 상관관계를 허용한다. 그러나 요인들 간의 상관관계가 일정 수준을 넘어선다면 문제가 발생한다. 따라서 아래와 같은 기준을 두고 판별타당도를 검증한다.

- 판별타당도: 행렬의 상관계수 제곱<AVE
- (상관계수±2×표준오차)≠1

표 13.8-1 판별타당성 분석

Variables	Util	Attr	Subc	Orig	fMCI	PerT	hMCI	Atti	Inte	sMCI	PerR	PerE
Util	**0.799**											
Attr	0.122	**0.840**										
Subc	0.245	0.557	**0.865**									
Orig	0.478	0.258	0.203	**0.801**								
fMCI	0.617	0.340	0.487	0.479	**0.871**							
PerT	0.066	0.204	0.109	0.148	0.151	**0.911**						
hMCI	0.086	0.131	0.055	0.125	0.137	0.837	**0.892**					
Atti	0.079	0.212	0.258	0.081	0.196	0.423	0.468	**0.840**				
Inte	0.036	0.246	0.292	0.045	0.174	0.522	0.492	0.624	**0.851**			
sMCI	0.381	0.344	0.455	0.383	0.540	0.161	0.103	0.219	0.275	**0.780**		
PerR	0.132	0.144	0.285	−0.057	0.173	0.185	0.171	0.285	0.345	0.236	**0.824**	
PerE	0.042	0.266	0.358	0.039	0.218	0.186	0.228	0.347	0.455	0.329	0.589	**0.897**

자료: The numbers along the diagonal are the square root of AVE
Util=Utility, Attr=Attractiveness, Subc=Subcultural appeal, Orig=Originality, Atti=Attitude, Inte=Intention to use, PerE=Perceived Enjoyment, PerT=Perceived Trust, PerR=Perceived Risk

1) 확인적 요인분석을 위한 Amos 그리기

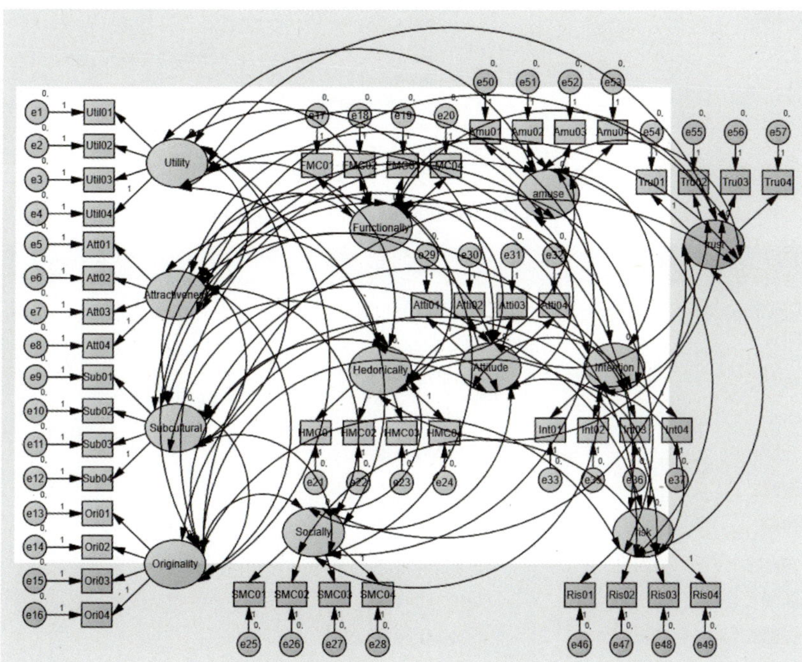

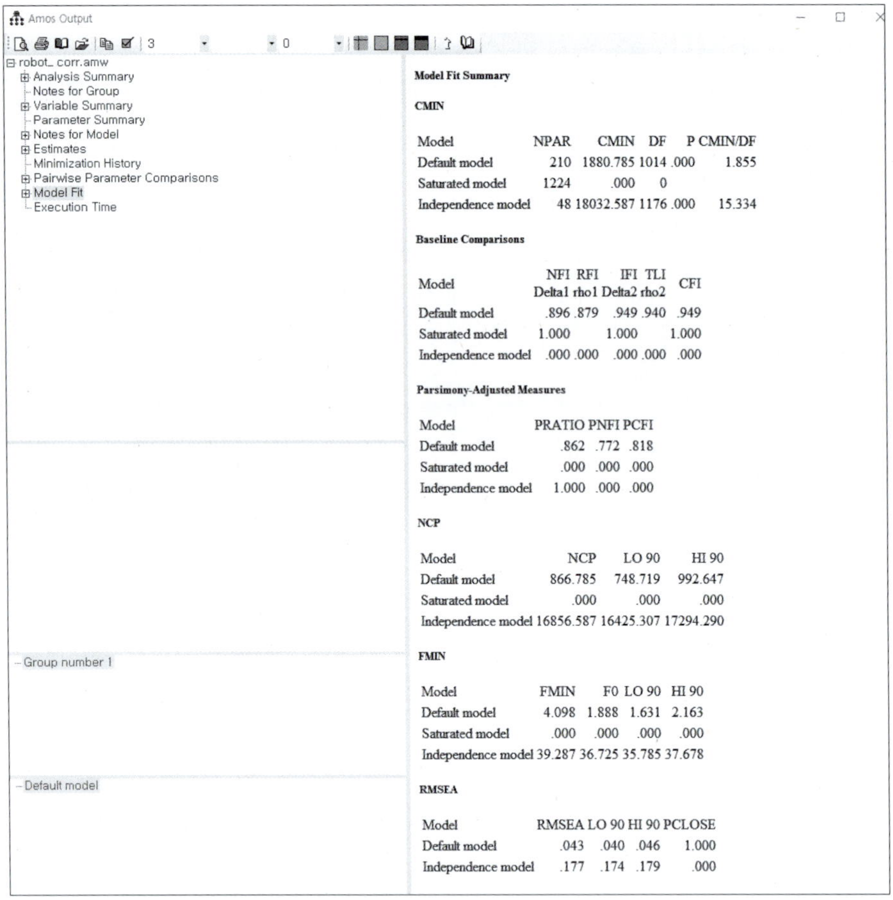
Amos Output

robot_ corr.amw
Analysis Summary
Notes for Group
Variable Summary
Parameter Summary
Notes for Model
Estimates
Minimization History
Pairwise Parameter Comparisons
Model Fit
Execution Time

Group number 1

Default model

Model Fit Summary

CMIN

Model	NPAR	CMIN	DF	P	CMIN/DF
Default model	210	1880.785	1014	.000	1.855
Saturated model	1224	.000	0		
Independence model	48	18032.587	1176	.000	15.334

Baseline Comparisons

Model	NFI Delta1	RFI rho1	IFI Delta2	TLI rho2	CFI
Default model	.896	.879	.949	.940	.949
Saturated model	1.000		1.000		1.000
Independence model	.000	.000	.000	.000	.000

Parsimony-Adjusted Measures

Model	PRATIO	PNFI	PCFI
Default model	.862	.772	.818
Saturated model	.000	.000	.000
Independence model	1.000	.000	.000

NCP

Model	NCP	LO 90	HI 90
Default model	866.785	748.719	992.647
Saturated model	.000	.000	.000
Independence model	16856.587	16425.307	17294.290

FMIN

Model	FMIN	F0	LO 90	HI 90
Default model	4.098	1.888	1.631	2.163
Saturated model	.000	.000	.000	.000
Independence model	39.287	36.725	35.785	37.678

RMSEA

Model	RMSEA	LO 90	HI 90	PCLOSE
Default model	.043	.040	.046	1.000
Independence model	.177	.174	.179	.000

표 13.8-2 Standardized Regression Weights: (Group number 1 – Default model)

			Estimate
Util04	<---	Utility	0.721
Util03	<---	Utility	0.785
Util02	<---	Utility	0.843
Util01	<---	Utility	0.841
Att04	<---	Attractiveness	0.680
Att03	<---	Attractiveness	0.762
Att02	<---	Attractiveness	0.970
Att01	<---	Attractiveness	0.920
Sub04	<---	Subcultural	0.805
Sub03	<---	Subcultural	0.939
Sub02	<---	Subcultural	0.914

(계속)

표 13.8-2 Standardized Regression Weights (계속)

			Estimate
Sub01	<---	Subcultural	0.793
Ori04	<---	Originality	0.770
Ori03	<---	Originality	0.852
Ori02	<---	Originality	0.851
Ori01	<---	Originality	0.723
FMC01	<---	Functionally	0.848
FMC02	<---	Functionally	0.864
FMC03	<---	Functionally	0.918
FMC04	<---	Functionally	0.852
HMC04	<---	Hedonically	0.909
HMC03	<---	Hedonically	0.816
HMC02	<---	Hedonically	0.904
HMC01	<---	Hedonically	0.933
SMC04	<---	Socially	0.926
SMC03	<---	Socially	0.902
SMC02	<---	Socially	0.457
SMC01	<---	Socially	0.746
Atti01	<---	Attitude	0.863
Atti02	<---	Attitude	0.900
Atti03	<---	Attitude	0.837
Atti04	<---	Attitude	0.752
Int04	<---	Intention	0.757
Int03	<---	Intention	0.890
Int02	<---	Intention	0.920
Int01	<---	Intention	0.827
Ris04	<---	risk	0.724
Ris03	<---	risk	0.832
Ris02	<---	risk	0.893
Ris01	<---	risk	0.837
Tru01	<---	trust	0.927
Tru02	<---	trust	0.889
Tru03	<---	trust	0.892
Tru04	<---	trust	0.933
Amu01	<---	amuse	0.894
Amu02	<---	amuse	0.860
Amu03	<---	amuse	0.891
Amu04	<---	amuse	0.941

표 13.8-3 Variances: (Group number 1 - Default model)

	Estimate	S.E.	C.R.	P	Label
Utility	0.594	0.073	8.138	***	par_151
Attractiveness	0.823	0.106	7.755	***	par_152
Subcultural	1.157	0.118	9.768	***	par_153
Originality	0.646	0.072	8.919	***	par_154
Functionally	0.819	0.078	10.565	***	par_155
Hedonically	1.937	0.162	11.945	***	par_156
Socially	1.199	0.100	11.994	***	par_157
Attitude	1.791	0.166	10.759	***	par_158
Intention	1.055	0.119	8.893	***	par_159
risk	1.294	0.157	8.266	***	par_160
trust	2.466	0.199	12.369	***	par_161
amuse	1.917	0.166	11.585	***	par_162
e4	0.548	0.044	12.472	***	par_163
e3	0.478	0.042	11.507	***	par_164
e2	0.315	0.032	9.945	***	par_165
e1	0.292	0.029	10.019	***	par_166
e8	0.959	0.069	13.832	***	par_167
e7	0.912	0.068	13.448	***	par_168
e6	0.127	0.031	4.029	***	par_169
e5	0.341	0.037	9.128	***	par_170
e12	0.630	0.049	12.771	***	par_171
e11	0.175	0.023	7.514	***	par_172
e10	0.253	0.027	9.481	***	par_173
e9	0.545	0.042	12.901	***	par_174
e16	0.443	0.038	11.779	***	par_175
e15	0.351	0.037	9.543	***	par_176
e14	0.348	0.036	9.578	***	par_177
e13	0.514	0.041	12.446	***	par_178
e17	0.319	0.027	11.770	***	par_179
e18	0.347	0.031	11.376	***	par_180
e19	0.187	0.021	8.906	***	par_181
e20	0.360	0.031	11.685	***	par_182

(계속)

표 13.8-3 Variances: (Group number 1 - Default model) (계속)

	Estimate	S.E.	C.R.	P	Label
e24	0.405	0.037	10.844	***	par_183
e23	0.639	0.049	12.948	***	par_184
e22	0.374	0.034	11.066	***	par_185
e21	0.290	0.031	9.431	***	par_186
e28	0.199	0.031	6.506	***	par_187
e27	0.290	0.036	8.167	***	par_188
e26	2.737	0.194	14.084	***	par_189
e25	0.601	0.047	12.887	***	par_190
e29	0.614	0.058	10.518	***	par_191
e30	0.414	0.047	8.791	***	par_192
e31	0.643	0.057	11.333	***	par_193
e32	0.994	0.078	12.717	***	par_194
e37	0.785	0.061	12.964	***	par_195
e36	0.349	0.035	10.089	***	par_196
e35	0.292	0.035	8.362	***	par_197
e33	0.584	0.048	12.058	***	par_198
e49	1.173	0.092	12.793	***	par_199
e48	0.679	0.062	11.037	***	par_200
e47	0.460	0.054	8.581	***	par_201
e46	0.775	0.071	10.879	***	par_202
e54	0.405	0.039	10.384	***	par_203
e55	0.504	0.042	11.938	***	par_204
e56	0.460	0.039	11.870	***	par_205
e57	0.380	0.038	9.953	***	par_206
e50	0.481	0.043	11.224	***	par_207
e51	0.686	0.056	12.167	***	par_208
e52	0.496	0.044	11.349	***	par_209
e53	0.281	0.034	8.284	***	par_210

9. 구조모형 검증: 경로분석

Sample_robot serviced restaurant coding.(xls)

Sample_robot serviced restaurant.(spss)

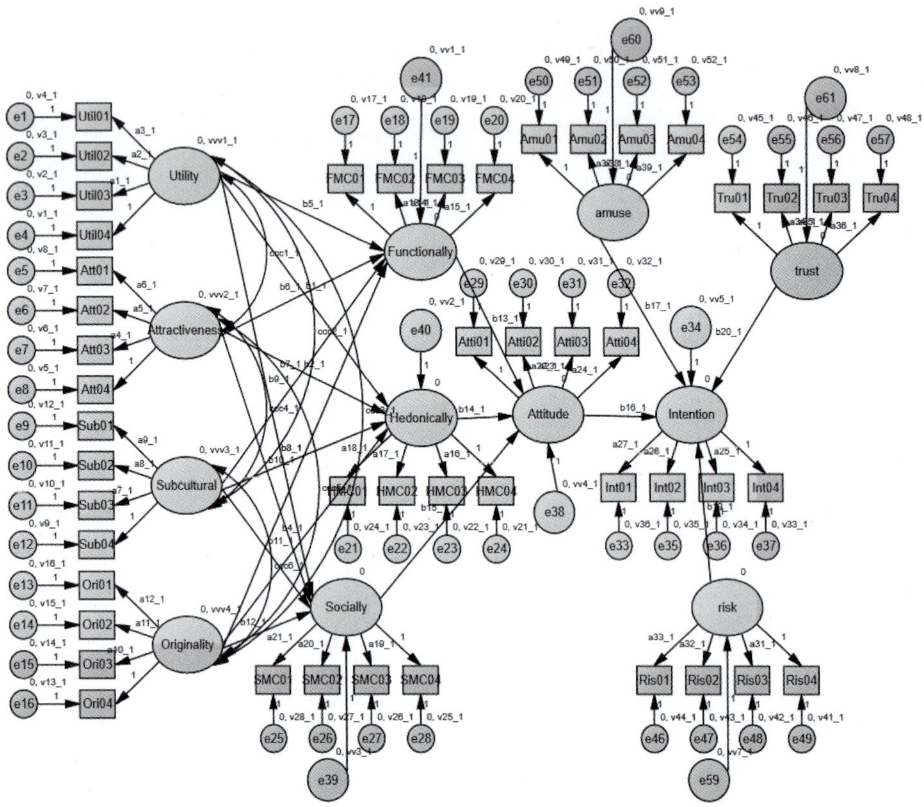

표 13.9-1 가설 검증 결과(Results of hypothesis testing)

Hypothesis	Path	Standardized Estimate	t-value	Results
H1a	Utility → fMCI	0.527	8.329***	Support
H1b	Utility → hMCI	0.085	0.737	Reject
H1c	Utility → sMCI	0.300	3.763***	Support
H2a	Attractiveness → fMCI	0.067	1.407	Reject
H2b	Attractiveness → hMCI	0.197	1.990*	Support
H2c	Attractiveness → sMCI	0.111	1.649	Reject
H3a	Subcultural appeal → fMCI	0.257	6.069***	Support
H3b	Subcultural appeal → hMCI	-0.050	-0.596	Reject
H3c	Subcultural appeal → sMCI	0.324	5.545***	Support
H4a	Originality → fMCI	0.215	3.904***	Support
H4b	Originality → hMCI	0.134	1.205	Reject
H4c	Originality → sMCI	0.274	3.568***	Support
H5	fMCI → Attitude	0.087	1.118	Reject
H6	hMCI → Attitude	0.432	9.034***	Support
H7	sMCI → Attitude	0.183	2.820**	Support
H8	Attitude → Intention to use	0.313	9.126***	Support
H9a	Perceived enjoyment → Intention to use	0.181	6.051***	Support
H9b	Perceived trust → Intention to use	0.196	7.315***	Support
H9c	Perceived risk → Intention to use	0.043	1.174	Reject

부록

부록 A–1. Z 점수 분포표(표준정규누적확률분포표: 음수 z값에 대한 누적확률분포표)

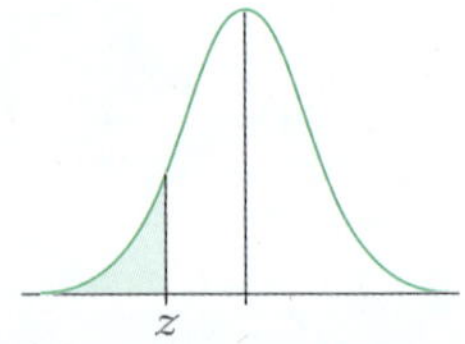

z	0.00	0.01	0.02	0.03	0.04	0.05	0.06	0.07	0.08	0.09
-3.4	0.0003	0.0003	0.0003	0.0003	0.0003	0.0003	0.0003	0.0003	0.0003	0.0002
-3.3	0.0005	0.0005	0.0005	0.0004	0.0004	0.0004	0.0004	0.0004	0.0004	0.0003
-3.2	0.0007	0.0007	0.0006	0.0006	0.0006	0.0006	0.0006	0.0005	0.0005	0.0005
-3.1	0.0010	0.0009	0.0009	0.0009	0.0008	0.0008	0.0008	0.0008	0.0007	0.0007
-3.0	0.0013	0.0013	0.0013	0.0012	0.0012	0.0011	0.0011	0.0011	0.0010	0.0010
-2.9	0.0019	0.0018	0.0018	0.0017	0.0016	0.0016	0.0015	0.0015	0.0014	0.0014
-2.8	0.0026	0.0025	0.0024	0.0023	0.0023	0.0022	0.0021	0.0021	0.0020	0.0019
-2.7	0.0035	0.0034	0.0033	0.0032	0.0031	0.0030	0.0029	0.0028	0.0027	0.0026
-2.6	0.0047	0.0045	0.0044	0.0043	0.0041	0.0040	0.0039	0.0038	0.0037	0.0036
-2.5	0.0062	0.0060	0.0059	0.0057	0.0055	0.0054	0.0052	0.0051	0.0049	0.0048
-2.4	0.0082	0.0080	0.0078	0.0075	0.0073	0.0071	0.0069	0.0068	0.0066	0.0064
-2.3	0.0107	0.0104	0.0102	0.0099	0.0096	0.0094	0.0091	0.0089	0.0087	0.0084
-2.2	0.0139	0.0136	0.0132	0.0129	0.0125	0.0122	0.0119	0.0116	0.0113	0.0110
-2.1	0.0179	0.0174	0.0170	0.0166	0.0162	0.0158	0.0154	0.0150	0.0146	0.0143
-2.0	0.0228	0.0222	0.0217	0.0212	0.0207	0.0202	0.0197	0.0192	0.0188	0.0183
-1.9	0.0287	0.0281	0.0274	0.0268	0.0262	0.0256	0.0250	0.0244	0.0239	0.0233
-1.8	0.0359	0.0351	0.0344	0.0336	0.0329	0.0322	0.0314	0.0307	0.0301	0.0294
-1.7	0.0446	0.0436	0.0427	0.0418	0.0409	0.0401	0.0392	0.0384	0.0375	0.0367
-1.6	0.0548	0.0537	0.0526	0.0516	0.0505	0.0495	0.0485	0.0475	0.0465	0.0455
-1.5	0.0668	0.0655	0.0643	0.0630	0.0618	0.0606	0.0594	0.0582	0.0571	0.0559
-1.4	0.0808	0.0793	0.0778	0.0764	0.0749	0.0735	0.0721	0.0708	0.0694	0.0681
-1.3	0.0968	0.0951	0.0934	0.0918	0.0901	0.0885	0.0869	0.0853	0.0838	0.0823
-1.2	0.1151	0.1131	0.1112	0.1093	0.1075	0.1056	0.1038	0.1020	0.1003	0.0985
-1.1	0.1357	0.1335	0.1314	0.1292	0.1271	0.1251	0.1230	0.1210	0.1190	0.1170
-1.0	0.1587	0.1562	0.1539	0.1515	0.1492	0.1469	0.1446	0.1423	0.1401	0.1379
-0.9	0.1841	0.1814	0.1788	0.1762	0.1736	0.1711	0.1685	0.1660	0.1635	0.1611
-0.8	0.2119	0.2090	0.2061	0.2033	0.2005	0.1977	0.1949	0.1922	0.1894	0.1867
-0.7	0.2420	0.2389	0.2358	0.2327	0.2296	0.2266	0.2236	0.2206	0.2177	0.2148
-0.6	0.2743	0.2709	0.2676	0.2643	0.2611	0.2578	0.2546	0.2514	0.2483	0.2451
-0.5	0.3085	0.3050	0.3015	0.2981	0.2946	0.2912	0.2877	0.2843	0.2810	0.2776
-0.4	0.3446	0.3409	0.3372	0.3336	0.3300	0.3264	0.3228	0.3192	0.3156	0.3121
-0.3	0.3821	0.3783	0.3745	0.3707	0.3669	0.3632	0.3594	0.3557	0.3520	0.3483
-0.2	0.4207	0.4168	0.4129	0.4090	0.4052	0.4013	0.3974	0.3936	0.3897	0.3859
-0.1	0.4602	0.4562	0.4522	0.4483	0.4443	0.4404	0.4364	0.4325	0.4286	0.4247
0.0	0.5000	0.4960	0.4920	0.4880	0.4840	0.4801	0.4761	0.4721	0.4681	0.4641

부록 A-2. 표준정규누적확률분포표: 양수 z값에 대한 누적확률분포표

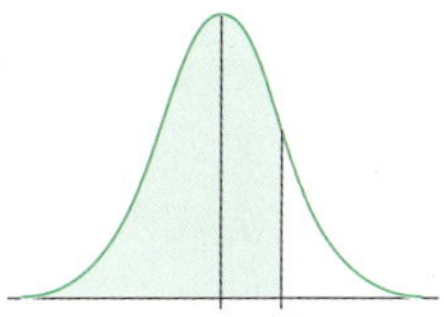

z	0.00	0.01	0.02	0.03	0.04	0.05	0.06	0.07	0.08	0.09
0.0	0.5000	0.5040	0.5080	0.5120	0.5160	0.5199	0.5239	0.5279	0.5319	0.5359
0.1	0.5398	0.5438	0.5478	0.5517	0.5557	0.5596	0.5636	0.5675	0.5714	0.5753
0.2	0.5793	0.5832	0.5871	0.5910	0.5948	0.5987	0.6026	0.6064	0.6103	0.6141
0.3	0.6179	0.6217	0.6255	0.6293	0.6331	0.6368	0.6406	0.6443	0.6480	0.6517
0.4	0.6554	0.6591	0.6628	0.6664	0.6700	0.6736	0.6772	0.6808	0.6844	0.6879
0.5	0.6915	0.6950	0.6985	0.7019	0.7054	0.7088	0.7123	0.7157	0.7190	0.7224
0.6	0.7257	0.7291	0.7324	0.7357	0.7389	0.7422	0.7454	0.7486	0.7517	0.7549
0.7	0.7580	0.7611	0.7642	0.7673	0.7704	0.7734	0.7764	0.7794	0.7823	0.7852
0.8	0.7881	0.7910	0.7939	0.7967	0.7995	0.8023	0.8051	0.8078	0.8106	0.8133
0.9	0.8159	0.8186	0.8212	0.8238	0.8264	0.8289	0.8315	0.8340	0.8365	0.8389
1.0	0.8413	0.8438	0.8461	0.8485	0.8508	0.8531	0.8554	0.8577	0.8599	0.8621
1.1	0.8643	0.8665	0.8686	0.8708	0.8729	0.8749	0.8770	0.8790	0.8810	0.8830
1.2	0.8849	0.8869	0.8888	0.8907	0.8925	0.8944	0.8962	0.8980	0.8997	0.9015
1.3	0.9032	0.9049	0.9066	0.9082	0.9099	0.9115	0.9131	0.9147	0.9162	0.9177
1.4	0.9192	0.9207	0.9222	0.9236	0.9251	0.9265	0.9279	0.9292	0.9306	0.9319
1.5	0.9332	0.9345	0.9357	0.9370	0.9382	0.9394	0.9406	0.9418	0.9429	0.9441
1.6	0.9452	0.9463	0.9474	0.9484	0.9495	0.9505	0.9515	0.9525	0.9535	0.9545
1.7	0.9554	0.9564	0.9573	0.9582	0.9591	0.9599	0.9608	0.9616	0.9625	0.9633
1.8	0.9641	0.9649	0.9656	0.9664	0.9671	0.9678	0.9686	0.9693	0.9699	0.9706
1.9	0.9713	0.9719	0.9726	0.9732	0.9738	0.9744	0.9750	0.9756	0.9761	0.9767
2.0	0.9772	0.9778	0.9783	0.9788	0.9793	0.9798	0.9803	0.9808	0.9812	0.9817
2.1	0.9821	0.9826	0.9830	0.9834	0.9838	0.9842	0.9846	0.9850	0.9854	0.9857
2.2	0.9861	0.9864	0.9868	0.9871	0.9875	0.9878	0.9881	0.9884	0.9887	0.9890
2.3	0.9893	0.9896	0.9898	0.9901	0.9904	0.9906	0.9909	0.9911	0.9913	0.9916
2.4	0.9918	0.9920	0.9922	0.9925	0.9927	0.9929	0.9931	0.9932	0.9934	0.9936
2.5	0.9938	0.9940	0.9941	0.9943	0.9945	0.9946	0.9948	0.9949	0.9951	0.9952
2.6	0.9953	0.9955	0.9956	0.9957	0.9959	0.9960	0.9961	0.9962	0.9963	0.9964
2.7	0.9965	0.9966	0.9967	0.9968	0.9969	0.9970	0.9971	0.9972	0.9973	0.9974
2.8	0.9974	0.9975	0.9976	0.9977	0.9977	0.9978	0.9979	0.9979	0.9980	0.9981
2.9	0.9981	0.9982	0.9982	0.9983	0.9984	0.9984	0.9985	0.9985	0.9986	0.9986
3.0	0.9987	0.9987	0.9987	0.9988	0.9988	0.9989	0.9989	0.9989	0.9990	0.9990
3.1	0.9990	0.9991	0.9991	0.9991	0.9992	0.9992	0.9992	0.9992	0.9993	0.9993
3.2	0.9993	0.9993	0.9994	0.9994	0.9994	0.9994	0.9994	0.9995	0.9995	0.9995
3.3	0.9995	0.9995	0.9995	0.9996	0.9996	0.9996	0.9996	0.9996	0.9996	0.9997
3.4	0.9997	0.9997	0.9997	0.9997	0.9997	0.9997	0.9997	0.9997	0.9997	0.9998

부록 A-3. t 분포표

예를 들어 자유도가 18인 t값은
95% 신뢰수준에서 2.1009이다.
(양측검정 $\alpha = 0.05$)

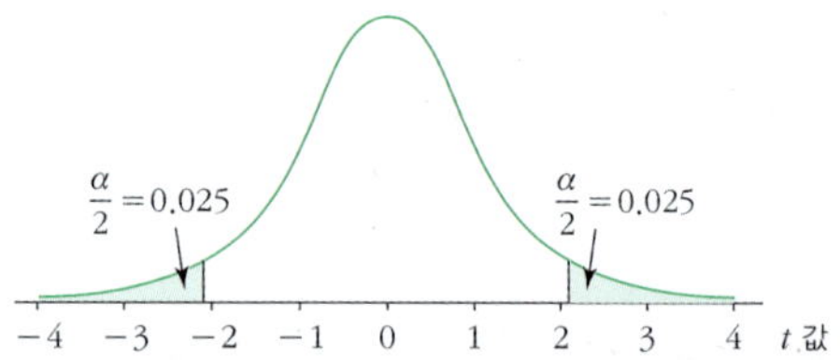

df							
	90%	95%	97.5%	99%	99.5%	99.95%	1-Tail Confidence Level
	80%	90%	95%	98%	99%	99.9%	2-Tail Confidence Level
	0.100	0.050	0.025	0.010	0.005	0.0005	1-Tail Alpha
df	0.20	0.10	0.05	0.02	0.01	0.001	2-Tail Alpha
1	3.0777	6.3138	12.7062	31.8205	63.6567	636.6192	
2	1.8856	2.9200	4.3027	6.9646	9.9248	31.5991	
3	1.6377	2.3534	3.1824	4.5407	5.8409	12.9240	
4	1.5332	2.1318	2.7764	3.7469	4.6041	8.6103	
5	1.4759	2.0150	2.5706	3.3649	4.0321	6.8688	
6	1.4398	1.9432	2.4469	3.1427	3.7074	5.9588	
7	1.4149	1.8946	2.3646	2.9980	3.4995	5.4079	
8	1.3968	1.8595	2.3060	2.8965	3.3554	5.0413	
9	1.3830	1.8331	2.2622	2.8214	3.2498	4.7809	
10	1.3722	1.8125	2.2281	2.7638	3.1693	4.5869	
11	1.3634	1.7959	2.2010	2.7181	3.1058	4.4370	
12	1.3562	1.7823	2.1788	2.6810	3.0545	4.3178	
13	1.3502	1.7709	2.1604	2.6503	3.0123	4.2208	
14	1.3450	1.7613	2.1448	2.6245	2.9768	4.1405	
15	1.3406	1.7531	2.1314	2.6025	2.9467	4.0728	
16	1.3368	1.7459	2.1199	2.5835	2.9208	4.0150	
17	1.3334	1.7396	2.1098	2.5669	2.8982	3.9651	
18	1.3304	1.7341	2.1009	2.5524	2.8784	3.9216	
19	1.3277	1.7291	2.0930	2.5395	2.8609	3.8834	
20	1.3253	1.7247	2.0860	2.5280	2.8453	3.8495	
21	1.3232	1.7207	2.0796	2.5176	2.8314	3.8193	
22	1.3212	1.7171	2.0739	2.5083	2.8188	3.7921	
23	1.3195	1.7139	2.0687	2.4999	2.8073	3.7676	
24	1.3178	1.7109	2.0639	2.4922	2.7969	3.7454	
25	1.3163	1.7081	2.0595	2.4851	2.7874	3.7251	
26	1.3150	1.7056	2.0555	2.4786	2.7787	3.7066	
27	1.3137	1.7033	2.0518	2.4727	2.7707	3.6896	
28	1.3125	1.7011	2.0484	2.4671	2.7633	3.6739	
29	1.3114	1.6991	2.0452	2.4620	2.7564	3.6594	
30	1.3104	1.6973	2.0423	2.4573	2.7500	3.6460	

참고문헌

강금식(2019). Excel 활용 통계학, 박영사.

강병서, 김계수(2009). 사회과학 통계분석, 한나래아카데미.

고종욱, 류철, 박정하(2016). 조사방법과 SPSS활용, 백산출판사.

김준우(2006). 즐거운 SPSS, 풀리는 통계학, 박영사.

노경섭(2018). 제대로 알고 쓰는 논문 통계분석, 한빛아카데미.

노경섭(2021). 제대로 시작하는 기초 통계학, 한빛아카데미.

데이터솔루션 컨설팅팀(2020). SPSS Amos manual, 데이터솔루션.

류근관(2003). 통계학(2판), 법문사.

민재형, 이군희(2014). 알기쉬운 통계학, 북넷.

성태제, 시기자(2006). 연구방법론, 학지사.

신타카하시(2009). 만화로 배우는 통계학, 성안당.

안기수(2014). 엑셀로 풀어보는 생활속의 통계학, 생능출판.

안승철(2018). 이공계생을 위한 확률과 통계, 한빛아카데미.

야마모토 토시로(2018). 문과생도 이해하는 확률과 통계, 한빛아카데미.

양병화(2006). 다변량 데이터 분석법의 이해, 커뮤니케이션북스.

유극렬, 박주헌(2018). 통계학 이해와 응용, 시그마프레스.

이명호, 안상형, 구지현(2015). 통계학으로의 여행, 박영사.

이자형, 문인옥, 정진은(2012). 건강과 통계, 파워북.

이재원(2016). 생생한 사례로 배우는 확률과 통계, 한빛아카데미.

이재원(2017). 확률과 통계 입문, 한빛아카데미.

일본 뉴턴프레스(2019). 확률의 기본, 뉴턴 코리아.

임태진(2018). R 함수로 배우는 확률통계, 생능출판.

정무권 외(2014). 핵심 경영경제 통계학, 한티미디어.

제랄드 켈러(2019). 경영경제 통계학, 센게이지.

차석빈 외(2008). 사례를 통해 본 다변량 분석의 이해, 백산출판사.

한광종(2012). SPSS활용 통계조사 분석, 백산출판사.

한상숙, 이상철(2020). 간호 보건 통계분석, 한나래.

히든그레이스 논문통계팀(2018). 한번에 통과하는 논문 (AMOS 구조방정식 활용과 SPSS 고급분석), 한빛아카데미.

히든그레이스 논문통계팀(2018). 한번에 통과하는 논문 (SPSS 결과표 작성과 해석방법), 한빛아카데미.

Albright, Winston, Zappe(2003). Data analysis and decision making, Thomson.

David P. Doane, Lori E. Seward(2020). Applied Statistics in Business & Economics, McGraw Hill.

Gerald Keller(2017). Statistics for management and economics, Cengage.

Sanjiv Jaggia, Alison Kelly(2016). Essentials of business statements communication with numbers.

찾아보기

ㄱ

ㄷ

ㄹ

ㅁ

ㅂ

ㅅ

ㅇ

ㅈ

ㅊ

ㅋ

ㅌ

ㅍ

ㅎ

영문